세계 괴이 사전
-현대편-

괴이요괴 애호가
아사자토 이츠키 지음 | **현정수** 옮김

머리말

세상에는 괴이나 요괴, 요정, 괴물 등이라 불리는 신비한 존재들이 발호하고 있습니다.

그것들은 사람들 사이에서 이야기되고, 기록되고, 창작되고, 그 나라의 문화나 종교, 오락 등에 다대한 영향을 끼쳐왔습니다. 그리고 그것은 21세기를 맞이한 현대에서도 변하지 않았습니다.

이 책은 주로 20세기 이후의 시대를 무대로 이야기되었던, 현시점에서는 상식에서 벗어나 있거나 명확하게 실재가 증명되지 않은 존재나 현상을 모은 사전입니다.

이 책에는 아래와 같은 다섯 가지들이 수록되어 있습니다.

첫 번째로, 도시전설이나 민화(民話) 등에서 이야기되는, 상식으로 설명하기 어려운 신비한 존재나 현상입니다. 유령이나 요정, 요괴라고 불리는 것들의 다수가 이것에 해당합니다.

두 번째로, '미확인생물' 등으로 불리는, 목격 사례나 존재의 흔적이 남아 있기는 하지만 명확히 그 존재가 확인되지 않은 것들입니다.

세 번째로, 인터넷상에서 이야기되는 괴인이나 괴이(怪異)입니다. 이것은 그 이야기의 무대가 일본이 아닌 해외인 것들을 모았습니다.

네 번째로, 실재한다는 형식으로 문헌에 기록된 가공의 생물들입니다. 하랄트 슈튐프케(게롤프 슈타이너) 저『코걸음쟁이의 생김새와 생활상(Bau und Leben der Rhinogradentia)』이나 레오 리오니 저『평행식물(Parallel Botany)』같은 서적에서 나오는 동식물이 이것에 해당합니다.

다섯 번째로, 미국이나 캐나다의 개척기에 생겨난 민화로서 알려진 톨 테일(Tall Tale)에서 이야기되는 신비한 존재입니다.

이처럼 이 책은 괴이사전이라는 이름이기는 합니다만, 등장하는 신비한 존재들은 아주 다양합니다. 다만 전작인『일본 현대 괴이사전』과 겹치는 문제로 인해, 일본을 무대로 등장하는 것들은 수록하지 않았습니다. 한편, 일본인이 일본 이외의 나라에서 조우했던 존재는 수집대상으로 삼고 있습니다.

또한 괴이, 괴물, 신비한 생물이라는 단어가 빈번하게 사용되고 있습니다만 이 책에서는 '괴이(怪異)'는 유령, 요괴, 요정, 괴현상 같은 초현상이라는 초상적인 존재나 현상을, '괴물'은 미확인생물이나 톨 테일에 등장하는, 생태나 몸길이 같은 생물적인 특징이 이야기되는 경우가 많은 존재를, '신비한 생물'은 앞서 이야기한 코걸음쟁이나 평행식물처럼 원래부터 가공의 존재인 생물을 소개하고 있으나 형식적으로는 실존하는 생물처럼 이야기되는 존재를 가리킬 때 사용하고 있습니다.

이 책을 어떻게 사용하는가는 독자의 자유입니다. 출전을 찾아보거나 보다 자세한 정보를 얻기 위해 사용하셔도, 창작에 이용하셔도, 그저 읽고 즐기기만 하셔도 상관없습니다.

이 책이 세상에 있는 신비한 존재들을 아는 계기가 될 수 있다면 더 바랄 것이 없겠습니다.

목차

■특별기고

범례

1. 이 사전은 현대(20세기 이후라고 정의한다)의 일본 이외의 국가를 무대로 한 이야기 중에 등장하며 실재한다는 형식으로 이야기되고 있는, 기존의 인간이나 생물, 현상과는 다른 특징 및 능력 등을 지닌 존재나 현상을 '괴이'나 '괴물', '신비한 생물'이라 정의하고 수집하여 가나다순으로 나열한 것이다.

2. 괴이나 괴물 등의 첫 기록이 19세기 이전이어도 20세기 이후에 출현 기록이 있는 경우나, 명백히 개인의 창작이라고 판명된 것, 창작이 바탕이 되었음이 판명되었더라도 그것이 실재한다는 형식으로 소개되고 있을 경우에는 수집대상으로 삼고 있다. 또한 출전이 된 자료에서 이름이 존재하지 않은 것에 대해서는 필자가 명명한 것도 있다. 수집대상의 상세한 정의에 대해서는 '머리말'을 참조.

3. 참고 자료는 각 항목마다 기록하고 있으나, 일부 명칭이 생략되어 있기 때문에 권말에 정식 명칭을 기재한 참고자료를 일람하고 있다. 서적이나 영화의 이름은 『 』, 웹 사이트의 이름은 〈 〉를 사용해서 기재하고 있다. 게재 순서에 대해서는 별다른 의미를 두지 않고 있다.

4. 항목 명에 볼드체를 사용하는 것 외, 본문 중에 등장하는 괴이, 괴물 명에 대해 당 사전 내에 별개로 독립된 항목이 존재할 경우에도 볼드체를 사용하고 있다.

5. 출전이 되는 자료에 그 괴이가 이야기되었던 무대나 시대, 혹은 전승되던 지역 등이 확실히 판명되어 있을 경우에는 그 정보에 대해서도 최대한 기재하고 있으나, 확실치 않을 경우에는 생략했다.

Asia
아시아

【가】

■ 가제카(Gazeka)

인도네시아에 나타난 괴물. 뉴기니 섬의 남서부에 있는 파푸아인들에게 전승되어 왔다는 괴물로, 거대한 포유류의 모습을 하고 있다고 한다.

장 자크 발루와(Jean-Jacques Barloy) 저 『환상의 동물들(Les survivants de l'ombre)』에 의하면 1910년, 영국의 조류학자 월터 굿펠로우가 지휘하는 조사단이 가제카와 파푸아인의 싸움을 목격했다. 그 정보에 의하면, 가제카의 몸 색깔은 흰색과 검정색이며, 줄무늬가 있고, 맥(獏)과 비슷하지만 아주 거대했다고 한다. 또한 이 책에는 이 괴물이 멸종되었다고 여겨지는 디프로토돈의 생존개체라는 설도 기록되어 있다. 디프로토돈은 과거에 오스트레일리아 대륙에서 생존했다고 하는 거대한 유대류(有袋類)로, 그 몸길이는 3미터 이상에 이른다고 추정되고 있다.

■ 간시(趕屍)

중국에서 전해지는 괴이. 중국 남부에 위치한 호남성의 서부에 해당하는 상서(샹시)에 전해지는 주술의 일종으로, 죽은 자를 조종하는 술법을 가리킨다.

이 지역 사람들은 먼 타향에서 죽은 자기 지방 사람을 고향땅에 묻어줘야 한다고 생각하고 있다. 그러나 시체를 운반하는 것은 간단하지 않으므로, 그 시체 자체가 스스로 움직여서 고향으로 돌아가게 하기 위한 술법으로서 간시가 사용된다.

이것은 간시장(趕屍匠)이라는 주술사에 의해, 죽은 자의 혼을 다시 불러와 시체에 깃들이는 것으로 이루어진다. 움직이기 시작한 시체는 밤중에 걸어서 고향으로 향한다. 간시장은 죽은 자들의 선두에서 걷고, 시체는 그 뒤를 일렬로 따라간다. 시체에는 얼굴이 가려지도록 삿갓을 씌우고, 새끼줄로 각자 연결되어 있다. 또한 이마에는 황색 부적이 붙어 있다고 한다. 간시장은 의뢰를 받고 시체를 걷게 하지만, 영혼이 명계의 염라대왕 곁에 머물러 있는 병사(病死), 혼이 그 땅에 속박되는 자살, 신의 벌로 여겨지는 낙뢰에 의한 죽음일 경우에는 그 의뢰를 받지 않는다고 한다.

먀오후오(妙佛) 저 『중국 -봉인된 초상현상-』에 실려 있다. 이 책에 의하면, 간시의 기원으로서 이하와 같은 이야기가 전해지고 있다고 한다. 중국 신화에 등장하는 신이기도 한 치우가, 과거에 멀리 떨어진 지방에서 전투를 벌이다 휘하의 군대에 많은 사상자가 발생했다. 열세에 몰려 철수할 수밖에 없게 되자 전사자를 적지에 방치하는 것이 망설여진 치우는 시체들을 향해 일어서라고 명령했고, 그러자 시체들이 일어서서 고향을 향해 걸어갔다고 한다.

간시의 풍습은 현대 중국에도 남아 있다고 여겨지는데, 강시 영화로 유명한 『영환도사』를 시작으로 한 살아 있는 시체 요괴 '강시'의 이미지에도 영향을 주고 있다.

■ 강시(殭屍)

대만에서 이야기되는 괴이. 어느 학교의 졸업 파티에서 모든 학생들이 분장하고 춤을 추고 있었다. 그중에 강시(殭屍, 찌앙시)로 분장한 학생이 있었는데, 이 학생만은 춤을 추지 않고 처음부터 끝까지 펄쩍펄쩍 뛰어다니고 있었다. 그런데 파티가 끝난 뒤에 강시 분장을 한 학생은 발견되지 않았다. 그때서야 실은 진짜 강시가 섞여들었던 것을 알았다고 한다.

이토 류헤이, 시에 지아칭 저 『현대 대만 귀담』에 실려 있다. 강시는 중국에서 전해지는 요괴로, 시체가 움직이며 사람의 살이나 피를 먹는다고 한다. 일본에서는 홍콩의 영화 『영환도사(원제:강시선생[殭屍先生])』 등으로 널리 퍼졌다. 강시는 시체이기 때문에 관절이 경직되어 자연스럽게 걸을 수 없으므로 팔다리를 쭉 뻗은 채로 펄쩍펄쩍 뛰어다니며 이동한다고 여겨진다. 또한 대만에서는 앞서 말한 『영환도사』의 영향을 받은 영화 시리즈 『유환도사(원제:강시소자[殭屍小子])』가 제작되었으며, 이 책에서는 이것이 강시의 이미지에 커다란 영향을 주었음이 지적되고 있다.

■ 경마장의 유령

홍콩에서 나타난 괴이. 홍콩의 해피밸리 경마장에는, 1960년에 이 경마장에서 기승 중에 사망한 마르셀 서머리그라는 기수의 혼령이 나타난다고 한다. 서머리그는 라커룸에 나타나거나 트랙에서 다른 기수와 나란히 달린다고 한다.

피터 헤이닝 저 『세계 영계 전승 사전』에 수록되어 있다.

■ 고병(蠱病)

중국에 전해지는 괴이. 중국 남부에 위치한 호남성 서부에 해당하는 상서에서 전해지는, 주술에 의해 만들어지는 병이라고 한다.

이 병의 원인이 되는 것은 고독이라고 하는 주술로, 여러 마리의 독충을 좁은 공간에 가둬넣고 서로 죽이게 해서, 마지막까지 살아남은 한 마리를 '고(蠱)'라 부르며, 이것에 깃든 주술의 힘을 사용해서 사람을 저주해 죽이는 술법이라고 한다.

저주하는 방법은 다양한데, 고를 건조시켜서 분말로 만들어서 독약처럼 음료에 섞어 마시게 하면 상대는 병에 걸리고, 끝내는 사망한다.

이것을 고병(蠱病, 구빙)이라고 한다. 이 고독을 만들 수 있는 인물은 고파(蠱婆)라고 불리는데, 고파는 3년에 한 번은 누군가에게 고독을 마시게 하지 않으면 자신이 저주받는다고 한다. 그렇기에 무차별로 고독을 마시게 만드는 경우가 있으며, 누가 고병에 걸릴지 알 방법이 없기 때문에 많은 이들의 두려움을 사고 있다.

이 고병은 원래 상서에만 전해지는 병이었으나, 최근에는 관광객의 증가로 인해 외부 사람이 앓는 경우도 증가하고 있다고 한다.

이 병에서 낫기 위해서는 고파 본인이나 법사에게 해고(解蠱)라는 치료를 받을 필요가 있다고 한다.

먀오후오 저『중국 -봉인된 초상현상-』에 실려 있다. 고독은 상서에 한정되지 않고 중국에서 오래전부터 전해 내려오는 주술이며, 일본에도 전파되었다는 기록이 남아 있다.

■ 귀염상(鬼厭床)

대만에서 이야기되는 괴이. 이른바 가위눌림. 귀신이 침상을 짓누른다는 뜻으로, 몸 위에 뭔가가 올라탄 듯한 감각을 느끼기 때문에 이런 이름이 붙었다고 한다.

이토 류헤이, 시에 지아칭 저『현대 대만 귀담』에 실려 있다. 이 책에는 귀염상(鬼厭床, 구이야츠앙)과 조우한 인물의 체험담도 실려 있다. 그것에 의하면, 밤 12시 무렵에 침대가 푹 꺼질 정도로 몸이 무거워졌지만 염불을 외자 가벼워졌다. 쇼핑을 하고 있는 꿈을 꾸고 있었을 텐데 갑자기 주위의 풍경이 묘지로 변했다. 거기서 눈을 떴는데 몸은 움직이지 않고 귓가에 바람이 부는 듯한 느낌이 들었다, 라는 일이 있었다고 한다.

■ 귀월(鬼月)

대만에서 이야기되는 괴이. 대만에서는 음력 7월을 귀월(鬼月, 구이유에)이라고 부른다. 어느 소년이 이 달에 이상한 이야기를 하자, 여자 귀신에 홀려버렸다.

이토 류헤이, 시예 지아칭 저『현대 대만 귀담』에 실려 있다. 귀월은 일본에서 말하는 오봉(お盆)에 해당하며, 죽은 사람의 혼이 돌아오는 계절이라고 한다. 또한 이 책에서는 소년이 말한 '이상한 이야기'란 죽은 자를 모욕하는 내용이 아니었을까 하는 고찰을 하고 있다.

■ 규성루의 호선

중국에서 이야기되는 괴이. 하북성 창주시 낙성현의 현성의 성벽에 있던 규성루(奎星樓)에는 옛날부터 호선(胡仙)이 있다고 믿어지고 있다. 호선은 '狐仙'이라고도 쓰며, 중국의 민간신앙에 등장하는 신통력을 지닌 여우를 가리킨다.

이 호선은 행실이 좋지 않아서, 술을 마시고 날뛰거나 여자를 희롱하거나 신앙심이 없는 자에게 위해를 가하거나 했다. 반대로 좋은 약을 주거나, 맹인의 눈을 뜨게 해준 적도 있었다.

그러나 이 호선의 정체는 아무도 본 적이 없었다. 규성루에 하룻밤 묵으면 정체를 알 수 있다는 소문이 있었지만 실제로 묵으려고 했던 자는 어째서인지 불안해져서 호선의 모습을 볼 수 없게 되었다고 한다. 야마모토 하지메 저『중국의 민간전승』에 실려 있다. 이 책에 의하면, 이 이야기는 1941년에 채록된 이야기라고 한다.

■그로텐디크의 돌 던지기

인도네시아에 나타난 괴이. 수마트라 섬에서 1903년에 발생한 괴현상으로, 네덜란드 기술자 그로텐디크가 조우했다.

네덜란드의 기술자인 그로텐디크는 수마트라의 정글에서 돌아온 뒤, 임시로 세운 집 안에서 자고 있었다. 오전 1시경에 머리 근처에 뭔가가 떨어지는 소리에 잠을 깼는데, 그 뒤에 다시 뭔가가 떨어졌기 때문에 그것을 확인해보니, 약 2.5센티미터 정도 크기의 작고 검은 돌이었다. 지붕에 구멍이 뚫려 있지도 않았음에도 불구하고 그 돌은 지붕을 통과하는 것처럼 떨어졌다.

그래서 그로텐디크는 이웃방의 말레이인 소년을 깨워서 함께 확인해보았고, 돌은 여전히 실내에 떨어지고 있었다. 그로텐디크는 이 돌을 잡아보려고 했지만 어째서인지 하나도 잡을 수 없었다. 손에 닿았다 싶은 순간, 돌은 공중에서 방향을 바꿔서 그의 손을 피해갔다.

그 뒤에도 다양하게 확인해보았지만 전혀 원인을 알 수 없었고, 끝내 소년은 악령의 소행이라고 비명을 지르며 정글로 도망쳤

다. 그 직후에 돌이 떨어지는 것은 멈췄지만, 그로텐디크는 그 뒤로 소년의 모습을 볼 수 없었다. 또한 떨어진 돌을 만져보니 온기가 느껴졌다.

다음 날 아침, 돌은 약 20개 전후가 남아 있었다. 또한 돌은 반경 90센티미터의 원 안에만 떨어졌다고 한다.

로즈마리. E. 길리 저『요정과 정령의 사전(The Encyclopedia of Ghosts and Spirits)』에 실려 있다.

■금문도의 귀신

대만에서 이야기되는 괴이. 금문도는 과거에 중화민국과 중국 인민 공화국이 충돌하여 전투를 벌인 것으로 알려진 대만의 영토로, 이 싸움으로 목숨을 잃은 병사들의 혼령이 나타난다고 한다. 어느 때, 과거의 전쟁에서 중화민국을 지휘했던 장개석이 이 땅을 방문해서, "수고 많았다. 이제 쉬어도 된다"라고 말하자 더 이상 귀신이 나타나지 않게 되었다고 한다.

이토 류헤이, 시에 지아칭 저『현대 대만 귀담』에 실려 있다.

■금우(金牛)

중국에서 이야기되는 괴이. 북경시 서남부에 있는 하북촌에는 금우(金牛, 진뉴)라고 하는 소의 이야기가 전해지고 있다. 이 마을에는 옛날부터 암수 한 쌍의 금우가 있는데, 이 소의 몸에서 배설되는 것은 전

부 금이 된다고 여겨지고 있다. 현재도 이 금우는 살아 있으며, 운이 좋은 사람은 볼 수 있다고 한다.

나오에 히로지 저『중국의 민속학』에 실려 있다. 또 이 책에는 중국의 제난(济南, 지난)시의 와우산(臥牛山)에도 금우가 있다는 이야기가 실려 있다. 이 소는 금으로 된 뿔을 가지고 있었는데, 참외에 부딪혀서 뿔이 부러지자, 산으로 도망가서 그대로 밖으로 나오지 않게 되었다. 지금도 이 산의 어딘가에 금우가 있다고 한다.

■기라루나 기가스(Giraluna gigas)

인도에서 발견된 신비한 생물. 탄파라 산맥에 서식하는 거대한 **평행식물**로, 그 크기는 거의 4미터에 달한다. 육안으로는 잘 보이지 않지만, 달빛 아래서 계속 기다리면 점차 그 모습이 보이기 시작한다. 그러나 가까이 다가가면 곧바로 사라져버린다고 한다.

그 형태는 곧게 뻗은 줄기 위에 화관(꽃부리)가 얹혀 있는 듯한 모습이지만, 화관에는 꽃잎이 없고, 노르스름한 금속적인 빛을 발하고 있다고 한다.

레오 리오니 저, 미야모토 아츠오 역『평행식물(Parallel Botany)』에 실려 있다. 이 책에 등장하는 평행식물이라 불리는 생물은, 통상의 물리법칙이 통하지 않으며 정지한 시간, 혹은 현실과 평행하게 존재하는 다른 시간을 살아간다는 특징을 지닌

다고 한다. 그러나 이 책에 실려 있는 식물은 실재한다는 형식으로 기록되어 있기는 하지만, 전부 저자인 리오니의 창작이다. 평행식물의 특징 자체에 대해서는 같은 항목을 참조.

■꽃을 파는 피

태국에서 이야기되는 괴이. 방콕 중심의 룸피니 공원 가까운 교차로에 나타난다는 유령으로, 한밤중이 되면 이 교차로에서 화환을 들고 서 있으며, 차가 가까운 곳을 지나가면 그 화환을 팔려고 하는 목소리가 언제까지라도 따라온다고 한다.

타카다 타네오미 저『아시아 열대 괴담』에 실려 있다. '피'는 태국에서 정령이나 유령을 뜻하는 말이다. 태국에서는 주로 빈곤층 사람들이 재스민 등의 꽃을 이용해서 화환을 만들어서, 그것을 신호등의 빨간 신호 때에 정차한 차의 창문을 두드리며 운전수에게 판다. 운전수는 교통안전 기원을 위해 이 화환을 구입한다는 문화가 있다고 한다. 그러나 이 유령은 화환을 팔기 위해서가 아니라 뭔가 다른 악의를 가지고 차에 다가온다고 여겨지고 있으며, 그것을 피하기 위해서는 그 목소리가 들리거나 모습이 보인다는 것을 눈치채여서는 안된다고 한다.

■끝나지 않는 복도

대만에 전해지는 괴이. 대남(타이난) 시에

있는 대남과기대학에는 이런 이야기가 전해지고 있다. 이 대학의 어느 동을 한밤중에 방문하면 복도가 영원히 끝나지 않게 되는 경우가 있는데, 이렇게 되면 아무리 걸어도 밖으로 나갈 수 없게 된다. 때로는 눈앞에 보이지 않는 벽이 나타나서 앞으로 나아갈 수 없게 되는 일도 있다고 한다.

이토 류헤이, 시예 지아칭 저 『현대 대만 귀담』에 실려 있다. 이 책에도 기록되어 있는 것처럼, 보이지 않는 벽이 출현한다는 괴이는 일본에도 '누리카베' 등의 괴이 담으로서 이야기되고 있다.

■ 낙동(落洞)

중국에서 전해지는 괴이. 중국 남부의 호남성, 그 서부에 해당하는 상서에서 확인되는 현상으로, 결혼하기 전의 젊고 아름다운 여성에게만 일어난다고 한다. 그때까지 아무런 이상이 없었던 여성이 갑자기 어린아이 같은 정신상태가 되고 식사를 하지 않게 된다. 그 피부는 반짝임을 더해가고 목소리는 아름다워지며, 몸에서는 맑은 향기가 풍기게 된다. 이것은 동굴에 사는 동신(洞神)이라는 신에게 불려갔기 때문이라고 여겨지며, 혼이 빠져나가

고 몸만 그 자리에 남았기 때문에 이런 상태가 되는 것이라고 한다. 낙동이 일어난 여성은 낙동녀라고 불리며, 그대로 놔두면 몇 년 안에 죽어버리기 때문에 법사에게 부탁해서 동신에게 기도를 올려 혼을 돌려받아야만 한다고 한다.

먀오후오 저 『중국 -봉인된 초상현상-』에 실려 있다.

■ 낭 타니(Nang tani)

태국에서 전해지는 괴이. 글루웨이 타니라는 바나나나무의 일종에 깃드는 정령으로, 젊은 여성의 모습을 하고 있다고 한다. 여성이 조우할 경우에는 해가 없지만, 남성이 이 정령과 조우하고 마음을 빼앗겨버리면 일을 할 수 없게 되고, 점차 정기를 빨려 쇠약해져 간다. 또 낭 타니에 깃든 글루웨이 타니의 나뭇잎을 베면, 남녀 관계없이 그 사람의 집에 앙화가 내린다고 믿어지고 있다.

타카다 타네오미 저 『아시아 열대 괴담』에 실려 있다.

이 책에 의하면, 최근에는 낭 타니와 인간 남성이 인연을 맺은 사례도 있으며, 그때에는 남성에게 충실한 아내가 된다고 한다. 그러나 그 남성이 다른 여성과 결혼하면 쌍방에게 불행을 가져온다고 한다.

■ 낭 타키안(Nang ta-khian)

태국에 전해지는 괴이. 나무에 깃든 여성

의 정령으로, 민족의상을 입은 긴 머리 미녀의 모습으로 나타난다고 한다. 아무것도 하지 않으면 나쁜 일은 일어나지 않지만, 낭 타키안이 깃든 나무를 망설임 없이 베어버리면 앙화가 내린다고 한다.

타카다 타네오미 저 『아시아 열대 괴담』에 의하면, 이 정령은 현재에도 태국에서 친근하게 여겨지고 있으며 낭 타키안이 깃든 나무로 만든 집이나 배는 행운이 찾아온다고 해서 많은 수요가 있다고 한다. 낭 타키안이 깃든 나무를 벨 때에는 기도를 올리고 허락을 얻을 필요가 있다고 한다.

낭(혹은 난)은 여성을 표현하는 말이며, 타키안은 나무 종류의 이름이다.

■ 너의 최후가 왔다

대만에서 전해지는 괴이. 어느 학교에서 관리인이 야간 순찰을 하고 있는데, 3층에서 "끼이끼이"하는 소리가 들려왔다. 낡은 학교라서 복도를 걸으면 그런 소리가 나기 때문에, 3층에 사람이 있나 하고 찾아다녀보니, 발소리는 화장실에서 들려왔다. 그래서 화장실에 들어가서 각 부스를 하나하나 열어보고 있는데, 어느 부스에서 물을 내리는 소리가 들려왔다. 관리인이 그 부스를 들여다보자, 변기에는 물이 아니라 피가 흐르고 있었다. 깜짝 놀란 관리인이 부스에서 나오자, 벽에 '너의 최후가 왔다'라고 적혀 있었다. 그걸 본 관리인은 깜짝 놀라 정신을 잃었는데, 그 뒤에

병에 걸려 죽어버렸다고 한다.

이토 류헤이, 시예 지아칭 저 『현대 대만 귀담』에 실려 있다.

■ 네코르파 (Necorpa)

부탄에서 이야기되는 괴이. 부탄의 각지에서 볼 수 있는 인간에게 해를 끼치는 영으로, 병을 앓게 만들거나 작물의 육성을 저해하거나 천재지변을 일으킨다고 한다.

쿤장 초텐 저 『부탄의 민화와 전설』에 수록되어 있다. 이 책에 의하면 탄 계곡이라는 장소에서 네코르파의 영이 강력한 힘을 휘둘러서 많은 사람들이 희생되었다. 그래서 고승을 불러서 금속상자에 가두고 강물 속에 던졌는데, 한 젊은이가 네코르파에 속아서 그 상자를 열어버리는 바람에 탄 계곡에서 가장 두려운 영이 되었다고 한다. 그래서 지금도 탄 계곡 주변에서는 이 네코르파를 진정시키기 위한 의식이 이루어지고 있다고 한다. 또한 네코르파는 이 젊은이의 친족을 결코 괴롭히지 않는다는 등, 의리가 있는 구석도 있다고 한다.

■ 농구장 뒤편의 귀신의 집

대만에 전해지는 괴이. 대만의 어느 초등학교에서는 농구장 근처에 있는 폐가가 괴이현상이 빈번하게 일어나는 장소라는 소문이 돌고 있다. 이 폐가에 들어간 사람이 나오지 않았다, 유령이 살고 있으며 비명 소리가 들린다, 이 폐가 안에는 사진이

놓여 있는데 보는 시간에 따라서 두 명이 찍혀 있기도 하고 세 명이 찍혀 있기도 하다, 라는 이야기가 있다고 한다.

이토 류헤이, 시예 지아칭 저『현대 대만 귀담』에 실려 있다. 귀신의 집은 일본에서 말하는 '유령의 집'에 해당하며, 이 폐가 외에도 대만에는 몇 군데의 귀신의 집이 있다고 한다.

【다】

■ 도서관의 일본병사

대만에서 이야기되는 괴이. 어느 도서관에서 학생이 공부를 하다가 잠이 들었다. 그런데 문득 몸을 흔드는 감각이 느껴져서 일어났더니, 갑옷을 입은 일본 병사가 있었다. 그 뒤에는 중국의 경찰이 있었고, 그 일본 병사를 호송하고 있었다. 중국 경찰은 그대로 일본 병사를 창밖으로 호송해갔다. 이것은 일본 병사와 중국 경찰의 영혼이었다고 한다.

이토 류헤이, 시예 지아칭 저『현대 대만 귀담』에 실려 있다.

■ 독각룡(獨角龍)

중국에서 이야기되는 괴이. 북경시의 회유(懷柔)현(현 회유구)의 저룡(猪龍)구라는 장소에는, 해룡묘(海龍廟)라는 사당이 있다. 이곳에는 독각룡(獨角龍)이라는 용이 지금도 살고 있다고 한다.

나오에 히로시 저『중국의 민속학』에 실려 있다. 이 책에 의하면, 이 이야기는 1942년경에 채집되었다고 한다.

■ 돌거북이의 괴이

중국에서 이야기되는 괴이. 중국에서는 호족의 커다란 묘에 개인의 덕을 칭송하기 위해 커다란 석비를 세우고, 그 토대로서 돌거북이를 두는 풍습이 있었다. 그중에서도 하북성 창주시의 낙성현(현 센현[献縣])이나 석가장시의 고성(藁城, 가오청)구에는, 현성으로 외출해서 기름집에 숨어들어 기름을 마시는 돌거북이 이야기가 있는데, 이 돌거북이가 움직이기 시작하는 것은 상복을 입은 여자의 피가 묻었을 때라고 이야기되고 있다고 한다.

야마모토 하지메 저『중국의 민간전승』에 실려 있다. 이 책에 의하면 같은 묘에 세워져 있는 돌로 만든 사람 형태의 석상인 석인도 괴이가 될 때가 있다고 한다. 자세한 것은 석인의 괴이 항목을 참조

■ 동악묘의 동마(銅馬)와 동소라(銅螺)

중국에서 이야기되는 괴이. 북경시에 있는 도교의 절인 동악묘(東嶽廟)의 본전 건물 안에는 구리로 만든 말과 소라가 있는

데, 선남선녀는 이 말과 소라껍데기를 만지면 건강해질 수 있다는 믿음이 있다고 한다.

나오에 히로지 저 『중국의 민속학』에 실려 있다.

■ 뛰어내리라고 속삭이는 유령

태국에서 이야기되는 괴이. 어떤 사람이 친구의 취재를 돕기 위해 태국의 구급구명 자선단체와 함께 지낸 적이 있었다. 그 단체와 활동하며 사고현장의 사진을 찍은 뒤에 버스를 타고 귀가하고 있는데, 그 인물의 귓가에 "뛰어내려"라는 목소리가 들려왔다. 그 사람은 활짝 열린 버스 창문으로 자기도 모르게 뛰어내릴 뻔 했지만 어떻게든 참았다고 한다.

타카다 타네오미 저 『아시아 열대 괴담』에 실려 있다.

【라】

■ 라차다피섹 길의 마의 커브

태국에서 이야기되는 괴이. 태국의 수도 방콕에 있는 도로를 둘러싼 이야기로, 이 커브에서는 많은 교통사고가 일어났다고 한다. 또한 이 커브 부근에는 한 그루의 나무가 자라고 있는데, 그 나무에는 정령

이 살고 있다고 여겨진다. 그래서 주변에 사는 사람들은 이 나무에 다양한 천이나 민속의상을 입히고, 얼룩말 장식물을 놓고 있다고 한다.

타카다 타네오미 저 『아시아 열대 괴담』에 실려 있다. 이 책에 의하면, 얼룩말 장식물이 놓여있는 곳은 대개 심령 스팟으로 여겨지는 곳일 경우가 많은데, 얼룩말이 도로의 수호신으로 인식되고 있기 때문이라고 한다. 그러나 실제로는 이 커브에서 사고는 거의 일어나지 않으며, 사람들의 인식으로서 사고가 일어나기 쉬운 마의 스팟으로 취급되고 있을 뿐인 듯하다.

■ 랏프라우 길의 지박령

태국에서 전해지는 괴이. 방콕에 있는 랏프라우 길 소이 64라는 이름의 도로에는 과거에 사고로 사망한 대학생들의 혼령이 나타난다고 한다. 이 대학생들은 술을 마시고 과속으로 차를 운전하다가 그대로 육교에 격돌해서 사망했다고 하며, 다음 희생자를 찾아 사고를 유발하고 있다고 여겨진다고 한다.

타카다 타네오미 저 『아시아 열대 괴담』에 실려 있다. 이 책에 의하면, 태국에서는 사고사처럼 자연사 이외의 죽음을 맞은 인간은 악령으로 변하기 쉽다고 생각되고 있으며, 그러한 악령은 피 타이홍으로 불린다. 그리고 피 타이홍은 성불하기 위해서 자기를 대신할 자를 준비해야 하기 때

16

문에 새로운 희생자를 찾고 있다고 한다.
이 랫프라우 길 소이 64에서는 신호등의
파랑, 노랑, 빨강불이 일제히 켜지는 현상
이 일어나며, 아무리 수리해도 고쳐지지
않는 상황이 이어지고 있다고 한다.

죽은 자가 자신을 대신할 자를 준비하지
않으면 사후에 구제되지 못한다는 사상
은, 중국의 액귀(縊鬼)나 일본의 '7인의 미
사키' 등, 같은 동아시아에 전해지는 괴이
중에 같은 예를 찾아볼 수 있다.

■레드 레이디

필리핀에서 이야기되는 괴이. 성폭력을
당하는 등, 무참하게 죽은 여성이 변한 존
재라고 하며 이리저리 떠도는 모습이 목
격되고 있다고 한다.

타카다 타네오미 저 『아시아 열대 괴담』에
실려 있다.

■루카 테와다

태국에서 전해지는 괴이. 나무의 정령인
낭 마이라고도 불린다. 거목 위에 사람에
게는 보이지 않는 7층 누각 '위만'을 쌓고
있으며, 이 거목을 베려고 하면 인간에게
다양한 위해를 가한다. 만약 무슨 일이
있더라도 베어야만 하는 경우에는, 우선
공물을 바쳐서 허락을 얻어야만 한다고
한다.

프라야 아누만 라차톤 저 『태국 민중생활
지(1) -제사와 신앙-』에 실려 있다.

【마】

■마나낭갈(Mananaggal)

필리핀 시키호르섬에 전해지는 마녀. 낮
에는 여성의 모습을 하고 있지만 밤이 되
면 정체를 드러내서, 등에 박쥐같은 날개
가 돋아나고 상반신을 하반신에서 분리해
서 공중을 날아다닌다고 한다. 인간 아기
의 피를 좋아하며, 긴 혀로 그 피를 빨아
먹는다고 한다. 또한 이 혀는 아무리 좁은
틈으로도 밀어 넣을 수 있으며, 때로는 임
산부를 습격해서 그 배꼽에 혀를 찔러 넣
어 태아의 피를 빤다고도 한다. 또한 낮에
는 인간 여성과 똑같은 모습인 것을 이용
해서 남성을 유혹해서 그 내장을 빼먹는
다는 이야기도 있다고 한다.

마나낭갈은 밤이 되면 분리한 하반신을
사람의 눈에 띄지 않는 곳에 숨기고 사냥
에 나서는데, 동틀녘에 상반신과 하반신
이 나뉜 채로 있으면 태양빛을 뒤집어쓰
고 소멸한다고 한다. 또한 현지에 남아있
는 전승에서는, 밤중에 마나낭갈의 반신
을 발견했을 때에는 그 잘린 부위에 소금
과 재를 뿌린다. 그러면 각각의 반신이 결
합할 수 없게 되기 때문에 퇴치할 수 있다
고 한다.

필리핀의 전승에 있는 흡혈귀이지만,
2007년 11월 12일, 유튜브에 이 괴물을 포
착했다는 영상이 업로드 되었다. 이 영상

의 진위여부는 불명이지만, 현지에서는 지금도 이 괴물에 대한 이야기가 전해 내려오는 것은 확실한 듯 보인다.

■ 마의 동굴

중국에서 이야기되는 괴이. 하북성 석가장시에 있는 원씨현의 현성 북서쪽에는 마의 동굴이라 불리는 동굴이 있다. 깊이는 약 3미터에, 입구에는 두 마리의 용이 공으로 장난치는 듯한 형상의 조각이 있다. 동굴의 둘레벽에는 몇 개의 작은 구멍이 뚫려있는데, 맑은 날에는 이 작은 구멍 안에서 갑자기 술렁이는 소리를 내기 시작하며 기분 나쁜 바람이 나온다. 또한 흐린 날에는 술렁임과 함께 안개 같은 것이 나온다. 이럴 때에는 농작물이 바람에 쓰러지고 나무열매도 떨어지기 때문에 주민들은 이 동굴을 마의 동굴이라 부른다고 한다. 야마모토 하지메 저『중국의 민간전승』에 실려 있다.

■ 말을 하는 거목

중국에서 이야기되는 괴이. 하북성의 창주시의 낙성현(현 셴현[献県]) 동관 밖에는 수령을 알 수 없을 정도로 오래된 거목이 있었다. 이 나무는 인간처럼 말을 할 수 있다고 하는데, 1912년에 어떤 사람이 거목이 사당을 만들어줬으면 한다고 말하는 것을 들었다. 그래서 그는 나무를 기어 올라가서 그 위에 작은 사당을 설치했다. 그

러자 그 소문을 들은 경찰이 찾아와, 미신이 도를 넘었다고 화를 내며 나무 위의 사당을 부숴버렸다고 한다. 그 일 이래로 이 거목이 말을 하는 일은 없어졌다고 한다. 야마모토 하지메 저『중국의 민간전승』에 실려 있다.

■ 매 낙(Mae Nak)

태국에서 이야기되는 괴이. 태국에서는 모르는 사람이 없는 괴담인 '매 낙 프라카농'에 등장하는 악령으로, 1870년 전후에 실제로 있었던 사건에 등장하는 존재로 믿어지고 있다. '매 낙'은 '낙 어머니'라는 뜻의 단어로, 유령의 이름은 '낙'이다. 낙은 남편이 징병되어 집을 떠난 사이에 아이를 낳다가 죽게 되는데, 죽은 뒤에 출산 시에 함께 죽었던 자신의 아이와 다시 나타났고, 남편이 병역을 마치고 귀가한 뒤에는 마치 살아있는 사람처럼 그와 가정생활을 보냈다.

태국에서는 태내에 아이를 남긴 채로 죽은 여성은 '피 타이탕클롬(Phi Tai Thang Klom)'이라는 악령으로 변한다고 믿어지고 있기에, 그렇게 되지 않도록 사원에서 극진하게 장사지내고 있는데, 어느 주술사가 주술용 기름을 그녀의 시체에서 채취하려고 파냈기 때문에 낙은 피 타이탕클롬이 되었다고 한다. 남편은 우연히 이 피 타이탕클롬의 팔다리가 자유롭게 늘어난다는 특징을 아내에게서 발견하고, 사

원에 달려가서 도움을 청한다. 그것을 알아차린 낙은 사원 주위에서 남편을 내놓으라고 난동을 부리지만, 승려의 설득으로 성불한다.

이리하여 낙은 악령이 아니게 되었고, 그녀는 남편만을 계속 사랑한 한결같은 여성으로서도 사람들에게 사랑받게 되어 현재도 와트 마하부트라는 사원에 모셔져있다. 이 사원은 이야기 속에서 낙의 남편이 도움을 청한 사원이며, 많은 시민들이 매 낙을 위해서 방문하고 있다.

타카다 타네오미 저 『아시아 열대 괴담』에 실려 있다. 이 책에 의하면, 이 이야기는 영화로도 만들어졌으며 태국에서 대히트를 기록했다고 한다.

■ 메 제라마니

태국에서 이야기되는 괴이. 태국의 수도 방콕에 있는 모르타르 기둥에 깃든 여성의 정령으로, 수액이나 기름이 떨어지는 나무나 기둥에 깃드는 정령, **피 사오 통 남만**의 일종으로 생각되고 있다.

방콕의 로얄 시티 애비뉴에 있는 이 기둥은 빌딩의 지하주차장의 한 구석에 있으며, 많은 참배객이 방문하기 때문에 의복이나 음료 등의 공물이 놓여있다. 메 제라마니의 모습은 이 기둥 속으로 사라져가는 여성으로서 몇 번이나 목격되었으며, 금전운의 신으로서 사랑받고 있다고 한다.

타카다 타네오미 저 『아시아 열대 괴담』에 실려 있다. 이 책에 의하면, 어째서인지 항상 젖어있으며 기름으로 반짝이는 듯 보인다고 한다. 그 기원은 1990년대에 이 기둥이 세워진 장소에서 죽은 여성이 빌딩에서 일하는 종업원의 꿈에 나타나서 공물을 이곳에 바치게 되었다. 그러자 공물을 바친 종업원 모두가 복권에 당첨되었기 때문에 금전운의 신으로서 널리 알려지게 되었다고 한다.

■ 몸통밖에 없는 소년

대만에서 이야기되는 괴이. 어느 학생이 숙제를 잊고 학교에 돌아갔을 때, 교실에 들어간 순간 바람이 불어왔다. 직후에 한 명의 소년이 나타났는데, 그 모습은 팔다리가 없고 몸통만인 상태로 눈 코 입에서 피를 흘리고 있었다.

학생은 당황해서 교실에서 도망쳤다. 나중에 같은 반 학생에게 그 일을 이야기하자, 옛날에 그 학교에서 한 소년이 목 졸려 살해당한 사건이 있었음을 알게 되었다. 그 시체는 토막 나서 교실에 버려져 있었다고 한다. 그 사실을 알게 된 학생이 그 이야기를 부모님에게 하자, 도사가 고용되어 소년은 성불되었다고 한다.

이토 류헤이, 시에 지아칭 저 『현대 대만 귀담』에 실려 있다.

■ 몽골리안 데스웜

몽골 북부의 고비 사막에 출현했다는 괴

이. 몸길이는 50센티미터에서 1미터 50센티미터 정도라고 하고, 몸 색은 붉은 색이나 적갈색, 다갈색 등이며 반점이 있다고 한다. 다가오는 동물에게 독액이나 전기를 흩뿌려서 순식간에 죽인다고 한다.

나미키 신이치로 저『미확인동물 UMA 대전』에 실려 있다.

소의 창자 같은 생김새를 하고 있기 때문에 현지에서는 '오르고코이코이(창자벌레)'라는 이름으로 불린다고 한다. 존재가 기록된 것은 1800년대 초, 러시아인 연구팀에 의해 확인되었다고 하며, 현지에서는 이미 많은 희생자가 발생했다고 한다. 1990년대에는 체코의 동물학자 이반 맥컬리(Ivan Mackerle)에 의해 현지 조사가 이루어졌지만, 실재 여부를 확인하는 데는 이르지 못했다. 그러나 탐문조사에 의해 데스웜에 접촉한 어린아이가 즉사했다, 입에 거품 같은 것을 생겨나게 하는데 그 거품이 파열하면 맹독이 흩뿌려진다, 시체가 닿은 물체는 녹색으로 변색되며 간접적으로라도 그것과 접촉하면 목숨을 잃는다, 라는 이야기가 수집되었다고 한다.

포획에는 이르지 못했지만 데스웜의 모습을 그린 스케치는 많다. 그 그림들은 지렁이처럼 주름진 길쭉한 몸통 끝에, 상하좌우로 열리는 부리 같은 기관이 달려있는 모습으로 그려지는 경우가 많다고 한다.

■몽키맨

인도의 수도인 뉴델리에 출현했다는 괴이. 상반신은 검은 털의 원숭이이고 하반신은 인간이라는 모습의 괴물로, 몸에서 적색과 청색의 빛을 발한다고 한다. 몸길이는 1미터 40~60센티미터 정도로 인간과 비슷하며, 날카로운 발톱으로 사람을 습격한다고 한다.

나미키 신이치로 저『미확인동물 UMA 대전』에 실려 있다.

2001년 4월, 몽키맨은 밤의 뉴델리에 출현해서 연일 현지의 미디어를 떠들썩하게 만들었다고 한다. 또한 지역에서는 이것의 정체가 원숭이 형태의 로봇이라는 소문도 도는 듯하다. 그러나 점차 목격자는 줄어들었고, 어느샌가 사건은 조용히 묻혀버렸다고 한다.

■몽키멘

버마(현 미얀마)에 나타났다는 괴물. 메콩강 부근의 밀림에 출현했다고 하며, 몸길이 3미터 이상에 카키색 털이 나있으며, 아기 같은 울음소리를 낸다고 한다.

존. A. 킬 저『불가사의한 현상 파일』에 의하면, 1969년 목격된 괴물이라고 한다.

■무노츄와(Muhnochwa)

인도에서 이야기되는 괴물. 거북이 혹은 축구공과 비슷하다고 형용되는 수수께끼의 물체로, 인간과 조우하면 습격해오며

입가에 발톱을 꽂아서 살을 찢어발긴다고
한다.

나미키 신이치로 저『미확인동물 UMA 대
전』에 의하면, 2002년 6월부터 7월에 걸
쳐 목격되었다고 한다. 또한 목격자의 증
언으로는 온몸에서 빛을 발하고 있었다고
하며, 생물이 아닌 기계라고 이야기한 피
해자도 있었던 듯하다.

■ 미고이(migoi)

부탄에서 이야기되는 괴이. 이른바 '설인
(雪人)'으로, 몸집은 인간의 배 이상이며 온
몸이 털로 뒤덮여 있다고 한다. 또한 그
몸에서는 심한 악취가 난다고 한다.

부탄에는 부상을 입은 미고이가 비구니에
게 도움을 받은 이야기나, 산에서 미고이
와 마주친 남자가 미고이가 담배를 피우
는 모습을 흉내 내는 것을 보고 화승총을
담배처럼 물게 하고 총을 발사해서 퇴치
한 이야기 등이 남아있다. 또한 현재도 심
한 눈보라가 부는 날에는 미고이가 마을
에 내려온다고 믿어진다고 한다.

쿤장 초덴 저『부탄의 민화와 전설』에 수
록되어 있다.

■ 미르고라(mirgora)

부탄에서 이야기되는 괴이. 히말라야의
깊은 숲에서 사는 인간과 아주 비슷하게
생긴 생물이지만, 팔이 길고 몸은 털로 덮
여있다고 한다. 낮에 숲에서 사람들이 일

을 하면, 밤이 되어 나타나서 낮에 사람들
이 했던 일을 그대로 흉내 낸다고 한다.

쿤장 초덴 저『부탄의 민화와 전설』에 수
록되어 있다.

■ 미이라의 동굴

필리핀에 전해지는 괴이. 필리핀의 카바
양이라는 마을에 있는 동굴에는 미이라가
60개 정도 방치되어 있다. 이 미이라를 건
드리면 저주를 받기 때문에 건드려서는
안 된다고 한다.

타카다 타네오미 저『아시아 열대 괴담』에
실려 있다. 이 미이라는 죽기 직전인 인간
에게 대량의 소금물을 마시게 하고 불로
그을려서 인공적으로 만든 것이라고 한다.

【바】

■ 반가라 요새(Bhangarh Fort)

인도에 실재하는 괴이. 라자스탄 주에
남아 있는 폐허로, 중세에 번영했던 도시
였지만 현재는 아무도 살지 않는 땅이 되
었다.

이 땅은 저주받았다고 여겨지고 있으며,
그 유래는 이하와 같다. 반가라 왕국의 공
주에게 매료된 한 왕자가 청혼했지만 거
절당했다. 그것에 앙심을 품은 왕자는 흑

마술로 매료의 약을 만들지만, 공주는 그것을 간파하고 땅바닥에 던져버렸다. 그리고 대지에게 사랑 받게 된 왕자는, 굴러온 바위에 깔려 죽어버렸다고 한다. 그러나 왕자는 죽기 직전에 왕국에 저주를 걸었다.

이 저주로 인해 커다란 전쟁이 벌어졌고 공주는 그 전쟁에 희생되었다. 왕국도 이윽고 쇠퇴하고 폐허로 변했다고 한다.

다른 설로는 이 요새를 세우는 바람에 집에 햇살이 비치지 않게 된 성인(聖人)의 저주라는 이야기도 있다. 이 성인은 왕국이 생기기 전부터 그 땅에 살고 있던 인물로, 도시를 만들 때에 자신의 집에 그림자가 드리우지 않는다는 조건을 걸었다. 그러나 몇 세대를 거치는 동안 사람들은 그 약속을 잊어버렸고, 집에 그림자가 드리워진 성인은 도시 전체에 저주를 걸었다. 이것에 의해 재앙이 휘몰아쳤고 왕국은 쇠퇴했다고 한다.

현재도 반가라 요새는 관광지로서 알려져 있지만, 밤에 이 땅에 발을 들인 사람은 결코 돌아올 수 없다고 전해지고 있다.

로버트 그렌빌 저『반드시 나오는 세계의 유령의 집(Haunted Places)』등에 실려 있다.

■방파이 파야낙(Bang Fai Paya Nak)

태국에서 전해지는 괴이. 태국 북동지방 북단의 농카이 현과 인접국 라오스와의 국경에 있는 메콩강에 불덩이가 올라오는 현상으로, 매년 10월경에 보름달이 뜬 밤에 관측된다고 한다. 불덩이는 30미터 정도, 때로는 150미터나 상승하며 몇 초에서 수십 초 동안 빛난다. 이것은 그 지역에서는 용신인 나가의 불덩이라고 믿어지고 있으며, 태국뿐만 아니라 다른 나라에서도 많은 관광객들이 이것을 보기 위해 방문한다고 한다.

타카다 타네오미 저『아시아 열대 괴담』에 실려 있다. 이 책에 의하면, 이 불덩이의 원리는 과학적으로 해명되지 않았다고 한다. 또한 태국에서는 현재도 나가의 목격담이 있으며, 그 사실이 이 불덩이가 나가의 것이라는 정보에 신빙성을 갖게 만들고 있다고 한다.

■베오(Veo)

인도네시아에 나타난다는 괴물. 인도네시아의 리차 섬에서 살고 있다는 몸길이 2, 3미터의 거대한 생물이라고 한다. 온몸이 비늘로 덮여있고 길쭉한 얼굴과 날카로운 발톱을 지닌, 마치 거대한 천산갑 같은 모습이라고 한다.

나미키 신이치로 저『미확인동물 UMA 대전』, 하니 레이 저『초상현상 대사전』에 실려 있다. 그 정체는 신종 천산갑, 혹은 고대의 천산갑의 생존개체라는 설이 있다.

■변기의 팔, 변기의 얼굴

대만에서 전해지는 괴이. 학교 괴담의 일

종. 어느 여자 중학생이 화장실에 가자, 변기 안에서 팔 한 짝이 뻗어 나와 여자 중학생의 목숨을 빼앗았다. 그로부터 5년 뒤, 한 여자 중학생이 같은 화장실에 가자, 변기에 죽은 여자 중학생의 얼굴이 있었다. 이후로 그 화장실은 사용하는 사람이 없게 되었다고 한다.

이토 류헤이, 시에 지아칭 저 『현대 대만 귀담』에 실려 있다. 변기에서 팔이 뻗어 나온다는 괴담은 일본의 학교에서도 자주 나온다.

■봉문촌의 괴이

중국에서 이야기되는 괴이. 1963년에 세 명의 청년이 봉문촌(封門村)이라는 마을을 방문했다. 세 청년이 봉문촌의 공산당 조직에 숙박 장소를 알아봐 달라고 부탁하자, 한 채의 빈집이 제공되었다. 그 빈집은 그들이 방문하기 얼마 전에 가족 전원이 병으로 죽은 곳이었다고 한다. 거기서 세 사람은 밤을 보냈는데, 세 사람이 모두 같은 악몽을 꾸고 가위에 눌려 몸을 꼼짝도 할 수 없게 되는 괴현상이 일어났다.

그리고 며칠 뒤, 세 청년 중 한 청년이 빈집에 있었던 옷장을 열자, 그곳에는 악귀의 얼굴이 나타났다. 그것은 며칠 전에 악몽 속에서 봤던 것과 같은 얼굴이어서, 청년은 그 자리에 졸도했고 이내 고열이 나기 시작했다.

또 다른 날에는 다른 한 청년이 악몽을 꾸

다가 눈을 떴는데, 물소리가 들려서 밖을 내다보았다. 그랬더니 우물가에서 전라의 아름다운 여인이 몸을 씻고 있었다. 여인은 청년의 시선을 깨닫고는 생긋 웃는가 싶더니, 갑자기 우물 안으로 몸을 던졌다. 깜짝 놀란 청년은 마을 사람들을 불러 모아 우물을 살펴보았지만 여인의 모습은 없었다. 이윽고 그 청년도 열이 나기 시작했다.

그리고 마지막 한 청년 역시, 몇 사람인가에게 목을 졸리는 꿈을 꾸었고 고열이 나기 시작했다.

그들의 열은 약을 먹어도 차도가 없었기 때문에 마을 장로와 상의해서 제물을 바치는 의식을 치렀고, 그런 뒤에야 간신히 열이 내리기 시작했다고 한다.

먀오후오 저 『중국 -봉인된 초상현상-』에 실려 있다. 이 봉문촌은 2007년에 폐촌 되었는데, 다양한 괴기현상이 일어나는 장소로서 알려져 있으며 안에 들어가기만 해도 원인불명의 내출혈이 발생하는 경우가 있다고 한다.

■붉은 눈의 귀신

대만에서 이야기되는 괴이. 어느 학교의 교실은 항상 잠겨 있는데, 한 학생이 문의 열쇠구멍으로 그 교실 안을 들여다본 적이 있었다. 그러나 문 너머는 새빨간 색밖에 보이지 않았는데, 나중에 그 학생은 선배에게 그 교실에는 붉은 눈의 여자 귀신이 있다는 말을 들었다고 한다.

이토 류헤이, 시예 지아칭 저『현대 대만 귀담』에 실려 있다. 이 학생이 들여다보았던 열쇠구멍을 통해, 교실 안쪽에서 붉은 눈의 귀신이 마주보고 있었다는 뜻이다.

이 책에서도 지적하고 있는 대로, 이 이야기는 일본에서는 '붉은 방'이라는 괴담으로 잘 알려져 있다. 다만 일본에서는 무대가 학교가 아니고, 택시 운전수가 이상한 손님을 뒤따라가서 열쇠구멍으로 집안을 엿보았더니 온통 붉은 색인 방이 보였다는 이야기로서 전해지는 경우가 많다. 붉은 눈의 여자의 정체도 대만처럼 귀신(유령에 가까운 존재)이 아니라, 병으로 인해 눈이 시뻘겋게 된 사람으로 이야기되는 경우가 많다.

■ 붉은 옷의 소녀 귀신

대만에서 이야기되는 괴이. 대남(타이난) 시에 있는 대남과기대학에 있는 여자 기숙사에는, 밤이 되면 붉은 옷을 입은 소녀 귀신이 나타난다. 이 귀신은 만난 여학생에게 "언니, 언니, 같이 놀자"라고 유혹하는데, 그 유혹에 응하면 목숨을 잃는다고 한다.

이토 류헤이, 시예 지아칭 저『현대 대만 귀담』에 실려 있다. 중국이나 대만에서 말하는 귀신(鬼)은 일본에서 말하는 오니(鬼)와 달리, 유령에 가까운 존재를 가리킨다.

■ 블랙 레이디

필리핀에서 이야기되는 괴이. 그 이름대로 검은 여성의 모습을 한 괴이로, 세부 섬에서 자주 목격된다고 한다. 기본적으로는 악령, 혹은 마녀라고 여겨진다고 한다.

타카다 타네오미 저『아시아 열대 괴담』에 실려 있다.

【사】

■ 산티카 클럽 옛터의 택시 유령

태국에서 이야기되는 괴이. 과거에 방콕에 있던 클럽 '산티카'의 옛터에서 이따금씩 젊은이의 유령이 목격되고 있으며 택시를 불러 세운다고 한다. 이때, 택시가 멈추면 젊은이의 모습이 없거나, 혹은 손님으로 택시에 탔음에도 불구하고 어느샌가 그 모습이 사라졌더라는 괴현상이 다발하고 있다고 한다.

타카다 타네오미 저『아시아 열대 괴담』에 실려 있다. 산티카 클럽은 2008년 12월 31일에 새해를 맞이하기 위해 밤새 영업하고 있었는데, 그 신년 카운트다운 파티에서 화재가 발생했다. 원인은 파티 중에 실내에서 벌어진 축하 불꽃놀이였고, 불법건축물이라 비상구가 제대로 설치되지 않았던 탓에 많은 희생자가 발생했다.

그리고 산티카 클럽은 폐점되고 건물은 철거되어 터만 남았는데, 그 장소는 현재 태국에서도 유명한 심령 스팟이 되었다고 한다.

■석인의 괴이

중국에서 이야기되는 괴이. 석인(石人)은 묘지 주위에 의장물로서 세워놓는 돌로 만든 사람 형태의 석상인데, 중국에서는 이것이 움직인다는 이야기가 많다. 석인은 사람으로 둔갑할 수 있으며, 음식을 먹을 수 있지만 말은 할 수 없다고 한다.

예를 들면 어느 묘지에서는 석인이 인간으로 둔갑하여 두부가게에 두유를 마시러 온 적이 있었는데, 돈을 내지 않고 돌아가 버렸다. 이런 일이 며칠이나 이어지자 가게 주인이 "돈도 내지 않고 아무런 말도 하지 않다니, 너는 석인이냐?"라고 말하자 허를 찔린 손님은 그 자리에서 석인의 모습으로 돌아갔다고 한다.

또 어느 호족의 묘에 서있던 석인은, 밤이 되면 인간으로 둔갑하여 마을에 나타나서 마을처녀에게 장난을 치거나 민가에 와서 밥을 달라고 강요하기도 했다. 그러나 무엇을 물어봐도 한 마디도 말하지 않기 때문에, 사람들이 석인임을 알아맞히자 그 자리에서 쓰러져 정체를 드러냈다고 한다.

야마모토 하지메 저『중국의 민간전승』에 실려 있다. 이 책에 의하면, 마찬가지로 묘에 세워져 있는 돌로 된 거북이를 본뜬 돌거북도 괴이가 되는 경우가 있다고 한다. 상세한 것은 **돌거북이의 괴이** 항목을 참조

■선혈에 젖은 미녀

중국에 나타난 괴이. 다큐멘터리 작가이자 초상현상 연구가인 나카오카 토시야 씨가 중국에 주재했던 시절에 실제로 목격했다고 하는 유령으로, 유령의 집으로 소개된 북경의 어느 저택에서 출현했다고 한다. 그 모습은 왼쪽 어깨부터 가슴까지 칼에 베인 상처가 있는 젊은 여자로, 하복부 이쪽저쪽에 깊은 상처가 있었다. 유령은 잠시 시간이 흐른 뒤에 바닥으로 빨려 들어가듯이 사라져버렸다.

이 유령은 제2차 세계대전, 일본군 장교에게 강간당할 상황에서 저항했기 때문에 살해당한 여성의 영혼이라고 한다.

나카오카 토시야 저『세계 영혼 이야기』에 수록되어 있다.

■소레노그리파 폴리포디다

(Solenoglypha Polipodida)

인도에서 목격되었다는 신비한 생물. 인도 남부의 타밀나두주에서 포획된, 새 같은 다리가 12개나 있는 뱀 같은 동물로 파충류와 날 수 없는 조류가 혼합된 생물이라 여겨진다. 이 다리와 몸통의 꿈틀거림을 이용해서 무시무시한 속도로 달린다. 또한 평범한 파충류와는 달리 항상 엄청

나게 빠른 속도로 뛰어다니며, 식사나 배설 할 때 외에는 멈추는 일이 없다.

사냥감을 눈앞에 두면 정지하고, 휘파람 같은 찰과음을 내서 마비시킨다. 이 속박은 2, 3시간 정도 지속되며, 그 동안에 소레노그리과 폴리포디다는 소화액을 체내에 축적한다. 그리고 사냥감에 덤벼들어 그 맹독으로 상대를 즉사시키고, 잡아먹는다.

또한 식사를 위해서가 아니라 오락을 위해서 사냥감을 살해하는 일도 있으며, 독으로 즉사시킨 뒤에 그 동물 위에 소화액을 토해서 녹기를 기다린다. 그 동안에 소레노그리과 폴리포디다는 '그로브 토'라는 특징적인 울음소리를 발하면서 사냥감 주위를 빙글빙글 돈다고 한다.

호안 폰트쿠베르타 & 페레 포르미게라 저 『비밀의 동물지(Fauna Secreta)』에 실려 있다. 이 책은 의문의 실종을 당한 동물학자 페터 아마이젠하우펜 박사의 자료를 바탕으로 작성되었다는 형식의 서적으로, 보통은 있을 수 없는 다수의 동물이 사진이나 해부도, 관찰일기 등과 함께 게재되어 있다.

그러나 이것은 '존재한다는 것은 사진에 찍힌다는 것이다'라는 역설을 이용해서 미지의 동물들을 소개하는 것이며, 게재된 동물들은 전부 이 책을 위해서 창작된 것이다.

■소이 사이유드의 붉은 버스 공장 옛터

태국에서 이야기되는 괴이. 그 이름대로 옛날에 버스 공장이 있던 옛터로 태국에서도 유명한 심령 스팟이라고 한다.

이 옛터는 현재 교통사고 차량을 폐기하는 장소가 되었으며, 그런 차량 안에서 심령현상이 나타난다고 한다.

유명한 것은 중형 붉은 버스로, 새해에 귀성하는 사람들을 태운 상태에서 사고가 발생했기 때문에 폐기장으로 운반되었다. 이 버스 안에서는, 심야가 되면 때때로 잔치를 하는 듯한 소리가 들리거나, 노래하고 춤추는 사람의 형체가 보인다고 한다. 이것은 사고가 일어났을 때에 차안에서 동향 사람들끼리 잔치를 벌이고 있었기 때문이라고 여겨지고 있다.

타카다 타네오미 저 『아시아 열대 괴담』에 실려 있다.

붉은 버스는 태국에서 가장 운임이 싼 버스의 통칭으로, 차체가 붉은색과 크림색이기 때문에 태국 주재 일본인들에게는 '붉은 버스'로 불리고 있다고 한다. 이 책에 의하면, 이 밖에도 사망사고를 일으키고 폐차된 자동차가 몇 대나 있으며, 타카다 씨는 아이를 태운 채로 사고를 일으켰던 스쿨버스에 들어갔더니, 마치 아이들이 몸에 들어와서 감각기관을 빼앗아간 듯이 일본어를 인식할 수 없게 되었다고 한다.

■ 수완나품 국제공항의 테와다

태국에서 이야기되는 괴이. 수완나품 국제공항은 태국 최대의 공항이지만 심령 스팟으로도 유명하며, 엘리베이터에 나타난 유령이 동영상에 찍혀 인터넷상에 올라가기도 했다. 그중에서도 유명한 괴이담이, 2013년 9월 8일에 이 공항에서 항공기가 오버런을 일으켰을 때에 나타났던 **테와다**에 대한 것이다. 테와다(Thewada)는 태국의 천사라 부를 수 있는 존재로, 태국 사람들에게 사랑받고 있다. 이 오버런 사고 때에는 화재 위험성 때문에 승객들이 기체에서 탈출하게 되었는데, 그때 많은 사람들이 태국 민족의상을 입은 객실승무원이 그들을 유도하는 것을 목격했다. 이날, 객실승무원은 통상적인 제복을 착용하고 있었으며, 민족의상을 입은 사람은 없었다. 그 때문에 이 객실승무원은 과거에 비행기 사고로 목숨을 잃었던 여성이며, 사고로부터 승객을 구하기 위해 테와다가 되어 나타났다는 소문이 퍼졌다고 한다.

타카다 타네오미 저 『아시아 열대 괴담』에 의하면, 이 승무원의 모습은 당시에 촬영된 동영상에도 찍혀 있지만 아직 정체는 알 수 없다고 한다.

■ 스테와 루투(Stewa Rutu)

부탄에서 이야기되는 괴물. 물속에 사는 흡혈생물로, 말랑말랑한 소의 위벽 같은 피부를 가지고 있으며 무수하게 나 있는 촉수로 사냥감을 잡는다고 한다. 피를 좋아하며, 초상적인 힘을 지녔기 때문에 그 지역 사람들은 강에 다가가지 않지만, 아무것도 모르고 지나가는 여행자가 자주 희생된다. 스테와 루투는 희생자의 육체에서는 물론이고, 그림자에서도 피를 빨수 있기 때문에, 다리를 건너는 인간의 모습이 강에 비치면 그 그림자에 달려들어 피를 빤다. 다리 위에 있던 사람은 몸의 피를 잃고 쓰러져 결국 강에 떨어지게 되는데, 스테와 루투는 이 시체에 다가가서 통째로 먹어치운다고 한다.

또한 강물이 불어나면 강가에 밀려올라오는 경우도 있다. 그렇게 되면 말라서 몸이 쪼그라들어버리지만 며칠 동안은 계속 살아있을 수 있으며, 한번 물에 닿으면 원래의 크기로 돌아가서 사냥감을 찾는다고 한다.

쿤장 초덴 저 『부탄의 민화와 전설(Folktales of Bhutan)』에 수록되어 있다. 스테와 루투는 부탄에서 옛날부터 전해지는 괴이로, 퇴치된 이야기도 있다고 한다.

■ 쑨원 상의 괴이

대만에서 이야기되는 괴이. 쑨원 상은 말 그대로 초대 중화민국 임시대통령인 쑨원의 모습을 본뜬 동상을 말한다. 대만에서 초등학교에서는 쑨원의 동상이 흔히 설치되어 있는데, 이 상에 관련된 괴담도 흔하다. 예를 들면 어느 소년이 밤에 학교에 갔다가 쑨원 상에게 심장이 도려내져서 살해당했다, 밤 12시가 되면 쑨원 상이 피눈물을 흘린다, 라는 것들이 많다.

이토 류헤이, 시예 지아칭 저『현대 대만 귀담』에 실려 있다. 일본의 학교에서 '니노미야 킨지로 상의 괴이'와 유사하지만, 어째서인지 심장을 도려내는 이야기가 많은 듯하다.

【아】

■아라칸족 노녀의 혼령

미얀마에 나타난 괴이. 과거에 아라칸족의 왕이 보물을 지키기 위해 생매장했던 여성이라고 여겨지고 있으며, 1928년 미얀마(당시에는 버마)에서 영국 정부의 문관으로 근무하고 있던 모리스 코리스라는 인물 앞에 나타났다. 노녀의 혼령이 나타났을 때에 코리스는 건물 전체가 지진이 일어난 것처럼 진동하는 것을 느꼈지만, 주변인들에게 물어보니 지진 같은 건 없었다는 대답이 돌아왔다. 그리고 그 지역 사람들은 유령이 코리스의 주의를 끌려고 그의 마음을 흔든 것이라고 말했다고 한다.

존 & 앤 스펜서 저『세계 괴이 현상 백과 (The Encyclopedia of Ghosts and Spirits)』에

실려 있다. 노녀의 유령이 코리스의 마음을 흔들고, 주의를 끌려고 한 이유는 알 수 없다.

■아스왕(aswang)

필리핀에 전해지는 괴물. 낮에는 아름다운 여성이지만 밤이 되면 하늘을 나는 흡혈귀로 변한다고 한다. 어린아이의 피를 좋아하며, 집의 지붕에 올라가서 틈새로 긴 혀를 뻗어서 인간의 피를 빤다고 한다. 피를 듬뿍 빤 아스왕의 배는 크게 부풀어 올라서 마치 임산부처럼 보인다고 한다.

필리핀에서는 옛날부터 전승에 남아 있는 흡혈귀인데, 나미키 신이치로 저『MU적 도시전설』에 의하면 최근에도 목격담이 있다고 한다.

이 책에 의하면 2005년, 해변에서 한 어부가 습격당해 혈액을 대량으로 빼앗겼다고 기록되어 있다. 또 2006년에는 지역 주재 카메라맨에 의해 아스왕으로 보이는 비행 생물의 사진이 찍혔다. 그러나 이 사진은 낮에 찍힌 사진이며, 낮에는 보통 인간과 다를 바 없다는 아스왕의 습성과 다른 점이 보인다.

■아이 피

태국에 전해지는 괴이. 악령을 의미하며, '피(Phi)' 중에서도 가장 수가 많아서 단순히 '피'라고 하면 이것을 가리킬 때도 있다. 공격성이 높으며 인간에게 좋은 일을

하는 경우가 없다. 최근에는 외국어를 이용해서 '푸트 피(마신)', '피 피사트(요괴)'라고 불리기도 한다고 한다. '피'에 대해서는 해당 항목을 참조.

프라야 아누만 라차톤 저 『태국 민중생활지(1) -제사와 신앙-』에 실려 있다.

■악마로부터의 착신

인도에서 이야기되는 괴이. 오디샤주 남부에서 퍼졌다는 소문으로, 악마로부터 전화나 문자 메시지를 착신, 수신한 사람은 병에 걸려 쓰러지거나 죽어버린다고 한다.

또한 실제로 이 전화를 받았다는 남성의 이야기로는, 이 착신번호는 보통의 전화번호보다 많은 11자리부터 14자리의 번호인데, "이대로 통화를 계속하면 휴대전화가 바이러스에 감염되어 폭발한다"라는 경고가 나왔다. 그 뒤에 다시 걸어보아도 사용되지 않는 전화번호라는 안내음성이 나올 뿐이었다고 한다.

나미키 신이치로 저 『최강의 도시전설 2』에 실려 있다.

■야인(野人)

중국에서 이야기되는 괴이. 중국어로는 '예렌'이라고 발음된다. 인간에 가까운 체격에 이족보행을 하는 원숭이 같은 동물로, 호북성 신농가(神農架) 지구에서 목격된 것이 유명하다. 이 지역에서는 야인의 목격이 다발하고 있는 것 외에 발자국도 자주 발견된다고 한다. 또한 1950년대에는 야인에게 납치되었던 여성이 마을에 돌아와서 야인의 아이를 낳았다는 사건이 발생했다. 이 아이는 '후성(猴姓, 허우시옹)'이라고 불렸으며, 출생 시부터 온몸에 털이 나 있었다고 한다. 또한 성장함에 따라 머리가 작고 세 줄의 융기가 있으며, 허리를 굽힌 독특한 자세로 걷는 특징을 보이게 되었다. 후성은 1998년에 병으로 죽었지만 생전의 모습이 영상으로 기록되어 있으며, 1997년에 야인 조사대가 결성된 이후에는 후성의 시신도 조사되었다. 그러나 그 조사결과는, 후성은 틀림없는 인간이며 소두증이라는 병을 앓고 있었기 때문에 보통 사람과 다른 존재로 보였을 뿐이라고 한다. 하지만 한편으로는 통상의 소두증에서는 보이지 않는, 평범한 인간보다 비정상적으로 키가 크다는 특징을 지니고 있었기 때문에 반론도 있다고 한다.

먀오후오 저 『중국 -봉인된 초상현상-』에 실려 있다. 나미키 신이치로 저 『미확인동물 UMA 대전』에 의하면, 1940년대 무렵에는 이미 목격정보가 있었다고 한다. 또, 원숭이인간 같은 모습을 한 요괴는 중국에 옛날부터 전해오고 있었으며, 사네요시 타츠로 저 『중국 요괴 인물 사전』에 의하면, 기원전 4세기부터 기원전 3세기경에 기록된 『산해경』에는 사람처럼 걷는 원숭이 같은 요괴 '성성(猩猩)'에 대해서 기록되어 있다고 한다. 또한 16세기에는 여성을 납치하는 원숭이 요괴로서 '확원(玃猿)'이라는 요괴가 『본초강목』에 기록되어 있다. 이 원숭이가 여성을 납치하는 것은 자식을 낳게 하기 위함이며, 자식을 낳으면 원래의 집으로 돌려보낸다고 여겨지고 있다. 이는 앞서 이야기한 후성의 사례와도 비슷하며, 『중국 요괴 인물 사전』에서도 야인이나 야녀(野女)의 이야기가 확(玃)이나 주(貑, 인간의 남자를 납치해서 자식을 낳는 원숭이 요괴)와 유사하다는 점이 지적되고 있다.

■ 어둠의 엘리베이터

태국에 나타난 괴이. 어느 여성이 태국 나콘라차시마(코라트)의 낡은 호텔에 묵었을 때의 일로, 밤 10시경에 호텔로 돌아가 엘리베이터에서 자신의 방이 있는 층의 버튼을 눌렀는데 어째서인지 엘리베이터는 4층에서 멈췄다. 문이 열리자, 그 앞에는 그저 새까만 경치만이 펼쳐져있었고 뭔가 탄 듯한 냄새도 났다. 그날은 그대로 엘리베이터가 움직이는 것을 기다린 뒤에 자기 방으로 돌아갔지만, 다음 날 여성이 호텔 종업원에게 그 사실을 이야기하자 종업원은 창백하게 질리며 이런 이야기를 했다.

몇 년 전에 그 호텔에는 밤 10시경에 화재가 발생했는데, 가장 불길이 격했던 4층에서 다수의 사망자가 발생했다. 그 후로 4층에서는 유령의 목격담이 다발하게 되어서 폐쇄되었다. 엘리베이터도 4층에는 멈추지 않도록 설정되었고 문도 복도 쪽에서 잠겨있었다고 한다.

누가 여자를 불러들이려고 했던 것인지는 지금도 알 수 없다.

타카다 타네오미 저 『아시아 열대 괴담』에 실려 있다.

■ 얼굴 없는 아이

대만에서 이야기되는 괴이. 어느 유치원에서 노란 비옷을 입은 어린아이가 그네를 타고 있었다. 그 아이에게 말을 걸어보니, 돌아본 그 얼굴에는 눈도 코도 입도 없었다고 한다.

이토 류헤이, 시예 지아칭 저 『현대 대만 귀담』에 실려 있다. 이 책에 의하면, 이 이야기는 베리에이션이 많아서, 돌아본 어린아이의 얼굴은 입뿐인 얼굴이었다, 피투성이 얼굴이었다, 눈밖에 없는 얼굴이었다는 결말이 있다고 한다.

■ 얼굴이 보이지 않는 하얀 옷차림의 여자

태국에서 목격된 괴이. 하얀 옷을 입은 여자 유령으로, 어느 남성 앞에 나타났다. 그 남성의 아버지는 태국을 대표하는 국도인 파혼요틴 도로에 집을 짓기로 했다. 그런데 공사가 진행되는 중에 인부들이 하얀 옷을 입은 여자의 유령을 보았다고 호소하게 되었다. 그 유령은 부지 내에 있는 나무 아래에 나타나며, 항상 등을 보이고 있다고 했다. 하지만 결국 공사는 진행되어 그 나무는 베이고 말았다. 그런데 완성된 집에는 그 남자가 있을 때에만 누군가의 발소리가 들리게 되었다. 어느 때, 복도에 비쳐든 저녁 햇살이 문에 달린 유리에 반사되어 남성의 상반신과 하반신이 위아래의 유리에 각각 비쳐보였다. 그리고 아래쪽 유리에는 남성의 뒤에 하얀 옷을 입은 여자의 하반신이 비쳤고, 위쪽 유리에는 남자 외에 아무것도 비치지 않았다. 남성은 자기도 모르게 뒤를 돌아보았지만, 그곳에는 아무것도 없었다. 그러나 유리에는 여자의 하반신이 여전히 비치고 있었다. 무서워진 남성은 서둘러 그 장소를 떠났는데, 그 이후에 특별히 불운을 겪게 되지는 않았다고 한다.

타카다 타네오미 저『아시아 열대 괴담』에 실려 있다.

■ 에베레스트의 유령

중국에서 티베트에 걸쳐 있는 에베레스트에 나타나는 괴이. 세계최고봉인 이 산에 도전한 사람들은 많지만, 그런 만큼 이 산에서 목숨을 잃은 등산가도 많다. 그런 가운데, 한 등산가가 이 산에 찾아온 사람들을 격려해주는 유령을 확인했다. 영국의 등산가가 이 유령과 만났을 때에는, 산 정상 부근에서 이 유령과 만났으며 등정에

성공하는 마무리 단계까지 계속 격려해주었다고 한다.

피터 헤이닝 저『세계 영계 전승 사전(A Dictionary of Ghosts)』에 실려 있다. 이 책에 의하면, 이 유령의 정체는 1924년에 에베레스트 등반 중에 행방불명되었던 영국의 등산가인 앤드루 어빈이라는 설이 있다고 한다.

■ 영어교실의 괴이

대만에서 이야기되는 괴이. 대만의 초등학교에서는 영어 수업을 받기 위해 특별교실이 설치되어 있는 경우가 많다. 이 교실은 대부분 빈 교실을 이용해서 만들어지는데, 어느 초등학교에서는 그 영어교실이 지하에 있는 교실에 마련되었다.

이후, 이 교실에는 귀신이 눌러앉아 있다, 잘린 목이 놓여 있다, 그 교실에 의자를 가지러 간 학생이 혼자 죽어 있었다, 같은 괴담이 퍼지게 되었다고 한다.

이토 류헤이, 시에 지아칭 저『현대 대만 귀담』에 실려 있다. 대만에서 귀신은 일본에서 말하는 유령에 가까운 것을 의미하므로, 이 영어교실에 눌러앉은 귀신은 어떠한 죽은 자의 영혼이 아니었을까 여겨진다.

■ 영정하(永定河)의 수괴(水怪)

중국에서 이야기되는 괴이. 북경시 남서부에 있는 하북촌에 나타났다는 괴이로,

1941년 10월 7일, 영정하(永定河)라는 강가에 한 남성이 걷고 있었는데, "빨리 와, 빨리 와"라고 부르는 소리가 들렸다고 한다. 그래서 남성이 강변에 묶여 있던 배에 올라타려고 하자, 물속에서 뭔가가 나타나서 발을 움켜쥐고 물속으로 끌어당기려고 했다. 그것에 저항하는 중에 가지고 있던 고기가 물속으로 떨어졌고, 그러자마자 다리가 자유로워졌다고 한다.

나오에 히로지 저『중국의 민속학』에 실려 있다. 이 책에 의하면, 이것은 도적 같은 범죄자들이 살해당한 뒤에 된다는 생귀(生鬼)의 일종이 아닐까 여겨지고 있다고 한다.

■ 예티(Yeti)

히말라야 산맥에 나타난다는 괴물. 일본어로는 설인(雪人) 등으로 해석되며, 암갈색 혹은 적갈색 털에 뒤덮인 유인원 같은 모습에 이족보행으로 이동한다고 한다.

예티는 크기에 따라 세 종류로 분류되는데, 대형은 키가 4.5미터, 중형이 2.5미터, 소형이 1.5미터 정도라고 한다.

티베트에서는 옛날부터 이야기가 전해 내려오고 있었지만, 세계적으로 주목받게 된 것은 1889년에 발견된 예티의 것으로 여겨지는 거대한 발자국 때문으로 생각된다. 이 발자국을 발견한 영국인 오스틴 워델은 1898년에 출간한 자신의 저서인『히말라야의 산속(Among the Himalayas)』에서 이 발자국에 대해 기록했고, 그것이 유럽에 퍼졌다고 한다.

그 뒤에도 몇 번이나 발자국이 발견되었고, 때로는 모습이 목격되고 있다. 그 정체에 대해서는 유인원인 기간토피테쿠스의 생존개체라거나 큰곰을 잘못 본 것이라는 설도 있지만, 현재도 해명에는 이르지 못하고 있다.

나미키 신이치로 저『미확인동물 UMA 대전』에 실려 있다. 유인원형 미확인생물은 많이 보고되고 있지만, 예티와 미국에서 목격되었다는 **빅풋**은 그중에서도 특히 유명하다.

■ 오랑 메단 호의 괴이

인도네시아의 말라카 해협에 나타났다고 하는 괴이. 1948년 2월, 오랑 메단 호에서 전 승조원의 목숨이 위험하다는 무전신호가 발신되어서, 오랑 메단 호의 위치를 특정한 선박이 구출에 나섰다.

그날 오랑 메단 호는 말라카 해협을 지나 인도네시아의 자카르타로 향하고 있었는데, 구출선이 근처에 도착했을 때에는 이미 배가 무수한 상어에 둘러싸여 있었으며 무선에 응답하는 기적이 없었다. 그래서 구명보트를 타고 몇 사람이 오랑 메단 호에 올라가 보니, 이곳저곳에 선원들의 시체가 뒹굴고 있었다. 생존자는 찾아볼 수 없었고, 함께 타고 있었던 것으로 여겨지는 개조차도 시체로 발견되었다고 한다. 그러나 독극물, 질병, 질식 등의 흔적은 보이지 않았고, 사인은 불명이었다.

그리하여 오랑 메단 호는 가장 가까운 항구로 예항되게 되었는데, 예항 준비를 마친 직후에 오랑 메단 호에 불길이 치솟았다. 배에 타고 있던 사람들은 재빨리 자신들의 배로 돌아갔지만 오랑 메단 호는 그대로 불타올라 대폭발을 일으켜 배 주변에 모여 있던 상어들과 함께 산산조각 났다. 오랑 메단 호의 승조원들의 죽음, 그리고 폭발의 이유는 아직도 해명되지 않고 있다고 한다.

N. 블런델 외 저 『세계 괴이 실화집(The World's Greatest Ghosts)』에 실려 있다.

■ 오랑 이칸(Oran ikan)

인도네시아에서 이야기되는 괴이. 인도네시아와 오스트레일리아의 해협에 있는 카이 제도에서 전해지는 반어인(半漁人). 최근에 인터넷상에서 오스트레일리아 북부의 해안에서 찍혔다는 반어인의 사진이 퍼졌는데, 이것이 오랑 이칸이 아닌가 하는 이야기가 돌았다. 또한 태평양전쟁 중에 카이 제도에 장교로서 머물렀던 호리바 코마타로라는 인물이 오랑 이칸의 시체를 목격했다는 정보도 있다. 그의 말에 의하면 이 반어인은 신장 1미터 60센티미터 정도에 체중은 65킬로그램 미만, 적갈색 머리카락이 어깨까지 내려오고, 이마는 넓고 코는 낮다. 얼굴은 인간도 아니고 원숭이도 아닌 형태이며, 입은 잉어 같다. 피부는 핑크색이며 미끈거렸다고 한다. 호리바 씨는 그 밖에도 살아 있던 오랑 이칸의 모습을 봤다고도 한다.

나미키 신이치로 저 『MU적 미확인 몬스터 괴기담』에 실려 있다.

■ 와치라 병원의 괴이

태국에서 이야기되는 괴이. 방콕의 구 시가지에 존재하는 병원으로, 현재도 영업하고 있지만 이따금씩 괴기현상이 발생한다. 버튼을 누르지도 않았는데 5층에 엘리베이터가 멈춰있다는 이야기인데, 엘리베이터의 열린 문 너머에는 암흑이 펼쳐져 있다고 한다.

그 밖에도 자기밖에 타지 않았을 엘리베이터에서 중량 오버 부저가 울린다는 괴담도 있다고 한다.

타카다 타네오미 저 『아시아 열대 괴담』에 실려 있다.

■ 와트 사미안나리로 향하는 검은 옷의 자매

태국에서 이야기되는 괴이. 와트 사미안나리는 방콕에 실존하는 사원으로, 심야에 이 사원 앞을 지나는 국철 선로에 검은 옷을 입은 자매가 서 있었다는 이야기다. 2000년대부터 목격담이 있었으며 근래에는 방콕 중심부에 이 자매가 나타나서 택시를 잡는다는 괴담도 있다. 이 자매는 역시나 와트 사미안나리로 가자고 운전수에게 말하지만, 어느 샌가 사라져버린다고 한다.

타카다 타네오미 저『아시아 열대 괴담』에 실려 있다. 이 책에 의하면 이 자매는 실존 인물로 츄리와 스리라는 이름이었다. 이 두 사람은 와트 사미안나리에 있는 장례에 오토바이를 타고 가던 중에 사원 앞의 국철 선로에서 열차와 충돌해서 죽었다고 한다. 그녀들이 검은 옷을 입고 있는 것은 그것이 상복이었기 때문이다.

■ 와트 프라케우의 저주

태국에서 이야기된 괴이. 와트 프라케우는 방콕에 위치한 태국 최고 지위를 자랑하는 불교사원으로, 에메랄드로 만들어진 불상을 모시고 있어서 에메랄드 사원이란 이름으로도 알려져 있다.

언젠가 이 사원에서 에메랄드 파편을 주운 독일 관광객이 가이드의 허가를 받아서 그것을 가지고 귀국했는데, 3년 간 다양한 불행이 그를 덮쳤다. 그 불행들의 원인이 에메랄드가 아닐까 하고 생각한 그는, 파편에 사죄의 뜻을 기록한 편지를 덧붙여 태국으로 반환했다. 이 편지와 파편은 태국 정부의 문과성에 전달되었고, 정부에서 사건의 전말을 발표했다고 한다.

타카다 타네오미 저『아시아 열대 괴담』에 실려 있다. 이 책에 의하면, 태국에서는 사원에 있는 물건을 가져가면 불행해진다

는 전승이 남아있다고 한다.

■ 원얀(winyaan)

태국에서 전해지는 괴이. 죽은 자의 영혼을 가리키는 말로, 사람이 죽은 뒤에 다시 태어나지 않을 경우에 한해서 이 원얀은 '피'가 된다고 한다. 원얀은 눈에 보이지 않지만, 불덩이처럼 둥근 것이라고 생각되고 있다.

또 태국 사람들은 가까운 사람이 죽으면, 제단을 만들고 그 인물의 원얀을 모신다. 이 제단은 죽은 사람의 친형제 등의 가까운 사람 외에는 접근하는 것이 허락되지 않는 신성한 것으로, 가족은 매일 이 제단에 공물을 바치고 정월이 되면 특별한 공양을 하여 원얀을 그린다고 한다.

프라야 아누만 라차톤 저『태국 민족 생활지(1) -제사와 신앙-』에 실려 있다. '피'에 대해서는 해당 항목을 참조.

■ 인면 독수리(人面鷲)

말레이시아에서 나타난 괴이. 그 이름대로 사람 얼굴을 가진 독수리로, 털색은 하얗다고 한다. 2007년에 목격되지만 전승 자체는 오래전부터 있었으며, 이 독수리를 목격하면 눈이 멀게 된다고 전해지고 있었다고 한다. 실제로 2007년에 이 독수리를 본 사람은 눈을 다치는 사고를 당했지만, 실명하는 데까지는 이르지 않았다고 한다.

나미키 신이치로 저 『최강의 도시전설 2』에 실려 있다.

■ 일본계 백화점의 귀신

대만에서 이야기되는 괴이. 대남(타이난)에 2002년에 오픈했던 어느 일본계 백화점에는 귀신이 나온다는 소문이 돌고 있다. 이 백화점은 형무소 옛터에 세워졌는데, 그곳에서 영화관이나 엘리베이터, 화장실, 주차장 등에 귀신이 나온다는 이야기가 돌게 되었다고 한다.

이토 류헤이, 시예 지아칭 저 『현대 대만 귀담』에 실려 있다. 여기서 말하는 귀신은 죽은 자의 혼으로, 일본에서 말하는 유령에 가까운 존재다. 이 책에 의하면, 이 백화점에 나오는 귀신의 구체적인 괴담으로는, 영화관에서 뒤를 돌아보았더니 많은 귀신이 있었다, 아무도 타지 않았을 엘리베이터인데 어린아이가 사람이 엄청 많다고 말했다는 등의 간소한 것이 많다고 한다.

■ 잊어버린 물건

대만에서 이야기되는 괴이. 어느 학교에서 물건을 깜빡 잊어버리는 일이 몹시 많은 학생이 있었다. 이 학생은 아무것도 적혀있지 않은 노트를 주웠는데, 다음 날 아침에 노트를 펼쳐보니 자신이 깜빡 잊어버린 물건이 적혀 있었다. 어느 날에는 그 노트에 '이빨'이라고 적혀있었는데, 그 학생은 등교 중에 자동차에 치여서 이가 하

나 빠졌었다고 한다.

이토 류헤이, 시예 지아칭 저 『현대 대만 귀담』에 실려 있다. 이 책에도 지적하고 있는 점이지만, 이 이야기는 마쿠라 쇼 원작, 오카노 다케시 작화의 만화인 『지옥선생 누베』에 수록된 에피소드와 거의 같은 내용이다. 이것은 이 만화가 대만에 출판되었기 때문으로 여겨진다.

일본에서도 이 이야기는 실제로 학교 괴담으로서 이야기되고 있으며, 현대의 창작물이 주는 큰 영향을 느끼게 해주는 이야기다.

【자】

■ 접선(碟仙)

대만에서 이야기되는 괴이. 강령술의 일종으로, 일본에서 말하는 '콧쿠리 씨'과 유사하다. 방법은 우선 종이와 작은 접시를 준비한다. 종이에 상용한자를 소용돌이 형태, 혹은 흩어놓듯이 쓰고, 중심부에 작은 접시를 놓기 위한 본위(本位)라는 글자를 적는다. 작은 접시에는 빨간색으로 화살표를 그리는데, 이것에는 어린 소녀의 피를 사용하면 좋다고 한다. 작은 접시를 본위 부분에 두고, 몇 사람이 중지와 검지를 사용해서 접시를 누른다. 그리고 '碟仙,

碟仙, 請出來(디에시앤, 디에시앤, 칭추라이/접선, 접선, 와주세요)'라고 계속 외면 작은 접시가 멋대로 본위 부분을 벗어나서, 종이 위를 돌아다니기 시작한다. 거기서 '請問你是碟仙嗎?'(칭원니슈디에시앤마?/묻겠습니다만, 당신은 접선입니까?)라고 확인하고, 질문을 한다. 질문이 끝나면 '碟仙, 碟仙, 請歸位'(디에시앤, 디에시앤, 칭구이웨이/접선이여, 접선이여, 돌아가세요)라고 외고, 접시를 본위로 돌려놓는다. 그리고 재앙을 부르지 않도록, 사용한 종이와 접시를 처분한다.

이토 류헤이, 시예 지아칭 저『현대 대만 귀담』에 실려 있다. 이 의식에는 다양한 금기가 있는데 불려온 자가 죽은 사람인 경우에는 사인이나 신원을 질문해서는 안 된다, 접신을 동정하는 말을 해서는 안 된다, 도중에 접시에서 손가락을 떼서는 안 된다, 등이 있다고 한다.

■ 지에지에(姐姐)

대만에서 이야기되는 괴이. 대만에는 낮잠을 자는 습관이 있는데, 어느 여학생이 그 오침 중에 꿈을 꾸었다. 그녀가 사는 맨션의 욕실 거울 안에서 붉은 원피스를 입은 여성이 이쪽을 빤히 바라보고 있다는 꿈이었다. 또 같은 집에 살고 있던 그녀의 친구는, 오침 때 꾼 꿈에서 욕실 안에서 붉은 원피스를 입은 여자의 토막 난 시신을 보았다. 이 혼령은 오침 때에 두 사람의 꿈에 나타났기 때문에, 두 사람은 혼령에게 '지에지에'라고 이름 붙였다. 지에지에에게서는 이 방에서 나가라, 라는 강력한 의지가 느껴졌지만 직접적인 위해를 가해오지는 않았다고 한다.

이토 류헤이, 시에 지아칭 저『현대 대만 귀담』에 실려 있다.

■ 짐차의 유령

태국에서 목격된 괴이. 한 남자가 쓰나미로 큰 피해를 입은 푸켓에서 구호활동을 하고 있었을 때의 일이다. 불빛을 잃은 푸켓의 밤은 자기 손도 잘 보이지 않을 정도로 칠흑처럼 어두웠는데, 어째서인지 몇 미터 앞에 흐릿하게 짐차가 보였다. 이 짐차는 평범한 짐차와 달리 보이는 사람과 보이지 않는 사람이 있었고, 보이지 않는 사람이 짐차 앞을 통과하면 마치 관통하는 것처럼 스윽 하고 지나갔다고 한다.

타카다 타네오미 저『아시아 열대 괴담』에 실려 있다.

【차】

■ 천지의 괴물

중국에서 이야기되는 괴이. 중국과 북한의 국경에 있는 백두산의 정상에는, 천지라고 하는 칼데라호가 있다. 이 호수에는

거대한 수생생물이 살고 있다는 소문이
있는데, 1980년의 목격담 이래로 다수의
목격담이 전해지고 있으며 2005년에는
100명을 넘는 관광객 앞에서 괴물이 출현
했다고 한다.

이 관광객들의 목격정보에 의하면, 괴물
의 모습은 공룡 같았다, 뒤집은 중화냄비
같았다, 물소 같았다며 사람에 따라 제각
기 다르지만, 색이 검으며 물고기는 아니
었다는 증언은 공통되고 있다고 한다.

또한 과거의 목격자 대다수는 괴물이 수
면에서 목을 내밀었다고 이야기하고 있
으며, 목격증언에서 환산하면, 그 몸 전체
길이는 2미터 이상일 것이라고 추정되고
있다.

먀오후오 저『중국 -봉인된 초상현상-』에
실려 있다.

■ 청수윤산의 신비

중국에서 이야기되는 괴이. 북경시 남서
부의 하북촌 서쪽에는 청수윤산(清水潤山)
이라는 산이 있다. 이 산을 산기슭에서 봐
서 구름이 끼어있는 경우, 산 정상에 오르
면 어째서인지 구름이 사라져 있고, 맑은
날과 마찬가지로 산 아래를 내려다볼 수
있다고 한다. 이것은 청수윤산의 신비라
고 전해지고 있는 듯하다.

나오에 히로지 저『중국의 민속학』에 실려
있다.

■ 체사귀(替死鬼)

대만에서 이야기되는 괴이. 체사귀(替死鬼,
티쓰쿼이)란 죽은 자가 산자를 죽이고 산자
를 대신해서 이 세상에 되살아나려고 할
때에 살해 대상이 되는 산자를 가리키는
말로, 현대에는 학교 괴담으로도 전해지
고 있다고 한다. 예를 들면 어느 초등학교
뒤편에 있는 집에서 사람이 죽었다. 이 죽
은 자는 체사귀를 찾고 있기 때문에 그 집
에 들어가서는 안 된다고 한다. 또한 어느
학교 지하실에는 귀신에게 살해된 교사가
있으며, 그 교사에 의해 몇 명이나 되는
학생이 체사귀로서 끌려갔다고 한다.

이토 류헤이, 시에 지아칭 저『현대 대만
귀담』에 실려 있다.

■ 츄렐(Churel)

인도에서 이야기되는 괴이. 아이를 낳을
때, 혹은 부정한 의식에 의해 죽은 여성이
된다고 하는 사악한 혼령으로, 입이 없으
며 다리가 반대방향으로 뻗은 모습을 하
고 있다. 사람이 많은 장소에 아름다운 여
성의 모습으로 나타나며 젊은 남자를 유
혹하는데, 이것에 마음을 빼앗기면 남자
가 노인이 될 때까지 홀린다고 한다.

로즈마리. E. 길리 저『요정과 정령의 사
전』에 실려 있다

■ 측소적여귀(厠所的女鬼)

대만에서 전해지는 괴이. 학교 화장실에

숨어 있는 소녀 유령으로, 모습은 보이지 않지만 멋대로 화장실의 물을 틀어놓는다고 한다. 또한 이 유령의 이름은 '호와츠(花子, 거지)'였다고 한다.

이토 류헤이, 시예 지아칭 저 『현대 대만 귀담』에 실려 있다. 이 책에서는, 이것은 일본의 괴담인 **화장실의 하나코**(花子)가 영화 등의 미디어를 통해 대만에 전해진 뒤에 괴담으로서 이야기되고 있는 것이 아닌가 하고 고찰하고 있다.

【카】

■카이 우카이

홍콩에 나타났다고 하는 괴물. 한 대학생 그룹이 해변에 있었을 때, 해수면 위로 거대한 생물이 떠오르기 시작하는 것을 목격했다. 그것은 큰 머리를 가지고 있었고, 갓난아기 같은 소리를 냈다고 한다.

존. A. 킬 저 『불가사의한 현상 파일(Strange Creatures From Time and Space)』에 의하면, 1969년에 목격되었다고 한다. 이 책에 의하면 '카이 우카이'는 '바다의 마물'이라는 의미라고 한다.

【타】

■타오단 공원의 유령

베트남에서 전해지는 괴이. 호치민 시에 있는 타오단 공원에서는 심야가 되면 이 공원에서 살해당한 남자의 유령이 나타나서 연인을 찾아 배회한다는 소문이 있다. 이 소문은 공원에 존재하는, 매장된 인물도 만들어진 시기도 불명인 묘가 원인이 되어 생겨났다고 여겨지고 있다. 이 묘에서 연상되는 이야기가 유령이야기를 발생시킨 듯하다.

타카다 타네오미 저 『아시아 열대 괴담』에 실려 있다.

■테레사 텡의 망령

태국에서 목격된 괴이. 치앙마이에 있는 '임페리얼 매핑 호텔'에서는, 심야가 되면 아름다운 여성의 노랫소리가 들린다는 소문이 있다. 이 노랫소리는 1995년에 이 호텔에서 죽은 테레사 텡(한국에는 '등려군'으로 널리 알려져 있다-역주)의 것으로, 서비스 정신이 왕성한지 중국인이 들으면 중국어, 일본인이 들으면 일본어 노랫소리가 들린다고 한다.

타카다 타네오미 저 『아시아 열대 괴담』에 실려 있다. 이 책에 의하면, 호텔 종업원의 이야기로는 이러한 현상은 확인되지 않았으며 테레사 텡이 실제로 죽은 것은 실려 간 병원이었다고 한다. 그녀가 이 호텔에서 기관지 천식 발작을 일으킨 것은 분명한 사실이므로, 그것에 영향을 받아 이 소문이 생겨난 것으로 여겨진다.

■테와다(Thewada)

태국에서 전해지는 괴이. 천상에 사는 정령을 나타내는 이름으로, 하늘의 사자인 선한 정령 외에, 신이나 성인을 나타내는 비스티테프, 국왕을 나타내는 무티테프 세 가지로 나뉜다. 원래는 피 파라고 불리고 있었지만, 나중에 인도에서 들어온 차용어인 테와다가 일반적으로 사용되게 되었다고 한다.

프라야 아누만 라차톤 저『태국 민중생활지(1) -제사와 신앙-』에 실려 있다.

■테파락(Thepharak)

태국에서 전해지는 괴이. 수호령이라고 이야기되는 피의 일종으로, 어떠한 장소의 소유자 등, 장(長)의 위치를 획득한 영이 이 이름으로 불린다고 한다. 이것은 천상의 영인 테와다와 수호자의 의미를 지닌 '아라크'를 조합한 이름으로, 기본적으로는 사람에게 해를 끼치지 않는다. 그러나 그 뜻에 반하는 짓을 하면, 때때로 사람에게 분노하고 해를 끼친다. 경우에 따라서는 목뼈를 부러뜨리는 등, 죽게 만드는 일도 있다고 한다.

프라야 아누만 라차톤 저『태국 민중생활

지(1) -제사와 신앙-』에 실려 있다.

■토막살인의 유령

태국에서 이야기되는 괴이. 방콕의 번화가에 있는 어느 아파트에는 과거에 토막살인 사건이 일어났었다. 한 여성이 마약으로 동료 여성이 자신의 연인을 가로챈 것이 아니냐는 의심에 빠져 말싸움 끝에 살해하고 말았다. 그리고 증거은멸을 위해 시체를 토막 내고 있을 때에 현행범으로 체포되었다고 한다.

이후에 이 아파트에서는 이따금씩 죽은 여성의 목소리가 들린다고 한다.

타카다 타네오미 저『아시아 열대 괴담』에 실려 있다.

■토욜(Toyol)

말레이시아에 전해지는 괴이. 이 이름은 말레이시아어로 '소인 악마'라는 의미로, 사람의 돈을 훔치거나 사람의 피를 빤다고 한다. 그 모습은 몸길이 15~20센티미터 정도로, 눈은 붉으며 피부는 검고 날카로운 송곳니를 지녔다. 그 정체는 주술사가 불러낸 태아의 영혼으로, 주술사는 이것에게 타인의 재산을 빼앗거나 살인을 시킨다고 한다.

말레이시아에 전승되는 악마이지만, 2006년에 이 토욜이라고 생각되는 미이라가 발견되었다고 한다. 이 사진은 인터넷상에서도 퍼졌는데, 성인남성의 손에 들어갈 정도의 크기에 빨간 눈과 검은 피부의 소인 같은 물체가 찍혀 있다.

■투볼라라(Tubolara)

인도에서 발견된 신비한 생물. 타리스칸 대지의 중앙대지에서 발견되는 **평행식물**의 일종으로, 대롱 형태의 구조를 하고 있다. 이 평행식물에는 두 개의 내용물이 있다고 여겨지는데, 하나는 보이는 그대로인 대롱 형태의 관 내부이자 우리가 감지할 수 없다는 것. 이것과 쌍을 이루는 다른 하나는 그 반대로, 요컨대 관 내부라고 생각되는 것은 이미 우리의 눈에 드러나 있다는 것이다.

탄트라교에서 투볼라라는 남녀의 공존, 즉 남성기와 여성기를 동시에 표현하고 있다고 여겨지며, 라자스탄에서는 이 평행식물의 내부가 어두운 죽음을 표현하고 있다고 이야기되고 있다고 한다.

레오 리오니 저, 미야모토 아츠오 역『평행식물』에 실려 있다. 이 책에는 통상의 물리법칙이 통하지 않으며 정지한 시간, 혹은 현실과 평행해서 존재하는 다른 시간을 살아간다는 특징을 지닌 평행식물이라는 식물이 기록되어 있다. 그러나 이 책에 있는 식물은 실존한다는 형식으로 기록되어 있기는 하지만, 전부 저자인 리오니의 창작이다. 평행식물의 특징 자체에 대해서는 같은 항목을 참조.

■투올슬렝 학살범죄박물관

캄보디아에 전해지는 괴이. 이 박물관은 본래 학교였지만 폴 포트에 의한 대학살이 이루어질 때에 수용소로 사용되어 수용자의 고문이나 처형이 이루어졌다. 약 20만 명의 사람이 이곳에서 목숨을 잃었다고 여겨지며, 현재도 그 학살 희생자의 망령이 이따금씩 나타난다고 한다.

타카다 타네오미 저『아시아 열대 괴담』에 실려 있다.

【파】

■펫차부리 길 가스폭발 사고의 유령

태국에서 목격된 괴이. 1990년에 방콕의 펫차부리 길에서 발생한 교통사고에 기인하는 괴이담으로, 이 사고에서 희생된 사람들의 영이, 길을 가는 사람들을 아래서 잡아당긴다고 한다.

타카다 타네오미 저『아시아 열대 괴담』에 실려 있다. 이 교통사고는 고속도로의 출구에서 전복된 탱크로리가 가스 누출로 폭발할 때 주변에 있던 다수의 자동차까지 휩쓸린 대형사고로, 많은 사망자를 냈다. 이 사고는 홍콩, 싱가포르 합작 호러 영화『디 아이』나 그 헐리우드 리메이크인『the eye』의 한 장면에서 사용되기도 했다.

■ 푸켓의 망령

태국에서 목격되는 괴이. 태국 남부에 있는 비치 리조트인 푸켓에서 목격되는 망령으로, 쓰나미의 희생자들이라고 여겨진다. 2004년 12월 26일에 발생한 수마트라 해협 지진에 의한 초대형 쓰나미가 푸켓을 강타했고, 5000명 이상의 희생자가 발생했다. 그 후로, 자신들이 죽었음을 깨닫지 못하고 해변에서 노는 백인 관광객들의 목소리가 들린다, 죽은 친구가 눈앞에 나타났다, 라는 괴담이 떠돌게 되었다고 한다. 타카다 타네오미 저『아시아 열대 괴담』에 실려 있다. 일본에서는 동일본 대지진 이후에 쓰나미의 피해지역에서 망령이 목격되는 일이 종종 있었다. 다수의 사망자가 발생한 현장에서는 지역을 불문하고 괴담이 생겨나는 듯하다.

■ 프렛(Pret)

태국에서 이야기되는 괴이. 프렛이란 아귀(餓鬼)를 뜻하는 단어로, 키가 아주 크고 갈비뼈가 또렷하게 드러날 정도로 야위었으며, 목은 길고, 피부는 시커멓다. 입은 바늘구멍처럼 작아서 음식을 먹는 것도 말을 하는 것도 불가능하다.

타카다 타네오미 저『아시아 열대 괴담』에 실려 있다.

이 아귀는 부처의 가르침에 등을 돌렸기 때문에 아귀도에 떨어진 인간이 변해버린 모습으로, 본래는 설법에 등장시키기 위한 존재였다. 그러나 태국 내에서는 최근에도 프렛을 목격했다는 이야기가 끊이지 않고 있다. 또한 태국에서는 몇 번인가 프렛이 사진에 찍히는 일이 있었지만, 전부 페이크이거나 착각이었다고 한다. 다만 태국 사람들이 이 아귀의 실존을 믿고 있는 것은 확실한 듯하다.

■ 프로토르비스(Protorbis)

페르시아에서 발견된 신비한 생물. 아주 작은 것부터 사람의 키보다 큰 것까지 있으며, 형태도 전혀 일치하지 않는 평행식물의 일종. 버섯과 유사한 형태를 하고 있으며, 그중에서도 송로버섯을 닮았다. 특유의 불투명한 몸 색깔을 지니고 있지만 두드리면 금속음이 날 정도로 표면이 단단하다. 또한 다른 평행식물과 달리, 물리적으로 건드려서 이동시킬 수 있다.

또한 이 평행식물은 발견되기 이전부터 그림이나 전설 속에 등장하고 있었다고 한다.

레오 리오니 저, 미야모토 아츠오 역『평행식물』에 실려 있다. 이 책에 등장하는 평행식물이라 불리는 생물은, 통상의 물리 법칙이 통하지 않으며 정지한 시간, 혹은 현실과 평행하게 존재하는 다른 시간을 살아간다는 특징을 지닌다고 한다. 그러나 이 책에 실려 있는 식물은 실재한다는 형식으로 기록되어 있기는 하지만, 전부 저자인 리오니의 창작이다. 평행식물의 특징 자체에 대해서는 같은 항목을 참조.

■ 피(Phi)

태국에서 이야기되는 괴이. 오래전부터 태국 사람들이 믿고 있는 영적 존재로, '정령', '악령' 등으로 번역되는 경우가 많다. 자연이나 인공물까지 다양한 것에 깃든다고 여겨지며, 불가사의한 현상을 일으킨다고 한다. 인간에게는 두려워하고 공경해야할 존재이지만, 선한 혼령을 테와다, 신을 차오라고 부르며 '피'는 그것들과는 다른 악령의 일종으로 구별하는 경우도 있다. 다만 피가 반드시 인간에게 나쁜 일만 하지는 않으며, 이것은 인간의 입장에 따라 이 영적존재를 구별한 것에 기인한다고 한다.

프라야 아누만 라차톤 저『태국 민중생활지(1) -제사와 신앙-』에 실려 있다. 또한 타카다 타네오미 저『아시아 열대 괴담』에 의하면, 현대에도 이 피 신앙은 태국 사람들 사이에 숨 쉬고 있으며, 교통사고로 죽은 인간의 영혼 등, 현대적인 괴담에 나타나는 사례도 '피'로서 이야기된다고 한다.

■ 피 랑 클루앙(Phi Lang Kluang)

태국에서 이야기되는 괴이. 태국 남부에서 전해진다는 요괴로, 언뜻 사람과 다르지 않은 모습을 하고 있으나 등이 텅 비어 있다. 그래서 안에 있는 내장이 전부 보이며, 게다가 몸속에는 벌레가 우글우글 기어 다니고 있다.

이러한 기분 나쁜 모습을 한 피이지만, 사람에게 커다란 위해를 가하지는 않는다고 한다. 밤에 불을 피우고 있거나 낚시를 하고 있으면 이 피가 찾아오는 경우가 있는데, 등을 보여주는 장난을 치는 정도이며 나쁜 짓은 하지 않는다. 또한 평소에는 숲에 무리를 지어 살고 있다고 한다.

프라야 아누만 라차톤 저『태국 민중생활지(1) -제사와 신앙-』에 실려 있다.

■ 피 반 파브루트(Phi Banphaburut)

태국에서 이야기되는 괴이. 조상의 혼령을 뜻하는 이름으로, 죽은 인간은 '피'가 되어 어디에도 가지 않고 가족의 집을 떠돈다. 이것이 피 반 파브루트라고 한다.

프라야 아누만 라차톤 저『태국 민중생활지(1) -제사와 신앙-』에 실려 있다.

■ 피 반 피 루앙(Phi Ban Phi Ruan)

태국에 전해지는 괴이. 집의 수호신이라 여겨지는 존재로, 나무에 깃들어있던 정령이 그 나무가 목재로 사용된 뒤에도 계속 깃들어 있으면 이 정령으로 변한다고 한다. 이 정령은 집안에 설치된 신단 등에 모시며, 소중히 여겨진다고 한다.

타카다 타네오미 저『아시아 열대 괴담』에 의하면, 타키안 나무에 깃든 정령인 **낭 타**

키안도 이 정령으로 변하는 일이 있다고 한다. 낭 타키안에 대해서는 해당 항목을 참조.

■ 피 사오 톡 남만
(Phi Sao Tok Namman)

태국에 전해지는 괴이. 나무 수액이 떨어지는 나무에 깃든다고 하는 정령으로, 이 정령이 있는 나무를 목재로 삼아 건물을 만들면 앙화가 내린다고 한다.

타카다 타네오미 저『아시아 열대 괴담』에 실려 있다. 이 책에 의하면 피 사오 톡 남만은 '기름이 떨어지는 기둥의 정령'이라는 의미라고 한다. 때로는 나무가 아닌 것에 깃드는 경우도 있는데, 현재 방콕에 있는 모르타르 기둥에도 깃들어 있다고 한다. 이 정령은 **메 제라마니**라고 불린다고도 한다. 상세한 것에 대해서는 해당 항목을 참조.

■ 피 위라부루트(Phi Wiraburut)

태국에서 이야기되는 괴이. 죽은 자의 혼령의 일종이지만, 사람들에게는 다대한 공적을 가져온 영웅, 혹은 악역무도해서 사람들에게 두려움을 샀던 악인이 된다고 믿어지고 있다. 이러한 혼령은 사후에도 사람들로부터 경애 받거나 두려움을 사기 때문에 사당에 극진하게 모셔지며, 피 위라부루트로 불린다고 한다.

프라야 아누만 라차톤 저『태국 민중생활지(1) -제사와 신앙-』에 실려 있다.

■ 피 카(Phi Ka)

태국에 전해지는 괴이. 태국 서북지방에서 이야기되며 '체귀(體鬼)'라고 번역되는 이 피는 인간과 같은 모습을 취하고, 집락을 만들어 산다고 한다. 이것에 홀리면 눈의 초점이 맞지 않고, 눈매가 이상해진다. 이것을 몸속에서 제거하기 위해서는 주술의가 피 카에게 홀린 사람을 뼈가 부서질 듯이 세게 때려야만 한다. 이러면 아파서 피 카가 비명을 지르며 도망가지만, 맞은 본인은 조금도 아픔을 느끼지 않는다고 한다.

프라야 아누만 라차톤 저『태국 민중생활지(1) -제사와 신앙-』에 실려 있다. 이 책에 의하면 이것은 태국 북동지방에서 이야기되는 **피 팝**과 같은 것이라고 한다.

■ 피 카못(Phi Khamot)

태국에서 이야기되는 괴이. 도깨비불이라 번역되는 피로, 커다란 빛의 고리의 모습으로 나타난다. 밤중에 물이 있는 곳에서 하늘하늘 떠있다고 하며, 다가가면 사라졌다가 등 뒤에서 나타나서 여행자를 당황하게 만들지만 그 이상의 위해를 가하지는 않는다고 한다.

프라야 아누만 라차톤 저『태국 민중생활지(1) -제사와 신앙-』에 실려 있다.

■ 피 카프센

태국에서 전해지는 괴이. 이름은 토지의 경계의 정령을 의미한다고 하며, 대기 중에 존재하면서 산이나 숲의 외곽, 동굴, 물 속, 나무 위 등을 자유롭게 오간다고 한다.

프라야 아누만 라차톤 저『태국 민중생활지(1) -제사와 신앙-』에 실려 있다.

■피 콩 코이(Phi Kong Koi)

태국에서 이야기되는 괴이. 외다리인 '피'로, 삼림에 출현한다. 어디에 가더라도 외발로 뛰어서 간다고 하며, 슈, 슈, 하는 소리를 낸다. 자고 있는 인간을 발견하면 엄지발가락에서 피를 빤다고 한다.

프라야 아누만 라차톤 저『태국 민중생활지(1) -제사와 신앙-』에 실려 있다.

■피 쿠만통(Phi Kuman Thong)

태국에서 전해지는 괴이. 어린아이의 모습을 한 정령으로, 어머니가 뱃속에 아이를 밴 채로 죽었을 때에 그 아이가 피 쿠만통이 된다고 한다. 이 정령을 불러오면 집안과 직장을 재난으로부터 보호하며 번영하고 번성하게 해준다고 여겨지고 있다. 피 쿠만통은 어린아이의 정령이기 때문에 불러들일 때에는 과자나 남뎅이라고 불리는 붉고 달콤한 음료가 자주 사용된다. 불러들인 피 쿠만통은 남자 아이를 본뜬 인형이나 불상에 깃든다고 하며, 태국 사람들은 제단을 만들어 이것을 모신다고 한다.

다만, 피 쿠만통은 매몰차게 대하면 집에서 나간다고도 하며, 그렇게 된 집에는 불행이 찾아온다고 한다.

타카다 타네오미 저『아시아 열대 괴담』에 의하면, 근대 이전의 피 쿠만통은 죽은 산모의 배에서 직접 꺼낸 태아를 사용해서 만들어낸다고 여겨지고 있으며, 현대에서도 실제로 태아의 사체를 사용해서 주술사가 만든 피 쿠만통이 고가에 거래되는 경우가 있다고 한다.

■피 크라수(Phi Krasue)

태국에서 이야기되는 괴이. 피 카수라고 표기되는 경우도 있다. '내장을 먹는 피'라고 번역되는 경우가 있는 것처럼, 사람의 머리와 내장을 먹는다. 또한 인간의 배설물도 즐겨 먹는다고 한다. 그 모습은 인간 노파처럼 생겼으며 특히 임산부를 잘 습격한다고 여겨진다. 이동방법이 상당히 기묘해서, 한밤중이 되면 머리와 내장이 몸에서 분리되어 공중을 부유하며 먹이를 찾는다고 한다. 이 피가 지나갈 때는 녹색으로 빛나는 커다란 원이 하늘하늘 흔들린다고 하며, 이 요괴로부터 몸을 보호하기 위해서는 마루 아래의 배설구에 가시가 있는 나뭇가지를 쌓아두면, 내장에 상처가 나는 것을 싫어해서 가까이 오지 않는다고 전해진다. 또한 배설물을 먹은 뒤의 피 크라수는 말린 세탁물로 입을 닦는데, 이것을 발견했을 때에 세탁물을 뜨거운 물에 담그면 피 크라수에게도 대미지를 줄 수 있다고 한다.

프라야 아누만 라차톤 저『태국 민중생활지(1) -제사와 신앙-』에 실려 있다. 이 책에 의하면, 세탁물에 얼룩이 생기는 것은 습기에 의해 생기는 곰팡이며 이 현상이 피 크라수의 소행으로 전해지게 되었다고 한다.

최근에도 목격사례가 많은 요괴로, 태국에서는 인터넷 일부에서 화제가 된 2019년 공개된 영화『저주의 키스 -슬픈 소녀의 사랑-(Krasue: Inhuman Kiss)』을 시작으로 이 요괴를 제재로 삼은 영화도 몇 차례 제작되었다. 또한 노파가 아니라 젊고 아름다운 인간 여성의 모습을 하고 있다는 이야기도 많다.

■ 피 크라항(Phi Krahang)

태국에서 이야기되는 괴이. 인간의 모습을 한 피로, 인간의 내장을 먹는다고 한다. 인간과의 차이는 꼬리나 깃털이 있는 것이며, 평소에는 감추고 있기 때문에 엉덩이를 건드리는 것을 싫어한다고 한다.

프라야 아누만 라차톤 저『태국 민중생활지(1) -제사와 신앙-』에 실려 있다. 이 책에 의하면, 마찬가지로 내장을 먹는 피 크라수가 여자밖에 없는 것에 반해, 피 크라항은 남자밖에 없다고 한다.

■ 피 타이홍(Phi Tai Hong)

태국에서 전해지는 괴이. 변사자가 '피'가 된 것이라고 하며, 보통의 '피'가 사람을 위협하거나 둔갑하는 것이 고작인데 비해, 인간의 목뼈를 직접 부러뜨릴 정도의 힘을 지녔다고 한다. 피 타이홍이 인간을 습격하는 것은 물을 더럽혀서 그 땅의 주민에게 피해를 입혔을 경우이기 때문에, 물을 사용할 경우에는 주의를 기울여야만 한다고 한다.

프라야 아누만 라차톤 저『태국 민중생활지(1) -제사와 신앙-』에 실려 있다. 이 책에 의하면, 같은 피의 일종인 **테파락** 또한 인간의 목을 부러뜨릴 수 있는 힘을 지녔다고 한다. 테파락에 대해서는 해당항목을 참조.

■ 피 투아이케우(Phi Thuai Khaeo)

태국에 전해지는 괴이. 강령술의 일종으로, 주위를 떠도는 혼령을 불러내서 질문하고 대답을 듣는 의식이라고 한다. 방법은, 우선 네 명의 참가자를 모아서 대표자를 한 명 정하고, 태국 문자가 적힌 종이와 유리컵을 준비한다. 향에 불을 붙인 뒤에 그 연기를 거꾸로 뒤집은 유리컵 안에 넣는다. 연기로 가득 찬 유리컵을 글자가 적힌 종이 위에 뒤집어 놓아서 연기가 빠져나가지 않도록 한다. 그리고 종이에 적힌 '티꽉'이라는 이름의 휴게소에 유리컵을 이동시키고, 참가자들은 각자 유리컵

위에 손가락을 댄다. 네 명의 참가자는 순서대로 '풋', '토', '타', '야'라고 왼다. 이것을 세 번 반복하면 유리컵이 움직이기 시작하는데, 대표자가 질문하고 대답을 듣는다. 끝날 때는 유리컵에게 '티팍' 위치에 돌아가 달라고 부탁하고, 돌아가면 유리컵에서 손을 뗀다. 이때, 유리컵이 제 위치에 돌아가기 전에 손을 떼면 안 된다고 한다. 타카다 타네오미 저 『아시아 열대 괴담』에 실려 있다. 이 책에서도 지적하고 있듯이 일본의 '콧쿠리 씨'과 유사한 주술이지만, 서양의 강령술이 유래인 콧쿠리 씨와 달리 피 투아이케우는 중국의 부기(扶箕)가 바탕이 되었다는 설이 있다고 한다. 또한 강령을 할 때는 24시간 전부터 술을 마셔서는 안 되고, 부적을 지녀서도 안 된다는 세세한 제약도 있다고 한다.

■ 피 팝(Phi Pop)

태국에서 이야기되는 괴이. '간을 먹는 피'라고 번역되는 대로, 사람의 간을 먹는 요괴로 여겨진다. 겉모습은 인간과 다를 바 없지만, 사람이 누군가를 저주하면, 그 인간의 몸속으로 들어가서 살기 시작한다. 그리고 그 인간이 먹은 음식을 먹으며 지내는데, 최종적으로는 간이나 신장 등의 내장을 몽땅 먹어치운다. 또한 피 팝에게 홀린 인간은 공허한 눈을 하고 사람을 똑바로 보지 않기 때문에 금방 알 수 있다. 이런 인간은 피 팝을 옮기지 않기 위해 곧

바로 마을에서 추방된다고 한다.

프라야 아누만 라차톤 저 『태국 민중생활지(1) -제사와 신앙-』에 실려 있다. 현재도 농촌 마을 등에서는 실존한다고 믿어지고 있으며, 타카다 타네오미 저 『아시아 열대 괴담』에 의하면 2018년에 피 팝에게 살해당했다는 젊은이가 일곱 명이나 나왔기 때문에, 마을 사람들이나 그 주변 주민들이 제사를 지냈다고 한다. 또한 피 팝에게 홀린 인간은 제령에 의해 원래 모습으로 돌아올 수 있다고 믿어진다고 한다.

■ 피 펫(Phi Pet)

태국에서 이야기되는 괴이. 이른바 아귀(餓鬼)를 말하는데, 많은 종류가 있지만 그중에서도 유명한 것은 바늘 정도의 작은 입밖에 가지고 있지 않은 피 펫이라고 한다. 이 피 펫은 그 작은 입 때문에 피나 고름밖에 먹을 수 없어서 몹시 야위어 있다. 키는 크고, 목은 2미터 정도로 길며, 가늘고 긴 혀를 입에서 내밀며 "끼이끼이, 휴우 휴우"하고 째진 울음소리를 낸다고 한다.

프라야 아누만 라차톤 저 『태국 민중생활지(1) -제사와 신앙-』에 실려 있다. 아귀는 불교에서 이야기되는 육도 중 아귀도에 떨어진 망자가 변한 모습으로, 『정법념처경』 등에는 몇 십 종류의 아귀가 기록되어 있다. 『정법념처경』에는 입이 바늘 정도로 가느다란 침구아귀나 피를 먹는 식혈아귀의 이름이 보이는 것 외에 『아비달

마 순정이론』에는 피나 고름을 먹는 소재 아귀에 대해서 기록되어 있다. 피 펫도 이렇게 불교에서 이야기되는 아귀의 이미지에서 생겨났으리라 여겨진다.

■피 퐁(Phi Pong)

태국에 전해지는 괴이. 태국 북서지방에서 이야기되는 피로, 밤중이 되면 하늘거리며 빛을 내면서 나타나, 사람 고기나 오물을 즐겨 먹는다고 한다. 또한 사람에게 옮겨가는 능력을 지니고 있어서, 피 퐁의 타액이 묻은 사람은 피 퐁이 되어버린다고 한다. 만약 피 퐁을 발견했을 경우에는, 그 등에 창을 꽂아두면 다음 날 아침이 되어도 그 사람이 멀쩡하므로 그 모습을 보고 정체를 확인할 수 있다고 한다. 또한 이 피가 되는 것은 대마를 키우고 있는 사람이라고 생각되고 있다.

프라야 아누만 라차톤 저『태국 민중생활지(1) -제사와 신앙-』에 실려 있다.

■피 퐁 캉(Phi Pong-Kang)

태국에서 이야기되는 괴이. 원숭이 모습을 한 '피'로, 꼬리가 짧으며 항상 윗입술을 뒤집어서 이빨을 보이고 있다고 한다. 평소에는 동물들이 소금을 먹는 장소에 자라고 있는 큰 나무 위에 살고 있지만, 잠들어 있는 사람을 발견하면 몰래 다가가서 피를 빤다고 한다.

프라야 아누만 라차톤 저『태국 민중생활지(1) -제사와 신앙-』에 실려 있다.

■피 품 무앙(Phi Phum Muang)

태국에 전해지는 괴이. 나라의 수호신이라 여겨지는 존재로, 국가나 도시의 수호자로서 모셔진다. 또한 특히 수도의 수호자로서 이야기되는 경우에는 '프라 품 무앙 루앙(Phra Phum Muang Luang)'이라고 불린다고 한다.

프라야 아누만 라차톤 저『태국 민중생활지(1) -제사와 신앙-』에 실려 있다.

■피 품 반(Phi Phum Ban)

태국에 전해지는 괴이. 촌락을 수호하는 존재로, 태국 사람들은 토지의 개발이나 경작, 수확 등의 중요행사를 시작할 때에 공물을 바치기 위해 공양탑을 세운다. 그리고 이것에 산다고 하는 **피**나 **테와다**에게 가호를 내려달라고 비는데, 이러한 존재는 토지를 소유하는 존재로 인식되어 피 품 반이라 불린다고 한다.

프라야 아누만 라차톤 저『태국 민중생활지(1) -제사와 신앙-』에 실려 있다. 피 및 테와다에 대해서는 해당 항목을 참조.

■피 프라참 크롭크루아 (Phi Phra Cham Krobkrua)

태국에서 전해지는 괴이. '가족령' 등으로 불리는 존재로, 선조의 혼령인 **피 반 파브 루트**들이 자자손손 이어진 마을을 지키는 혼령의 무리를 이룬 것을 가리키며, 태국의 북서지방에 전해지고 있다고 한다.

프라야 아누만 라차톤 저 『태국 민중생활지(1) -제사와 신앙-』에 실려 있다.

■ 피 하(Phi Ha)

태국에 전해지는 괴이. 태국에서 요괴나 정령 등의 총칭인 피의 일종으로, 콜레라를 옮기는 피라고 한다. "유—요—"라는 기성을 지르면서 수로를 따라 출현하며, 사람들에게 병을 옮긴다고 한다.

프라야 아누만 라차톤 저 『태국 민중생활지(1) -제사와 신앙-』에 실려 있다.

【하】

■ 한밤중의 군가

대만에서 이야기되는 괴이. 어느 초등학교에서는 밤 12시가 되면 모든 불을 끄는데, 그러면 사방에서 일본 군가가 흘러나오다가 심야 2시가 되면 그친다. 그래서 이 시간대에는 학교에 가까이 가는 사람이 없다고 한다.

이토 류헤이, 시예 지아칭 저 『현대 대만 귀담』에 실려 있다.

■ 호텔 O의 망령

태국에서 이야기되는 괴이. 방콕의 환락가인 나나에 있다고 하는 '호텔 O'는 심령 스팟으로도 유명하며, 몇 번이나 유령이 목격되고 있다. 한밤중에, 객실 안에 태국인 남자가 나타나서 테이블과 벽의 수 센티미터의 틈 사이에 서 있었다. 객실 앞에서 문을 노크하는 머리 긴 여성이 있었는데, 문을 열자 아무도 없다. 그래서 무서워져서 문을 닫았는데, 문틈으로 창백한 여자의 손이 들어왔다, 라는 체험이 이야기되고 있다고 한다.

타카다 타네오미 저 『아시아 열대 괴담』에 실려 있다. 'O'는 호텔의 이니셜이며 정식 이름은 감추고 있다. 이 책에 의하면, 이 호텔에는 살인이나 자살, 화재 등의 사건이 일어났던 기록은 없으며, 원인이 불명인 채로 유령의 출현이 다발하고 있다고 한다.

■ 화이트 레이디

필리핀에서 이야기되는 괴이. 필리핀 전국에서 보고되는 유령으로, 하얀 드레스를 입은 긴 머리의 여성이라고 한다. 그 이외의 모습은 지역에 따라 다르며, 얼굴의 각 부위가 없는 맨들맨들한 얼굴이라거나 날카로운 눈빛으로 노려본다거나 하는 이야기가 있다. 그 정체에 관해서는 살해당한 여자의 유령이다, 교통사고의 희생자다, 등의 여러 설들이 있다.

화이트 레이디와 조우하면 그 여자의 영혼이 씌게 되어서 그 여자와 같은 원인으로 목숨을 잃게 된다는 이야기도 있지만, 화이트 레이디를 보면 행복해진다는 이야기도 있는 등, 다양한 소문이 돌고 있는 듯하다.

타카다 타네오미 저『아시아 열대 괴담』에 실려 있다. 필리핀에는 그 밖에도 **블랙 레이디, 레드 레이디**라는 유령도 목격되고 있다고 한다. 그것들에 대해서는 해당 항목을 참조.

■화장실에서 들리는 대답

대만에서 전해지는 괴이. 어느 중학교에는 이런 괴담이 전해지고 있다. 다섯 명이 학교 화장실에 가서, 다섯 개 있는 부스에 네 명이 한 명씩 들어간다. 그리고 나머지 한 명이 순서대로 문을 노크해가면, 아무도 없을 마지막 부스 안에서 대답이 돌아온다고 한다.

이토 류헤이, 시에 지아칭 저『현대 대만 귀담』에 실려 있다.

■화장실의 귀신

대만에서 전해지는 괴이. 어느 학교에서 밤까지 일하고 있던 교사가 화장실에 갔을 때의 일이다. 그 화장실에서는 영문 모를 비명이 들렸지만, 교사는 신경 쓰지 않고 부스에 들어갔다. 그러자 변기에서 팔이 쑥 나와서 교사에게 상처를 입힌 뒤에 천장을 향해 내던졌다. 그대로 교사는 행방불명이 되었다. 다음 날에 사무원이 그 화장실에 갔지만 아무것도 발견할 수 없었다. 그러나 다시 그 다음 날에 한 남학생이 그 화장실에 가더니, 천장을 가리키며 '귀신이 있다'라고 계속 반복해서 말했다고 한다.

이토 류헤이, 시에 지아칭 저『현대 대만 귀담』에 실려 있다. 대만에서 이야기하는 귀신은 일본과 달리 유령 같은 것을 가리키는 경우가 많기 때문에, 이 귀신도 사라진 교사를 말하고 있는 것은 아닐까하고 여겨진다.

■화장실의 아기

대만에서 전해지는 괴이. 학교 괴담으로서 전해지는 이야기로, 어느 여학생이 화장실에 들어갔는데 평소에는 열리지 않던 화장실 부스의 문이 열려 있었다. 그 안에 들어가 보니 쓰레기통 안에 피투성이 갓난아기의 머리가 있었고, 갑자기 "엄마!"라며 울부짖었다고 한다.

이토 류헤이, 시에 지아칭 저『현대 대만 귀담』에 실려 있다.

이 세상에는 신종 생물들이 실재한다는 형식으로 기록되어 있긴 하지만, 사실은 전부 픽션인 책들이 몇 권 존재하고 있다.

독일의 동물학자인 게롤프 슈타이너의 저작인 『코걸음쟁이의 생김새와 생활상(Bau und Leben der Rhinogradentia)』가 그 대표적인 작품으로, 슈타이너 씨의 친구라고 하는 하랄트 슈튐프케라는 가공의 동물학자가 남긴 조사보고서를 정리한 것이라는 형식으로 적혀 있다.

이 책에는 하이아이아이 군도라는 가공의 섬에 서식하고 있다는 코걸음쟁이라는 신비한 동물들이 많이 등장한다. 내용은 학술논문의 패러디로서 적혀 있으며, 마치 실제로 코걸음쟁이라 불리는 동물이 존재했던 것처럼 그 자세한 생태가 기록되어 있다. 또한 현재 하이아이아이 군도나 코걸음쟁이가 확인되지 않는 것은 핵실험에 의해 섬이 통째로 수몰되어버렸기 때문이라는 이유까지 설명되어 있다. 참고로 이 『코걸음쟁이의 생김새와 생활상』의 착상을 얻은 계기가 된 것은 19세기부터 20세기에 걸쳐 활동한 독일의 시인, 크리스티안 모르겐슈테른이 썼던 시 『나조벰(Nasobame)』이라고 한다. 이 시에는 코로 걷는 나조벰이라는 이상한 존재가 그려져 있으며, 『코걸음쟁이의 생김새와 생활상』에도 동명의 동물이 실려 있다.

가공의 식물을 모은 작품도 있다 그림책 작가인 레오 리오니가 쓴 『평행식물』이 대표적인 작품으로, 현실세계와는 다른 시간에 존재하는 평행식물이란 신비한 식물들이 소개되어 있다. 또 '존재한다면 사진에 찍힌다'라는 현상을 역설적으로 이용해서, 가공의 동물들을 찍은 사진을 게재함으로써 그 실재를 증명하는 것처럼 보이게 한 호안 폰트쿠베르타 외 저 『비밀의 동물지(Fauna Secreta)』라는 책도 있다. 이렇게 실재한다는 형식으로 기록된 가공의 생물을 소개한 책은 의외로 많다. 앞으로도 이러한 책은 태어날 것이다. 다음에는 어떤 신비한 생물들을 만날 수 있을지 기대된다.

Oceania
오세아니아

【라】

■ 레타(Letta)

오스트레일리아에 현존하는 괴이. 눈, 코, 입 같은 얼굴의 각 부위를 강조하듯 커다랗게 만든 장발의 남성 인형으로, 많은 괴기현상을 일으킨다고 한다.

이 인형은 자립해서 돌아다닌다고 하며, 그것 외에도 가까이 있는 것만으로도 기분이 나빠지거나 동물이 인형을 공격하려고 하는 등의 현상이 일어난다고 한다. 또 이 인형은 1970년대에 오스트레일리아의 뉴사우스웨일스주에 있는 마을인 워가워가의 폐가에서 발견되었다. 그 인형을 감정해보니, 인형은 200년 전에 제작되었으며 롬인(집시)의 특징이 있는 외모로 보아 동유럽 어딘가에서 태어난 것으로 추측되었다. 또한 그 머리카락은 진짜 인간의 것이 사용되어 있었다.

심령연구소에 의하면 이 인형에는 상당히 오래전에 사망한 소년의 혼령이 깃들어 있으며, 이따금씩 "Letta me out!"이라고 외치기 때문에 '레타'라고 불리고 있다고 한다. 레타 인형은 폐허에서 인형을 주워온 인간의 집에 아직 보관되어 있으며, 비정기적으로 공개되고 있다. 또한 레타의 계정이 있는 페이스북이 작성되어 있으며, 그 모습을 볼 수도 있다.

【마】

■ 메갈라니아(Megalania)

오스트레일리아에서 목격되는 괴물. 오스트레일리아에서는 거대한 도마뱀이 빈번하게 목격되고 있으며, 그 크기는 7미터에서 9미터에 이른다고 한다. 이 도마뱀은 때때로 가축을 습격해서 잡아먹으며, 소까지도 습격한다고 한다.

장 자크 발루와 저 『환상의 동물들』에서는, 이 거대한 도마뱀은 아득히 태곳적에 멸종했다고 여겨지는 메갈라니아의 생존 개체가 아닐까 하는 설이 실려 있다. 메갈라니아는 사상 최대의 도마뱀이었다고 하며, 갱신세(약 258만 년 전부터 약 1만 년 전)에 서식했었다고 여겨지고 있다.

■ 모코이(Mokoi)

오스트레일리아에 전해지는 악령. 선주민족인 애보리지니 중에서 머른진(murgin)족이 믿고 있었다고 하며, 사람의 죽음이나 병, 부상 등이 발생하는 것은 이 모코이 때문이라고 믿어지고 있었다. 이 악령은 사악한 샤먼에 의해 사역되어 사람을 습격하는 일도 있다고 한다.

【바】

■버닙(Bunyip)

오스트레일리아에 전해지는 괴물. 버니 프라고 불리는 경우도 있다. 호수나 늪에 서식한다고 하며, 원래는 선주민족인 애보리지니에게 전해지는 죽음이나 재앙을 불러오는 괴물이었지만, 현재는 담수에서 사는 괴물 전체가 이 이름으로 불리는 경향이 있다. 그것은 이주해온 사람들에게도 계승되었으며, 이야기되는 형태도 바다표범 같다, 수달과 비슷하게 생겼다는 등 다양하게 나뉘고 있다.

장 자크 발루와 저『환상의 동물들』에 의하면, 1846년에 버닙이라고 여겨지는 생물이 원주민에게 살해되어 그 두개골이 조사되었다. 그러나 그 결과를 알기 전에 박물관 지하에서 사라져버렸다고 한다. 그 뒤에도 몇 번이나 목격되었지만 포획할 수는 없었고, 그 정체는 여전히 수수께끼에 싸여 있다.

【사】

■스타우르의 거인

오스트레일리아에 전해지는 괴이. 몸길이 2미터 50센티미터 정도의 거대한 인간 형태를 하고 있으며, 광산 마을 스타우르에 출현했다. 주로 민가의 정원이나 부엌에 출현하며, 1970년대에만 10세대의 가족이 이것이 두려워 그 지역에서 도망쳤다고 한다.

피터 헤이닝 저『세계 영계 전승 사전』에 실려 있다. 이 책에 의하면, 이 거인의 정체는 전혀 알 수 없다고 한다.

【아】

■아르티시아(Artisia)

오스트레일리아 등지에서 발견된 신비한 생물. 마치 그림책에 그려진 식물이나 마법사의 지팡이처럼 아름다운 소용돌이 모양의 잎사귀를 지닌 **평행식물**의 일종. 인공적이란 인상을 품게 만드는 이 생물은 완전히 자연적으로 태어나는 것이라고 한다.

레오 리오니 저, 미야모토 아츠오 역『평행식물』에 실려 있다. 이 책에 의하면, '장님거미'라고 이름 붙은 평행곤충이라 불러야 할 동물이 잎사귀에 살고 있다고 한다. 그러나 이 책에 실려 있는 동식물은 실재한다는 형식으로 기록되어 있기는 하지만, 전부 저자인 리오니의 창작이다. 평행식물의 특징 자체에 대해서는 같은 항목을 참조.

■야랄럼라 하우스의 유령

오스트레일리아에 나타나는 괴이. 수도 캔버라에 있는 야랄럼라 하우스(Yarralumla House)에 나타나는 유령으로, 선주민족인 애보리지니 소환사의 망령으로 여겨지고 있다. 이 유령은 작고 거무스름한 모습을 하고 있으며, 정원에 심어진 히말라야 삼나무 중 한 그루의 뿌리에 다이아몬드가 박혀있다는 속설을 믿고 그것을 찾아다니고 있다고 한다.

피터 헤이닝 저 『세계 영계 전승 사전』에 실려 있다.

■와이토레케(Waitoreke)

뉴질랜드에서 목격되는 수수께끼의 생물. 바다표범이나 수달 같은 수륙양생의 포유류로 보이는 모습을 하고 있다고 한다.

이것 외에 다른 동물과 확연하게 구분되는 특징은 없지만 와이토레케가 수수께끼의 생물로 여겨지는 것은, 뉴질랜드에는 몇 종류의 박쥐나 고래 이외의 재래종 포유류가 서식하지 않는다는 점에서 유래한다. 장 자크 발루와 저 『환상의 동물들』에 의하면, 와이토레케는 1850년대부터 목격정보가 있으며 남쪽 섬 산악지대의 강이나 호수에 나타난다고 한다. 그러나 인간이 이 땅에 발을 들인 뒤로는 그들이 데려온 몇 종류의 포유류가 외래종으로서 유입된 것도 사실이라, 그로 인한 착각이었을 가능성도 부정할 수 없다.

목격증언이나 체모의 일부 등 서식한 흔적이 있기는 하지만, 그 정체가 명확하지 않은 생물의 총칭. 미확인동물이라고 불리는 경우가 많은데, 드물지만 식물을 포함하는 경우도 있기 때문에 이 책에서는 생물이라고 표기하고 있다. 일본에서는 'UMA(Unidentified Mysterious Animal의 약자)'라는 명칭이 사용되고 있으나 이것은 일본에서만 사용하는 속어이며, 유럽 등지에서 이러한 동물은 '은서동물'이라고 불리며 '은서동물학(크립토주올로지[cryptozoology])'이라는 연구 분야로서 확립되어 있다.

미확인생물로 여겨지는 것에는 다양한 종류가 있다. 이 사전에 실려 있는 것이라면 옛날부터 전승이 남아 있으며 현재도 목격사례가 있는 '시 서펀트'나 '몽골리안 데스웜' 등의 동물, 고대 생물의 생존개체로 여겨지는 '네시'나 '콩가마토', 우주에서 왔다는 설도 있는 '모스맨'이나 '추파카브라' 등이 있다. 어찌 되었든, 이 생물들처럼 서식하고 있을 가능성이 생각되고 있기는 하지만 과학적으로 실재가 입증되지 않은 것이 미확인생물로 카운트되고 있다. 일본에서도 쿳샤로호(屈斜路湖)에 나타나는 수장룡 같은 생김새의 '쿳시'나, 오래전부터 요괴로서 전승이 남아 있으며 1970년대에 커다란 붐이 있었고 현재도 발견하면 1억 엔의 상금이 지급된다는 '츠치노코' 등, 많은 미확인생물이 생겨나 있다.

한편, 실재하는지 의심되었음에도 불구하고, 그 존재가 확인된 생물도 많다. 예를 들면 지금으로부터 4억 년 전의 바다에 살았다가 멸종되었다고 생각되던 고대어 실러캔스는, 1938년에 현생속(라티메리아)가 존재하는 것이 확인되었다. 기린과의 동물인 오카피도, 처음에는 실재가 믿어지지 않았다. 그리고 현재도, 많은 미확인생물의 조사가 이루어지고 있다.

이처럼 미확인생물의 실재가, 언젠가 입증되는 날이 올지도 모른다. 그런 날이 찾아오기를 기대한다.

North Ame

North America
북아메리카

North
Atlantic
Ocean

【숫자】

■1인분의 여유

미국에서 이야기된 괴이. 캐롤라이나(노스캐롤라이나 주 혹은 사우스캐롤라이나 주)의 친척집에 불려간 젊은 여자가, 그 농원의 어느 방에 묵고 있었을 때의 일이었다. 창밖에서 말발굽 소리가 들려서 밖을 내다보자, 화려하게 생긴 구식 마차가 다가와서 그녀의 방 앞에 멈췄다. 그리고 마차에서 뛰어내린 마부가 여자를 향해서 "아직 한 명 더 탈 여유가 있어"라고 말했다. 그러나 그 마부는 보기에도 무서운 모습을 하고 있었기 때문에 그녀가 뒤로 물러서자, 마부는 마차와 함께 사라져버렸다.

그러나 그 광경은 매일 밤마다 반복되었고, 끝내 견딜 수 없어진 여자는 예정을 취소하고 집으로 돌아갔다.

집에 돌아가자마자 여자는 택시를 타고 단골 의사를 찾아갔고, 의사에게 환각을 본 것이라는 설명을 듣고서야 마음을 놓았다. 그리고 귀가하던 중에 엘리베이터 앞에서 기다리고 있는데, 금방 엘리베이터 문이 열렸다. 안은 꽉 차 있었지만, 엘리베이터를 조작하던 남자가 말했다.

"아직 한 명 더 탈 여유가 있어."

그 모습은 여자가 친척의 농원에서 봤던 그 마부와 똑같았다. 여자가 비명을 지르며 뒤로 물러서자 엘리베이터 문이 닫혔다. 직후, 굉음과 함께 건물이 흔들렸다. 여자가 타려고 했던 엘리베이터가 추락해서, 안에 있던 사람 전원이 무참한 모습으로 발견되었던 것이었다.

벤. C. 클로우 편『미국의 기묘한 이야기 02-저지 데블』에 실려 있다. 이 책에 의하면, 1944년에 기록된 이야기라고 한다. 이것과 비슷한 이야기는 일본에도 수입되어서, 앞부분의 마차 이야기는 없기는 하지만 지옥에서 온 여자가 엘리베이터에 나타나서, "한 명 더, 탈 수 있습니다"라고 부르는데, 거부하면 그 엘리베이터가 추락해서 안에 있는 사람이 전부 죽는다, 라는 형식의 이야기다. 또한 코노 이치로 편역『영국 민화집』에는 런던을 무대로 한 비슷한 이야기가 실려 있으며, 와타나베 세츠코 외 편저『꿈에서 다나카를 돌아보지 마』에서는, 1912년에 영국의 런던에서 일본에 온 손님이 같은 이야기를 했다고 기록되어 있다. 그렇기에 좀 더 역사를 거슬러 올라가는 것이 가능한 괴담인지도 모른다.

■2층 침대의 악령

미국에서 전해지는 괴이. 이 침대는 미국 위스콘신 주에서 데비 톨먼과 그 아내인 앨런 부부가 중고로 구입한 물건으로, 겉모습은 평범한 2층 침대와 다를 바 없다. 그러나 이 침대에는 악령이 깃들어 있다고 여겨지는데, 집 안에 들인 이후로 집의 문이 멋대로 열리거나 닫히고, 의자가 혼자서 움직이고, 침대에 누워있던 아이들이 이상한 빛을 발하는 긴 흑발의 노녀를 목격하게 되었다. 또 그들은 붉은 빛의 눈동자가 자신을 바라보는 광경이나, 안개가 끼거나 불꽃이 타오르는 광경을 보았다고 한다. 이 악령은 두 사람의 아이들 중 대니라는 어린 아들에 집착했다. 대니는 다른 가족들보다도 많은 괴현상을 조우했으며, 아이들을 위해서 고용했던 현실주의자인 베이비시터까지 괴현상와 조우했기 때문에 결국 톨먼 일가는 이 침대를 부숴버렸다. 그 이후로는 괴이 현상이 발생하지 않았지만, 이윽고 이 집을 떠났다고 한다.

이 괴이는 1988년, 미국의 텔레비전 방송 『Unsolved Mysteries: Ghosts』등, 많은 미디어에 언급되어 널리 퍼졌다.

■873호실의 괴이

캐나다에서 전지지는 괴이. 앨버타 주에 있는 밴프 스프링스 호텔에는 다양한 괴이가 출현한다고 하며, 873호실은 괴기현상이 다발하는 방으로서 알려져 있다.

이 방에 묵으면, 자는 동안에 누군가가 베고 있던 베개를 쑥 잡아당기거나, 밤중에 비명소리를 듣거나, 거울에 묻은 피투성이 손자국을 보게 된다고 한다. 그러나 그 초상적인 현상이 원인이 되어 현재 이 방은 벽돌로 봉인되어서 숙박은 불가능하다

고 한다.

웹 사이트 〈Avenue Calgary〉 등을 참고했다. 이 사이트에 의하면, 옛날에 이 방에서는 일가가 참살되는 사건이 있었고, 그 혼령이 출현한다고 생각되고 있다고 한다.

【가】

■가이아스커터스(Guyascutus)

미국에서 이야기되는 괴이. 미국 전 지역에서 이야기되는 수수께끼의 존재로, 이하와 같은 이야기에서 등장한다.

어느 마을에 나타난 두 명의 수상쩍은 병사가, 위험을 감수하고 생포한 가이아스커터스를 입장료를 받고 보여주겠다고 이야기하고 다닌다. 이 소문이 퍼져서 입장권은 전부 매진되었는데, 모여든 수많은 사람들 앞에 병사 중 한 명이 가이아스커터스가 얼마나 무서운 동물인지를 설명했고, 다른 한 명은 커튼 너머에서 무서운 소리를 냈다. 관객이 점차 불안해지기 시작했을 무렵, 설명을 하던 병사가 갑자기 "큰일났다! 가이아스커터스가 도망쳤다!"라고 외치며 관객들에게 피난을 촉구한다. 그러자 그의 설명과 연기를 철썩 같이 믿고 있던 관객들은 앞 다투어 도망쳤다. 물론 가이아스커터스를 직접 본 사람은

없다. 가이아스커터스는 여전히 수수께끼다.

벤. C. 클로우 저『미국의 기묘한 이야기 02-저지 데블(The American Imagination at Work: Tall tales and Folk Tales)』에 실려 있다. 요컨대 가이아스커터스는 두 명의 병사가 날조한 가공의 괴물이며 실체가 없다는 뜻이 된다. 일본에서는 그저 무섭다는 것만이 전해지고 있으며 내용은 알 수 없는 **소의 목**이라는 괴담이 있는데, 가이아스커터스의 경우에는 이름이나 무서운 괴물이라는 등의 정보가 풍부함에도 불구하고 실체가 없다는 형식으로 관객을 속이는 전개가 재미있다.

■가즘크(Gazunk)

미국에서 이야기된 괴물. 부리에 구멍이 뚫려있는 새로, 발을 능숙하게 사용해서 구멍을 막아, 마치 플루트 같은 소리를 낸다고 한다.

이것은 가즘크가 아직 어릴 무렵에 딱따구리에 의해 뚫린 구멍이라는 이야기도 있다고 한다.

아트 차일즈 저『커다란 숲의 이야기』에 실려 있다. 이 책에는 부리의 구멍에 발가락을 넣어서 소리를 내는 가즘크의 모습이 그려져 있다. 이 책에 등장하는 다른 괴물들과 마찬가지로, 미국의 개척기에 숲에서 가이드를 하고 있던 사람들이 나눈 이야기에 등장하는 괴물 중 하나.

■가짜 유령 필립

캐나다에 나타났던 괴이. 캐나다 온타리오 주의 토론토 심령조사협회를 주재하는 오웬 부부가 만들어낸 가공의 유령. 오웬 부부는 강령 실험을 할 때에 17세기의 잉글랜드에서 살았던 가공의 인물로서 필립을 생각해냈다. 이 필립은 불륜상대가 마녀로서 화형당해 죽었기 때문에 그 뒤를 따라 죽었다고 설정했다. 그리고 혼령과의 교신을 행하자, 실제로 필립이라 자처하는 혼령이 나타나서는 부부가 설정한 것 이상의 경력을 늘어놓기 시작했다고 한다.

하니 레이 저『초상현상 대사전』에 실려 있다.

■갈고리 손의 남자(Hookhand man)

미국에서 이야기되는 괴이. 그 이름대로 잃어버린 한쪽 팔에 갈고리를 붙인 남자로, 형무소나 정신병원을 빠져나온 살인귀라고 이야기된다. 이 괴인이 등장하는 괴담은, 도로 옆에 세운 차 안에서 성행위를 하려고 하던 커플이 라디오 방송에서 이 살인귀에 대한 이야기를 듣고 무서워져서 그대로 차를 몰아 집으로 돌아갔더니, 자동차의 문에 피투성이의 갈고리가 매달려있었다, 라는 형식으로 전개된다. 이 커플은 우연히 습격당하기 직전에 출발했기 때문에 갈고리 손의 남자로부터 도망칠 수 있었던 것이었다.

얀 해럴드 브룬번드 저 『사라진 히치하이커(The Vanishing Hitchhiker)』에 의하면 1950년대 후반 무렵부터 이야기된 괴이인 듯하며, 1959년에는 미국 내의 모든 틴에이저들이 이 이야기를 알고 있었을 정도로 널리 퍼졌다고 한다.

■ 거대 메기

미국 남서부와 남부 일대의 댐에 있는 저수지에 문제가 생겼을 때, 조사를 위해 고용된 다이버가 물속에 들어갔더니 사람을 통째로 삼킬 수 있을 정도로 커다란 메기가 몇 마리나 헤엄치고 있었다고 한다.

얀 해럴드 브룬번드 저 『멕시코에서 온 애완동물(The Mexican Pet)』에 실려 있다. 이 책에 의하면 이 거대 메기의 도시전설은 미국 각지에서 이야기되고 있다고 하며, 각 지역의 저수지나 호수가 무대가 되고 있다고 한다. 또한 메기가 아니라 잉어인 경우도 있다고 한다.

■ 걷는 그루터기

미국에 나타났다는 괴물. 오레곤 주 뉴포트에서 16세 소녀가 목격했다는 불가사의한 현상으로, 오렌지 색, 담청색, 백색, 황색, 멜론 색 등의 다양한 빛깔로 변하면서 세 개의 그루터기가 자립해서 걸었다고 한다.

존. A. 킬 저 『불가사의한 현상 파일』에 실려 있다.

■ 검베루(Gumberoo)

미국에서 이야기된 괴물. 그레이스 하버에서 훔볼트 만에 걸친 지역에 출현한다는 곰 같은 생물로, 삼나무 밑동에서 산다. 이 보금자리에서 나올 때는 배가 비었을 때로, 어쨌든 왕성한 식욕을 자랑하며 먹을 것으로 보이는 것은 뭐든지 먹어치우는데, 말 한 마리를 통째로 삼켜버릴 수 있다. 몸의 표면은 고무 같아서 털이 없고, 둥그스름한 체형 때문에 고무덩어리처럼 보인다. 이 몸은 아주 탄성이 풍부해서 총알을 맞든 바위를 던지든, 받은 공격을 그대로 튕겨낼 수 있다. 그리고 죽을 때가 가까워지면, 자기 몸을 폭발시켜서 주변에 있는 것들을 싹 날려버린다. 이때 주위에는 셀룰로이드나 고무가 타는 듯한 냄새가 난다고 한다.

윌리엄 토머스 콕스 저 『럼버우즈의 무시무시한 동물들, 사막과 산의 짐승들』에 실려 있다. 인간과 대치하는 검베루의 모습이 일러스트로서 그려져 있다.

미국의 개척기에 생겨난 톨 테일(tall tale)에 나오는 괴물 중 하나. 또한 일본에도 인간이 다가가면 몸을 폭발시키는 고다마네즈미라는 요괴가 있다.

■ 고릴라 늪

미국 미시건 주에 있다고 하는 늪. 그 이름의 유래는 거대한 고릴라가 이족보행으로 늪의 주변을 어슬렁거리는 모습이 목격되었기 때문이라고 한다.

존. A. 킬 저 『불가사의한 현상 파일』에 실려 있다.

■ 골든게이트 브리지의 유령

미국에서 이야기되는 괴이. 샌프란시스코 만과 태평양 사이에 있는 골든게이트 해협에 놓인 골든게이트 브리지는 1937년에 완성된 이래로 자살의 명소로서도 유명하며, 지금까지 1600명 이상의 인간이 이 다리에서 몸을 던졌다고 여겨지고 있다. 이것은 세계에서 가장 자살자가 많은 건설물로, 현재는 뛰어내린 사람을 받아내기 위한 네트를 설치하는 공사가 이루어지고 있다.

그러나 워낙 자살자의 수가 많기 때문에 이 다리에서는 자살자의 혼령이 자주 목격된다. 또 자살자로서 정식 집계된 것은 시체가 발견된 사람뿐이며, 바다로 흘러간 시체의 수도 상당히 많을 것으로 여겨지고 있다.

■ 공중에 떠 있는 붉은 눈

미국에서 목격되는 괴이. 코네티컷 주의 이스턴 뱁티스트 교회의 뒤편에는 동굴이 있는데, 그 안에서 다수의 시체가 발견되었다. 이 부근에서는 괴기현상이 다발하고 있으며, 붉은 눈이 공중에 떠 있는 것을 본 사람도 있다고 한다.

로버트 그렌빌 저 『반드시 나오는 세계의 유령의 집』에 실려 있다.

■ 광대 호미(Homey The Clown)

미국에서 이야기된 괴인. 뉴저지 주에서 목격되었다는 광대차림의 유괴범으로, 1991년 무렵에 어린아이들에게 두려움을 사고 있었다. 이 광대는 한 명 혹은 여러 명이 존재하며, 조우했던 아이의 말에 의하면 한 손에 낫을, 다른 한 손에는 기관총을 들고 있었다고 한다.

얀 해럴드 브룬번드 저 『아기 기차』에 실려 있다. 브룬번드는 1980년대에 소문이 돌았던 광대차림의 유괴범에 대한 도시전설을 접하고, 이것이 다시 나타난 것이라고 설명하고 있다. 80년대의 광대에 대한 것은 **팬텀 클라운** 항목을 참조. 또한 '호미'라는 이름은 『인 리빙 컬러(in living color)』라는 텔레비전 시리즈에 등장하는 캐릭터에서 따왔다고 한다.

■ 광란하는 의자

미국에 나타났다는 괴이. 뉴욕 주의 스케넥터디의 어느 집이 유령이 나온다는 이유로 아주 싸게 매물로 나와 있었다. 한 일가가 이 집에 이사 온 날, 밤에 다락에서 뭔가가 뛰어다니는 듯한 소리가 들려왔다. 소리는 그대로 계단을 내려가더니 지하실로 향했다.

그래서 일가가 전부 일어나 지하실을 살펴보러 갔더니 의자가 있었고, 그 의자 다리 중 하나가 어느 한 점을 가리키고 있었다. 그래서 그 장소를 파보았더니 피투성이의 남자 시체가 들어있는 상자가 발견되었다.

그러나 이 일가는 시체를 내버려두고 집을 떠나기로 결심했다. 왜냐하면 갓 이사 온 자신들이 이 사실을 사람들에게 알려봤자, 시체를 감추러 이 마을에 찾아온 살인범이라 의심받을 것이 뻔했기 때문이다. 그 모습을 본 의자는 더더욱 광란하기 시작해서, 요란한 소리를 내며 계단을 올라가 다락에서 천장이 내려앉을 듯한 기세로 뛰어다니기 시작했다. 그래도 그 일가는 어떻게든 집을 나가서 이사할 수 있었다고 한다.

벤. C. 클로우 편집 『미국의 기묘한 이야기 02-저지 데블』에 실려 있다.

■ 그랜드 파더 클록

캐나다에서 이야기된 괴이. 20세기, 마니토바 주의 위니펙에 그랜드 파더 클록(요즘에 말하는 홀 클록)을 아주 소중하게 여기는 스테판이라는 노인이 있었다. 그는 72세에 죽었는데, 그가 죽음을 맞이한 시각에 그랜드 파더 클록도 시간을 멈췄다.

그랜드 파더 클록은 전통적으로 남자 자손이 물려받고 있었는데, 스테판에게는 아들이 없었다. 그래서 그의 아내인 모리는 시계를 그대로 가지고 있기로 했다.

그 뒤로 약 1년이 경과했을 무렵, 그랜드

파더 클록이 갑자기 움직이기 시작했다. 모리는 이웃사람과 이 신기한 현상에 대해 이야기를 나누고 있는데, 딸의 남편에게 손자가 태어났다는 전화가 걸려왔다. 손자가 태어난 시간은, 그랜드 파더 클록이 움직이기 시작한 시간과 일치했다. 주인의 죽음과 함께 시간이 멈췄던 커다란 옛날 시계는, 새로운 계승자의 탄생과 함께 숨결을 되찾은 것이다.

존 & 앤 스펜서 저 『세계 괴이 현상 백과』에 실려 있다.

■ 그런치(Grunch)

미국 루이지애나 주 최대의 도시인 뉴올리언스에서 이야기되었다는 괴이. 몸의 절반은 양이고 다른 절반이 인간인 괴물이라고 하며, 사람을 습격한다고 한다. 이것에 습격당한 어느 커플이 두 명 다 살해당한 채로 나무에 매달려 있었다는 이야기도 있다.

얀 해럴드 브룬반드 저 『사라진 히치하이커』에 의하면, 이 괴물은 뉴올리언스 주변의 한정된 지역 젊은이들 사이의 소문으로 떠돌고 있었다고 한다. 그 소문은 '보이프렌드의 죽음'이라는 도시전설과 겹쳐 있다고 한다. '보이프렌드의 죽음'이란, 어느 커플이 자동차를 타고 데이트 하러 갔다가 돌아오는데, 라디오에서 부근의 형무소에서 살인귀가 탈주했다는 뉴스가 들려온다. 그 직후, 자동차의 엔진에 문제가 생겨서 움직일 수 없게 된다. 그래서 남자는 연인에게 차 밖으로 나오지 말라고 말하고 엔진을 살펴보러 갔는데, 아무리 기다려도 돌아오지 않았다. 그저 차의 천장을 비비는 듯한 소리(창문을 두드리는 소리인 경우도 있다)만이 밤새 계속 들려왔고, 여자는 그저 그 공포를 참고 견뎠다. 이윽고 날이 밝자, 당황한 모습의 통행인이 불러서 차 밖으로 나온 여자는, 그때서야 차 위에 목이 매여 죽어있는 연인의 모습을 본다. 차의 천장을 비비는 듯한 소리는, 살인귀에게 살해되어 목이 매달린 연인의 시신이 바람에 흔들릴 때에 그 발끝이 차의 천장을 스치는 소리였던 것이다, 라는 내용의 도시전설이다. 그런치의 이야기일 경우, 이 살인귀의 역할을 하는 것이 이 반인반수의 괴물이라고 한다.

■그리들그리저 피트
(Griddlegreaser Pete)

미국에서 이야기된 괴물. 돼지 머리를 가진 작은 인간 같은 모습의 존재로, 목장 주위를 헤매고 있던 것을 어떤 사람이 보호했다고 한다. 그리들그리저 피트는 그리들케이크(팬 케이크)를 아주 좋아했기 때문에, 그에게 그리들케이크 만들기를 거들게 했다. 그 이야기에 의하면, 그리들그리저 피트의 발에 베이컨 덩어리를 고정하고, 스케이트를 타듯이 특제 철판 위를 돌아다녀서 돼지기름을 철판 위에 바르게

했다고 한다.

아트 차일즈 저 『커다란 숲의 이야기』에 실려 있다. 이 책에는 그리들그리저 피트가 베이컨 신발을 신고 철판 위에서 스케이트를 타는 그림이 그려져 있다.

과거에 미국 북부에서 노스우즈의 가이드를 하고 있던 사람들이 나눈 이야기에 등장하는 괴물 중 하나로 생각된다.

■그린닝맨(Grinning man)

미국의 뉴저지 주에 출현한다고 이야기되는 괴인. '웃음 짓고 있는 남자'라는 이름대로, 항상 기분 나쁜 미소를 짓고 있는 남자의 모습을 하고 있으며, 그 키는 2미터를 넘는다고 한다. 피부는 녹색이며 눈동자는 붉고, 시속 40킬로미터에서 200킬로미터의 속도로 뛰어다닌다고 한다. 나미키 신이치로 저 『MU적 도시전설』에 의하면, 이 괴인이 처음 목격된 것은 1996년 10월 11일 뉴저지 주의 엘리자베스라는 마을이었는데, 한밤중에 걷고 있던 소년들이 조우했다고 한다.

■그린맨

미국의 펜실베이니아 주에 나타났다고 하는 괴인으로, '얼굴 없는 찰리'라고도 불린다. 펜실베이니아 주의 피츠버그에는, 밤이 되면 온몸을 녹색으로 빛나게 하며 길거리를 서성이다가 인간을 발견하면 붙잡아서 보금자리인 터널로 데리고 가는 그린

맨의 소문이 퍼져있다. 그 정체는 벼락을 맞는 사고로 인해 얼굴이 짓무르고 온몸이 녹색으로 빛나게 된 찰리라는 인물로, 자신을 거북하게 여기는 주변 사람들을 원망해서 복수를 하게 된 것이라고 한다.

나미키 신이치로 저 『MU적 도시전설』에 의하면, 이 괴인에게는 모델이 된 실존인물이 있다고 한다. 그것은 1910년에 태어난 레이먼드 로빈슨이라는 인물인데, 어릴 적에 사고로 전선에 얽히는 바람에 큰 화상을 입고 얼굴 대부분을 잃어버렸다. 이후로 그는 사람의 눈에 띄지 않는 밤중에 산책하는 것을 즐기고 있었는데, 매정한 주민들에 의해 웃음거리가 되었다고 한다. 그래도 레이먼드는 사람들을 원망하지는 않았고, 요구받으면 함께 사진을 찍기도 했다고 한다.

실존 인물인 레이먼드는 결코 괴인이 아니었던 것이다.

■글로프리콥(Gloflikop)

미국에서 이야기된 괴물. 반딧불처럼 몸에서 빛을 발하는 곤충으로 여겨지며 '밤의 숲의 경찰' 등으로 형용된다. 네이티브 아메리칸들에 의하면 글로프리콥은 기치 마니토우(Gitchi Manitou)에게 숲의 경호 역할을 받았다고 하며, 글로프리콥이 없으면 부엉이나 쥐, 그밖의 짐승이나 새들은 지금보다 훨씬 더 장난만 치고 있었을 것이라 생각된다고 한다.

아트 차일즈 저 『커다란 숲의 이야기』에 실려 있다. 이 책에는 글로프리콥이라고 여겨지는 근족동물의 모습이 그려져 있다. '기치 마니토우'는 실제로 네이티브 아메리칸 사이에 이야기되는 정령으로, 세계의 창조주 등으로도 전해지고 있다.

미국 북부의 숲에서 가이드들이 나누던 이야기 속에 나오는 괴물 중 하나라고 생각된다.

【나】

■나이프를 들고 날뛰는 테디베어

미국에 나타난 괴이. 악마가 깃든 테디베어라고 하며 2006년 5월 오하이오 주 클리블랜드의 골동품점 앞의 보도에 놓여있었다고 한다. 이 테디베어의 소유자가 되면 방에 유령이 나타나거나, 기묘한 소리가 들리거나, 테디베어의 눈이 빛나는 등의 현상이 일어난다고 한다. 나중에는 테디베어가 칼을 들고 덤벼들었기 때문에 인터넷 옥션에 올렸고, 낙찰되었다고 한다.

나미키 신이치로 저 『최강의 도시전설 2』에 실려 있다.

■뉴욕 앞바다의 젤리 괴물

미국에 나타났다는 괴물. 뉴욕 시 남쪽 앞

바다에 나타났다는 투명한 젤리 형태의 괴물로, 골격도 코도 입도 눈도 없었다. 몸길이는 4미터에서 5미터나 되며, 두께는 12~18센티미터 정도로 얇고 길쭉했으며, 위아래로 꿈틀거리며 바다 속을 나아간다고 한다.

존. A. 킬 저 『불가사의한 현상 파일』에 의하면, 1963년에 과학자를 여러 명 태운 '챌린저'라는 조사선 곁을 지나갔다고 한다.

■ 늪지의 괴물

미국에 나타났다고 하는 괴물. 미주리 주 남동부에 있는 늪에서 목격되었다고 하는 고릴라 비슷한 존재로, 소나 말을 간단히 찢어발겨놓고는 먹으려고도 하지 않고 그대로 방치했다고 한다.

존. A. 킬 저 『불가사의한 현상 파일』에 의하면, 1949년 후반에 목격되었다고 한다.

【다】

■ 댄스홀의 악마

미국에 나타난 괴이. 인간 남자 모습을 하고 댄스홀 등에 나타나 여성을 유혹하고 춤추지만, 다리는 닭처럼 생겼으며 그 정체는 악마라고 한다. 자신의 정체를 들키면 도망치는데, 그 뒤에는 하얀 연기, 유황 냄새, 인간의 것이 아닌 댄스의 발자국이 남겨져 있다고 한다.

얀 해럴드 브룬번드 저 『사라진 히치하이커』에 실려 있다. 닭의 다리나 말의 다리를 가진 것은 악마의 증거라고 생각되고 있으며, 미국이나 멕시코에서는 옛날부터 인간의 것이 아닌 다리를 사용해서 무서운 제사를 올리는 악마나 마녀의 전설이 남아있다. 이것이 현대가 되어 새로운 베리에이션을 획득한 것이 댄스홀의 악마라고 한다.

■ 덕푸티드 덤덤
(Duck-Footed Dum-Dum)

미국에서 이야기된 괴물. 고양이 같은 모습의 생물이지만, 다리는 오리 같고 꼬리는 두 갈래로 나뉘어 있으며 마치 큰북의 북채 같은 형상을 하고 있다. 또한 등은 아주 평평하며, 덤덤은 봄이 되면 호수에 찾아와서 꼬리로 등을 두드려서 소리를 낸다. 그러면 물고기들이 얕은 여울에 몰려들어 알을 낳는다. 그리고 덤덤은 이 알이 부화할 때까지 감시한다. 덤덤의 이 행동을 방해하면 그 호수에는 물고기가 모습을 감춘다고 한다.

아트 차일즈 저 『커다란 숲의 이야기』에 실려 있다. 이 책에는 등을 꼬리로 두드리면서 걷는 덤덤의 모습이 그려져 있다.

이 책에 등장하는 다른 괴물들과 마찬가지로, 미국 노스우즈의 가이드들이 이야기했다는 톨 테일(tall tale)에 나오는 괴물 중 하나로 생각된다.

■던가븐후터(Dungavenhooter)

미국에서 이야기된 괴물. 메인 주와 미시건 주에 서식한다고 하며, 악어 같은 모습을 하고 있지만 입이 없고 콧구멍이 커다랗다는 특징이 있다.

던가븐후터는 초목의 수풀에 숨어서 사냥감을 기다린다. 그 곁을 인간이나 짐승이 지나가면 꼬리로 사냥감을 후려친다. 그리고 쓰러진 사냥감을 가스 상태가 될 때까지 꼬리로 두드려 짓이기고, 그 가스를 콧구멍으로 빨아들여서 먹는다고 한다.

헨리. H. 트라이언 저『무서운 생물들』에 실려 있다. 이 책의 삽화에는 수풀에서 사냥감을 기다리는 던가븐후터의 모습이 그려져 있다.

이 책에 등장하는 다른 괴물들과 마찬가지로, 미국 노스우즈의 가이드들이 이야기했다는 톨 테일(tall tale)에 나오는 괴물 중 하나로 생각된다.

■덤불 속의 짐승

미국에 출현했다는 괴물. 모발은 녹색이며 몸은 이끼와 진흙에 덮인 신장 2미터가 넘는 인간 형태의 생물이었다고 한다.

존. A. 킬 저『불가사의한 현상 파일』에 의하면, 1966년에 7월, 소녀에 의해 목격되어 보고되었다고 한다.

■도버 데몬

미국에 출현했던 괴물. 매사추세츠 주의 도버에 출현했기 때문에 이런 이름으로 불린다고 한다.

몸길이는 1.2미터 정도이며 몸통과 비슷한 정도로 커다란 머리는 참외 같은 형태를 하고 있으며, 오렌지색이나 녹색으로 빛나는 눈, 가느다란 목과 팔다리, 핑크나 베이지색 피부를 지니고 있다. 코, 입, 귀는 없으며 체모도 나 있지 않다. 1977년 4월 21일에 처음으로 목격되었으며, 그것이 매스컴에 의해 소개되어 미국 전역에 알려지게 되었다고 한다.

그 정체는 불명으로 다른 차원에서 찾아온 생물, 우주생물 등의 설이 있다.

나미키 신이치로 저『미확인동물 UMA 대전』에 실려 있다.

■딩몰(Dingmaul)

미국에서 이야기된 괴물. 뉴햄프셔 주의 제퍼슨이라는 마을에는 '딩몰 록'이라고 불리는 넓적한 바위가 있다.

딩몰은 이 바위처럼 볕이 잘 드는 장소에 있는 것을 좋아해서 이렇게 불리게 되었다고 한다.

딩몰은 거대한 고양이 같은 모습을 하고 있으며, 몸길이의 두 배나 되는 아주 긴 꼬리를 지니고 있다. 서부와 동부의 딩몰은 모습이 다른데, 두 종류가 있는 듯하다.

최대의 특징은 꼬리 끝에 있는 가시달린

공 모양의 기관으로, 이것은 마른나무를 부러뜨려서 그 파편으로 둥지를 위장하거나, 벌레를 쫓거나, 번식기에 수컷이 자신의 가슴을 두드려 암컷에게 어필할 때에 사용된다고 한다. 또한 암컷 쪽은 커다란 공모양 기관을 가지고 있으며, 만약 수컷의 어필이 마음에 들지 않을 경우에는 그 머리를 때리는 데 사용된다고 한다.

헨리. H. 트라이언 저 『무서운 생물들』에 실려 있다. 이 책의 삽화에는 딩몰 록이라고 여겨지는 넓적한 바위에 드러누워 있는 딩몰의 모습이 그려져 있다.

이 책에 등장하는 다른 괴물들과 마찬가지로, 미국의 개척기에 개척에 종사한 사람들이 모닥불에 둘러앉았거나 술집에서 이야기했다는 톨 테일(tall tale)에 나오는 괴물 중 하나.

【라】

■ 러버즈 레인의 원숭이

미국에 나타났다는 괴물. 플로리다 주 엘퍼스 근처의 러버즈 레인에서 네 명의 젊은이들이 차를 세우고 있는데, 침팬지 같은 모습을 한 뭔가가 차에 뛰어올랐다. 그 몸 색깔은 녹색 기운이 돌았으며, 눈동자 역시 녹색으로 빛나고 있었다고 한다.

존. A. 킬 저 『불가사의한 현상 파일』에 의하면, 이 원숭이 같은 괴물은 1966년에 나타났다고 한다. 또한 이 괴물이 출현하기 전에는 이상한 냄새가 났으며, 이 주변에 녹색의 끈적끈적한 물질이 발견된 적도 있다고 한다.

■ 러브랜드 프로그

미국에서 목격된 괴인. 이족보행을 하는 거대한 개구리 같은 모습을 하고 있으며, 오하이오 주의 러브랜드에서 자주 목격되었기 때문에 이 이름으로 불린다. 그밖에도 단순히 '개구리 남자'라고 불리는 경우도 많다.

리틀 마이애미 강에 서식하고 있다고 생각되며, 몸길이는 약 1미터 20센티, 등에는 가시형태의 돌기가 있다. 가장 오래된 목격담은 1955년이며, 그 후에도 1972년, 2016년에 목격된 기록이 있는 등, 반세기 이상에 걸쳐 출현하고 있다.

나미키 신이치로 저 『미확인동물 UMA 대전』, 『MU적 미확인 몬스터 괴기담』에 실려 있다.

■ 럼티퓨젤(Rumtifusel)

미국에서 이야기된 괴물. 위에서 보면 모피코트처럼 보이는 얇고 납작한 모습을 하고 있다.

럼티퓨젤은 그 형태를 이용해서 인간이 사는 지역의 땅바닥에 엎드려 있다가, 뭔가가 근처에 떨어지면 가까이 다가온 인간에게 덮쳐든다. 그리고 완전히 희생자를 감싼 뒤에, 배 쪽에 있는 무수한 작은 흡입공으로 뼈째로 흡수해버린다고 한다.

이 괴물의 식사 후에는 맹금류의 펠릿 같은 것이 남겨지는데, 희생자가 입고 있던 옷이 둥글려진 것이라고 한다.

헨리. H. 트라이언 저『무서운 생물들』에 실려 있다. 이 책의 삽화에는 사냥감을 뒤덮고 있는 것으로 여겨지는 럼티퓨젤의 모습이 그려져 있다.

이 책에 등장하는 다른 괴물들과 마찬가지로, 미국의 개척기에 개척에 종사한 사람들이 모닥불에 둘러앉아서 이야기했다는 톨 테일(tall tale)에 나오는 괴물 중 하나로 생각된다.

■ 레이저백

미국에서 이야기되는 신비한 생물. 아칸소 주에 서식하는 돼지의 일종으로, 등이 면도날처럼 되어 있다고 여겨진다. 이 돼지는 정면에서 총으로 쏴도 통하지 않기 때문에, 옆을 향하고 있을 때 노릴 수밖에 없다고 한다.

벤. C. 클로우 편『미국의 기묘한 이야기 02-저지 데블』에 의하면, 마리온 휴즈라는 인물이 만든 소책자「아칸소의 3년간」에 실려 있는 신비한 돼지의 일종이라고 한다.

■ 레프러콘(Leprocaun)

캐나다에서 목격된 괴물. 레프러콘은 본래 아일랜드에서 전승되는 요정으로, 신발을 수리하는 소인 같은 모습을 하고 있다고 한다. 그러나 이 요정이 캐나다로 건너오면서 성질이 흉악한 방향으로 변질되었다.

아일랜드인이 캐나다의 마다와스카강에 일을 하기 위해 이주했을 때, 레프러콘도 함께 이 나라에 찾아왔다. 이윽고 그 토지에 살게 된 레프러콘들은 늪지를 달리거나 말라붙은 진흙에 발톱으로 구멍을 뚫어서 공기를 분출시키는 정도의 장난을 했다. 그러나 그 일부는 식량난으로 인해 흉악하게 변해서, 그 발톱이나 이빨을 사용해서 인간을 공격하게 되었다고 한다.

윌리엄 토머스 콕스 저『럼버우즈의 무시무시한 동물들, 사막과 산의 짐승들』에 실려 있다.

레프러콘은 실제로 아일랜드에 전해지는 요정이지만, 이 책에 등장하는 다른 괴물들과 마찬가지로 미국의 개척기에 개척에 종사하는 사람들이 이야기했다는 톨 테일(tall tale)에 나오는 괴물 중 하나로 여겨지며, 미국으로 건너왔다는 부분부터 미국에서는 농담으로서 이야기되었다고 생각된다.

■ 로버트 인형

미국의 플로리다 주에 있는 이스트 마르

텔로 박물관에 현존하는 저주 인형. 세일러복을 입고 개 인형을 품에 안은 귀여운 소년인형이지만, 유령이 깃들어있다고 한다. 이 인형은 원래 미국의 아티스트인 로버트 유진 오토의 소유물로, 그가 소년 무렵인 1904년에 조부에게 선물받은 물건이었다고 한다. 로버트는 이 인형이 아주 마음에 들어서 어디에나 가지고 다녔고, 자신이 아기일 무렵에 입었던 세일러복을 입혔다. 그러나 그 후로 오토 가에서 기괴한 현상이 일어나기 시작했다. 로버트는 인형의 목소리를 듣게 되었고, 폴터가이스트 현상이 일어나게 되었다. 부모님이 로버트가 저지른 짓이냐고 따져 물으면, 늘 로버트는 인형이 한 짓이라고 변명했다고 한다.

그래도 로버트는 이 인형을 계속 소중히 간직했다. 그는 인형을 마치 인간처럼 취급했는데, 식사 때에는 테이블을 함께 쓸 정도였다. 그러는 동안에도 인형이 혼자서 움직이는 괴이한 일이 있었지만, 로버트가 인형에 저주받아 죽는 일은 없었고, 수십 년 후인 1974년에 세상을 떠났다.

그리고 인형은 로버트의 집과 함께 머틀 로이터라는 여성에게 매각되었고, 이윽고 소유자였던 로버트의 이름을 따서 로버트 인형이라 불리게 되었다.

로버트 인형은 새로운 소유자의 곁에서도 혼자서 움직이거나 웃음소리를 내곤 했지만, 그것으로 인해 머틀이 직접적으로 피해를 입는 일은 없었다. 그녀는 20년간 이 인형과 지냈고, 1994년에 로버트 인형은 이스트 마르텔로 박물관에 기증되었다.

로버트 인형은 현재 박물관의 유리 케이스 안에 보관되어 있지만, 사진을 찍으면 기묘한 것이 찍혀있거나, 그에게 실례되는 행동을 하면 사고가 일어난다는 등의 소문이 있다. 다만, 그럴 경우에는 사죄의 편지를 그에게 보내면 저주를 풀어준다고 한다.

이 로버트 인형은 미국의 호러 영화『사탄의 인형(Child's Play)』에 등장하는 인형 모습의 살인귀 '처키'의 모델이 되었다는 설도 있다. 하지만 무관계한 인간을 차례차례 살해하고 소유자의 몸을 가로채려고 획책하는 처키에 비하면 몇 십 년이나 같은 주인에게 사랑받으며 지내고, 설령 저주하더라도 사과하면 용서해주는 온후한 인상을 주는 괴이다.

■로젠버그의 거인

미국에 나타났다고 하는 괴물. 오레곤 주의 로젠버그에서 두 명의 소년에게 목격되었다는 거인으로, 온몸이 털로 덮여있는 4미터 이상의 인간처럼 생긴 괴물이었다고 한다. 이 거인은 직립해서 이족보행으로 이동하며, 고양이 같은 울음소리를 냈다고 한다.

존. A. 킬 저『불가사의한 현상 파일』에 의하면, 1957년에 이 괴물이 목격되었다고 한다.

■로프라이트(Roperite)

미국에서 이야기된 괴물. 캘리포니아 주에서 목격되지만, 그 역사는 전혀 알 수 없다는 특수한 동물. 난생인지 태생인지도 불명이며, 동굴 안에서 자연발생 하는 것이 아닌가 하는 이야기도 있다고 한다. 로프처럼 길고, 끄트머리는 고리 같은 이상한 형상의 부리를 지녔으며, 그 고리 부분으로 사냥감을 붙잡고, 질질 끌고 다니며 죽인다는 사냥법을 갖고 있다. 몸 표면은 딱딱해서, 채퍼랠이라는 가시 있는 식물 사이를 뛰어다녀도 상처 하나 입지 않는다. 반대로 붙잡은 사냥감은 그 가시에 의해 약해지고, 이윽고 죽어버린다고 한다. 윌리엄 토머스 콕스 저『럼버우즈의 무시무시한 동물들, 사막과 산의 짐승들』에 실려 있다.

이 책에 등장하는 다른 괴물들과 마찬가지로, 미국의 개척기에 개척에 종사하는 사람들이 모닥불에 둘러앉거나 술집에서 이야기했다는 톨 테일(tall tale)에 나오는 괴물 중 하나로 생각된다.

■루스카(Lusca)

바하마 제도에서 이야기되는 괴물. 거대한 문어 같은 모습을 한 존재라고 전해진다. 그 몸길이는 수십 미터에 이르며, 배를 전복시키고, 바하마 제도 인근 바다에 있는 블루홀이라 불리는 구멍으로 끌어들인다며 어부들에게 두려움을 사고 있다. 장 자크 발루와 저『환상의 동물들』에서는, 이 루스카는 거대한 문어를 뜻하는 옥토퍼스 기간테우스와 함께 소개되고 있다. **옥토퍼스 기간테우스**에 대해서는 해당 항목을 참조.

■루퍼랭(Luferlang)

미국에서 이야기된 괴물. 말과 비슷한 모습을 하고 있지만, 등뼈를 따라 나 있는 줄무늬나 꼬리가 엉덩이가 아니라 등의 중앙에 있는 것 등의 특징이 있어서 보통의 말과 구별할 수 있다. 또 네 개의 다리에는 관절이 세 개 있으며 전후좌우 어느 방향으로나 같은 속도로 달릴 수 있다.

7월 초순에 광포하게 변한다고 하며, 1년에 딱 한 번 사람을 깨문다고 전해진다. 이 물린 상처는 치료방법이 없어서 피해자는 반드시 죽고 만다고 한다. 루퍼랭은 녹색인 것에 덤벼들기 때문에 이 시기에는 녹색 옷을 입어서는 안 된다고 한다. 반대로 오렌지색인 것을 피하거나 거울을 보여주면 혼란에 빠지는 성질이 있기 때문에, 습격 받았을 때에는 오렌지색 물건을 보여주거나 거울을 자기 옆에 두면 좋다고 한다.

헨리. H. 트라이언 저『무서운 생물들』에 실려 있다. 이 책의 삽화에는 루퍼랭에게 습격 받은 인간이 거울을 내밀고 있는 모습이 그려져 있다.

이 책에 등장하는 다른 괴물들과 마찬가지로, 미국의 개척기에 개척에 종사한 나무꾼이나 뱃사람들이 이야기했던 톨 테일(tall tale)에 나오는 괴물 중 하나로 생각된다.

■리틀 바스터드의 저주

미국에서 이야기되는 괴이. 배우 제임스 딘의 자동차를 둘러싼 괴이담. 제임스 딘이 자동차 사고로 사망한 1955년 이후, 그가 타고 있던 차가 저주받았다는 소문이 들리게 되었다. 그가 타고 있던 것은 포르셰의 1955년형 스파이더였는데, 그는 이 차에게 '리틀 바스터드'라는 이름을 붙이고 있었다.

이 차는 사고로 엉망진창이 되었지만, 그 부품은 중고품으로 돌아다니게 되었다. 제임스의 친구였던 배리스가 이 부품을 샀는데, 그것을 창고에 운반하던 중에 창고가 무너져서 배리스의 다리가 부러지는 일이 발생했다.

또 다른 부품을 샀던 두 명의 의사는, 각자 레이스에 나섰다가 사고를 일으켰다. 또 남아있던 두 개의 상처 없는 타이어를 산 젊은이는 타이어 두 개가 동시에 펑크가 나는 바람에 사고를 일으킬 뻔했다.

이밖에도 리틀 바스터드의 부품을 구입하거나, 가지고 가려고 했던 사람은 전부 사고를 일으키거나 부상을 당했다. 그 후에 리틀 바스터드의 잔해는 고속도로 교통안전 전시품으로서 전시되었는데, 3번째 전시 때에 차고에 화재가 발생해서 리틀 바스터드의 부품을 제외한 다른 차들이 못쓰게 되고 말았다. 그러나 리틀 바스터드의 부품은 조금 페인트가 그을린 정도였다.

이후에도 다양한 장소에서 리틀 바스터드의 부품이 전시되었는데, 역시 사고나 부상이 다발했고, 1960년에 최후의 괴이 현상이 일어났다.

마이애미 교통안전전시를 위해 대절되어 트럭에 실려있던 리틀 바스터드의 차체가 이동 중 어딘가에서 사라져버린 것이다.

로즈마리. E. 길리 저『요정과 정령의 사전』에 실려 있다. 제임스 딘은『이유 없는 반항』,『에덴의 동쪽』등에 출연한 배우로, 당시 젊은이들에게 커다란 영향을 주었으며 현재도 헐리우드를 대표하는 배우 중 한 명으로 꼽히고 있다.

■링컨 대통령의 유령

미국에서 이야기된 괴이. 미합중국 제17대 대통령 에이브러햄 링컨은 유령 목격담이 많은 것으로도 알려져 있다. 1865년에 암살로 목숨을 잃은 이래, 링컨은 백악관의 다양한 장소에 나타난다. 과거에 지내던 침실은 물론이고 장미의 방(로즈 룸)이나 직원의 침실, 복도 등에서. 특히 유사시에는 집무실에 빈번하게 출현했다고 하며, 제2차 세계대전 중에 자주 발견되었다고 한다.

N. 블런델 외 저『세계 괴이 실화집』에 실려 있다.

【마】

■마개뽑이 폴터가이스트

미국에 나타난 괴이. 뉴욕 주에 있는 롱아일랜드라는 섬에서 일어난 폴터가이스트로, 시포드에 있는 어느 가정이 무대가 되었다.

1958년 2월 6일, 갑자기 단단히 막혀있던 병의 마개가 저절로 뽑히며 내용물이 흘러나오는 것부터 이 소동은 시작되었고, 그 뒤로 이 폴터가이스트는 몇 번이나 병의 마개를 뽑아 사람들을 놀라게 했다. 그 밖에도 가정용 물품이 공중을 날아다니게 만들거나, 갑자기 소리를 내거나 하는 등, 5주간 67회에 걸쳐 괴현상을 일으키며 일가를 궁지에 몰아넣었다. 그러나 3월 10일을 마지막으로 이 폴터가이스트는 나타나지 않게 되었다고 한다.

로즈마리. E. 길리 저『요정과 정령의 사전』에 실려 있다.

■마녀의 각인

미국에서 이야기되는 괴이. 1692년, 매사추세츠 주 세일럼에 악명 높은 마녀재판

이 이루어지고 있었을 무렵. 메인 주 벅스포트 마을의 벅스 대령은 자기 마을에서도 마녀재판을 해야 한다고 생각했다.

거기서 그는 컴포트 에인즈워스라고 하는 노녀를 마녀로 몰아서, 반론도 허락하지 않고 재판으로 마녀라고 인정해서 교수형에 처했다. 그러나 재판이 끝난 직후, 다른 사람들이 말릴 새도 없이 노녀는 일어나서 벅스를 가리키며 외쳤다. 그건 그녀가 평생 단 한 번도 남을 저주한 적이 없었다는 것, 그리고 억울한 누명으로 죽게된다면 반드시 벅스 대령을 저주할 것인데 그 증거로 대령은 얼마 후 죽을 것이며 그의 묘비에 이날을 잊지 않도록 자신의 발자국을 새기겠다는 것이었다.

다음날, 컴포트는 억울한 죄로 인해 교수형에 처해졌는데, 과연 그녀가 말한 대로 그로부터 석 달 뒤에 벅스 대령은 사망했다. 그리고 벅스 대령의 묘는 유언에 따라 절대 상처 나지 않는 최고급 대리석으로 만들어졌지만, 그 묘비에는 어느 샌가 컴포트의 것이라 생각되는 발자국이 새겨져 있었다.

그래서 비밀리에 이 묘비를 땅속에 묻고 완전히 같은 묘비를 새로 세웠지만, 역시 그 묘비에도 노녀의 발자국이 새겨졌다.

유족은 오기를 부리며 더욱 비싼 돌로 묘비를 세웠지만 노녀 컴포트의 발자국은 그래도 출현했다. 그것으로 끝내 유족들도 포기하고, 지금도 벅스 대령의 묘에는

컴포트의 발자국이 새겨져있다고 한다. N. 블런델 외 저『세계 괴이 실화집』에 실려 있다.

■마니포고(Manipogo)

캐나다에서 목격되는 괴물. 캐나다의 마니토바 주의 마니토바 호수에 나타난다고 하며, 그 모습은 큰 뱀이나 수장룡 같다고 하며 등에 혹이 있다고 한다.

장 자크 발루와 저『환상의 동물들』에 의하면, 1962년에 마니포고가 촬영되었다고 한다. 이 사진은 현재도 볼 수 있으며, 그곳에는 호수의 수면 위를 기어가는 거대한 지렁이 같은 모습이 찍혀 있다. 또 이 책에 의하면 이 괴물이 출현할 때에는, 그 부산물을 먹기 위해서인지 많은 갈매기들이 따라온다고 한다.

■마빈(Marvin)

미국에 나타났다는 괴물. 원래는 캘리포니아 주의 산타바바라의 어부들 사이에서 전해지는 거대한 물뱀을 말한다.

1967년, 유전개발회사인 셰일 오일이 해저에서 굴삭작업을 하고 있을 때에 모니터 화면에 나타났다. 그 모습은 돌기가 있는 마디가 몇 개나 감기고, 그것이 이어져 있는 듯한 형상으로, 머리에는 눈과 입 같은 기관이 있었다고 한다.

이 괴물은 모니터를 통해서 비디오카메라에 기록되었는데, 그 정체는 현재도 불명이며 그 지역의 거대 물뱀 전설을 바탕으로 마빈이라고 불리게 되었다고 한다.

나미키 신이치로 저『MU적 미확인 몬스터 괴기담』에 실려 있다.

■마포리안(Mapolians)

미국에서 이야기된 괴이. 네이티브 아메리칸 사이에서 이야기되고 있던 깃털이 난 소인 같은 존재로, 단풍나무에서 수액을 채취할 때에 그 작업을 거들어준다고 한다.

아트 차일즈 저『커다란 숲의 이야기』에 실려 있다. 이 책에는 수액의 채취를 거들어주는 마포리안의 모습이 그려져 있다.

이 책에 등장하는 다른 괴물들과 마찬가지로, 미국의 개척기에 개척에 종사하는 사람들이 모닥불에 둘러앉아서 이야기했다는 톨 테일(tall tale)에 나오는 괴물 중 하나로 생각된다.

■매드 가서

미국의 버지니아 주에 나타났다고 하는 괴인. 버지니아 주의 보테토트 카운티 헤이마카 타운에 나타나, 어느 일가의 창문 틈에서 달콤한 냄새가 나는 독가스를 흘려보냈다고 한다. 이 가스는 마비나 구역질, 두통 등의 증상을 일으켰다. 이것은 1933년, 12월 22일의 일이었지만 이틀 후인 24일에는 가까운 마을인 쿼바데일에 동일한 독가스 사건이 일어나 인근주민을 공포에 빠뜨렸다.

게다가 이 사건은 이것만으로 끝나지 않고 다음 해인 1934년, 이어서 10년 후인 1944년에 독가스 사건이 발생했다. 이 사건들에는 공통적으로 여성용 신발자국이 남아있었지만, 목격자의 증언으로는 근육질에 장신의 남성이었다고 한다. 1944년에는 남자 옷을 입은 여성의 목격담도 있었으므로, 정체는 여성이었을 가능성도 있다.

이 일련의 사건이 동일인물에 의한 범행인지, 아니면 모방범에 의한 것이었는지는 불명이다. 현재는 가스를 사용했다는 특징 때문인지 가스마스크를 쓴 인물상이 그려지는 경우가 많지만 당초의 목격담에 가스마스크를 쓰고 있었다는 증언은 없으며, 모자를 쓰고 있었다고 한다.

■ 머그 럼프(Mug-Lump)

미국에서 이야기된 괴물. 강을 따라 습한 삼림지대에 서식한다고 하는 커다란 벌레로, 얼굴이 개 정도로 크며, 얼굴 한쪽에 커다란 혹이 있다고 한다. 워클럽(네이티브 아메리칸이 사용한 곤봉의 일종) 같은 꼬리를 가지고 있어서, 적과 만나면 뒤로 돌아 이것을 휘두른다. 또 몸에 독을 지니고 있어서, 시냇가에서 물을 마실 때에 잘못해서 이 벌레가 몸을 담갔던 물을 삼키면 얼굴이나 목이 부어오른다고 한다.

아트 차일즈 저『커다란 숲의 이야기』에

실려 있다. 이 책에는 머그 럼프라고 생각되는 관족동물의 모습이 그려져 있다.

이 책에 등장하는 다른 괴물들과 마찬가지로, 미국의 노스우즈에서 숲의 가이드를 하던 사람들이 나누었던 이야기에 나오는 괴물 중 하나로 생각된다.

■ 메리 워스

미국에서 이야기되는 괴이. 어느 게임에 의해 불러나왔다는 여자 유령으로, 사람들을 어두운 방에 모으고서 거울을 들여다보며 "나는 메리 워스의 존재를 믿어"라고 일정 횟수 반복해서 말하면 거울 속에 나타난다고 한다.

그 정체는 일리노이 주 워즈워스 근처에서 처형된 마녀라고 이야기되고 있으나 자동차 사고로 얼굴이 엉망진창이 되어 죽은 여성이라고 하는 경우도 있고, 그럴 경우에는 메리의 혼령이 히치하이크를 하고, 목적지에 도착하기 전에 사라진다고 한다.

얀 해럴드 브룬번드 저『멕시코에서 온 애완동물』에 실려 있는 괴이. 이 책에 의하면, 여성의 유령이 자신이 죽인 자기 아이를 찾아서 영원히 헤매는 경우도 있다고 한다.

이름도 메리 워스 외에도 메리 워싱턴, 메리 웨일스, 메리 제인 등의 베리에이션이 있으며, 비슷한 내용의 괴담도 있는 **블러디 메리**와 동일시되는 일도 있다고 한다.

■ 메인터넌스맨

미국에서 이야기되는 괴이. 웨스트버지니아 주립 형무소에 나타난다는 용무원의 유령으로, 1995년에 형무소가 폐쇄되기 전부터 출현했다. 그 정체는 형무소의 간수에게 고자질을 했기 때문에 죄수들에게 살해된 남자라고 한다.

로버트 그렌빌 저『반드시 나오는 세계의 유령의 집』등에 실려 있다. 이 책에 의하면 다수의 유령이 출현하는 이 형무소에서도 가장 목격담이 많다고 한다.

■ 모스맨(Mothman)

미국에서 이야기되는 괴이. 웨스트버지니아 주의 포인트 플레전스 일대에 출현했다는 수수께끼의 비행생물로, 거대한 새, 혹은 그 이름대로 거대한 모기를 연상케 하는 모습을 하고 있다.

눈은 둥글고 붉게 빛나며, 몸 색깔은 잿빛에 거대한 날개를 지녔다. 몸길이는 2미터 전후이며 날개를 퍼덕이지 않고 그 거대한 몸을 수직으로 상승시키고, 자유롭게 날아다닌다. 또 모스맨이 출현했던 시기에는 이 일대에 2미터 이상 되는 거대한 타조 등, 괴조의 목격 사례가 다발했다. 또 같은 시기에 하늘을 나는 원반이 몇 개나 목격되었다고 한다.

존. A. 킬 저『프로퍼시(The Mothman Prophecies)』에 실려 있다. 이 책은 모스맨에 관련된 조사보고이지만, 내용의 정확도에 대해서는 의문이 남는 부분도 있다. 또 이 책을 원작으로 2002년에 영화『모스맨(The Mothman Prophecies)』이 공개되었다.

■ 모카의 흡혈귀

푸에르토리코에 나타났다는 괴물. 1975년, 모카라는 작은 마을을 중심으로, 가축이 누군가에게 피를 빨린다는 사건이 일어났다. 희생된 가축은 뭔가 날카로운 도구에 의해 구멍이 뚫린 듯한 상처가 나 있고, 그곳으로 피를 빨린 것이라고 생각되었다.

그 뒤에 이 지역에서 수수께끼의 비행생물을 목격한 사람이 나타났다. 그 목격담에 의하면, 이 괴물은 창문을 똑똑 두드린 뒤에 날카로운 소리를 내며 날아갔다고 한다.

모카 주변에는 이 흡혈귀에 의해 수십 마리의 가축이 희생되었다고 한다.

테리 브레버튼 저『세계의 신화 전설괴물백과(Breverton's Phantasmagoria: A Compendium of Monsters, Myths and Legends)』에 의하면, 이로부터 20년 후, 같은 지역에 흡혈생물인 **추파카브라**가 나타났다고 한다. 추파카브라에 대해서는 해당 항목을 참조.

■ 목 없는 장교

미국에서 이야기되는 괴이. 뉴욕 주의 올드 포트 나이아가라는 프랑스 군이 18세기에 나이아가라의 하구 부근에 건설한 요새인데, 이곳에는 프랑스 군의 장교 유령이 나온다고 한다.

과거에 이 요새에 주둔했던 두 명의 프랑스인 장교가 같은 네이티브 아메리칸 여성을 연모하게 되었고, 끝내 술김에 결투를 시작하고 만다. 그 결과, 한쪽이 다른 한쪽을 살해하는 사태가 벌어졌고, 정신을 차린 승리한 쪽 장교는 죄를 추궁당할 것이 두려워서 위장공작을 했다. 죽은 장교의 머리를 자르고, 몸만 우물에 떨어트려 네이티브 아메리칸에게 살해된 것처럼 위장했던 것이다.

그러나 그로부터 몇 주 뒤에 우물 속에서 비명 소리가 들려오게 되었고, 얼마 지나지 않아 목 없는 장교의 유령이 나타나게 되었다. 그래서 우물을 조사해보니 그 장교의 목 없는 시체가 발견되었고, 범인은 붙잡혀서 교수형에 처해졌다. 그러나 지금도 보름달이 뜨는 밤에는 목 없는 장교가 자신의 머리를 찾아서 우물에서 기어올라온다고 한다.

로버트 그렌빌 저 『반드시 나오는 세계의 유령의 집』 등에 실려 있다.

■몬스터 맨

미국에 나타났다는 괴물. 오하이오 주 클리블랜드에 있는 리버사이드 묘지 근처의 터널에 살고 있다고 하며, 거대한 털북숭이 인간 같은 모습이었다고 한다.

존. A. 킬 저 『불가사의한 현상 파일』에 의하면, 이 터널이 도로건설을 위해 파괴되자, 이번에는 클리블랜드 동물원 뒤편의 숲에 자리를 잡았다고 한다.

■몰튼 저택의 악마

미국에 전해지는 괴이. 뉴햄프셔 주의 햄프턴에는 몰튼 저택이라 불리는 노란색 집이 있다. 이 집에는 조나단 몰튼 장군이라는 욕심 많은 인물이 살고 있었다.

지금의 저택이 세워지기 전의 어느 날 밤, 그의 곁에 악마가 찾아왔다. 검은 비로드로 된 옷을 우아하게 걸친 악마는, 장군의 영혼을 사고 싶다고 제안했다. 그래서 장군은 장화를 매일 밤마다 난롯가에 두고 있으니, 그것을 금과 은으로 채워준다면 영혼을 팔겠다고 약속했다.

그 후로 악마는 매일 밤마다 굴뚝으로 금화와 은화를 떨어뜨려 장화를 채우게 되었다. 그런데 장군은 보다 커다란 장화를 사용하거나, 장화 끄트머리를 잘라내서 내용물이 채워지지 않도록 했고, 이것을 알아차린 악마는 격노해서 집에 불을 질러버렸다.

그러나 장군은 숨겨서 묻어두었던 재산으로 같은 장소에 다시 집을 세웠다. 이것이 지금 알려진 몰튼 저택이다. 그 뒤로 한동안 시간이 흐른 뒤에 몰튼은 자신의 욕심 때문에 속였던 약국 주인에게 독살 당한 듯한 모습으로 사망했다. 그러나 그의 시

77

체는 사후 이틀이 지난 뒤에 갑자기 사라
졌고, 악마가 시체를 가져갔다는 소문이
돌았다.

그로부터 100년 후, 이번에는 몰튼 장군
이나 그의 두 명의 아내의 유령이 이 저택
에 계속 나왔다. 그래서 구마의식을 하고
나서야 간신히 유령이 나타나지 않게 되
었다고 한다.

가토 쿄코 외 저『뉴잉글랜드 민화』에 실
려 있다.

■ 묘지의 블루 레이디

미국 캔자스 주에서 이야기된 괴이. 캔자
스 주의 도시인 토피카 북부에 있는 로체
스터 묘지에 나타난다고 하는 유령으로,
밤중에 하얀 머리카락에 창백한 피부, 핑
크빛 눈동자의 여성이 개를 산책시킨다고
한다. 이것은 이 묘지 가까이에 실제로 살
고 있던 여성이었는데, 알비노였기 때문인
지 차별을 받아서 밤에 개를 산책시키고
있었다고 한다. 그러다 끝내 무뢰한에게
살해되어 묘지에 묻혔다고 전해지고 있다.
나미키 신이치로 저『MU적 도시전설』에
의하면, 이 여성의 혼령은 근래에도 목격
되고 있으며, 2013년에는 이 유령을 보려
고 기다리고 있던 인간을 습격하거나 목을
조르려고 했다는 이야기가 있다고 한다.

■ 미시시피 강의 비명

미국에서 이야기되는 괴이. 북미대륙을
가로지르는 미시시피 강 연안의 도시에서
는 "제발 살려주세요! 남자들에게 쫓기고
있어요!"라는 프랑스어 비명이 들리는 일
이 있다. 이 비명이 처음으로 확인된 것은
1875년으로, 그로부터 1세기 이상에 걸쳐
계속 확인되고 있지만 비명을 지른 인물
이 발견된 적은 없다고 한다.

또 미시시피 강 연안 지역에서는, 이 비명
은 강을 정기적으로 오가던 배인 아이언
마운틴 호 실종사건과 관련이 있는 것이
아닐까 하는 소문이 돌고 있다. 1874년 6
월, 아이언 마운틴 호는 57명의 승객을 태
우고 미시시피 강을 빅스버그에서 뉴올리
언스를 향해 출발했다. 그러나 강의 모퉁
이 부분에 접어들었을 때, 이 배는 행방이
묘연해졌다. 수색이 시작되었지만, 발견
한 것은 아이언 마운틴 호가 로프로 견인
하고 있던 거룻배들뿐이었고, 아이언 마
운틴 호 그 자체는 발견되지 않았다. 시신
이나 배의 잔해조차도 발견되지 않았다고
한다.

당시의 미시시피 강에는 강을 오가는 배
를 노리는 해적이 나왔다는 배경이 있어
서, 아이언 마운틴 호는 해적에게 습격당
했으며 승객을 전부 살해한 뒤에 배는 해
체해서 실어간 것이라는 소문도 있다. 여
성의 비명은 그 때의 단말마가 아니었을
까 하는 이야기가 도는 것이다.

N. 블런델 외 저『세계 괴이 실화집』에 실
려 있다.

■미오도리페라 콜루베르카우다
(Myodorifera Colubercauda)

미국에서 발견되었다는 신비한 생물. 사우스다코타 주의 모로우(Moreau) 강변에서 포획된, 다람쥐 같은 몸에 뱀 같은 꼬리를 가진 동물. 꼬리의 뱀은 소화기관 이외에는 다람쥐의 몸과 완전히 독립된 기능을 가지고 있으며, 마치 포유류와 파충류가 혼합된 듯한 동물이라고 한다.

호안 폰트쿠베르타 & 페레 포르미게라 저『비밀의 동물지』에 실려 있다. 이 책은 의문의 실종을 당한 동물학자 페터 아마이젠하우펜 박사의 자료를 바탕으로 작성되었다는 형식의 서적으로, 보통은 있을 수 없는 다수의 동물이 사진이나 해부도, 관찰일기 등과 함께 게재되어 있다.

그러나 이것은 '존재한다는 것은 사진에 찍힌다는 것이다'라는 역설을 이용해서 미지의 동물들을 소개하는 것이며, 게재된 동물들은 전부 이 책을 위해서 창작된 것이다.

【바】

■바다 속의 설인

바하마에 있는 비미니 섬 북부의 바다에서 확인된 괴물. 1968년, 블루스 무니에라는 다이버가 원숭이 얼굴을 한 바다거북을 만났다. 그는 이 기묘한 생물을 '바다 속의 설인'이라고 불렀다고 한다.

장 자크 발루와 저『환상의 동물들』에 실려 있다.

■배츠콰치

미국의 워싱턴 주의 레이니어 산 기슭에서 목격되었다는 괴물. 몸길이 7미터의 거인 같은 모습으로, 보랏빛 체모로 덮여 있고 등에는 익룡 같은 날개가 나 있다. 야행성으로, 밤이 되면 가축을 습격해서 잡아먹는다고 한다.

나미키 신이치로 저『미확인동물 UMA 대전』에 의하면, 배츠콰치라는 이름의 유래는 배트(박쥐)와 사스콰치(캐나다 원주민이 빅풋을 부를 때 쓰는 단어)의 특징을 다 가지고 있기 때문에 그렇게 이름을 조합한 것이라고 한다.

■배트맨의 저주

미국에서 이야기되는 괴이. 아메리칸 코믹스의 대표적인 히어로인 배트맨을 주인공으로 크리스토퍼 놀란 감독이 제작한 다크나이트 3부작. 그중에서도 두 번째 작품인『다크 나이트』에는 저주에 관한 소문이 돌고 있다.

이 작품을 촬영하던 중에 사고로 특수효과 기사 한 명이 사망했다. 공개 직전에는 배트맨의 숙적, 조커를 연기했던 히스 레저가 급성약물중독으로 사망했다. 또한 주인공인 배트맨 및 브루스 웨인을 연기한 크리스천 베일이 체포되거나, 배트맨의 조력자 역을 맡았던 모건 프리먼이 사고를 일으키는 일도 있었다. 이것들로 인해 배트맨의 저주가 아닐까 하고 수군거리게 되었다고 한다.

나미키 신이치로 저 『최강의 도시전설 3』에 실려 있다. 이 책에서는 언급되지 않았지만, 미국의 콜로라도 주에서는 배트맨 원작 및 『다크 나이트』에 등장하는 조커에 영향을 받았다며 2012년에 속편인 『다크 나이트 라이징』 공개 첫날에 상영 중인 영화관에 난입한 남자가 총을 난사하는 '오로라 총기 난사사건'이 발생했다. 이 사건으로 사망자 열두 명, 부상자 58명이라는 많은 피해자가 발생했다.

이처럼 다양한 불행한 사건과 사고를 겪은 영화작품이지만, 물론 『다크 나이트』는 저주를 위해 만들어진 작품이 아니다. 설령 우발적인 사건이나 사고가 겹치더라도 영화의 평가 자체에 영향을 줘서는 안 된다.

배트맨의 경우, 마찬가지로 DC코믹스를 대표하는 히어로인 슈퍼맨의 저주가 유명하기 때문에 그것과 비교되는 형태로 언급되기 쉬운지도 모른다.

그러나 배트맨도 슈퍼맨도, 저주를 흩뿌리는 존재가 아니며, 오랜 세월에 걸쳐 사람들에게 즐거움과 용기를 주어온 히어로임을 잊어서는 안 될 것이다.

■밴프 스프링스 호텔의 신부

캐나다에 전해지는 괴이. 이 호텔은 다양한 유령이 출현하는 것으로 널리 알려져 있다. 그 중에서도 유명한 것이 '신부'라고 불리는 유령으로 1920년대에 계단에서 전락사한 여성이라고 한다. 그 후, 신부 유령은 죽었을 때의 웨딩드레스 차림을 하고서 같은 계단을 오르내리거나 신랑과 춤추기 위해서 무도실에서 대기하는 모습이 목격된다고 한다.

로버트 그렌빌 저 『반드시 나오는 세계의 유령의 집』에 실려 있다. 이 호텔에는 그 밖에도 다양한 괴이가 출현한다. 자세한 것은 **벨맨 샘, 873호실의 괴이**를 참조.

■뱀파이어 캣

미국에 나타난 괴이. 몸길이 1미터 50센티미터에 몸무게가 70킬로그램 이상 되는 거대한 짐승으로, 곰이나 표범 같은 외모이지만 머리는 고양이와 비슷하다고 한다. 꼬리는 1미터 정도로 길며, 털 색깔은 검은색과 어두운 갈색이고 1954년에 노스캐롤라이나 주의 블레이던버러에 출현했다. 개, 염소, 돼지, 소 등을 습격했고, 그것들의 머리를 부숴서 혈액 대부분을 빨아먹는다는 방법으로 포식하고 있었다. 그러나 같은 해에 사냥꾼들이 놓은 덫에 걸린 큰 산고양이를 죽이자 피해는 멈췄다.

이 큰 산고양이가 뱀파이어 캣의 정체였

는지, 아니면 사냥꾼들의 등장으로 뱀파이어 캣이 도망쳐버렸는지는 불명이다.
나미키 신이치로 저 『최강의 도시전설 2』에 실려 있다.

■버니맨

미국에 나타난 괴이. 1970년대에 소문이 돌았던 토끼 인형옷을 입은 살인귀, 라는 특이한 설정의 괴인으로 버지니아 주 페어팩스 카운티의 클리프턴에 매년 할로윈의 밤마다 나타난다고 한다. 주로 도끼를 흉기로 사용하며, 특히 어느 고가도로 아래에 출현하는 경우가 많다.

버니맨의 정체도 자세히 전해지고 있는데, 원래는 1904년에 이 다리 근처에 위치한 정신장애 범죄자를 수용하던 형무소에 구류되어 있던 살인귀라고 한다. 이 형무소는 같은 해에 폐쇄되게 되어 죄수들을 다른 형무소로 이동시키게 되었는데, 죄수들이 탄 버스가 사고를 일으켜 더글러스. J. 그리폰이라는 죄수가 도망쳤다. 그 이후로 그 주변 숲에서 몸을 반쯤 뜯어 먹힌 채로 나무에 매달린 토끼 시체가 종종 발견되게 되었으며, 어느 샌가 그리폰은 버니맨으로 불리게 되었다.

그리고 그 다음 해의 할로윈에서 그 지역의 젊은이 세 명이 행방불명되었다. 수색이 이루어졌지만, 세 사람은 고가도로 아래의 터널에서 무참한 모습으로 발견되었다. 그들은 토끼 시체와 마찬가지로 몸이 찢긴 채로 터널에 매달려있었다고 한다.

그 뒤로 고가도로 및 그 아래의 터널은 '버니 맨 브리지'로 불리게 되었고, 매년 할로윈이 되면 이 주변에서 버니맨에게 습격당했다는 보고가 끊이지 않게 되었다. 또 이 터널에서 "버니 맨"이라고 세 번 부르면 버니맨이 나타난다는 소문도 돌게 되었다고 한다.

나미키 신이치로 저 『최강의 도시전설 2』에 실려 있다. 1970년 10월에는 버니맨의 출현이 워싱턴포스트에 보도되었을 정도로, 출현 당시부터 커다란 화제를 제공하고 있었다고 한다.

■베르나르도 디 갈베스의 초상화

미국에서 이야기되는 괴이. 텍사스 주 갈베스톤의 갈베스 호텔에 걸려있는 초상화로, 갈베스톤의 이름의 유래가 된 스페인의 감독, 베르나르도 디 갈베스의 모습이 그려져 있다.

이 호텔은 1900년대 초에 세워졌는데, 그 이후로 초상화가 걸린 호텔 복도를 지나면 그림 속의 갈베스의 눈이 따라온다, 그 근처에 있으면 불안감이 느껴진다는 등의 괴현상이 일어나게 되었다. 또 이 초상화의 사진을 찍을 때에는 카메라의 초점이 맞지 않거나, 안개가 낀 듯이 뿌옇게 되는 일이 일어난다. 이것을 피하려면 베르나르도의 초상화에 사진을 찍겠다는 허가를 받으면 된다고 한다.

■베이비 블루

미국에서 전해지는 강령술. 방법은 이하와 같다. 밤에 화장실에 가서 조명을 끄고 문을 잠근다. 그런 뒤에 거울을 바라보며 품에 안은 아기를 달래듯이 팔을 흔들며 "베이비 블루, 베이비 블루"라고 13번 반복한다. 그러면 갑자기 팔에서 아기를 안은 듯한 무게가 느껴진다. 이것은 점점 무거워지므로, 안고 있을 수 없게 되기 전에 이것을 화장실에 내려버리고 밖으로 나가야만 한다. 그렇게 하지 않으면 무서운 얼굴의 여자가 거울 안에 나타나서 "내 아기를 내놔!"라고 외치며 쫓아온다. 이때, 아기를 안은 채로 있을 경우에는 이 여성에 의해 살해된다고 한다.

이 이야기는 웹 사이트 〈Scary For Kids〉에 실려 있는 것인데, 이 강령술에는 다른 베리에이션도 있는지 욕실에서 하는 것도 있다. 그 방법은 우선 욕조에 따뜻한 물을 받아서 거울에 김이 서리게 한다. 그 거울에 손가락으로 'Baby Blue'라고 적고, 조명을 끄고 1분 기다린 뒤에 아기를 안은 듯이 팔을 움직인다. 그러면 아기의 무게를 팔에서 느끼게 되는데, 이 아기를 떨어뜨려버리면 거울이 깨지고 자기 자신도 목숨을 잃게 된다고 한다.

이 괴담은 **블러디 메리**와 관계가 있다고 하며, 깨진 거울조각으로 자신의 아기를 죽여 버린 메리가 아기를 되살리려고 했던 의식이라고 해설되는 경우도 있다. 블러디 메리에 대해서는 해당 항목을 참조.

■베이트 러버(Bait Robber)

미국에서 이야기된 괴물. '미끼 도둑'을 의미하는 그 이름이 나타내는 대로, 물속에 숨어 있다가 낚싯줄이 내려오면 낚싯바늘에서 미끼만 빼내서 작은 물고기에게 주는 존재라고 한다. 그 모습은 커다란 물방울처럼 동그란 몸에 눈, 코, 입, 뿔, 팔이 있으며, 이 팔을 사용해서 능숙하게 미끼를 낚싯바늘에서 뺀다고 한다.

아트 차일즈 저『커다란 숲의 이야기』에 실려 있다. 이 책에는 물속에서 그야말로 낚싯바늘에서 미끼를 빼려고 하는 베이트 러버의 모습이 그려져 있다.

이 책에 등장하는 다른 괴물들과 마찬가지로, 미국 북부 노스우즈에서 숲의 가이드들이 이야기했다는 톨 테일(tall tale)에 나오는 괴물 중 하나로 생각된다.

■벨맨 샘

캐나다에 전해지는 괴이. 앨버트 주에 있는 밴프 스프링스 호텔에는 다양한 괴이가 출현한다고 이야기되고 있다. 벨맨 샘도 그 중 하나로, 1970년대에 죽은 샘 맥컬리라는 인물의 유령이라고 한다. 그는 오랫동안 이 호텔에서 일했으며, 호텔을 몹시 사랑했기 때문에 사후에도 이 호텔에서 일을 계속하고 있다고 한다.

로버트 그렌빌 저『반드시 나오는 세계

의 유령의 집』등에 실려 있다. 웹 사이트 〈Avenue Calgary〉에서는, 어느 부부가 방에 갇혔을 때에 이 샘이 문을 열어서 그들을 구출했다는 에피소드가 소개되어 있다. 이 호텔에는 그밖에 **밴프 스프링스 호텔의 신부, 873호실의 괴이** 같은 이야기가 있다.

■벨의 마녀

미국에 나타난 괴이. 1817년에 발생한 '케이트'라고 자신을 소개한 정령에 의해 일어난 사건을 말한다.

테네시 주의 애덤스 근처에 농장을 갖고 있는 존 벨이라는 남성의 집에서, 벨이 커다란 개처럼 생긴 괴물이나 거대한 칠면조를 목격한 것에서 사건이 시작되었다. 그 후, 벨의 딸인 베티를 중심으로, 베드커버가 벗겨지거나 보이지 않는 손에게 따귀를 맞거나 하는 피해를 겪고, 이상한 소리나 커다란 개가 바닥을 긁는 듯한 소리가 들려오는 등의 괴현상이 일어났다.

그리고 이 현상을 일으키고 있던 정령이 말을 하기 시작하며 자신의 정체를 몇 가지 이야기했지만, 최종적으로 벨 가의 주변의 사람들은 이 정령을 마녀라고 생각하게 되었다. 게다가 정령도 자신을 '케이트 바츠의 마녀'라고 소개하고는, 벨이 살아있는 동안에는 그를 계속 괴롭히겠다고 말했다.

이때부터 정령은 케이트라고 불리게 되었고, 그 뒤에도 출현은 멈추지 않았다.

케이트는 남북전쟁과 제1, 2차 세계대전을 예언했다. 그리고 1820년에 존 벨이 사망했을 때에는 기묘한 약병이 발견되었는데, 케이트는 그것은 자신이 준비한 독약이며 그것으로 벨을 죽였다고 고했다. 또 딸인 베티를 계속 괴롭혀서 약혼을 깨지게 만들기도 했다.

그 후, 케이트는 7년간 집을 떠나겠다고 선언했고 실제로 7년간은 아무 일도 없었지만, 정확히 7년 뒤에 다시 돌아와서 집 사람들을 괴롭혔다.

1828년에 다시 케이트는 집을 떠났는데, 그때에 107년 후인 1925년에 돌아올 것이라고 선언했다.

현재도 벨의 농장 주변에는 괴이가 출현한다고 한다.

로즈마리. E. 길리 저『요정과 정령의 사전』에 적혀있다

■보트 하운드(Boat Hound)

미국에서 이야기된 괴물. '보트의 사냥개'라는 이름대로 보트를 습격하는 괴물로, 개구리 같은 다리, 주위의 소리를 전부 들을 수 있는 네 개의 귀, 악어처럼 길게 찢어진 입, 그리고 보트 형태의 거대한 몸통을 지녔다. 낮에는 호수 밑바닥에서 잠자고 있다가 밤이 되면 호수의 수면 근처까지 올라오며, 로프에 묶은 것을 잊은 보트를 발견하면 입으로 삼켜버린다고 한다.

아트 차일즈 저 『커다란 숲의 이야기』에 실려 있다. 이 책에는 호반을 걷는 보트하운드의 모습이 그려져 있다.

이 책에 등장하는 다른 괴물들과 마찬가지로, 노스우즈의 숲의 가이드들이 주고받은 이야기에 나오는 괴물 중 하나로 생각된다.

■ 볼테일드 캣(Balltailed Cat)

미국에 나타난 괴물. 오레곤 주 하니 카운티부터 펜실베이니아 주의 설리번 카운티에 걸친 지역에만 서식한다고 한다. 산고양이를 닮았으며, 산고양이와 마찬가지로 날카로운 발톱을 사용해서 나무를 오를 수 있지만 그 성질은 훨씬 난폭하다고 한다.

이 고양이의 최대 특징은 꼬리 끝에 있는 뼈가 공 모양으로 발달한 부위로, 사냥감이나 적을 이것으로 때려서 죽인다. 그 위력은 인간을 일격에 죽여 버릴 수 있을 정도라고 한다. 또 이 부위는 구애행동에도 사용되며, 수컷 볼테일드 캣은 속이 텅 빈 통나무를 이 부위로 두드려서 암컷을 부른다고 한다.

헨리. H. 트라이언 저 『무서운 생물들』에 실려 있다. 이 책의 삽화에는 나뭇가지에서 아래를 엿보는 볼테일드 캣의 모습이 그려져 있다. 또한 **실버 캣, 딩몰**이라는 유사한 종이 있다고도 기록되어 있다.

이 책에 등장하는 다른 괴물들과 마찬가지로, 미국의 개척기에 개척에 종사하는 사람들이 모닥불에 둘러앉아서 이야기했다는 톨 테일(tall tale)에 나오는 괴물 중 하나로 생각된다.

■ 부거

미국에 출현했다는 괴물. 앨라배마 주의 클랜턴 부근에서 목격되었으며, 그 모습은 털북숭이에 키가 큰 유인원 같았다고 한다. 코끼리 비슷한 소리로 울며, 밭의 작물을 빼앗아간다고 한다.

존. A. 킬 저 『불가사의한 현상 파일』에 의하면, 1960년에 앨라배마 주에 출현했다고 한다.

■ 부두교의 여왕

미국에 전해지는 괴이. 부두교의 여왕이란 루이지애나 주 뉴올리언스에 살고 있던 마리 라보(Marie Lavaeu)를 말하는 것으로, 머리를 땋으면서 부적을 건네거나 카운슬링을 하는 등, 부두교의 주술사이며 많은 사람들에게 사랑받고 있었다. 현재는 그녀는 뉴올리언스의 세인트루이스 제1묘지에 잠들어 있지만, 현재도 붉은색과 흰색 터번을 두른 마리의 유령이 출현한다고 한다. 사람에 따라서는 그녀의 묘를 방문하면 갑자기 몸 상태가 안 좋아지거나, 누군가가 건드리는 듯한 감각을 느낀다고 한다.

로버트 그렌빌 저 『반드시 나오는 세계의 유령의 집』 등에 실려 있다. 이 묘에는 나쁜 소문만 있는 것이 아니라, 묘에 X자를 세 번 그으면 소원을 이루어준다는 전설도 있다. 또한 부두교의 역사 속에서도 저명한 인물이기 때문에 지금도 그녀의 묘를 찾는 사람은 많다.

■ 불가사의한 발

미국에서 이야기된 괴이. 메인 주의 벅스포트 마을의 건립자인 벅스 대령의 묘에는, 이런 이야기가 전해지고 있다.

어느 해, 이 마을에서 여성의 토막 사체가 발견되었다. 발견된 몸을 맞춰서 간신히 여성임을 알 수 있었는데, 어째서인지 한쪽 발만이 발견되지 않았다. 그러나 범인은 알 수 없었고, 자신의 명성에 상처가 나는 것을 두려워한 대령은, 그 주변을 홀로 걷고 있던 지적장애자를 붙잡아 범인으로서 사형을 선고했다.

그 뒤에 교수형을 당하게 된 그 남자는, 처형되는 모습을 보려고 모여든 사람들에게 자신이 무죄인 것, 그리고 그 증거가 자신이 죽은 뒤에 나타날 것이라고 말했다.

그리고 얼마 후에 벅스 대령이 죽고 그의 묘가 만들어졌는데, 그 묘비에 인간의 발의 형상이 또렷하게 나타나게 되었다. 그 발은 몇 번 지워도 다시 나타나서, 억울하게 죽은 그 인물을 사람들이 떠올리게 만들었다고 한다.

또 이 발은 지금도 벅스 대령의 묘에 남아 있다고 한다.

가토 쿄코 외 저 『뉴잉글랜드 민화』에 실려 있다. 이 벅스 대령의 묘에 출현하는 발에는, 그밖에도 벅스 대령이 날조한 마녀재판의 희생자에 의해 각인된 것이라는 이야기도 있다. 자세한 것은 **마녀의 각인** 항목을 참조.

■ 불운의 스카이웨이 브리지

미국에서 이야기되는 괴이. 플로리다주의 탬파만에 건설된 선샤인 스카이웨이 브리지는 이런저런 불행한 사고가 일어난 것으로 널리 알려져 있다.

현재의 다리가 개통된 것은 1987년이지만 그 이전에는 1954년에 개통된 다리가 사용되고 있었는데, 1980년에 다리 주변에서 다수의 사고가 발생했고, 끝내 붕괴했다.

우선 1월에는 연안경비대와 유조선이 격돌하는 사고가 이 다리 근처에서 발생해서, 경비대원 23명이 사망했다. 2월에는 화물선이 교각에 충돌했고, 그로부터 10일 뒤에는 항로를 착각한 유조선이 충돌했다.

그리고 5월 9일, 최악의 사고가 발생한다. 화물선 서미트 벤처호가 스카이웨이 브리지의 주요 교각에 격돌해서 다리가 붕괴했다. 이것으로 인해 다리 위를 달리던 버스나 승용차가 탬파만에 추락했고, 총 32명이 목숨을 잃었다.

이렇게 해서 구 선샤인 스카이웨이 브리

지는 역할을 마치게 되었는데, 그 지역의 어부 중에는 이 다리가 개통 당시부터 저주받았다는 이야기를 하는 사람도 있다. 실은 건설 중에 콘크리트에 떨어진 작업 인부가 있었는데, 그 시체를 회수하지 못한 채로 묻혀버렸기 때문에 다리가 그 사람에게 저주받았다고 한다.

실제로 1980년의 사고 외에도 이 다리에는 자살이 다발하고 있다. 이것은 새로 만든 다리에서도 여전해서, 수백 명의 사람이 이 다리에서 투신자살을 시도했다고 한다.

N. 블런델 외 저『세계 괴이 실화집』에 실려 있다. 미국에서 그 밖에도 자살자가 다발하는 유명한 다리로는 **골든게이트 브리지**가 있다.

■ 브라이디 머피

미국에서 출현한 괴이. 아일랜드인 여성이라고 한다. 1952년, 아마추어 최면술사 모리 번스타인이 시카고의 여성인 버지니아 타이에게 퇴행최면을 걸자, 머피가 타이의 전생이라며 다른 인격으로서 출현했다. 이 인격이 나타났을 때, 타이는 아일랜드에 간 적이 없음에도 불구하고 아일랜드 사투리를 사용했으며, 아일랜드의 요크에서 했던 생활에 대해 이야기했다. 이 내용이 일부 진실이었기 때문에, 머피의 존재는 미국에 전생을 믿는 인간을 늘리게 되었다.

하니 레이 저『초상현상 대사전』에 실려 있다. 이 책에 의하면, 타이가 어릴 적에 맞은 편 집에 브라이디 머피라는 아일랜드인 여성이 살았기 때문에 그 기억이 최면술에 의해 되살아난 것이 아닐까 하는 설이 실려 있다.

또한 브라이디 머피에 대한 기록은 1957년, 반스타인에 의해 책으로서 정리되어, 베스트셀러가 되었다. 영화화도 되었으며, 미국뿐만 아니라 전 세계의 윤회전생관에 영향을 주었다는 점은 확실한 듯하다.

■ 브룩스빌의 괴물

미국에 나타났다고 하는 괴물. 플로리다주 브룩스빌의 고속도로에서 한 여성이 차의 타이어를 교환하고 있는데 털북숭이에 커다란 녹색 눈을 지닌, 몸통 옆에서 녹색 빛을 발하는 괴물이 나타났다. 이 괴물은 아주 불쾌한 냄새를 풍겼다고 한다.

존. A. 킬 저『불가사의한 현상 파일』에 의하면, 1966년에 나타났다고 한다. 이 책에 의하면 브룩스빌에서는 그밖에도 66년부터 69년에 걸쳐 몇 건인가의 털이 많은 동물의 목격정보가 있으며, 기묘한 세 다리의 발자국도 발견되었다고 한다.

■ 블러디 메리

미국에서 이야기되는 괴이. 거울을 향해서 '블러디 메리'라고 세 번 외면 거울 속에 피투성이 여성이 나타난다는 괴담. 나타난 여성은 거울 속에서 불러낸 사람에게 위해를 가해온다고 하며, 때로는 목숨을 앗아간다고 한다.

얀 해럴드 브룬번드 저『멕시코에서 온 애완동물(The Mexican Pet)』에 실려 있다. 이름의 유래는 16세기 개신교도를 몇 백 명이나 처형하고 '블러디 메리(피투성이 메리)'라고 불렸던 잉글랜드의 여왕, 메리 1세라는 설도 있다. 또한 헝가리 왕국의 귀족이자 수 백 명의 여자를 살해했다는 '피의 백작부인'이라 불렸던 엘리자베트 바토리와의 관련성이 이야기되는 경우도 있다.

소문으로 도는 정체도 정말 다양해서 자식을 잃은 여성이나 교통사고로 죽은 여성, 처형된 마녀 등의 베리에이션이 있다. 또 **메리 워스**나 메리 루라는 구체적인 이름으로 이야기되는 사례도 있다고 한다.
(메리 워스 항목도 참조)

미국에서는 메이저한 도시전설 중 하나로, 많은 아이들이 거울을 향해 메리를 부르는 게임을 즐겼다고 한다. 이름을 세 번 부르면 유령이 나온다는 방식은 일본의 학교 괴담에 있는 '**화장실의 하나코**'와 공통점을 찾을 수 있으며 자주 비교된다. 하나코의 경우, 세 번 이름을 부르는 것 외에도 세 번 노크를 한다는 등, 어떤 것이 3이라는 숫자와 결부되는 경우가 많다.

■블러프 몬스터

미국에 나타난 괴물. 1936년 경 위스콘신

주의 제퍼슨 카운티에서 목격된 괴물로, 날카로운 송곳니에 긴 손가락과 발톱, 개나 늑대 같은 코를 가지고 있었다. 꼬리는 없으며, 인간처럼 이족보행을 하고 있었지만 목격자를 알아차리더니 '가라다'라는 수수께끼의 말을 하고서 숲 속으로 사라졌다고 한다.

나미키 신이치로 저『최강의 도시전설 2』에 실려 있다. 제퍼슨 카운티에서는 70년 후에 **쟤기**라는 수인(獸人)이 출현했으며, 이것들은 이 지역에 전해진 정령 웬디고와 동일한 게 아닐까 하는 소문이 있다고 한다.

■블루독

미국에 나타난 괴물. 그 이름대로 푸른 몸 색깔의 개의 모습을 하고 있으며, 체모는 없다. 가축을 습격해서 피를 빨아먹는다고 하며 2005년경부터 텍사스 주를 중심으로 목격담이 이야기되고 있다.

나미키 신이치로 저『미확인 몬스터 괴기담』에 의하면, 블루독은 몇 번인가 사진이나 동영상으로 촬영되었으며, 박제도 남아있다. 그 정체는 악성 옴을 앓은 코요테라고 이야기되고 있지만, 뒷다리를 사용해서 이족보행을 하는 블루독도 목격되었으므로 그 정체는 명확하지 않다.

■비행소년 수용소의 악령

캐나다에 나타났다는 괴이. 캐나다의 몬

트리올에는 1805년, 비행소년 수용소로서 건설된 집이 있었다. 이 집에서는 두 소년이 집주인 부부를 살해하는 사건이 발생했고, 미성년임에도 불구하고 이 두 사람은 교수형을 당했다. 그 후에 화재가 발생해서 집의 대부분이 불탔지만, 집의 수리가 끝난 뒤에도 방화나 살인 등의 불행한 일이 빈번하게 일어나는 장소가 되었고, 또 집안에 있는 차가운 공기 덩어리가 방에서 방으로 이동하는 괴현상이 일어나는 것으로 알려져 있었다.

그리고 이 집이 세워지고 100년 뒤인 1905년, 폴 포르티에라는 작가가 이 낡은 집이 마음에 들어서 구입한다. 그는 데니스라는 아내와 어린 딸인 지젤이 있었는데 데니스와 지젤은 이 집에서 지내는 것에 점차 불안을 느끼게 되었고, 지젤은 그 차가운 공기 덩어리와 조우하고 만다.

그리고 어느 날 밤, 지젤이 악몽을 꾸고 깨어나 보니 방 안에 연기가 가득 차 있었다. 당황해서 밖으로 나왔더니, 집의 모든 것이 불타고 있었다. 비명을 지르면서 부모의 방으로 달려가자, 이번에는 가위가 목에 박힌 아버지의 시체가 기다리고 있었다. 그리고 침대 위에는 어머니가 작은 웃음소리를 내는 알몸의 소년 두 명과 뒤엉켜 싸우다 주먹으로 얻어맞고 있었다.

그러나 지젤이 이웃사람을 불러와 보니, 얼굴을 알아볼 수 없을 정도의 폭행을 당해 정신을 잃은 어머니와, 아버지의 시체가 있는 것 외에는 집은 평소 모습으로 돌아가 있었다. 경찰은 폴과 데니스가 격렬한 부부싸움 끝에 데니스가 폴을 살해했다고 생각했지만, 데니스는 병원으로 실려 간 후 석 달 만에 죽고 말았다. 그리고 악령이 나온 그 집은 다음 해에 정말로 화재가 발생해서 전소되어버렸다고 한다.
N. 블런델 외 저『세계 괴이 실화집』에 실려 있다.

■빅풋

미국 및 캐나다에서 목격된 괴물. 거대한 발자국이 남겨져 있었던 점 때문에 이 이름이 붙었다. 또한 인디언들 사이에서 전해지는 '사스쿼치'라는 이름으로 불리기도 한다.

키는 2미터 이상이라고 하며, 갈색 혹은 잿빛 털에 뒤덮인 유인원 같은 모습을 하고 있다고 한다. 1810년에는 이미 목격 사례가 존재했으며, 그 뒤에도 몇 번이나 목격되고 영상이나 사진도 찍혔지만 포획에는 이르지 못했다.

그 정체는 아득히 오래전에 멸종된 대형 유인원인 기간토피테쿠스의 생존개체라는 설이나, 신종 원숭이라는 설 등이 있다. 나미키 신이치로 저『미확인동물 UMA 대전』에 실려 있다. 유인원형 미확인생물은 많이 보고되고 있으나, 그 중에서도 빅풋은 히말라야의 **예티**와 함께 세계적으로 유명하다.

■빌다드(Billdad)

미국에서 이야기된 괴물. 메인 주의 바운더리 연못에만 살고 있다고 하며, 비버 정도의 크기이지만 캥거루 같은 긴 뒷다리를 지녔고 그 발가락에는 물갈퀴가 있다고 한다. 또한 맹금류처럼 부리와 넓적한 꼬리가 있으며, 곤충이 많고 풀이 우거진 장소에 숨어 있다가 벌레를 먹으러 나타난 물고기를 그 꼬리로 쳐서 기절시켜 잡아먹는다고 한다.

또 아주 강력한 점프력을 지녀서, 50미터 이상 도약할 수 있다고 한다.

기본적으로 인간에게 모습을 보이지 않기 때문에 포획하는 것은 어렵지만, 만약 빌다드를 붙잡아서 그 고기를 먹으면 마치 빌다드에 빙의된 것 같은 상태가 되어서 말도 안 되는 도약을 보인 뒤에 스스로 물속에 뛰어들어 그대로 죽어버린다고 한다. 헨리. H. 트라이언 저 『무서운 생물들』에 실려 있다. 이 책의 삽화에는 달밤에 뛰어오르는 빌다드의 모습이 그려져 있다.

이 책에 등장하는 다른 괴물들과 마찬가지로, 미국 개척기에 개척에 종사하는 사람들이 모닥불에 둘러앉아서 이야기했다는 톨 테일(tall tale)에 나오는 괴물 중 하나로 생각된다.

■빙의된 신부

미국에서 이야기되는 괴이. 20세기 중반, 어느 신혼부부가 캘리포니아 주에서 차를 운전하고 있었는데, 갑자기 아내가 가본 적도 없는 장소의 설명을 하기 시작했다. 그래서 아내의 길안내를 따라 달리고 있는데 이글곶이라는 장소에 도착했다. 그 직후에 아내는 남편을 처음 본다는 듯한 기색을 보이기 시작하더니, 차를 빼앗아서 달아났다.

난처해진 남편은 주 방위군의 군인들과 함께 그녀를 찾아 나섰는데, 아내는 일주일 전에 이글곶에서 자살했다고 여겨지는 카렌 퍼튼이라는 인물의 집에 있었다.

남편은 아내를 병원에 데려갔지만 아내는 자신이 카렌이라고 말하며 의견을 굽히지 않았고, 기억도 카렌의 것으로 바뀌어 있었다. 그리고 그녀는 자신은 자살하지 않았으며 자기 남편에게 살해당했다고 이야기했다.

그러나 생전의 지인이었던 병원의 의사도 좀처럼 믿을 수 없었고, 자신을 카렌이라고 주장하는 아내는 카렌의 어머니를 불러 자신의 존재를 설명하려고 했지만, 전혀 모습이 달랐기 때문에 당연히 카렌의 어머니는 그녀의 말을 받아들이기는커녕 자신을 속이려 한다고 화를 냈다.

그 상황에 절망한 그녀는 병원을 뛰쳐나와 자신의 집으로 가서 땅속에 묻혀있던 조각상을 파냈다.

그것은 머리 부분이 조금 찌그러져있었고 혈흔도 남아있었다. 카렌은 둔기에 머리를 얻어맞은 후에 이글곶에 던져졌다고 이야기했기 때문에, 이것이 그 증거물인 둔기로 추정되었다.

의사가 카렌으로부터 이 둔기를 받아들자 카렌은 정신을 잃었고, 다음에 눈을 떴을 때는 원래의 아내로 돌아가 있었다고 한다.

L. 브레드슨 저『세상에서 가장 이상한 이야기(One Step Beyond)』에 실려 있다.

【사】

■ 사이드힐 구거(Sidehill Gouger)

미국에서 이야기된 괴물. 구릉지에 사는 동물로, 한쪽 다리가 다른 한쪽에 비해 짧다. 이것은 험준한 절벽 측면에서 생활하기 때문에 특화된 형태로, 평평한 땅으로 내려오면 원을 그리듯이 달릴 수밖에 없기 때문에 금방 붙잡히며, 그렇게 되지 않더라도 굶어 죽어버린다고 한다. 또한 6~8 마리 정도의 새끼를 낳으며, 그것들도 부모를 따라 구릉지에서 생활한다고 한다.

헨리. H. 트라이언 저『무서운 생물들』에 실려 있다. 이 책의 삽화에는 구릉지를 이동하는 사이드힐 구거의 모습이 그려져 있다.

이 책에 등장하는 다른 괴물들과 마찬가지로, 미국의 개척기에 개척에 종사하는 사람들이 모닥불에 둘러앉아 이야기했다는 톨 테일(tall tale)에 나오는 괴물 중 하나라고 여겨진다.

■ 사티로스를 닮은 식인귀

미국에 나타났다고 하는 괴물. 텍사스 주의 워스호에 서식하고 있다는 반인반수의 생물로, 사람을 잡아먹었는지는 확실치 않지만, 그 지역에서는 '사티로스를 닮은 식인귀'라고 불리고 있었다. 몸 표면은 모피나 비늘에 뒤덮여 있고 염소와 유사한 특징을 지녔으며, 신장은 2미터 이상에 타이어를 30미터 가까이 집어던졌다는 목격담이 이야기되었다.

존. A. 킬 저『불가사의한 현상 파일』에 의하면, 이 괴물은 1969년에 목격되었다고 한다. 사티로스란 그리스 신화에 등장하는 종족으로, 머리에는 염소의 뿔이 나있고 상반신은 인간이지만 하반신은 염소 같은 관절과 발굽, 꼬리를 지닌 모습으로 그려지는 경우가 많다.

■ 산터(Santer)

미국에서 이야기된 괴물. 노스캐롤라이나 주 서부에서 목격되었다고 한다. 그 모습은 길쭉한 몸통에 머리는 둥글고 벗겨져 있으며, 팔다리는 길고 눈은 작다. 무엇보다도 특징적인 것은 몸과 거의 같은 길이인 꼬리로, 여덟 개의 단단한 매듭이 있다. 산터는 이 꼬리를 휘둘러 가축을 때려죽이고 그 고기를 먹는다고 한다.

기본적으로는 사냥감인 가축이 사육되는 마을 부근의 늪지에서 살고 있으며, 그 울음소리는 아기의 울음소리 같다고 한다. 헨리. H. 트라이언 저『무서운 생물들』에 실려 있다. 이 책의 삽화에는 거대한 매듭이 있는 꼬리가 그려져 있다.

미국의 개척기에 개척에 종사하는 사람들이 모닥불에 둘러앉아 이야기했다는 톨테일(tall tale)에 나오는 괴물 중 하나로, 이름을 읽는 법이 '산테르'일 가능성도 있다. 또한 1890년에는 이미 기록이 남아 있으며, 고양이 같은 모습을 하고 있다고도 한다.

■ 살인자 황소

미국에서 이야기된 괴이. 1890년부터 1920년에 걸쳐 카우보이들 사이에서 이야기되었다는 괴담으로, '살인자'라는 낙인이 찍힌 황소의 유령이 나타났다는 이야기라고 한다.

이 황소는 원래 텍사스 주의 브루스터 카운티에서 잭 스펜서와 질 스펜서라는 형제가 기르던 황소였다.

이 황소는 훌륭한 뿔을 지니고 있었기 때문에 형제는 어느 쪽이 이 소를 소유할지로 언쟁을 벌였는데, 잭은 제비뽑기로 하자는 동생의 제안을 무시하고 총으로 동생을 죽여 버렸다.

제정신을 차린 잭은 자신이 저지른 짓에 흐느껴 울었고, 소에게도 자신에게 찍은 것과 같은 '살인자'라는 낙인을 찍고 1000년간 이 주변을 떠돌기를 신에게 빌고서 소를 풀어주었다. 그리고 자기 자신은 동생을 매장한 뒤에 자살했다.

그로부터 수개월 뒤, '살인자'라는 낙인이 찍힌 황소가 이 지역에 광범위하게 출현하게 되었다. 그뿐만 아니라, 이 황소를 목격한 사람은 얼마 후 누군가를 죽이든가, 혹은 누군가에게 죽게 되는 현상이 일어나게 되었다.

황소는 장기간에 걸쳐 계속 목격되었으며, 언제부터인가 황소는 이미 죽었고 유령이 되어서 나타나고 있다는 이야기가 돌아다니게 되었다. 또한 그 몸의 낙인은 전혀 아물지 않고, 마치 갓 찍힌 것처럼 생생한 상처를 보이고 있다고 한다.

그러나 1920년이 되어서 앨런이라는 목장주가 이 황소와 만나서 총을 마구 쏴댄 뒤로는 전혀 보이지 않게 되었다. 머리를 맞은 황소는 총탄에 쓰러질 기색이 전혀 없었지만, 그저 슬픈 눈으로 앨런을 본 뒤에 떠나갔다. 또 앨런 자신도 이 황소의 저주에서 벗어나지 못하고, 자신을 속이려고 했던 이웃 목장주를 결투 끝에 죽이고 말았다.

그러나 그것이 살인자 황소가 일으킨 마지막 사건이 되었고, 이 황소는 어느 샌가 사람들의 기억에서 잊혔다고 한다.

N. 블런델 외 저『세계 괴이 실화집』에 실려 있다.

■ 새기노 강의 괴물

미국에 나타났다고 하는 괴물. 미시간 주의 새기노 강이라는 하천에서, 강둑에서 기어 올라오는 사람 형태의 괴물이 발견되었다. 이것은 한동안 나무에 기대고 있었지만, 다시 강으로 돌아갔다고 한다.

존. A. 킬 저『불가사의한 현상 파일』에 의하면, 인류학자 로렌 콜맨에 의해 보고된 괴물이라고 한다.

■ 샤가모(Shagamaw)

미국에서 이야기된 괴물. 미국의 메인 주나 캐나다의 뉴브런즈윅 주에서 나무꾼에게 목격되어 보고된 괴물로, 그 모습은 몸의 앞쪽 절반은 곰, 뒤쪽 절반은 엘크와 흡사하다고 한다. 샤가모는 앞다리 혹은 뒷다리만으로 걸으며 약 400미터마다 다리를 바꾼다. 그 때문에 샤가모가 지나간 뒤에는 곰과 엘크의 발자국이 교대로 나타나는 현상이 발생한다고 한다.

윌리엄 토머스 콕스 저『럼버우즈의 무시무시한 동물들, 사막과 산의 짐승들』에 실려 있다. 이 책에는 샤가모의 모습이 일러스트로 그려져 있는데, 머리 부분이 곰과도 엘크와도 닮지 않은 기묘한 형태다.

미국의 개척기에 개척에 종사한 사람들이 모닥불에 둘러앉아 이야기했다는 톨 테일

(tall tale)에 나오는 괴물 중 하나.

■ 세 남자와 아기의 유령

미국에서 이야기된 괴이. 1987년에 개봉한 영화『세 남자와 아기』의 비디오에는 소년의 유령이 찍혀있다는 소문이 있다. 이 유령은 촬영 무대인 아파트에서 옛날에 자살했던 아이의 영혼이라는 이야기가 돌고 있다.

얀 해럴드 브룬번드 저『아기 기차』에 실려 있다. 이 영화의 공개당시에는 유령 소문은 돌지 않았으며, 1990년의 비디오 발매 시에 빈번하게 목격담이 이야기되게 되었다고 한다. 실제로 해당 영화의 비디오를 보면, 확실히 소년의 형체 같은 것이 갑자기 보이는 장면이 있다. 실제로 서 있는 청바지에 티셔츠 차림의 소년이 이쪽을 빤히 바라보고 있는 듯이 보이는데 윤곽이 흐릿해서 또렷한 모습은 확인할 수 없다. 그러나 세 남자들이 버려진 아기를 키운다는 훈훈한 영화 내용과 상반되는 점도 있어서, 의식하고 보면 오싹해지는 영상임은 분명하다.

■ 세일럼의 원령

미국에서 이야기되는 괴이. 매사추세츠 주의 세일럼에서는 1692년 3월에 시작된 일련의 마녀재판으로 200명 가까운 사람들이 마녀로 고발당해 19명이 처형, 그밖에도 몇 사람이 옥사하는 등 많은 사람들

이 목숨을 잃었다.

그래서 세일럼은 심령 스팟으로 유명해졌으며, 첫 희생자인 브리짓 비숍을 필두로 한 원령이 여기저기에 출현한다고 한다.

로버트 그렌빌 저『반드시 나오는 세계의 유령의 집』등에 실려 있다.

세일럼 마녀재판은 애비게일 윌리엄스와 엘리자베스 패리스라는 11살과 9살 소녀들의 고발로 촉발된 일련의 재판을 말한다. 악마가 빙의된 증상을 보이며 자신들에게 영혼을 사역하는 마녀가 있다고 증언한 소녀들의 이야기는 집단 패닉을 일으킨 세일럼 마을(현 댄버스) 주민들에 의해 대소동으로 번졌고, 많은 사람들이 무고하게 목숨을 잃었다. 현재는 이 마녀재판의 역사를 전하는 세일럼 박물관이 댄버스에 남아있다. 또 마녀재판의 재판소 부지에 세워진 댄버스 정신과 병원이나 감옥으로 사용되었던 장소에도 희생자나 가해자의 유령이 다수 출현한다고 한다.

■센터 브리드

미국에서 이야기된 신비한 생물. 꼬리부터 귀까지의 길이와 귀부터 코끝까지의 길이가 같다는 기괴한 모습을 한 돼지의 일종이라 한다.

벤. C. 클로우 편『미국의 기묘한 이야기 02-저지 데블』에 의하면, 마리온 휴즈라는 인물이 만든 소책자「아칸소의 3년간」에 실려 있는 신비한 돼지의 일종이라고

한다.

■쇼벨 페이스 오스카
(Shovel-Face Oscar)

미국에서 이야기된 괴이. 노스우즈에 출현했다고 하는 수서생물의 일종으로, 네 개의 다리가 있으며 호수 속에서 산다. 그 이름대로 얼굴이 삽 같은 형태를 하고 있으며, 배스의 산란시기에 호수 바닥의 모래를 헤집어 자신들의 산란장소를 만든다고 한다. 또 오스카라는 이름은 이 생물을 최초로 발견한 오스카 위클렘이라는 인물에서 따왔다고 한다.

아트 차일즈 저『커다란 숲의 이야기』에 실려 있다. 이 책에는 호수 바닥에서 모래를 헤집는 쇼벨 페이스 오스카의 모습이 그려져 있다.

이 책에 등장하는 다른 괴물들과 마찬가지로, 미국의 노스우즈에서 가이드를 하고 있던 사람들이 나눈 톨 테일(tall tale)에 나오는 괴물 중 하나로 생각된다.

■쇼트 건더슨

미국에서 이야기된 거인. 통칭 '철의 남자'로, 무시무시하게 강인한 몸을 지녔으며 힘도 세다. 그 주먹을 휘두르면 포탄 17발 분량의 위력이 있으며, 입안에서 화약을 폭발시켜도 상처 하나 없는 불사신의 몸을 지녔지만, 물이 약점이라고 한다.

벤. C. 클로우 편집『미국의 기묘한 이야

기 01-거인 폴 버니언(The American Imagination at Work: Tall tales and Folk Tales)』에 실려 있다. 이 책에 의하면, 쇼트는 폴 버니언과 얼음 위에서 싸웠고, 격렬한 싸움 끝에 얼음 아래의 바다에 빠져서 죽었다고 한다.

폴 버니언이 나오는 점으로 알 수 있듯이, 미국의 민간전승의 일종인 톨 테일(tall tale)에 나타나는 거인으로 여겨진다.

■스퍼두들(Spurdoodle)

미국에서 이야기된 괴물. 숲의 낙엽이나 작은 나뭇가지 사이에 사는 기묘한 생물로, 낙엽과 쏙 닮은 모습을 하고 있다. 도토리나 솔방울 등의 나무열매를 주식으로 한다. 몸은 작지만 힘이 없지는 않아서, 산고양이에게 습격당했을 때에는 대등하게 싸우며 격렬히 저항한다고 한다.

아트 차일즈 저『커다란 숲의 이야기』에 실려 있다. 이 책에는 낙엽 위를 걷는 스퍼두들의 모습이 그려져 있다.

이 책에 등장하는 다른 괴물들과 마찬가지로, 미국 북부의 노스우즈에서 가이드를 하고 있던 사람들이 주고받았다는 이야기 속에서 활약하는 괴물 중 하나.

■슈퍼맨의 저주

미국에서 이야기되는 괴이. 아메리칸 코믹의 대표작인『슈퍼맨』이나 그 파생작품에 관련된 인물들이 차례차례 재난을 당한 것으로 인해 퍼진 소문이다.

유명한 것은 1950년대에 슈퍼맨을 연기한 조지 리브스가 결혼을 며칠 앞둔 1959년 6월 16일, 산탄총에 맞은 시체로 발견되었던 이야기다. 또한 1978년의 영화『슈퍼맨』에서 슈퍼맨을 연기하고 그 후로 합계 네 작품에 걸쳐 주연을 맡았던 크리스토퍼 리브가 낙마사고로 반신불수가 된 사고도 이 저주의 사례로서 자주 거론된다.

또한 크리스토퍼 리브판『슈퍼맨』에서 유년기의 슈퍼맨을 연기했던 리 퀴글리는 유기용매 흡입사고로 고작 열네 살의 어린 나이에 사망했다.

그 밖에도 영화『슈퍼맨』에서 슈퍼맨의 아버지인 조엘 역을 연기한 말론 브란도가 자신의 이복여동생의 연인을 사살하는 사건을 일으키고,『슈퍼맨3』에서 슈퍼맨을 돕는 천재 프로그래머를 연기했던 리처드 플라이어가 다발성경화증을 앓게 된 것 등 다양한 일이 일어나며 이 저주가 사람들에게 알려지게 되었다.

이 저주는 슈퍼맨을 낳은 부모인 원작자 제리 시걸과 작화가 조 슈스터에게 정당한 이득 배분이 이루어지지 않아서 그들의 분노가 저주를 낳았다는 소문도 있다.

또한 영상작품에서 슈퍼맨을 연기했기 때문에 그 이미지가 정착되는 바람에 이후로 다른 영화에서 좋은 배역을 얻지 못했던 배우도 많은데, 이것은 인상적인 역할을 연기한 배우가 많이 겪는 고민이며 일본에서도 특촬 히어로를 연기했던 배우가 동일한 고민을 품었다고 이야기하는 경우도 많기 때문에 저주와는 관련이 없을 것이다.

한편, 슈퍼맨에 관련되었어도 불행해지지 않았던 사람도 많다. 슈퍼맨의 저주가 정말로 있는지는 알 수 없다. 다만 미국을 대표하는 작품이기에 그와 관련되어 뭔가 불행한 일이 일어나면 사람들의 관심이 모이는 것은 어쩔 수 없을 것이다.

그러나 1930년에 태어난 이 히어로가 현재도 아이들과 어른들에게 계속 꿈과 희망을 주고 있음은 분명한 사실이다.

■ 스노우 스네이크(Snow Snake)

미국에서 이야기된 괴물. 그 이름대로 눈처럼 새하얀 색의 뱀으로, 눈은 핑크색이라고 한다. 여름 동안에는 자고, 겨울이 되면 활동한다. 그 몸 색깔 때문에 눈 속에 숨어서 사냥감을 기다린다고 여겨지며, 눈 위에서 똬리를 틀고 있다가 사냥감이 다가오면 깨문다. 스노우 스네이크의 송곳니에는 맹독이 있어서 대부분의 사냥감은 일격에 쓰러진다고 한다.

헨리. H. 트라이언 저 『무서운 생물들』에 실려 있다. 이 책의 삽화에는 눈 속을 나아가는 스노우 스네이크의 모습이 그려져 있다.

이 책에 등장하는 다른 괴물들과 마찬가지로, 미국 북부의 숲의 가이드들이 주고받았다는 이야기에 나오는 괴물 중 하나로 생각된다. 또한 스노우 스네이크는 **폴 버니언**이 등장하는 톨 테일(tall tale)에도 자주 등장한다.

■ 스놀리고스터(Snoligoster)

미국에서 목격된 괴물. 플로리다 주의 오키초비 호수(Lake Okeechobee) 주변에서 자주 나타난다고 하며, 사람 고기를 좋아해서 인간을 골라 습격한다고 한다.

그 모습은 거대한 악어 같지만, 광택 있는 모피에 덮여 있으며, 등에는 한 줄기의 긴 가시가 돋아나 있다. 또한 다리나 지느러미에 해당하는 기관이 없으며, 꼬리 끝에 있는 스크루 같은 뼈를 회전시켜서 진흙 속에서도 고속으로 이동할 수 있다고 한다. 사냥감을 포식할 때에도 이 기관이 사용되는데, 우선 등의 가시로 사냥감을 찌른 뒤에 스크루에 떨어뜨려서 갈기갈기 찢어서 죽이고, 너덜너덜해진 시체를 먹는다고 한다.

윌리엄 토머스 콕스 저 『럼버우즈의 무시무시한 동물들, 사막과 산의 짐승들』에 실려 있다.

이 책에 등장하는 다른 괴물들과 마찬가지로, 미국의 개척기에 개척에 종사하는 사람들이 모닥불에 둘러앉아서 이야기했다는 톨 테일(tall tale)에 나오는 괴물 중 하나로 생각된다.

■ 스완 계곡의 괴물

미국에 나타났다는 괴물. 1868년 8월 22일에 어느 사냥꾼이 조우했다는 거대한 괴물이라고 한다. 그 모습은 몸길이 약 6미터에 12개의 다리가 나 있는 거대한 뱀 같았는데, 머리에는 몇 개의 뿔이 나 있고, 목 주변에는 날개 혹은 지느러미 같은 기관이 있었으며, 몸은 붉은색과 검은색 얼룩무늬가 있는 황록색이었다고 한다. 물속에서 살며, 몸에서는 심한 악취가 난다. 또한 육상으로 올라와서 태양빛을 받으면 비늘이 무지갯빛이나 잿빛으로 변화하며, 12개의 다리는 발굽이 있는 발과 갈고리발톱이 있는 발이 교대로 나 있다. 몸에 상처를 입으면 녹색 피가 흐르며, 그 피에 닿은 식물은 말라죽는다고 한다.

벤. C. 클로우 편 『미국의 기묘한 이야기 02-저지 데블』에 실려 있다. 이 책에 의하면 1939년에 이 괴물과 조우했던 사냥꾼에게서 채록한 이야기라고 한다.

■ 스월 가의 유령 사건

미국에서 발생한 괴이. 1985년부터 1987년에 걸쳐 펜실베이니아 주에 사는 잭과 자넷 스월 부부의 집에서 일어난 괴사건으로, 70년대부터 기괴한 현상이 일어나고 있었지만 85년에 접어들면서부터 본격화되었다. 구체적으로는 부부의 방 옆에서 외설적인 욕설이 울려 퍼진다, 밋밋한 검은 인간 형태의 그림자가 나타난다, 전등의 고정구가 저절로 빠져서 사람을 향해 떨어진다, 자넷이 침대에서 뭔가에 거칠게 잡아당겨져 떨어진다, 이상한 소리가 난다, 유령 개가 출현한다, 같은 다양한 현상이 일가를 덮쳤다. 그래서 자넷이 전문가에게 구마의식을 의뢰해보니, 네 마리의 사악한 혼령이 집에 깃들어 있음을 알았다.

그 뒤로도 괴현상은 이어졌고, 인큐버스나 서큐버스가 나타나거나 딸이 수수께끼의 열병에 걸리거나 갑자기 몸에 상처가 생겨나거나 했다. 구마의식은 몇 번이나 이루어졌지만 효과는 없었다. 최종적으로 일가는 그 집을 떠나서 다른 마을로 갔고, 그 뒤에 이루어진 네 번째의 구마의식에 의해, 간신히 사람이 없게 된 이 집에 평온이 찾아왔다고 한다.

로즈마리. E. 길리 저 『요정과 정령의 사전』에 실려 있다.

■ 스웜프 슬로프

미국에서 이야기되는 괴물. 스웜프 몬스터라고도 불린다. 늪지에서 살고 있는 거인으로, 몸에서 물방울을 뚝뚝 흘리면서 악취를 풍기며 나타난다고 한다.

존. A. 킬 저 『불가사의한 현상 파일』에 의하면, 이 괴물은 고속도로에 나타나서 차를 멈추려고 한다는 소문도 있었다고 한다. 특정한 늪지에 나타나는 경우도 있으며, 플로리다 주의 허니 어라운드 늪에서 목격되는 허니 스웜프 몬스터가 유명하다.

■스웜프 오거(Swamp Auger)

미국에서 이야기된 괴물. 호수에 사는 코끼리처럼 긴 코를 지닌 물고기로, 그 끝에는 회전하는 뾰족한 돌기 같은 것이 달려 있다. 인간이 탄 보트가 다가오면, 그 아래를 헤엄쳐서 그 돌기로 보트 바닥에 작은 구멍을 낸다. 이 행동을 보트가 가라앉을 때까지 반복하기 때문에, 스웜프 오거가 나타났을 때에는 코에 고춧가루를 뿌리는 게 좋다고 한다. 이러면 스웜프 오거는 재채기를 해서 구멍을 뚫기를 그만둔다. 스웜프 오거는 재채기를 몹시 즐거워해서, 보트가 물가에 도착할 때까지 재채기를 하고 싶어서 구멍에 코를 찔러 넣은 채로 있다고 한다.

헨리. H. 트라이언 저『무서운 생물들』에 실려 있다. 이 책의 삽화에는 보트에 구멍을 내고, 고춧가루가 코에 뿌려지는 스웜프 오거의 모습이 그려져 있다.

이 책에 등장하는 다른 괴물들과 마찬가지로, 미국의 개척기의 사람들이 캠프나 술집에서 이야기했다는 톨 테일(tall tale)에 나오는 괴물 중 하나로 생각된다.

■스윙 딩글(Swingdingle)

미국에서 이야기된 괴물. 나무의 일부분처럼 생겼지만 독립해서 움직이는 생물로, 나무로 의태하면서 자기 아래를 지나가는 인간의 모자를 빼앗는다고 한다. 또한 이동할 때에는 나뭇가지에 매달려 몸을 진자처럼 움직여서 다른 가지로 이동한다고 한다.

아트 차일즈 저『커다란 숲의 이야기』에 실려 있다. 이 책에는 나무에서 나무로 이동하는 스윙 딩글의 그림이 그려져 있다. 또한 그 모습은 나무 기둥 표면에 인간의 얼굴이 붙어있으며 나뭇가지 같은 팔과 뿌리 같은 다리가 나 있다.

이 책에 등장하는 다른 괴물들과 마찬가지로, 노스우즈의 가이드를 하고 있던 사람들이 주고받은 이야기에 나오는 괴물 중 하나로 생각된다.

■스카쇼리거(Squasholiger)

미국에서 이야기된 괴물. 호박처럼 생겼지만 자력으로 움직일 수 있다. 그 출생도 호박과 마찬가지로 식물로서 성장하고, 다 익으면 눈과 다리가 생기면서 덩굴 일부가 꼬리로 변화한다. 몸 색깔은 녹색으로, 삼림의 풀숲에 몸을 숨긴다. 그리고 그곳에 있는 곤충을 잡아먹는다고 한다.

아트 차일즈 저『커다란 숲의 이야기』에 실려 있다. 이 책에는 호박밭을 걸어가는 스카쇼리거의 모습이 그려져 있다.

이 책에 등장하는 다른 괴물들과 마찬가지로, 미국 북부의 숲에서 가이드를 하고 있던 사람들이 이야기했다는 톨 테일(tall tale)에 나오는 괴물 중 하나로 생각된다.

■스콜리오피스 아틀란틱스

미국에 나타났다는 괴물. 매사추세츠 주 글로우세스터 앞바다에서 목격된, 길이 18미터에서 40미터 이상은 되어 보이는 뱀 같은 괴물이 목격되었고, 그 후에 거북이 같은 머리를 지닌 인간 정도 크기의 물뱀 같은 것이나 그 새끼라고 여겨지는 몸길이 45센티미터 정도에 등에 32개의 혹이 있는 물뱀 같은 것이 잇따라 발견되어 '스콜리오피스 아틀란틱스(대서양의 유연한 뱀)'이라고 명명되었다고 한다.

존. A. 킬 저『불가사의한 현상 파일』에 의하면, 1817년에 목격되었다고 한다. 또한 1930년에는 거대한 뱀장어의 새끼가 발견되었다. 상세한 것은 **거대 뱀장어** 항목을 참조.

■스큉크(Squonk)

미국에서 이야기된 괴물. 펜실베이니아 주 북부의 솔송나무 숲에 서식하며, 사마귀나 점으로 뒤덮인 몸 표면을 지니고 있다. 해질녘에만 활동하며 끊임없이 운다고 한다. 그래서 익숙해진 사람은 눈물 자국을 따라가서 스큉크를 발견할 수 있다. 그러나 이 짐승은 궁지에 몰리거나 아주 놀라서 겁먹었을 때처럼 과도한 스트레스를 느끼면 어마어마한 양의 눈물을 흘리는데, 그 눈물의 양에 따라서는 자신의 몸이 녹아버린다고 한다.

윌리엄 토머스 콕스 저『럼버우즈의 무시무시한 동물들, 사막과 산의 짐승들』에 실려 있다. 스큉크는 구미 지역에서 인기가 있어서 영화나 음악 속에 스큉크가 등장하는 것이 많다.

이 책에 등장하는 다른 괴물들과 마찬가지로, 미국 개척기의 사람들이 모닥불에 둘러앉거나 술집에서 술을 마시면서 이야기했다는 톨 테일(tall tale)에 나오는 괴물 중 하나로 생각된다.

■스키트루(Skeeteroo)

미국에서 이야기된 괴물. 닭 정도 크기까지 성장한 거대 모기로, 길이 15센티미터에서 20센티미터 정도 길이의 강철처럼 딱딱한 주둥이를 지니고 있다. 흉포한 데다 무리를 지어 인간이나 대형 동물을 습격해서 그 빨대 같은 주둥이를 꽂아 피를 빨아먹는다고 한다.

아트 차일즈 저『커다란 숲의 이야기』에 실려 있다. 이 책에는 거대한 모기 같은 모습의 스키트루가 그려져 있다.

이 책에 등장하는 다른 괴물들과 마찬가지로, 미국의 노스우즈에서 숲의 가이드를 하고 있던 사람들이 이야기했던 톨 테일(tall tale)에서 나오는 괴물 중 하나로 생각된다.

■스탠리 호텔의 괴이

미국에서 전해지는 괴이. 콜로라도 주에 있는 이 호텔은, 영혼을 끌어들이기 쉽다는 특징을 지니고 있어서 다양한 곳에서 불가사의한 현상이 일어나게 만든다. 우선 창업자인 F. O. 스탠리와 그 부인이 유령으로 나타난다. 217호실에는 1950년대에 죽을 때까지 호텔에서 일하고 있던 엘리자베스 윌슨이 출현해서 손님의 짐을 풀고 옷을 정리한다고 한다. 이밖에도 콘서트홀에 출현하는 폴이나 루시라는 유령, 404호실에 출현하는 어린아이 유령, 428호실에서 일어나는 폴터가이스트 현상 등, 다양한 괴이현상이 발생한다고 한다. 로버트 그렌빌 저『반드시 나오는 세계의 유령의 집』등에 실려 있다. 이 호텔은 스티븐 킹이 묵으며 소설『샤이닝』을 쓰는 계기가 된 장소로서도 널리 알려져 있으며, 현재는 고스트투어가 열리고 유령들이 관광객을 즐겁게 하고 있다고 한다.

■스털 묘지(Stull cemetery)

미국의 묘지를 둘러싼 괴이. 이 묘지는 캔자스 주에 위치해 있으며, 전 세계에 일곱 개 있다는 지옥으로 가는 문 중 하나가 이곳에 존재한다고 여겨지고 있다. 할로윈 혹은 봄이 시작되는 날, 묘지에 감춰진 돌계단이 나타나서 악마가 묘지를 활보하며 영혼을 불러낸다는 소문이 있다고 한다. 스털 묘지에는 1867년부터 2002년까지 교회가 세워져 있었는데, 이 교회가 기묘한 소문의 중심이 되었다. 유명한 이야기로는 이 교회는 마녀가 사용하고 있던 곳

이며, 교회 옆에 자라고 있는 나무는 그 마녀가 처형당했을 때 그녀를 매다는 데 쓰였다는 소문이 돌았다. 그러나 이 교회는 현재 존재하지 않으며, 마녀를 매달았다는 나무도 1998년에 베어서 없어졌다고 한다. 이 교회가 있었을 무렵에는 지옥으로 연결되는 계단이 이 교회의 내부에 나타난다는 이야기도 있었다.

또한 묘지 안에 있는 묘비 중 하나는 악마와 마녀의 아이들의 것인데, 그 모습은 늑대의 털로 덮여 있었다. 악마가 이 땅에 나타나는 것은 죽은 마녀와 아이의 묘를 방문하기 위해서라고 이야기되는 경우도 있다고 한다.

이 묘지의 전설은 미국에서는 다양한 미디어에서 이야기되고 있으며, 텔레비전 드라마『슈퍼 내추럴』에서는 이 묘지가 제5시즌의 클라이맥스에서 사용되었다(실제로 촬영된 장소는 다른 곳).

■스톤 호그

미국에서 이야기된 신비한 생물. 꼬리에 돌을 감고 있는 돼지로, 그 이유는 머리가 몸의 뒷부분보다 무겁기 때문에 밸런스를 잡기 위해서라고 한다.

벤. C. 클로우 편『미국의 기묘한 이야기 02-저지 데블』에 의하면, 마리온 휴즈라는 인물이 만든 소책자「아칸소의 3년간」에 실려 있는 신비한 돼지의 일종이라고 한다.

■ 스프린터 캣(Splinter Cat)

미국에서 목격된 괴물. 로키 산맥을 제외한 미국 각지에 서식하며, 미국 너구리와 벌꿀이 주식이다. 먹이를 찾기 위해서 밤이 되면 맹렬한 속도로 머리부터 나무를 들이받아서 쓰러뜨린다고 한다. 그리고 그 안에 미국 너구리나 벌집이 없다는 것을 알면, 다른 나무를 향해서 돌진해서 그 나무도 쓰러뜨려버린다. 그 방법은 우선 한 그루의 나무에 올라가서, 맨 꼭대기에 나 있는 나뭇가지에서 목표한 나무를 향해 단숨에 뛰어내린다고 한다. 스프린터 캣의 이 포식행동으로 인해 일부 지역에서는 심각한 삼림파괴로 고민하게 되는 경우도 있다고 한다.

윌리엄 토머스 콕스 저 『럼버우즈의 무시무시한 동물들, 사막과 산의 짐승들』에 실려 있다. 이 책의 삽화에는 머리부터 돌진하는 스프린터 캣의 그림이 실려 있는데, 그 몸에는 표범 같은 반점 무늬가 그려져 있다.

이 책에 등장하는 다른 괴물들과 마찬가지로, 미국의 개척기에 나무꾼이나 뱃사람으로 일했던 사람들이 서로에게 들려주었던 지어낸 이야기인 톨 테일(tall tale)에 나오는 괴물 중 하나로 생각된다.

■ 스피드몬(Speedemon)

미국에서 이야기된 괴물. 노스우즈 주변에 출현한다는 기괴한 생물로, 둥근 몸에 다섯 개의 다리가 달렸으며 회전하면서 고속으로 뛰어다닌다. 그 속도는 번개처럼 빨라서 눈으로 보는 것도 어렵다고 한다. 또한 육식으로, 이 방식으로 토끼를 쫓아가서 잡아먹는다고 한다.

아트 차일즈 저 『커다란 숲의 이야기』에 실려 있다. 이 책에는 다섯 개의 다리를 사용해서 초원을 달리는 스피드몬의 모습이 그려져 있다.

이 책에 등장하는 다른 괴물들과 마찬가지로, 미국 북부의 노스우즈에서 오래전부터 가이드를 하고 있던 사람들이 주고받은 이야기 속에서 활약하는 괴물 중 하나.

■ 슬라이드록 볼터(Slide-Rock Bolter)

미국에서 목격된 괴물. 콜로라도 주의 산, 특히 경사가 45도 이상인 장소에 서식한다고 하며, 그 산기슭을 지나는 생물이 있으면 힘차게 언덕을 미끄러져 내려와서 사냥감을 잡아먹는다고 한다. 그 모습은 거대한 머리와 작은 눈, 그리고 귀 뒤편까지 길게 찢어진 입이 있다. 또한 꼬리는 두 갈래로 나뉜 지느러미처럼 되어 있는데, 그 지느러미를 사용해서 산 정상 부근에 자신의 몸을 고정하고서 사냥감이 언덕 아래를 지나가기를 가만히 기다리고 있다고 한다. 그리고 사냥감을 붙잡은 뒤에는 꼬리를 사용해서 다시 산 위로 돌아온다고 한다.

슬라이드록 볼터가 미끄러져 내려오는 경

사면은 나무가 일직선으로 베여있기 때문에, 그런 장소는 특히 위험하다고 한다. 윌리엄 토머스 콕스 저『럼버우즈의 무시무시한 동물들, 사막과 산의 짐승들』에 실려 있다. 이 책에는 슬라이드록 볼터가 산의 경사면을 미끄러져 내려오는 거대한 물고기 같은 모습으로 그려져 있다.

이 책에 등장하는 다른 괴물들과 마찬가지로, 미국의 개척기에 개척에 종사한 사람들이 모닥불에 둘러앉거나 술집에서 술을 마시면서 서로에게 들려주었다는 톨 테일(tall tale)에 나오는 괴물 중 하나.

■슬레이터 밀의 단말마(Slater Mill)

미국에서 이야기되는 괴이. 슬레이터 밀은 1793년 로드아일랜드 주에 세워진, 미국에서 첫 번째로 수력을 이용한 직물공장이었다. 그러나 당초에는 이 공장에서 일하던 어린아이들에게 가동 중인 기계의 청소와 수리를 시켰기 때문에 이 기계에 끼이는 사고가 끊이지 않았다. 현재 슬레이터 밀은 산업박물관이 되었지만, 지금도 어린아이의 단말마나 울음소리가 들린다고 한다.

또한 부지 안의 다른 건물에서는 방문객을 잡아당기는 혼령이 나오거나, 베카라고 하는 소녀가 L자형의 다우징 로드로 방문객의 질문에 대답하는 일도 있다고 한다. 로버트 그렌빌 저『반드시 나오는 세계의 유령의 집』등에 실려 있다.

■슬로스 퍼니스의 악질 감독 (Sloss Furnace)

미국에서 이야기되는 괴이. 슬로스 퍼니스는 앨라배마 주에 있었던 제철소로, 1882년부터 1971년에 걸쳐 미국 내의 빌딩 건축자재에 사용되는 쇠가 만들어졌는데, 위험한 직장으로서도 유명했다.

특히 제임스 슬러그 웜우드라는 감독의 심야근무는 악명 높아서, 적어도 47명의 작업원이 그의 지휘 하에서 사고로 죽었다. 그리고 웜우드 자신도 1906년에 용광로에 떨어지는 사고로 사망했다. 그 후에 웜우드는 유령이 되어 이 장소에 나타나서, 지금도 관광객에게 호통을 치며 일을 시키려 한다고 한다.

로버트 그렌빌 저『반드시 나오는 세계의 유령의 집』등에 실려 있다.

■시저 빌(Sizzer Bill)

미국에서 이야기된 괴물. 가위 같은 모양의 부리를 지닌 조류와 포유류의 중간 같은 생물로, 평소에는 풀숲 등에 숨어 지낸다. 그러나 물속에서 물고기가 낚싯바늘에 걸려서 발버둥치는 모습을 발견하면 물속에 뛰어들어 그 부리로 낚싯줄을 끊어버린다고 한다.

아트 차일즈 저『커다란 숲의 이야기』에 실려 있다. 이 책에는 귀가 있는 새 같은 모습을 한 시저 빌이 그려져 있다.

이 책에 등장하는 다른 괴물들과 마찬가

지로, 미국의 노스우즈에서 가이드를 하고 있던 사람들이 나눈 이야기 속에서 활약하는 괴물 중 하나.

■ 식인 문어

미국에서 나타난 괴물. 오클라호마 주의 호수에 나타나는 거대한 문어로, 호수 위에 있는 인간을 물속으로 끌어들여 죽여버린다고 한다. 그 크기는 6미터 이상으로, 적갈색의 매끈한 가죽 같은 피부를 지니고 있다. 또한 육식성이라 물속으로 끌어들인 인간을 잡아먹는다는 소문도 있다고 한다.

나미키 신이치로 저『최강의 도시전설 2』에 실려 있다. 이 책에서는, 실제로는 이 괴물의 목격정보는 없으며 미국인이 조크 삼아 이야기한 것이 아닐까 하고 기록하고 있다.

■ 실버 캣(Silver Cat)

미국에서 이야기된 괴물. 거대한 고양이 같은 모습을 하고 있으며 체중은 때로는 130킬로그램을 넘어간다고 한다. 귀는 부채모양이며, 눈은 붉고 옆으로 길게 찢어져 있다. 그 이름대로 모피는 은빛이고, 무엇보다도 특징적인 것은 그 꼬리로 길이는 3미터 이상이다. 꼬리 끄트머리에는 단단한 혹 형태의 기관이 있는데, 그 둥근 기관의 절반은 매끄럽고, 나머지 절반에는 가시가 있다고 한다. 이 가시는 사냥에 사용되며, 사냥감의 머리를 이 가시가 있는 부분으로 때린 뒤에 그 가죽에 가시를 걸고 둥지로 끌고 가서 먹는다고 한다. 또한 가시가 없는 부분은 번식기에 사용되는데, 수컷은 자신의 가슴을 두드려서 암컷에게 존재를 어필한다고 한다.

헨리. H. 트라이언 저『무서운 생물들』에 실려 있다. 이 책의 삽화에는 나뭇가지에 거꾸로 매달린 실버 캣의 모습이 그려져 있다.

이 책에 등장하는 다른 괴물들과 마찬가지로, 미국의 개척기에 나무꾼이나 사냥꾼, 뱃사람들이 서로에게 이야기했던 톨 테일(tall tale)에 나오는 괴물 중 하나로 생각된다.

■ 쏘우 호그

미국에서 이야기된 신비한 생물. 아칸소 주에서 발견되었다는 등이 톱으로 되어 있는 돼지로, 그 지역 사람들은 이것을 붙잡아 톱 대용으로 사용한다.

그 방법은 우선 암컷 톱 돼지를 찾아서 붙잡고, 깨물리지 않도록 코를 단단히 묶는다. 그리고 두 사람이 앞다리와 뒷다리를 잡고 등이 땅을 향하도록 들어올린 뒤, 통나무나 절단하고 싶은 물체를 돼지의 등에 댄다. 그리고 앞뒤로 당기면 톱처럼 멋지게 잘린다고 한다.

벤. C. 클로우 편『미국의 기묘한 이야기 02-저지 데블』에 의하면, 마리온 휴즈라는 인물이 만든 소책자 「아칸소의 3년간」에 실려 있는 신비한 돼지의 일종이라고 한다.

어 올리고 지금이라도 고목 아래를 지나가는 나무꾼을 향해 집어던지려 하는 아그로펠터의 모습이 그려져 있다.

이 책에 등장하는 다른 괴물들과 마찬가지로, 미국의 개척기에 개척민들이 자신이 떠올린 이야기를 서로에게 이야기하며 퍼졌다는 톨 테일(tall tale)에 나오는 괴물 중 하나로 생각된다.

【아】

■ 아그로펠터 (Agropelter)

미국에서 이야기되는 괴물. 메인 주부터 오레건 주에 걸쳐 서식하고 있다고 하며, 속이 텅 빈 고목을 보금자리로 삼는다고 한다.

그 모습은 홀쭉한 유인원 같으며, 근육으로 된 채찍처럼 가늘고 긴 팔을 가지고 있다. 아그로펠터는 이 팔을 사용해서 마른 나뭇가지를 집어던져서 적을 공격하는데, 그 위력은 무시무시해서 인간의 몸 정도는 간단하게 꿰뚫어버린다고 한다.

아그로펠터는 평소에 딱따구리나 늑대를 주식으로 삼지만, 숲의 나무를 베러 오는 인간을 미워하기 때문에 이따금씩 습격해온다고 한다.

윌리엄 토머스 콕스 저 『럼버우즈의 무시무시한 동물들, 사막과 산의 짐승들(Fearsome Creatures of the Lumberwoods: With a Few Desert and Mountain Beasts)』에 실려 있다. 이 책의 삽화에는, 고목 위에서 거대한 마른 나뭇가지를 채찍 같은 팔로 들

■ 아나레푸스 코미스케오스 (Analepus Commisceos)

미국에서 발견되었다는 신비한 생물. 토끼처럼 발달한 다리를 가진 오리로, 나무 위 생활을 하는 것이 확인되었다고 한다. 그 두 다리를 사용해서 나뭇가지에서 다른 나뭇가지로 도약해서 재빠르게 이동하며, 경우에 따라서는 날개를 사용해서 장거리를 비행할 수도 있다고 한다.

호안 폰트쿠베르타 & 페레 포르미게라 저 『비밀의 동물지』에 실려 있다. 이 책은 의문의 실종을 당한 동물학자 페터 아마이젠하우펜 박사의 자료를 바탕으로 작성되었다는 형식의 서적으로, 보통은 있을 수 없는 다수의 동물이 사진이나 해부도, 관찰일기 등과 함께 게재되어 있다.

그러나 이것은 '존재한다는 것은 사진에 찍힌다는 것이다'라는 역설을 이용해서 미지의 동물들을 소개하는 것이며, 게재된 동물들은 전부 이 책을 위해서 창작된 것이다.

■아미티빌 호러

미국에서 발생한 괴이. 뉴욕 주 롱아일랜드의 아미티빌이라는 마을 교외에 있는 어느 단독주택에서 일어난 괴현상을 가리킨다.

1975년, 이 집에 루츠 부부와 세 명의 아이로 이루어진 가족이 이사를 왔다. 이 집에서는 지난해에 데피오 일가 살해사건이라는 대량 살인사건이 일어났던 곳이었다. 이것은 로널드 데피오 주니어라는 인물이 자기 가족인 부모님과 네 명의 동생들을 살해한 사건으로, 이 때문에 아주 싼 가격에 집이 매물로 나왔던 것이었다.

루츠 부부는 미신을 믿는 사람들이 아니었기 때문에 낮은 가격에 혹해서 이 집을 구입했지만, 1976년 1월 14일부터 28일간에 걸쳐 무시무시한 괴현상이 일가를 덮치게 되었다. 두건을 쓴 유령의 출현, 뼈를 얼어붙게 만들 듯한 한기와 숨 막힐 듯한 열기, 밤마다 유령들이 나타나는 현상 등을 겪었고, 끝내 일가는 이 집을 포기하고 이사했다.

이 사건은 논픽션 작품으로서 『아미티빌 호러』란 이름으로 1977년에 출판되어 베스트셀러가 되었다. 그러나 이 작품은 대부분이 픽션이었음이 밝혀졌으며 실제로는 대부분의 괴현상이 일어나지 않았다고 생각되고 있다.

제이 앤슨 저 『아미티빌 호러(The Ami-tyville Horror)』, 로즈마리. E. 길리 저 『요괴와 정령의 사전』에 실려 있다. 『아미티빌 호러』는 1979년에 동명의 영화로 만들어졌으며, 『엑소시스트』나 『오멘』 등의 히트로 오컬트 붐이 일었던 영화계에서 대히트를 기록했다. 이 작품은 2005년에 리메이크되었다.

■아코디언티터(Accordianteater)

미국에서 이야기되는 괴물. 악기인 아코디언처럼 접을 수 있는 구조의 몸을 지녔으며, 그것을 이용해서 입에서 소리를 낸다. 낮 동안에는 햇빛이 닿지 않는 장소에 숨어서 지내고, 밤이 되면 활동한다고 한다.

아트 차일즈 저 『커다란 숲의 이야기(Yarns of the Big Woods)』에 실려 있다. 이 책에는 소리를 내는 아코디언티터가 그려져 있다.

미국의 개척기에 개척에 관여했던 사람들이 서로에게 이야기하며 퍼졌다는 톨 테일(tall tale)에 나오는 괴물 중 하나.

■악어 남자

미국에서 목격되는 괴인. 그 이름대로 악어와 비슷한 반인반수의 괴물로, 1973년에 빈번하게 목격되었다. 인간보다도 커다란 몸집을 지녔으며, 이따금씩 마을에 나타나 먹이를 찾고 있었다고 한다.

나미키 신이치로 저 『미확인동물 UMA 대전』에 의한다.

■ 애나벨 인형

미국에서 이야기되는 괴이. 겉모습은 미국의 그림책 『래기디 앤 & 앤디』 시리즈에 등장하는 '래기디 앤'이라는 이름의 인형으로, 그것을 본떠서 상품화한 인형인데, 애나벨 히긴스라는 소녀의 영혼이 씌어있다는 점에서 애나벨 인형이라고 불린다.

이 인형은 1970년에 대학에서 간호학을 공부하던 도나라는 여성이 선물로 받았는데, 어느 샌가 위치가 바뀌어 있는 등의 괴기현상을 일으켰다. 그래서 도나와 그 룸메이트인 앤지 및 친구인 루가 영매에게 상담했더니, 일행이 사는 아파트가 세워진 땅에 과거에 살았던 애나벨이라는 소녀의 영혼이 씌어있음을 알게 된다.

이 사실을 알고 동정심을 품은 도나는 인형을 방에 두기로 하지만, 이후로 인형을 불태우자고 주장한 루의 꿈속에 애나벨 인형이 나타나 그의 목을 조르게 되었다. 그로부터 며칠 후, 루가 도나의 집에 찾아갔을 때에 에너벨 인형에게 다가가자 갑자기 가슴에 날카로운 통증이 느껴졌다. 옷을 벗어보니 짐승의 발톱자국 같은 상처가 일곱 개나 나 있었다.

결국 초상현상 연구자인 에드 & 로레인 워렌 부부가 불려온다. 그들은 신부에게 이 인형의 구마의식을 부탁한 뒤에 집으로 가지고 돌아갔지만, 그들의 집에도 멋대로 위치를 바꾸었기 때문에 자택 부지 내에 있는 오컬트 박물관의 유리 케이스 안에 가두는 상태로 안치했다.

현재도 애나벨 인형은 박물관에 전시되어 있으며, 유리 너머에서 이쪽을 빤히 바라보고 있다고 한다.

워렌 오컬트 박물관의 홈페이지에 의하면, 이 애나벨 인형을 전시한 유리 케이스에는 '건드리지 마시오', '케이스를 열지 마시오'라는 주의사항이 적혀 있으며, 건드린 사람이 죽었을 경우에는 자기 책임임이 명시되어 있다. 이 인형을 모델로 한 인형이 미국의 호러 영화 『컨저링』에 등장해서 일본에서도 유명해졌다. 이것은 앞서 등장했던 에드 & 로레인 워렌 부부가 실제로 조사 및 연구해온 사례를 바탕으로 제작된 영화이지만, 이 애나벨 인형의 이야기도 영화 속에서 중요한 역할을 한다. 또한 이 작품은 시리즈가 되어서 애나벨 인형을 주역으로 한 『에너벨』이라는 스핀오프 영화도 제작되었으며, 이쪽도 시리즈가 되었다. 다만 영화에 등장하는 인형의 겉모습은 실제 애나벨 인형과는 달라졌으며, 보다 무섭게 조정되어 있다.

■ 액스핸들 하운드
(Axehandle Hound)

미국에서 이야기되는 괴물. 위스콘신 주 및 미네소타 주에서 목격되었다. 도끼날 같은 형태의 머리, 도끼자루처럼 가느다란 몸통에 다리 짧은 개 같은 모습을 하고 있고, 야행성이며 도끼자루를 먹는 것으로 널리 알려져 있다. 초식인 것이 아니라, 어째서인지 도끼자루만 먹는다고 한다.

헨리. H. 트라이언 저『무서운 생물들 (Fearsome Critters)』에 실려 있다. 이 책의 삽화에는 밤의 달빛 아래서 도끼자루를 먹는 액스핸들 하운드의 모습이 그려져 있다.

아메리카의 개척민들에 의해 구전되어 온 톨 테일(tall tale)에 나오는 괴물 중 하나.

■ 앤서백(Anserbak)

미국에서 이야기되는 괴물. 새의 모습을 한 괴물로, 화려한 빛깔의 깃털을 지니고 있다. 앵무새처럼 인간의 말을 기억했다가 그대로 발음할 수 있으며, 자주 사람 근처에 나타나서 그 인간이 하는 말을 흉내 낸다. 그러나 어째서인지 그 모습은 거의 볼 수 없으며, 목소리만이 들린다고 한다.

아트 차일즈 저『커다란 숲의 이야기』에 실려 있다. 이 책에는 나뭇가지에 앉아 울음소리를 내는 앤서백의 모습이 그려져 있다.

미국의 개척기에 태어난 민화 중 하나인 톨 테일(tall tale)에 나오는 괴물이라 생각된다.

■ 양 남자(Goat man)

미국에서 목격된 괴인. 캘리포니아 주 벤투라의 앨리슨 계곡에서 자주 목격된다. 그 이름대로 잿빛 털에 덮여있고, 신장 2

미터의 건장한 체격에 뿔이 있는 양 같은 머리를 가지고 있다. 눈은 고양이와 흡사하게 생겼으며, 1925년경부터 출현했다는 기록이 남아있다.

그 정체에 대해서는 이하와 같은 설이 이야기되는 경우가 많다. 이 괴인이 출현하는 지역에는 과거에 낙농공장을 가장한 비밀 화학공장이 있어서, 그 공장에서 실시된 실험에 의해 생겨난 것이 양 남자라는 설이다.

나미키 신이치로 저『미확인동물 UMA 대전』에 실려 있다. 여담이지만, 일본에도 비슷한 모습을 한 양 남자가 나타난 적이 있다는 소문이 있으며, 그 정체는 쓰쿠바 대학의 실험에서 태어난 인간과 양의 혼합생물이라고 이야기되는 경우가 많다.

■ 양크턴의 괴물

미국에 나타났다고 하는 괴물. 오레곤 주의 양크턴 카운티에는 털북숭이의 인간형 생물이 다수 목격되었으며, 주행 중인 트럭과 나란히 달리거나 택시를 들여다보거나 했다고 한다.

존. A. 킬 저『불가사의한 현상 파일』에 의하면, 이 괴물들은 1926년에 목격되었으며, 이 해에는 부근 일대 어린아이들의 불가사의한 행방불명 사건도 발생했다고 한다.

■ 에든버러 몬스터

미국에 나타났다고 하는 괴물. 펜실베이

니아 주의 에든버러에 있는 에든버러 호숫가에 나타났다는 사람으로도 짐승으로도 볼 수 없다고 형용되는 생물로, 2미터 70센티미터 이상의 크기였다고 한다.

존. A. 킬 저『불가사의한 현상 파일』에 의하면, 1966년에 목격되었다고 한다. 또한, 이 괴물과 조우했던 사람은 3일간 말을 할 수 없었다는 보고도 있었다고 한다.

■ 에이프맨(apeman/猿人)

미국에 나타났다고 하는 괴물. 캘리포니아 주의 보레고 스프링스에서 해럴드 랭커스터라는 인물이 숨겨진 보물을 찾기 위해 땅을 파고 있을 때 그에게 다가왔다고 하는데, 권총을 하늘을 향해 발사하며 위협하자 도망쳤다고 한다.

존. A. 킬 저『불가사의한 현상 파일』에 의하면, 1968년에 목격되었다고 한다. 구체적인 모습의 묘사는 없지만, 원인(猿人)이란 뜻의 이름으로 미루어보아 원숭이, 혹은 유인원 같은 모습을 했을 것이라 여겨진다.

■ 연애편지의 레플리카

미국에서 이야기되는 괴이. 텍사스 주의 오스틴에 있는 드리스킬 호텔에 전시되어 있다는 그림으로, 장미꽃다발을 손에 든 소녀가 이쪽을 향해 미소 짓는 모습이 그려져 있다.

이 그림은 호텔 5층에 장식되어 있었는데, 그림에 다가간 손님들이 구역질을 멈출 수 없다고 호소했고, 그림 속의 소녀의 표정이 변했다는 증언도 있었다. 그밖에도 바닥이 들려올라오는 듯한 기묘한 감각이 느껴진다, 호텔의 홀 전체에 어린아이의 목소리가 들린다, 공이 계단을 튕겨 내려가는 소리가 들린다, 라는 현상들이 일어났다고 한다.

'연애편지'라는 제목이 붙은 이 소녀의 그림은 원래 찰스 트레버 갤런드가 그린 그림인데, 미국 남북전쟁 때의 병사였던 아버지 앞으로 딸이 보낸 편지를 본 뒤에 그렸다고 이야기되는 경우도 있지만, 남북전쟁 종전 시점에서 갤런드가 아직 10살이었기 때문에 그럴 가능성은 낮다고 여겨진다. 또한 괴이현상을 일으키는 것은 리처드 킹이 그린 레플리카이며, 갤런드가 그린 그림이 아니라고 한다.

■ 오고포고(Ogopogo)

캐나다에서 전해지는 괴물. 캐나다의 브리티시컬럼비아 주의 오카나간호에 있다고 하며, 옛날부터 네이티브 아메리칸에게 '나이타카'라는 이름으로 전해져온 존재와 동일시되고 있다. 목격담은 아주 많으며 그 모습은 몸길이 6~30미터, 몸은 뱀처럼 길쭉하지만 등에 혹이 있으며, 머리는 소 또는 말과 비슷하고 꼬리지느러미를 가지고 있다고 한다. 성격은 온순해서 사람에게 위해를 가하는 일은 거의 없다고 한다.

나미키 신이치로 저『미확인동물 UMA 대전』에 의하면, 1872년의 목격담이 첫 확인 사례라고 한다. 그 후로 20세기에 들어서도 몇 번이나 목격되었으며, 1967년에는 그 모습이 사진으로 찍혔다. 그 정체는 어류, 파충류, 멸종을 피한 수장룡의 일종 등 다양한 설이 있지만, 현재에 이르러도 오고포고가 포획된 사례는 없다고 한다.

■와세트(Wasset)

미국에 이야기된 괴물. 스노우 와세트라고도 불린다. 겨울에 활동하며 여름에는 잠들어 있다는 특이한 생태를 지녔다. 여름에는 캐나다의 배런 그라운즈나 래브라도 지방에 있지만, 겨울이 되면 오대호 주변이나 허드슨만으로 이동한다. 여름에 휴면할 때에는 털의 색이 녹색으로 변하며, 초목 사이에 숨듯이 잔다. 또한 가끔씩 일어나서 그늘로 이동한다고 한다.

겨울이 되면 몸의 색이 흰색으로 변하고 다리가 없어진다고 한다. 이 계절의 와세트는 아주 난폭해지며, 식욕은 울버린에 필적하지만 울버린보다 4배 크고 몇십 배는 더 활동적이기 때문에 눈 속에 숨어있는 동물을 발견하면 닥치는 대로 잡아먹는다고 한다.

윌리엄 토머스 콕스 저『럼버우즈의 무시무시한 동물들, 사막과 산의 짐승들』에 실려 있다. 와세트와 비교되는 울버린은 아주 사납고 왕성한 식욕을 가진 동물로서 알려져 있다. 또 이 책에는 삽화로 눈 속에서 뛰어나와 늑대로 여겨지는 동물을 잡아먹는 와세트의 모습이 그려져 있다.

이 책에 등장하는 다른 괴물들과 마찬가지로, 미국의 개척기에 개척에 종사하는 사람들이 모닥불에 둘러앉아서 이야기했다는 톨 테일(tall tale)에 나오는 괴물 중 하나로 생각된다.

■와일드맨 오브 우즈

미국에 나타났다고 하는 괴물. 테네시 주에서 포획되었다는 이 생물은, 신장 2미터 전후에 눈이 보통 인간의 두 배 정도로 크고, 몸 표면은 물고기 비늘 같은 것으로 덮여있었다고 한다.

존. A. 킬 저『불가사의한 현상 파일』에 의하면, 이 괴인은 1878년에 포획된 뒤에 켄터키 주의 루이빌에 전시되어 있었다고 한다.

■와파루지(Wapaloosie)

미국에서 이야기된 괴물. 태평양 연안의 습한 삼림부터 아이다호 주 북부의 세인트 조 강에 나타난 작은 짐승으로, 닥스훈트 정도의 크기라고 한다. 딱따구리 같은 다리, 비로드 같은 부드러운 모피, 스파이크가 있는 꼬리를 지녔으며, 애벌레처럼 몸을 굽혔다 폈다 하며 이동한다. 주식은 버섯이며, 아무리 높은 나무라도 오를 수 있어서 높은 가지에서 자라는 좋아하는 버섯을 먹는다고 한다.

또 와파루지의 모피를 사용해서 장갑을 만든 사람이 있었는데, 그 장갑이 저절로 움직이기 시작하더니 나무를 찾아 기어다녔다고 한다.

윌리엄 토머스 콕스 저『럼버우즈의 무시무시한 동물들, 사막과 산의 짐승들』에 실려 있다. 이 책에는 와파루지의 일러스트가 실려 있는데, 여기서는 둥글고 커다란 귀에 길쭉한 몸통을 가진 쥐 같은 모습으로 그려져 있다.

이 책에 등장하는 다른 괴물들과 마찬가지로, 미국의 개척기에 개척에 종사하는 사람들이 이야기했다는 톨 테일(tall tale)에서 만들어진 괴물의 일종으로 여겨진다.

■왐퍼스 캣(Wampus Cat)

미국에서 전해지는 괴이. 원래는 선주민인 네이티브 아메리칸 사이에서 전해지는 존재로, 머리는 인간 여성이고 몸은 산고양이에 혼은 악마인 괴물이었다고 한다. 왐퍼스 캣은 원래는 아름다운 여성이었으나, 남편의 바람기를 의심해서 산고양이의 가죽을 뒤집어쓰고 남편을 미행하던 중에 마법을 목격해서, 주술사에 의해 모습이 바뀌었다고 전해지고 있다.

이 왐퍼스 캣이란 이름으로 불리는 괴물이 근래 미국에서도 목격되었으며, 2008년에는 테네시 주에서 인간 크기의 고양이가 이족보행으로 서 있는 것이 목격되었다. 2009년에는 거대한 고양이 같은 것이 사진에 찍혀있었는데, 육안으로는 보이지 않았다고 한다.

나미키 신이치로 저『MU적 미확인 몬스터 괴기담』에 실려 있다. 전설로서 전해지는 왐퍼스 캣과 근래 목격된 큰 고양이 괴물은 고양이라는 점 이외의 공통점은 없다. 그러나 미국에서는 흑표범 같은 모습을 한 괴물이 나타났다는 수많은 목격담이 있으므로 그것과 같은 종류일지도 모른다. 자세한 것은 **흑표범의 괴이** 항목을 참조.

■왐프(Wamp)

미국에서 이야기된 괴물. 늪지에 나타나는 소금 자루 같은 형상을 한 잿빛 생물로, 꼬리 끝에 소금이나 후추 용기 같은 형태를 한 기관이 있는데 실제로 소금이 들어가 있다. 왐프는 이 소금을 나무 밑동에 뿌린다. 사슴은 소금을 좋아하기 때문에 이 소금을 발견하면 동료를 부르러 간다고 한다.

아트 차일즈 저『커다란 숲의 이야기』에 실려 있다. 이 책에는 나무 밑동에 소금을 뿌리는 왐프가 그려져 있다.

이 책에 등장하는 다른 괴물들과 마찬가지로, 미국의 북부의 노스우즈에서 숲의 가이드를 하던 사람들이 나누었던 이야기에 나오는 괴물 중 하나.

■ 울보 상어

미국에서 이야기된 괴물. 몸길이가 20미터 가까운 거대한 상어로, 뉴욕 주 이스트 햄프턴 앞바다에서 시체로 발견되었다고 한다. 이 상어의 두 눈에는 계속 눈물을 흘린 자국이 있었기 때문에 이런 이름이 붙게 되었다. 이 상어를 해부하자 뱃속에서 커다란 기름통이 나왔던 것으로 미루어 보아, 계속 눈물을 흘린 이유는 기름통을 통째로 삼켰다가 소화시키지 못해 죽게 되었기 때문으로 여겨지고 있다고 한다.

벤. C. 클로우 편『미국의 기묘한 이야기 01-거인 폴 버니언』에 실려 있다. 이 책에 의하면 이것은 신문에 투고된 이야기지만, 톨 테일(tall tale)의 일종으로 볼 수 있다고 한다.

■ 움프(Oomph)

미국에서 이야기되는 괴물. 개 정도의 크기의 몸집에 도마뱀처럼 날카로운 발톱을 지녔으며, 등에는 가시가 돋아나 있다고 한다. 주로 새의 둥지를 습격해서 그 알을 즐겨먹는데, 그때에 신음 소리를 낸다. 이 소리가 이름의 유래라고 한다.

아트 차일즈 저『커다란 숲의 이야기』에 실려 있다. 이 책에는 반점이 있는 거대한 도마뱀 같은 모습의 움프가 그려져 있다. 이 책에 등장하는 다른 괴물들과 마찬가지로, 미국의 개척기에 개척에 종사하던 사람들이 모닥불에 둘러앉아서 이야기했다는 톨 테일(tall tale)에 나오는 괴물 중 하나로 생각된다.

■ 월링 윔퍼스(Whiriling Whimpus)

미국에서 이야기되는 괴물. 테네시 주의 컴벌랜드 고원에 서식하고 있다고 하며, 그 모습은 고릴라와 비슷하지만 키가 2미터 이상이라고 한다. 지능은 높으며, 길모퉁이에 숨어서 사냥감을 기다리다가 사냥감이 다가오면 한쪽 다리로 재빠르게 회전한다. 그러면 월링 윔퍼스의 모습이 보이지 않게 되고 벌이 나는 듯한 소리가 나기 때문에, 사냥감은 하늘을 올려다본다. 직후에 윔퍼스는 사냥감에게 달려들어 거대한 앞다리로 짓이겨버린다. 그렇게 짓눌린 상태의 불쌍한 희생자를 먹는다고 한다.

윌리엄 토머스 콕스 저『럼버우즈의 무시무시한 동물들, 사막과 산의 짐승들』에 실려 있다. 이 책에는 길모퉁이에서 사냥감을 기다리는 윔퍼스의 일러스트가 그려져 있다.

이 책에 등장하는 다른 괴물들과 마찬가지로, 미국의 개척기에 개척에 종사하던 사람들이 모닥불에 둘러앉아서 이야기했다는 톨 테일(tall tale)에 나오는 괴물 중 하나로 생각된다.

■ 웨딩드레스의 화이트레이디

미국에서 목격되는 괴이. 코네티컷 주의

이스턴 유니언 묘지에 나타난다고 하는 유령으로, 웨딩드레스를 입은 여성의 모습을 하고 있다. 묘지 근처의 도로에서 자주 목격되며, 자동차로 치어버렸다고 생각하고 차에서 내려서 둘러봐도 어디에도 여자의 모습이 없었다, 라는 일이 종종 발생한다고 한다.

로버트 그렌빌 저 『반드시 나오는 세계의 유령의 집』 등에 실려 있다. 이 책에 의하면 이 유령이 처음으로 목격된 것은 1940년대까지로 거슬러 올라가며, 지금도 이 유령을 보기 위해 많은 사람들이 이 묘지를 찾아온다고 한다.

■ 위펜푸프(Whiffenpoof)

미국에서 이야기되는 괴물. 완전히 원형인 호수에만 출현하는 물고기로, 정확히 그 호수의 중심에 가지 않으면 잡을 수 없다고 한다. 이것을 잡는 방법은, 호수의 중심점에 보트를 띄우고 물속에 네모난 통 형태의 물체를 집어넣는다. 그리고 그 통 안에 치즈를 넣으면 냄새에 이끌려 위펜푸프가 얼굴을 내민다. 이때, 담배연기를 위펜푸프의 얼굴에 뿜으면 격노해서 몸을 부풀리기 때문에 통에 몸이 꽉 차서 고정되어 간단히 잡을 수 있게 된다.

이 물고기의 고기는 아주 맛있기 때문에, 사람들은 이 고기를 먹기 위해 위펜푸프를 잡는다고 한다.

헨리. H. 트라이언 저 『무서운 생물들』에 실려 있다. 이 책의 삽화에는 위펜푸프가 잡히려고 하는 장면이 그려져 있다.

이 책에 등장하는 다른 괴물들과 마찬가지로, 미국의 개척기에 나무꾼이나 사냥꾼들이 이야기했다고 하는 톨 테일(tall tale)에 나오는 괴물 중 하나.

■ 윈체스터 미스터리 하우스

미국에서 이야기되는 괴이. 미국의 캘리포니아 주 산호세에 현존하는 저택으로, 손꼽히는 유령의 집으로 유명하다. 윈체스터 라이플 등의 총에 관련된 사업으로 큰 성공을 거둔 실업가 윌리엄 와트 윈체스터의 부인인 사라 윈체스터가 살던 저택이었는데, 그녀가 이곳에 살기 시작하고 세상을 떠날 때까지 38년간에 걸쳐 증축이 계속된 것으로 널리 알려져 있다.

사라는 증축이 계속되지 않으면 윈체스터가가 대대로 제조해온 총에 의해 죽은 유령들의 앙화를 입게 된다고 믿었는데, 그 발단은 영매의 조언이었다고 여겨지고 있다. 윈체스터 미스터리 하우스의 공식 홈페이지에 의하면, 영매는 사라에게 미국 서부에 총으로 목숨을 잃은 사람들을 위해 집을 세울 것, 그리고 끊임없이 증축을 계속할 것, 그렇게 하지 않으면 죽게 될 것이라 알려주었고 사라는 그 말에 따랐다고 한다.

현재 이 저택은 관광지가 되었지만 지금도 총으로 죽은 사람들의 영혼이 출현한다는 소문이 있으며, 그것을 직접 보려는 담력 시험 투어가 이루어지고 있다고 한다.

■ 윈토서(Whintosser)

미국에서 목격된 괴물. 캘리포니아 주의 코스트 산맥에 나타난 기괴한 생물로, 몸통이 삼각기둥 형태다. 그 각 측면에 네 개씩, 총 열두 개의 다리가 있으며 그 다리를 사용해서 어떠한 벽면이나 천장도 걸어 다닐 수 있다. 목과 꼬리는 360도로 회전할 수 있으며, 무려 1분에 100회의 속도로 회전한다. 그리고 털은 딱딱하고 날카로우며, 총을 쏘거나 때려도 죽일 수 없다. 이것을 죽이기 위한 유일한 방법은 좁은 파이프 안에 밀어 넣는 것인데, 그렇게 하면 파이프의 벽면에 접한 모든 다리가 제각기 다른 방향으로 달려가려고 해서 그 몸을 스스로 찢어버리게 된다고 한다. 윌리엄 토머스 콕스 저 『럼버우즈의 무시무시한 동물들, 사막과 산의 짐승들』에 실려 있다.

이 책의 삽화에는 사람을 잡아먹은 뒤라고 생각되는, 입에서 피를 흘리고 있는 윈토서와 흩어진 사람의 뼈가 그려져 있다. 이 책에 등장하는 다른 괴물들과 마찬가지로, 미국의 개척기에 개척에 종사하던 사람들 사이에서 생겨난 톨 테일(tall tale)에 나오는 괴물 중 하나.

■ 유령 그림

미국에서 목격된 괴이. 어느 사진과 그 사진을 그린 그림을 둘러싼 괴담으로, 그 그림이 '유령 그림'이라고 불린다.

1994년에 로라라는 화가가 애리조나 주에 열린 갤러리에 자신의 그림을 전시하고 있었는데, 거기서 제임스 키드라는 사진가가 찍은 한 장의 사진을 보게 된다. 이 사진에는 낡은 왜건과 정류장이 찍혀 있었는데, 로라가 이 사진을 자신의 카메라에 찍어서 사진을 현상해보자, 예상 밖의 일이 일어났다. 사진 속의 왜건 옆에, 사진을 찍었을 때에는 없었던 목 없는 남자의 모습이 출현했던 것이다.

이 사진을 본 로라는 허가를 받고 사진을 바탕으로 한 그림을 그렸는데, 어째서 그 그림을 그리고 싶은 것인지 스스로도 알 수 없었다. 그러나 그림을 완성시킨 뒤, 그녀 주위에는 이상한 현상이 일어나기 시작했다.

처음에는 이 '유령 그림'을 어느 회사에 양도하자, 벽에 걸어두었던 그림이 어느 샌가 뒤틀려있다는 현상이 일어났다. 그래서 그 그림은 로라에게 다시 돌아왔는데, 이번에는 그녀의 집에 '유령 그림'을 걸어둔 방에서 지붕을 몇 번 고쳐도 비가 새는 곳이 생겼고, 소금을 넣은 셰이커가 저절로 쓰러져서 소금을 흩뿌리거나, 마시는 도중의 컵이 어느 샌가 깨져있거나, 그 깨진 파편이 보이지 않거나, 희뿌연 인간 형체 같은 것이 보이는 기괴현상이 일어나게 되었다고 한다.

이 이야기는 2017년 8월 20일, 웹 사이트 〈liveaboutdotcom〉에 독자인 로라가 투고한 이야기로 그림과 함께 게재되어 있다. 로라가 찍었다는 사진은 〈TombstoneArizona.com〉이라는 사이트에 게재되어 있으며, 현재도 확인할 수 있다.

■ 유령 비행사

미국에서 이야기된 괴이. 미국의 이스턴 항공에서 일어난 괴이라고 하며, 1972년 이스턴 항공 401편 추락사고에서 죽은 비행사나 정비사들의 유령이 비행기에 출현한다는 것이다.

이 유령들은 이스턴 항공의 대형기에 나타나는데, 기내의 오븐 유리문이나 계기판 등에 비치는가 하면 직접 조종실에 나타나는 일도 있었다. 아무래도 그들은 자신들과 같은 비극이 일어나지 않도록 막기 위해 비행기의 기기를 확인하거나, 이상을 사전에 알려주고 있던 듯한데, 너무 빈번하게 나타났기 때문에 구마의식이 이루어졌다. 그 이후로 유령이 출현하는 일은 없게 되었다고 한다.

N. 블런델 외 저 『세계 괴이 실화집』에 실려 있다. 이스턴 항공 401편 추락사고는 1972년 12월 29일에 실제로 일어난 대형사고로, 기장이 눈치 채지 못하는 사이에 자동조종의 스위치가 꺼져 고도가 낮아지며 그대로 늪지에 추락해서 탑승자 176명 중 101명이 사망했다. 목격된 유령 중에도, 이 항공기의 기장인 밥 로프트나 같이 타고 있던 정비사 돈 레포가 빈번하게 목격되었다고 한다.

■ 유령이 깃든 지팡이

미국에 나타난 괴이. 미국 인디애나 주에 사는 메리 앤더슨이라는 인물이 아버지에게 물려받은 나무 지팡이였는데, 아버지의 유령이 깃들어있다고 여겨지며 그녀의 아들이 몇 번이나 유령을 목격했다고 한다. 그래서 메리는 2004년 인터넷 옥션에 이 지팡이를 매각했다. 그때는 지팡이에 깃든 유령도 출품대상으로 취급되었다고 한다. 이 지팡이는 6만 5천 달러에 골든 팰리스 오라이온 카지노 사에서 구입했다.

■ 임프로비타스 부카페르타
(Improbitas Buccaperta)

미국에서 발견되었다는 신비한 생물. 애리조나 주의 소노라 사막에서 포획된 기묘한 동물로, 등딱지를 가진 아르마딜로의 몸에 악어 머리가 달린 듯한 형태를 하고 있다. 육식성으로 작은 새를 먹이로 하며, 낮에는 흙 속에서 지내지만 밤이 되면 사냥을 시작한다. 그 등딱지 안에 열을 흡수하고 보전하는 분비선을 가지고 있어서 추운 사막의 밤에도 자유롭게 행동할 수 있다.

포식행동은 선인장 위에 서서 입을 벌리고, 그곳에서 달콤한 냄새를 풍긴다. 그것에 이끌려 작은 새가 입 속에 들어오면 혀를 사용해서 입천장에 작은 새를 짓누르고 천천히 삼킨다고 한다.

호안 폰트쿠베르타 & 페레 포르미게라 저 『비밀의 동물지』에 실려 있다. 이 책은 의문의 실종을 당한 동물학자 페터 아마이젠하우펜 박사의 자료를 바탕으로 작성되었다는 형식의 서적으로, 보통은 있을 수 없는 다수의 동물이 사진이나 해부도, 관찰일기 등과 함께 게재되어 있다.

그러나 이것은 '존재한다는 것은 사진에 찍힌다는 것이다'라는 역설을 이용해서 미지의 동물들을 소개하는 것이며, 게재된 동물들은 전부 이 책을 위해서 창작된 것이다.

【자】

■ 재기

미국에 나타난 괴이. 위스콘신 주 남부 월워스 카운티에 있는 브레이 가도라는 길에 나타난 수인(獸人)으로, 개로도 늑대로도 보이지 않는 얼굴에 신장 2미터 정도의 이족보행을 하는 털북숭이 괴물이었다고 한다. 온몸이 털로 덮여있고 입은 귀까지 찢어졌으며, 송곳니가 엿보이며 눈은 붉게 빛나고 있었다고 한다.

나미키 신이치로 저 『최강의 도시전설 2』에 실려 있다. 이 책에 의하면 이 괴물은 2006년에 나타났지만, 1936년에도 그 부근에서 비슷한 괴물이 나타났다고 한다. 자세한 것은 **블러프 몬스터** 항목을 참조.

■ 저주의 상자

미국에서 전해지는 괴이. 사람을 차례차례 저주해 죽이는 상자로, 그 유래는 19세기 중반까지 거슬러 올라간다.

당시에 제이콥 쿨리라고 하는 인물이 자기 아이를 위해 아프리카계 미국인 노예인 호세아에게 만들게 한 나무 상자였는데, 쿨리는 완성품이 마음에 들지 않았기 때문에 호세아를 죽여 버렸다. 이 사실을 안 동료 노예들은 복수를 위해 그 상자에 저주를 걸었다. 마른 올빼미의 피를 상자에 달린 서랍에 뿌리고, 성가를 불렀다.

그 이래로 이 상자는 쿨리의 가족이나 자손을 차례차례 저주해 죽이게 되었다. 어떤 자는 사고로, 어떤 자는 살인에 의해, 어떤 자는 병으로 쓰러져서 목숨을 잃었다. 그들에게 공통되는 점은 이 상자에 옷을 넣어두었다는 점이었다.

열여섯 명이 희생되었을 무렵, 이 상자를 물려받은 허드슨 부인이라는 인물이 친구인 아프리카계 미국인인 애니라는 마술사를 불러서 이 상자의 저주가 풀리게 되었다. 그 방법은 우선 죽은 올빼미를 준비하고, 그것을 바라보면서 버드나무 잎을 하루 동안 삶는다. 그리고 해가 뜰 무렵에 태양 쪽을 바라보며 버드나무 잎을 삶은 물을 화단에 뿌린다는 것이었다. 허드슨 부인과 애니는 이 방법을 실행했다. 그것이 효과를 발휘했는지, 애니는 그로부터 얼마 후에 죽어서 17명 째의 희생자가 되었지만, 그것이 마지막이었다.

웹 사이트 〈THE CLERMONT SUN〉 등에 실려 있다.

이 상자는 1969년에 켄터키 주의 역사박물관에 기증되어, 현재도 그곳에 잠들어 있다.

■ 저지 데블

미국에서 목격된 괴이. 주로 뉴저지 주에 출현한다고 하며 '리즈 포인트의 악마', '리즈 가의 악마' 등의 이명으로 알려져 있다. 박쥐같은 날개에 말 같은 머리와 발굽, 그리고 악마 같은 꼬리가 나있다고 여겨지며, 가축이나 사람을 습격한다고 한다.

그 유래는 1735년까지 거슬러 올라가는데, 원래는 뉴저지 주의 삼림지대에 사는 자넷 리드가 낳은 아이라고 한다. 마술을 좋아했던 리드 부인이 이 아이를 안고서 마술을 연구하던 중에, 이 아기가 갑자기 거대해지며 기괴한 모습으로 변했다. 이 괴물은 어머니를 시작으로 그 자리에 있던 인간을 전부 잡아먹고 밤하늘로 사라

졌다.

이후, 저지 데블이 출현하게 되었고, 21세기가 된 지금도 목격담이 이야기되고 있다.

나미키 신이치로 저 『MU적 도시전설』에 의하면, 리드 부인은 실존했던 인물로 12명의 자식이 있었음이 기록되어 있다. 저지 데블은 이 여성의 13번째 자식이라는 설도 있다. 또한 1900년대에 들어서자 목격담은 뉴저지 주뿐만이 아니라 미국 전토로 퍼지게 되었다고 한다.

또 벤. C. 클로우 편집 『미국의 기묘한 이야기 02-저지 데블』에 의하면, 저지 데블은 인간 여성과 악마 사이에서 태어난 아이라고 하며, 인간 아기의 모습으로 태어난 직후에 악마의 모습으로 변한다고 전해지고 있다. 또한 악마가 태어난 것은 리즈 가가 아니라 슈라우즈 가였다는 패턴의 전승도 남아있다고 한다.

■ 조지 녹스

미국에서 이야기되는 괴이. 조지 녹스는 메인 주에서 1892년에 죽은 나무꾼인데, 생전에 그는 악마에게 혼을 팔아 마력을 얻었다고 여겨졌다. 그래서 조지의 도끼는 사용하는 사람이 없어도 저절로 목재를 잘랐고, 조지에게 명령을 받으면 통나무는 혼자 움직여서 이동했다.

전설에서는 흑마술 책이나 악마의 책을 공부했고, 악마와 직접 교섭해서 강력한

힘을 손에 넣었지만 그 계약으로 인해 젊은 나이에 폐병을 앓아 목숨을 잃었다고 한다. 그 후로 그의 이야기가 전해지고 있던 지역에서는 조지 녹스가 죽은 뒤에 괴물이 되었다고 여겨지게 되었고, 아이들을 야단칠 때에 "말을 듣지 않으면 조지 녹스를 부를 거야"라는 말을 하게 되었다고 한다.

리처드. M. 도슨 저『구전되는 미국(America in Legend)』에 적혀 있다. 이 책에 의하면 조지 녹스는 **폴 버니언**과 마찬가지로 나무꾼들 사이에서 이야기된 톨 테일에 등장하는 영웅에 가깝지만, 버니언 같은 영웅과는 다르게 녹스는 존경받기보다는 두려움을 사는 존재였다고 한다.

■죽음의 의자

미국에서 실재하는 의자를 둘러싼 괴이. 이 의자는 200년 이상 전에 제작된 물건으로 나폴레옹이 사용했었다고 전해지지만, 현재는 아멜리아라는 여성의 혼령이 깃들어있다고 한다. 아멜리아는 이 의자 근처에 출현한다고 하며, 그녀를 본 뒤에 이 의자에 앉으면 목숨을 잃는다고 한다. 죽음의 의자는 현재 펜실베이니아 주 필라델피아에 있는 발레로이 맨션에 보관되어 있다. 이 맨션은 미국에서 가장 유명한 유령의 집 중 하나로, 그밖에도 많은 괴현상이 일어나고 있다. 그중에서도 죽음의 의자는 '파란 방'이라고 이름 붙은 방에 놓여 있으며, 현재 이 의자에 앉는 것은 금지되어 있다고 한다.

■지옥으로 통하는 우물

미국에서 이야기되는 괴이. 캘리포니아 주에서 퍼져있던 소문에 의하면, 시베리아의 어느 지질학자가 땅에 약 14.4킬로미터의 구멍을 뚫어보니, 드릴 끝이 갑자기 맹렬하게 회전하기 시작했다. 그래서 그 구멍으로 초고감도 마이크을 내려 보냈더니, 몇 백만 명의 사람의 영혼이 괴로워하며 울부짖는 목소리가 들렸다고 한다.

얀 해럴드 브룬번드 저『아기 기차(The Baby Train)』에 실려 있다.

【차】

■채핀 유언장 사건

미국에서 발생한 괴이. 노스캐롤라이나 주의 농민인 제임스. L. 채핀의 농장에서 일어난 괴사건. 제임스는 1905년에 농장과 모든 재산을 셋째 아들인 마셜에게 남기는 유언장을 작성했지만, 1916년에 마음이 바뀌어 넷째 아들에게 재산을 똑같이 나누어준다는 유언장을 새로 작성했다. 그는 유언장이 자신의 오래된 성서에 끼워져 있음을 각서에 적고 검은 외투 주머니에 감춰두고 있었는데, 1921년에 가족에게 그 사실을 전하기 전에 죽고 말았다.

그 뒤에 1905년의 유서가 발견되어, 재산은 셋째 아들인 마셜에게 넘어갔다. 그러나 1925년, 둘째 아들인 제임스. P. 채핀의 머리맡에 아버지가 나타나서 묵묵히 서 있는 꿈을 꾸게 되었다. 그리고 어느 날 꿈속에서 아버지가 외투 주머니에 대해서 알려주어서, 외투를 가지고 있는 형제인 존을 찾아가서 외투를 살펴보니 꿰매어져 있던 주머니 안에서 또 하나의 유언장이 발견되었다.

이것에 의해 두 번째 유언장이 법정에 제출되었고, 정당한 것인지 여부가 의논에 부쳐진 끝에 그 필체가 아버지의 것과 일치했기 때문에 유언장의 내용이 인정되었다고 한다.

로즈마리. E. 길리 저『요정과 정령의 사전』에 실려 있다

■ 챔프(Champ)

캐나다 및 미국에서 목격되는 괴물. 캐나다와 미국에 걸친 샘플레인 호수에 나타난다고 한다.

장 자크 발루와 저『환상의 동물들』에 실려 있는 목격정보에 의하면, 머리는 작은 술통 정도로 크지만 일그러진 형태를 하고 있고, 눈에는 녹색 기운이 돈다. 또한 긴 목과 여러 개의 돌기, 긴 다리를 봤다는 목격담이 있는 것으로 보아, 거대한 양

서류 같은 모습인 듯하다.

이 괴물은 옛날에는 1609년에 프랑스의 모험가이자 샘플레인 호수의 이름을 붙인 사람이기도 한 사뮈엘 드 샹플랭(Samuel de Champlain)이 목격했다고 하는데, 현재 이 설은 부정되고 있다. 1819년에 보고되었을 때에는 몸길이가 60미터에 이른다고 기록되어 있지만, 최근의 목격담에 의하면 그렇게까지 크지는 않은 듯하다. 1977년에는 이 괴물을 찍은 사진이 공표되었는데, 그 사진에는 거대한 뱀이나 수장룡 같은 모습임을 확인할 수 있다. 또한 2006년에는 챔프를 촬영했다는 영상이 공개되어 21세기가 되는 등, 이 괴물은 지역을 떠들썩하게 만들고 있다.

■ 체시

미국에서 목격된 괴물. 매사추세츠 주 체서피크 만에 나타났다고 하는 큰 뱀 같은 생물로, 몸길이는 7미터에서 10미터이며 몸 색깔은 짙은 잿빛이고 시속 15킬로미터로 헤엄친다고 한다.

장 자크 발루와 저『환상의 동물들』에 의하면, 이 괴물은 1978년 여름 동안 30명 이상에게 목격되었다고 한다. 또한 다른 증언으로는 몸에 몇 개의 돌기가 보였다는 말도 있었다고 한다.

■ 추파카브라(Chupacabra)

미국, 멕시코, 과테말라, 브라질 등 남북

아메리카 대륙에서 목격되는 괴물. 1995년 전후에 푸에르토리코에 출현한 것이 최초의 보고라고 하며, 이후에 몇 번이나 출현했다.

그 모습은 몸길이 약 90센티미터에 머리는 계란 같은 형태로, 가늘고 긴 팔다리와 날카로운 갈고리발톱을 지녔다. 눈은 붉고 턱 위아래로 길쭉한 송곳니가 두 개씩 나 있으며, 혀도 뾰족하며 비정상적으로 길다. 또한 뒤통수부터 등에 걸쳐 뾰족한 뿔이나 지느러미 같은 것이 나 있다고 한다.

이름은 '염소의 피를 빠는 자'를 의미하는 스페인어로, 그 이름대로 염소 등의 가축을 습격해서 송곳니나 혀를 찔러 넣어 피를 전부 빨아먹는다고 한다.

이상할 정도로 빠른 속도로 달릴 수 있으며, 점프력도 강하다. 또한 날개를 가지고 있어서 하늘을 나는 추파카브라의 목격담도 있다.

그 정체는 유전자 조작에 의해 생겨난 뮤턴트라거나 우주인이 데려온 우주생물이라는 설도 있지만, 아직 자세한 것은 수수께끼다.

나미키 신이치로 저『미확인동물 UMA 대전』에 실려 있다.

■ 치킨 푸티드

미국에서 발견되었다는 신비한 생물. 그 이름대로 닭다리 같은 네 개의 다리가 달린 돼지라고 하며, 나무 위에 둥지를 짓지만 알은 낳지 않는다고 한다.

벤. C. 클로우 편『미국의 기묘한 이야기 02-저지 데블』에 의하면, 마리온 휴즈라는 인물이 만든 소책자「아칸소의 3년간」에 실려 있는 신비한 돼지의 일종이라고 한다.

【카】

■ 칼레도니아 밀스의 도깨비불

캐나다에 나타난 괴이. 1921년, 노바스코샤 주 칼레도니아 밀스의 농가에서 갑자기 불이 나서 건물 일부와 가구들이 불에 탔다. 그 이후로도 이 괴현상은 계속되었는데, 그때 괴상한 불빛이 깜빡이거나 이상한 소리가 울리는 경우도 있었다고 한다.

피터 헤이닝 저『세계 영계 전승 사전』에 실려 있다.

■ 칼로포드(Callopode)

미국에서 이야기된 괴물. 봄이 되면 노스우즈에 나타난다는 신비한 생물로, 머리 꼭대기에 이음매 같은 호흡기, 트럼펫 같은 형태의 코, 두 줄의 구멍이 뚫려있는 가슴을 가지고 있다. 칼로포드는 이 호흡기를 사용해서 숨을 쉬며, 가슴의 구멍을 손가락으로 몇 개 정도 누르고 코에서 숨을 내뿜는 것으로 마치 악기를 연주하듯이 음악을 연주한다고 한다.

아트 차일즈 저 『커다란 숲의 이야기』에 실려 있는 괴물 중 하나. 이 책에는 음악을 연주하는 칼로포드의 모습이 그려져 있다.

■ 캐빗(Cabbit)

미국에서 목격된 괴이. 그 이름의 유래는 '캣'+'래빗'으로, 상반신이 고양이이고 하반신이 토끼라는 모습을 하고 있다. 1977년 뉴멕시코 주의 사막에서 포획되어 신문이나 텔레비전에서 소개되었지만, 포획한 발 채프먼이라는 인물과 함께 행방을 알 수 없게 되었다. 이 외에도 인디애나 주의 그린필드에서도 목격되었다.

그 정체는 유전자 연구소에서 도망친 고양이와 토끼의 혼혈종이라는 이야기가 있지만 진상은 불명이다.

나미키 신이치로 저 『미확인동물 UMA 대전』에 실려 있다.

■ 캑터스 캣(Cactus Cat)

미국에서 이야기된 괴물. 애리조나 주의 프레스콧과 투싼 사이의 선인장이 자라는 지역에 자주 나타나며, '선인장 고양이'라고 번역되는 이름대로 가시 같은 털이 나 있고, 특히 뒤통수에 난 털이 길고 날카롭다고 한다. 또 꼬리는 성장한 사와로 선인장처럼 몇 개의 가지가 나뉘어 있으며, 앞다리에는 칼처럼 날카로운 뼈가 노출되어 있다. 캑터스 캣은 이 뼈와 가시를 사용해 선인장의 밑동을 베어 수액을 나오게 해서 그것을 발효시킨다. 그리고 메스카르(데킬라의 일종)처럼 된 그 액체를 즐겨 마시는데, 마치 술에 취한 듯한 모습을 보인다고 한다.

윌리엄 토머스 콕스 저 『럼버우즈의 무시무시한 동물들, 사막과 산의 짐승들』에 실려 있다. 이 책에서는 캑터스 캣이 달이 뜬 밤에 사와로 선인장이라 생각되는 선인장의 밑동을 베는 모습이나, 술에 취해 춤추는 모습이 그려져 있다. 이 책에 등장하는 다른 괴물들과 마찬가지로, 톨 테일(tall tale)에 나오는 괴물 중 하나.

■ 캘리포니아의 태아

미국에서 목격된 괴물. 캘리포니아 주의 로스엔젤레스에서, 2015년에 어느 여성이 발견한 기묘한 시체를 말한다. 팔이 없고 다리가 두 개 있으며, 엷은 복숭앗빛 피부에 굵고 긴 목과 눈과 입이 있는 머리, 라는 기괴한 모습을 하고 있는데, 우주인의 태아라는 등의 이야기가 돌고 있다. 인터넷상에도 이 생물의 사진이 업로드 되어 있어서 그 기분 나쁜 모습을 볼 수 있다.

■ 캠프파이어 크리처

미국에 나타난 괴물. 체모가 없는 전라의

인간 같은 모습을 하고 있으며, 네 발로 뛰어다니는 모습이 영상에 남아있다. 이 영상이 캠프파이어의 상황을 촬영한 것이었기 때문에 이런 이름으로 불리게 되었다. 원래 영상은 2009년 1월 30일, 'Campers catch weird creature on film'이라는 이름으로 유튜브에 업로드되었다.

그 모습이나 네 발로 뛰어다니는 모습에서, 네이티브 아메리칸에게 전해지며 현대에도 목격담이 있는 스킨 워커와 동일시되는 경우도 많다.

■ 컴 앳 어 보디(Come-at-a-body)

미국에서 이야기되는 괴물. 우드척과 비슷하지만, 비로드나 새끼고양이처럼 아주 부드러운 모피를 지니고 있다.

땅딸막한 작은 동물로 기본적으로는 무해하지만, 사람이 가까운 곳을 지나가면 갑자기 뛰어와서 고양이처럼 구토하고 도망치는 일이 있다고 한다.

헨리. H. 트라이언 저『무서운 생물들』에 실려 있다. 이 책의 삽화에는 나무꾼 곁으로 달려왔다고 생각되는 컴 앳 어 보디의 모습이 그려져 있다.

미국의 개척기에 개척에 종사하던 사람들이 모닥불에 둘러앉아서 이야기했다는 톨 테일(tall tale)에 나오는 괴물 중 하나로 생각된다.

■ 콜롬비아 리버 샌드 스큉크 (Columbia River Sand Squink)

미국에서 이야기된 괴물. 코요테나 밥캣(산고양이의 일종)과 비슷하게 생겼지만, 잭래빗(산토끼의 일종)처럼 커다란 귀를 가지고 있다. 또한 다람쥐처럼 크고 복슬복슬한 꼬리를 지녔는데, 꼬리가 등 쪽 방향으로 휘어있다.

야행성으로, 강에 들어가서 전기뱀장어를 잡아먹는다. 그리고 그 전기를 몸속에 축적하는데, 그때 꼬리로 귀를 건드리면 전기가 흘러서 방전이 이루어진다고 한다. 또한 포유류이면서도 난생으로, 그 껍질은 페놀 수지 같다고 한다.

헨리. H. 트라이언 저『무서운 생물들』에 실려 있다. 이 책의 삽화에는 전기뱀장어를 포식하는 샌드 스큉크의 모습이 그려져 있는데, 꼬리와 두 귀의 끄트머리에 작은 공 모양 물체가 막대기에 꽂힌 듯한 형태의 전극으로 추정되는 기관이 보인다.

이 책에 등장하는 다른 괴물들과 마찬가지로, 미국의 개척기에 개척에 종사하는 사람들이 모닥불에 둘러앉아 이야기했다는 톨 테일(tall tale)에 나오는 괴물 중 하나라고 여겨진다.

■ 크롭시(Cropsey)

미국에서 이야기되는 괴이. 뉴욕 주의 스태튼 아일랜드에서 소문이 돌고 있는, 숲에서 산다는 괴인. 밤이면 밤마다 마을에 나타나서는 혼자 돌아다니는 아이를 붙잡아 그 배를 찢고 내장을 빼앗는다고 한다. 이 괴인의 정체는 폐병동에서 살고 있는 정신장애 환자로 추정되고 있으며, 흉기로서 도끼나 갈고리를 사용한다고 한다. 웹 사이트 〈THE LINEUP〉 등에 실려 있다.

크롭시는 원래 부모가 자식들이 늦은 밤까지 나가 노는 것을 징계하기 위해 이야기하게 된 괴인으로 생각되고 있지만, 그 모델은 스태튼 아일랜드에 실존했던 살인귀인 안드레 랜드라는 설도 있다. 이 인물은 소녀를 유괴해서 살해한 인물로, 이것이 아이를 납치해서 죽이는 크롭시 전설에 영향을 주었다고 한다. 그러나 실제로 살인이 판명된 것은 1987년이며 크롭시의 소문은 그 이전부터 이야기되고 있었기 때문에, 직접적인 영향이 있었는지 여부는 확실치 않다. 안드레는 그 이전에도 소녀 유괴사건을 저질렀기 때문에, 그쪽이 모델이 되었을 가능성은 있다.

1981년의 스플래터 영화 『버닝(The Burning)』에는 크롭시라는 살인귀가 등장하는데, 이 캐릭터도 도시전설의 크롭시가 모델이 되었다고 한다. 그러나 이 살인귀는 캠프장의 관리인으로, 아이들의 장난으로 인해 큰 화상을 입은 뒤에 복수를 위해 살인을 저지른다는 설정이다. 또한 흉기로는 커다란 가위를 사용한다. 참고로 일본 공개판에서는 살인귀의 이름이 '반보로'로

되어 있기 때문에 관련성을 더욱 알기 어려워졌다(현재는 '크롭시'로 수정되어 있다). 또한 2009년에는 이 도시전설을 좇는 다큐멘터리 영화 『크롭시』가 공개되었다.

■ 키메라 하우스

미국에서 이야기되는 괴이. 도시전설 중 하나로, 미국의 어딘가에 존재하는 점술관 같은 이미지로 이야기된다. 단적으로 말하면 진짜 괴물이 나오는 유령의 집 같은 것으로, 13층 건물이라고 이야기되는 경우가 많다.

각 층마다 입장료를 받으며, 한 층, 혹은 건물 전체를 답파하면 상금을 받을 수 있지만 모든 층에 가서 무사히 돌아온 사람은 없다고 한다.

각 층마다 다양한 괴물이 습격해온다고 하며, 독이 있는 보통의 동물부터 유령이나 에일리언, 좀비나 흉악한 크리처 등의 다양한 존재가 습격해온다고 한다. 웹 사이트 〈Snoper〉 등에 실려 있다. 2003년 공개된 호러 영화 『1000구 시체의 집(House of 1000 Corpses)』은 이 도시전설의 영향을 받았다고 한다.

■ 킬로이(Kiloy)

미국에서 이야기된 괴이. 제2차 세계대전이 벌어지던 시기에 빈번하게 목격된 낙서로, 벽 너머에서 긴 코를 내민 누군가가 이쪽을 바라보고 있는 모습으로 그려져

있고, 'Kilroy was here'(킬로이가 왔다)라는 글씨가 적혀있는 경우가 많다.

이 낙서는 어디에나 그려졌으며, 전쟁 중에 적의 세력권인 지역이나 상륙작전의 무대가 되는 장소 등, 위험한 곳에도 킬로이는 찾아왔다. 전쟁 후에도 전 세계에 그려졌지만, 현재는 쇠퇴해서 목격되는 경우는 적어졌다고 한다.

폴 퍼셀 저 『누구도 쓸 수 없었던 전쟁의 현실(Wartime)』에서는, 미국 공군 상사 프랜시스. J. 킬로이가 자신이 원조라고 주장하는 설이나, 매사추세츠 주의 조선소에서 감독을 하고 있던 제임스. J. 킬로이가 점검을 끝냈다는 표시로서 이 킬로이 그림을 그렸다는 설을 소개하고 있지만 두 가지 설 모두 긍정하지 않고 있다. 오히려 킬로이는 가공의 인물이며, 두려움을 모르는 것처럼 임무를 완수하는, 전쟁에 승리하고 싶다는 병사들의 꿈을 구현한 존재가 아닐까 하고 기록하고 있다.

【타】

■트라이포데로(Tripodero)

미국에서 이야기된 괴물. 캘리포니아 주의 채퍼랠이라 불리는 지역의 낮은숲을 보금자리로 삼는 존재로, 신축성 있는 두 개의 다리와 캥거루 같은 꼬리를 지녔으며, 멀리서 보면 카메라의 삼각대 같은 모습을 하고 있다. 이 다리는 긴 대롱이 무거워진 듯한 형상을 하고 있으며, 자유자재로 그 길이를 바꿀 수 있기 때문에 나무 위까지 몸을 늘이거나 반대로 땅바닥에 닿을 정도로 몸을 수축시킬 수도 있다. 또한 그 머리에는 거대한 코가 있어서 머리의 대부분을 점하고 있다. 트라이포데로는 후각이 뛰어나기 때문에 이 코로 냄새를 맡아 사냥감을 찾으며, 발견하면 왼쪽 뺨에 모아두고 있는 진흙을 굳힌 덩어리를 사냥감을 향해 뱉어서 쓰러뜨린다. 그 뒤에는 문자 그대로 다리를 뻗어서 그 사냥감을 포식한다고 한다.

윌리엄 토머스 콕스 저 『럼버우즈의 무시무시한 동물들, 사막과 산의 짐승들』에 실려 있다. 이 책의 삽화에는, 주변의 나무들보다도 높은 위치까지 다리를 길게 뻗어서 지면을 바라보는 트라이포데로의 모습이 그려져 있다.

이 책에 등장하는 다른 괴물들과 마찬가지로, 미국의 개척기에 개척이 진행되는 동안 숲에서 작업을 하던 사람들이 모닥불에 둘러앉아서 이야기했다고 하는 톨 테일(tall tale)에서 활약했던 괴물 중 하나.

■트랩스프링거(Trapspringer)

미국에서 이야기된 괴물. 노스우즈에 겨울이 시작되면 나타난다는 생물로, 용수철 같은 다리를 가지고 있다. 트랩스프링 거는 그 이름대로 이 스프링 다리를 사용 해서, 덫 위에 올라가서 스프링의 탄성을 이용해 덫에 걸리지 않으며 덫을 작동시 킨다. 그렇게 해서 모피를 노리는 사냥꾼 들로부터 맹수를 지켜주는 트랩스프링거 는, 그 대신 맹수의 보금자리에서 지낼 수 있으며 먹이도 제공받는다고 한다.

아트 차일즈 저 『커다란 숲의 이야기』에 실려 있다. 이 책에는 덫을 해제하는 트랩 스프링거의 모습이 그려져 있는데, 동그 란 몸에 밤 같은 형태의 머리가 얹혀있고 용수철 형태의 다리가 몸 아래쪽에 나 있 는 모습이다.

이 책에 등장하는 다른 괴물들과 마찬가 지로, 미국의 개척기에 개척에 종사한 사 람들이 모닥불에 둘러앉아서 이야기했다 는 톨 테일(tall tale)에 나오는 괴물 중 하 나로 생각된다.

■트리스퀴크(Treesqueak)

미국에서 이야기된 괴물. 족제비 같은 모 습을 하고 있지만, 몸 표면은 나무껍질 같 아서 나무 기둥에 달라붙으면 감쪽같이 몸을 숨길 수 있다고 한다. 특수한 울음소 리를 낸 뒤에 공격해온다고 하는데, 그 울 음소리는 표범, 어린 돼지, 거대한 폭죽 등, 다양하게 형용된다. 이것은 바람이 강 한 날에 아주 크게 울려 퍼지는데, '나무의 삐걱임'을 의미하는 이름도 이것에서 유

래했다고 한다.

헨리. H. 트라이언 저 『무서운 생물들』에 실려 있다. 이 책의 삽화에는 나무 기둥에 찰싹 달라붙어 울음소리를 내는 트리스퀴 크의 모습이 그려져 있다.

이 책에 등장하는 다른 괴물들과 마찬가 지로, 미국의 개척기에 개척에 종사하는 사람들이 모닥불에 둘러앉아서 이야기했 다는 톨 테일(tall tale)에 나오는 괴물 중 하나로 생각된다.

■트리오

미국에서 이야기되는 신비한 생물. 고양 이처럼 작고 민첩하게 움직이는 돼지로, 세 마리가 한 조가 되어서 활동한다고 한 다. 주로 벌레를 먹는데, 그 방법은 이하 와 같다. 작은 바위를 발견하면 세 마리 중 한 마리가 바위 곁에 드러눕고, 다른 한 마리가 바위 밑에 코를 들이밀며 그대 로 첫 번째 돼지 위에 올라탄다. 그리고 이 원리로 바위가 들려 올라가면, 마지막 세 번째 돼지가 바위 아래에 몸을 밀어 넣 어 지렁이 등의 벌레를 잡아먹는다고 한 다.

벤. C. 클로우 편 『미국의 기묘한 이야기 02-저지 데블』에 의하면, 마리온 휴즈라 는 인물이 만든 소책자 「아칸소의 3년간」 에 실려 있는 신비한 돼지의 일종이라고 한다.

■트리호퍼(Treehopper)

미국에서 이야기된 괴이. 글래스호퍼(메뚜기)와 비슷한 벌레로 여겨지며, 나무에서 나무로 뛰어다닌다. 또한 어떤 동물의 울음소리라도 똑같이 흉내 낼 수 있어서, 숲속에서 들리는 동물의 울음소리는 이 트리호퍼가 낸 소리인 경우도 많다고 한다.

아트 차일즈 저 『커다란 숲의 이야기』에 실려 있다. 이 책에는 나뭇가지에 올라가 있는 트리 호퍼의 모습이 그려져 있다.

보통 트리호퍼라고 하면 뿔매미를 뜻하지만, 이 트리호퍼는 삽화에서도 봐도 메뚜기에 가까운 생물로서 이야기되고 있는 듯하다.

이 책에 등장하는 다른 괴물들과 마찬가지로, 미국 북부의 노스우즈에서 숲의 가이드들이 주고받았다는 이야기에 나오는 괴물 중 하나로 생각된다.

■트릴루스 오도라투스
(Tirillus odoratus)

멕시코에서 발견된 신비한 생물. 시에라 마드레 산맥에 서식하는 **평행식물**의 일종으로, 환각을 일으키는 향기를 발한다.

평행식물의 특징인 검은색을 띠고 있으며, 한해살이 풀인 큰물통이의 노출된 뿌리 사이에 생겨나기 때문에 발견하기 몹시 어렵다. 또한 평행식물 대다수는 인간이 건드릴 수 없거나, 건드릴 수 있어도 바로 붕괴 되어버리지만, 이 트릴루스 오

도라투스는 매 해마다 단기간, 인간이 손으로 운반할 수 있다. 그래서 현지 사람들은 그 환각효과를 이용해서 의식을 치르고 있다고 한다.

레오 리오니 저, 미야모토 아츠오 역 『평행식물』에 실려 있다. 이 책에 등장하는 평행식물이라 불리는 생물은, 통상의 물리법칙이 통하지 않으며 정지한 시간, 혹은 현실과 평행하게 존재하는 다른 시간을 살아간다는 특징을 지닌다고 한다. 그러나 이 책에 실려 있는 식물은 실재한다는 형식으로 기록되어 있기는 하지만, 전부 저자인 리오니의 창작이다. 평행식물의 특징 자체에 대해서는 같은 항목을 참조.

【파】

■파도 사이의 유령

미국에서 이야기된 괴이. 1929년, 미국의 캘리포니아 주에서 파나마로 향하던 티즈 서비스사의 유조선 워터튼 호에서는, 두 명의 승조원이 선창에서 작업 중에 연기를 마셔서 목숨을 잃는 사고가 발생했다. 두 사람은 수장되었고, 유조선은 항로를 나아갔다.

그런데 다음 날, 워터튼 호는 그 두 사람과 재회하게 된다. 두 사람이 태평양을 헤

엄쳐서 배를 쫓아왔던 것이다. 사흘 째 되는 날, 두 사람은 워터튼 호와 나란히 헤엄쳤다. 때로는 배를 선도해서 스콜을 피하게 해주려고 한 적도 있다고 한다.

이윽고 워터튼 호는 루이지애나 주의 뉴올리언스의 사무소에 들렀는데, 그때에 두 사람의 유령에 대해서도 보고되었다. 그래서 유령들의 모습을 사진에 찍기로 했는데, 총 여덟 장의 사진 중 한 장에 틀림없이 죽은 두 승조원의 모습이 찍혀있었다고 한다.

N. 블런델 외 저『세계 괴이 실화집』에 실려 있다.

■팬천 몬케어(Fanchon moncare)

미국에 나타났다는 괴이. 팬천 몬케어는 소인증 여성으로, 자신의 나이를 속이고 소녀처럼 행동하면서 후견인으로 꾸민 공범자 여성과 함께 절도를 반복하고 있었다.

그 방법은 팬천이 항상 가지고 다니는 중국인형의 탈착식 머리를 떼어내서 인형 안에 보석을 집어넣고 미국에 가지고 돌아오는 것이었다. 도둑질은 주로 중국에서 했는데, 소녀의 외모인 팬천은 의심받는 일 없이 세관을 지나 미국에 돌아올 수 있었다고 한다.

그러나 그런 생활은 팬천이 마그다 해밀턴이라는 여성과 한 남성을 사이에 두고 다툰 것으로 끝을 고했다. 마그다가 팬천을 경찰에 밀고해서 그 악행이 드러났고,

팬천은 체포되어 종신형에 처해졌던 것이다.

마그다는 그것으로 좋아하는 남성을 얻을 수 있었지만, 고작 6개월 만에 이혼하게 되었다. 그러나 상대가 흔쾌히 이혼조건을 받아들였기 때문에, 그 재산을 바탕으로 투자에 나선 마그다는 이윽고 뉴욕에서도 손꼽히는 자산가가 되었다.

그러던 어느 날, 마그다가 있는 곳에 형무소에 있어야 할 팬천이 나타났다. 그 모습은 소녀의 모습이 아니라 나이에 걸맞게 등이 굽고 주름투성이인 노파였다고 한다. 그러나 팬천이 나타난 것은 그녀가 독방에서 목을 매서 죽은 지 일주일 뒤의 일이었다.

그것을 알게 된 마그다는 팬천의 망령으로부터 도망치기 위해 유럽행 배를 예약했다. 하지만 그녀가 그 배를 타는 일은 없었다. 마그다는 출항하기 전날, 시체가 되어 침대 위에 드러누운 채로 발견되었기 때문이다.

그 시체는 두 눈이 튀어나오고, 입 가장자리에는 흐른 피가 말라붙어있었다. 사인은 자신의 피에 목이 막힌 질식사였는데, 목의 점막은 뭐가 커다란 것을 쑤셔 넣은 것처럼 크게 찢어져있었다.

그리고 기묘하게도 그 점막에는 몇 가닥의 머리카락 같은 것이 남아있었다. 그 모발은 어린이용 중국인형의 머리카락에 사용되고 있었다.

그렇다, 팬천이 늘 가지고다니던 그 중국 인형의 머리카락과 같은 재질이었던 것이다.

N. 블런델 외 저 『세계 괴이 실화집』에 실려 있다.

■ 팬텀 울프

미국에서 목격된 괴물. 미국 남서부의 인디언 거류지에서 가축을 습격한다고 이야기되고 있던 개나 늑대를 닮은 거대한 짐승이라고 한다. 2017년에는 유튜브에 팬텀 울프를 촬영했다는 동영상이 업로드되어 인터넷상에도 퍼졌다.

나미키 신이치로 저 『MU적 미확인 몬스터 괴기담』에 실려 있다.

■ 팬텀 클라운

미국에 출현했다는 괴인. 1981년 5월, 정체불명의 광대가 왜건을 타고 나타나서 등교 중인 초등학생을 유괴하려고 했다. 이 사건은 보스턴, 캔자스, 덴버, 오마하, 알링턴 하이츠에 연속으로 발생했으며 살인 광대가 아이들을 노리고 있다고 뉴스에 보도되었다. 그러나 이 왜건은 순찰차로 추격해도 연기처럼 사라져버렸다고 하며, 붙잡히는 일은 없었다. 또한 2008년에도 유사한 사건이 일어났지만, 역시 범인은 잡히지 않았다고 한다.

나미키 신이치로 저 『MU적 도시전설』에서는, '유령 광대'라고 번역되어 있다. 피에로 차림을 한 인물이 아이를 습격하고 살해한 사건은 실제로 있었다. 1972년부터 1978년에 걸쳐 존 게이시라는 인물이 33명의 소년을 살해했다. 게이시는 파티 등에서 피에로로 분장하는 경우가 많았기 때문에 '킬러 클라운'이라고도 불렸다. 또한 스티븐 킹의 소설 『IT』에도 아이들을 습격하는 광대가 등장하고, 영화로도 제작되어 유명해졌다. 이 사건은 그런 살인 광대들에게 영향을 받은 사람이 저지른 것일지도 모르지만, 차량과 함께 연기처럼 사라져버렸다는 현상이 일어났다는 점으로 보면, 그 이름대로 이 세상의 존재가 아니었을지도 모른다.

■ 페이션스 워스

미국에 나타난 괴이. 17세기의 퀘이커 교도 소녀의 영혼이며, 1913년에 미주리 주 세인트루이스에서 **위자보드**를 조작하고 있던 주부인 펄 캐런의 곁에 강령했다. 이 소녀의 혼령은 자동서기를 통해 시나 산문을 쓴 것으로도 유명해서 『슬픔의 이야기』, 『희망 -진실의 피』라는 작품이 남아 있다.

콜린 윌슨 저 『세계 불가사의 백과』에 의하면, 페이션스 워스는 1649년, 혹은 1694년에 영국의 도싯 주에서 태어났고 미국으로 이주했지만, 그 직후에 네이티브 아메리칸에 의해 살해되었다고 이야기했다고 한다. 워스의 작품은 캐런이 위자보드를 통해서 듣고 적은 것인데, 처음에는 죽은 자의 문장으로서 평판을 얻긴 했으나, 문장의 장황함 등으로 완성도가 떨어져서 점차 붐은 식었다.

워스의 정체는 영혼이라는 것 외에, 캐런의 다른 인격이었다는 설도 있다.

■ 포그 호그(Fog-Hog)

미국에서 이야기된 괴물. 위스콘신 주 북부의 스타 레이크라는 호수에 나타났다는 돼지처럼 생긴 괴물로, 안개가 짙게 낀 날에만 모습을 보인다고 한다. 이 지역에서는 물고기가 안개와 물을 구별하지 못해서 안개 속을 헤엄치는 일이 있다. 이 포그 호그도 안개 속을 헤엄칠 수 있으며, 포그 호그가 나타나면 물고기들이 안개 속으로 당황하며 도망치기 때문에, 창문을 닫아두지 않으면 집안이 난장판이 되어버린다고 한다.

아트 차일즈 저 『커다란 숲의 이야기』에 실려 있다. 이 책에는 안개 속을 헤엄치는 포그 호그의 모습이 그려져 있다.

이 책에 등장하는 다른 괴물들과 마찬가지로, 노스우즈에서 숲의 가이드를 하고 있던 사람들이 나누었던 이야기에 나오는 괴물 중 하나라고 생각된다.

■ 포닉

캐나다에서 목격되는 괴물. 캐나다 퀘벡 주의 포헤네가무크(Pohenegamook) 호수에 출현하는데 뿔이 달린 말, 혹은 소 같은 머리를 가진 거대한 물고기 같은 모습을 하고 있다고 한다.

장 자크 발루와 저 『환상의 동물들』에 의하면, 이 괴물은 19세기 말엽에는 이미 목격담이 있었으며, 행방불명된 시체는 이 괴물과 어떠한 관련이 있다고 생각되는 경우도 있었다고 한다.

또 지느러미를 다리처럼 사용해서 육지를 걷는 모습이 목격된 사례도 있으며, 등에 등지느러미가 있다는 정보도 존재하고 있다.

■ 폴 버니언(Paul Bunyan)

미국이나 캐나다에서 이야기되는 거인. 19세기 말에는 캐나다 동부나 미국 북동부의 민화 속에서 등장하고 있었다는 커다란 나무꾼으로, 키가 수십 미터에 이른다고 한다. 태어날 때부터 거인이었으며, 땅 위에서 자면 주위의 나무들을 쓰러뜨려버리기 때문에 바다 위에 요람이 만들어졌다는 이야기가 유명하다. 또한 성장한 뒤에는 주로 캐나다와 미국 국경지대의 삼림을 무대로 삼았는데, 때로는 북미 대륙 전토를 넘나들면서 수십 미터의 도끼를 휘둘러 나무를 베었고 베이브라는 황소나 다른 동료들과 함께 나무꾼으로서 미국의 개척을 위해 활약했다고 한다.

폴 버니언의 활약은 미국의 대지 그 자체를 바꿔버렸다고 이야기되는 경우도 있으며, 그가 흘린 눈물이 그레이트솔트 호수가 되었다, 별 생각 없이 도끼로 바위산을 쳤더니 그곳에 깊은 금이 가서 그랜드캐니언이 되었다, 라는 이야기가 남아있다. 또한 오대호는 베이브를 위해 물을 담아두려고 폴이 팠던 구멍이 시작이다, 미시시피 강은 폴이 만든 저수조에서 물이 새서 생긴 것이다, 라는 이야기도 있다는 듯하다.

폴 버니언의 이야기에는 신비한 동물들도 등장한다. 앞서 말한 폴의 가족인 황소 베이브나, 얼음처럼 녹는 뱀인 **스노우 스네이크**, 나무꾼을 습격하는 거대한 모기나 그것과 싸우는 거대한 호박벌 등이 폴 버니언의 이야기를 장식한다.

이처럼 미국의 새로운 신화적 영웅으로서 구전되어온 거인 폴 버니언은, 지금도 사람들에게 친숙하게 다가오고 있다.

벤. C. 클로우 편『미국의 기묘한 이야기 01-거인 폴 버니언』, 니시카와 히데카즈 편역『폴 버니언의 놀랄 만한 위업』, 일본 민화의 모임 편『결정판 세계의 민화사전』 등에 실려 있다.

『폴 버니언의 놀랄 만한 위업』에 의하면, 폴 버니언의 이야기가 생겨난 것은 1880년대이며 1904년에는 첫 인쇄물에 그 이름이 등장했다고 한다. 이 책이나『거인 폴 버니언』에 의하면, 그 뒤에 1914년에 미네소타의 레드 리버 목재회사가 팸플릿에 그린 캐릭터로 폴 버니언을 사용한 것으로 일약 유명해졌다.

기본적으로 거인으로서 이야기되는 폴 버니언이지만, 이야기에 의하면 2미터 수십 센티 정도의 나름대로 현실적인 크기인 경우도 있다. 어쨌든 민화에서 이야기되는 폴 버니언은, 인간과는 가치관의 차이가 있는 신화 속 거인 같은 존재가 아니라, 가족과 친구를 가졌으며, 성실히 일하고 식사를 즐기는, 인간미를 지닌 거대한 영웅으로서 이야기되는 듯하다.

■폴리비우스

미국에서 이야기된 괴이. 1981년에 가동되었던 어느 아케이드 게임의 이름이라고 하는데, 중독성이 있으며 플레이하면 불면증이나 야간공포증을 앓게 되고, 환각을 보거나 심한 경우에는 스스로 목숨을 끊은 사람도 있어서 금방 철거되었다고 한다.

2000년 무렵에 게임 사이트 'Coinop.org'에서 이야기된 것이 시초라고 하며, 이 게임이 실제로 존재했는가는 확실치 않다. 이름의 유래는 동명의 그리스 역사가로 여겨진다. 이 게임의 배경에는 CIA나 미국 정부, 때로는 맨 인 블랙이 관여되어 있다고 이야기되는 경우도 있으며, 게임을 통해 데이터를 회수하고 있다, 게임 속에 서브리미널 메시지가 숨겨져 있다는 이야기도 있다.

■ 푸파(Pupa)

미국에 현존하는 괴이. 원래는 이탈리아에서 만들어진 인형으로, 어떤 여성의 소유물이었다. 인형의 몸은 펠트재질로 만들어져 있지만 머리카락만은 사람의 것이 사용되었다. 인형의 소유자는 2005년에 사망했지만, 평생 푸파를 소중히 했다고 한다. 그녀는 푸파가 살아있다고 믿었으며, 항상 푸파에게 말을 걸고 있었다. 그리고 그녀가 죽은 뒤에 푸파는 유리케이스에 들어가 장식되었는데, 그 뒤로 괴기현상을 일으키게 되었다. 어느 날, 유리케이스가 부옇게 흐려져 있고 안쪽에서 '푸파 싫어'라는 말이 적혀 있었다. 또 멋대로 배치가 달라져 있거나, 유리에 손을 짚거나, 다리를 꼬거나 하는 상태가 목격되었다. 그 움직임은 아주 완만하지만 동영상으로 촬영하는 방법 등으로 확인하면 잘 알 수 있다.

'pupa'는 라틴어로 번데기를 의미하는 단어. 이 인형은 미국에 있는 듯하지만, 지금 있는 자세한 장소는 불명이다.

■ 퓨네럴 마운틴 테라샷
(Funeral Mountain Terrashot)

미국에서 목격된 괴물. 관처럼 생긴 네모난 몸에서 네 개의 다리가 돋아나 있다는 기괴한 모습을 하고 있으며, 크기는 1미터 80센티에서 2미터 40센티 정도나 된다고 한다. 등은 딱딱한 껍데기로 덮여있으며, 걸어 다닐 때는 자세가 불안정해서 앞뒤로 흔들리면서 걷는다고 한다.

이 괴물은 캘리포니아 주의 퓨네럴 마운킨 부근에서 목격되며, 테라샷들은 산맥에서 사막으로 일렬로 무리를 형성해서 이동하는 것으로 알려졌는데, 사막에 진입하면 직사광선과 고열에 의해 팽창해서 차례차례 폭발한다.

테라샷들이 서식하는 퓨네럴 마운틴은 즉 장의산(葬儀山)이라는 의미인데, 테라샷의 관짝 같은 모습, 자폭에 의해 무덤구멍을 만드는 성질 등이 산의 이름의 유래가 되었다고 이야기되고 있다.

윌리엄 토머스 콕스 저 『럼버우즈의 무시무시한 동물들, 사막과 산의 짐승들』에 실려 있다. 이 책에 등장하는 다른 괴물들과 마찬가지로, 미국의 개척기에 개척에 종사한 사람들이 모닥불에 둘러앉아서 이야기했다는 톨 테일(tall tale)에 나오는 괴물 중 하나이며, 퓨네럴 마운틴의 이름의 유래가 되었다는 것도 물론 거짓말이다.

■ 프라이팬 송어

미국에서 이야기된 신비한 생물. 메인 주의 무스헤드 호수에 있는 낚시꾼이 송어를 낚아 기름에 튀겨서 먹으려고 했다. 그런데 잠시 눈을 뗀 사이에 송어는 프라이팬 째로 튀어 올라 호수에 뛰어들어 도망처버렸다.

그 다음해 봄, 낚시꾼이 다시 무스헤드 호

수에 낚시를 하고 있는데, 그 송어가 꼬리에 프라이팬을 붙인 채로 낚였다. 게다가 다음에 낚인 다섯 마리의 송어는 꼬리에 작은 프라이팬을 달고 있었다고 한다.

벤. C. 클로우 편『미국의 기묘한 이야기 01-거인 폴 버니언』에 실려 있다. 이 책에 의하면, 이것은 신문에 투고된 이야기이지만, 원래는 미국 민간전승의 일종인 톨 테일(tall tale)의 일종이라 여겨진다고 한다.

■프렌치 엔젤의 유령

미국에 나타났다는 괴이. 프렌치 엔젤은 프로레슬러였던 모리스 티에(Maurice Til-let)의 통칭이다. 그는 말단비대증을 앓고 있어서 얼굴이 변형되고 팔다리는 거대해지는 증상으로 고통받고 있었다. 그러나 자신이 지닌 몸의 아이덴티티를 살려서 프랑스에서 미국으로 건너가 프로레슬러로서 대성한 그는, 끝내 세계 챔피언까지 올랐다고 한다. 그 인품으로 인해 프렌치 엔젤(프랑스의 천사)이라고 불렸다.

그런 그는 지병으로 인해 1955년에 51세의 나이로 세상을 떠났지만, 그는 그 후에도 유령이 되어서 친구인 패트릭 켈리의 곁을 방문했다.

켈리는 컴퓨터를 사용해서 대전하는 체스판을 가지고 있었는데, 티에의 생전의 얼굴을 본뜬 석고 데스마스크가 근처에 있을 때는 전원을 넣지 않아도 컴퓨터가 켜져서, 켈리와 체스대전을 즐겼다고 한다.

N. 블런델 외 저『세계 괴이 실화집』에 실려 있다.

■피쉬 폭스(Fish-Fox)

미국에서 이야기된 괴물. 물고기 지느러미 같은 형태의 꼬리를 가진 여우로, 물속에서 자유롭게 헤엄칠 수 있다. 사육할 수도 있으며, 물고기를 잡아오라고 명령하면 호수나 바다에 뛰어들어 물고기를 잡아온다고 한다. 또한 인간을 몹시 잘 따르기 때문에, 어떤 피쉬 폭스는 자신의 주인이 죽었을 때에 슬픈 나머지 뒤따르듯이 죽어버렸다고 한다.

아트 차일즈 저『커다란 숲의 이야기』에 실려 있다. 이 책에는 그 꼬리를 사용해서 물속을 헤엄치는 피쉬 폭스의 모습이 그려져 있다.

이 책에 등장하는 다른 괴물들과 마찬가지로, 미국 북부의 삼림지대인 노스우즈에서 가이드를 하던 사람들이 나누었다는 이야기에서 나오는 괴물 중 하나라고 생각된다.

■피싱 호그

미국에서 이야기된 신비한 생물. 하천이나 늪에 떠다니는 통나무 위에 있다고 하는 돼지의 일종으로, 물속에 잠수해서 물고기를 잡는다고 한다. 또한 잡은 물고기는 직접 뼈를 바를 수 있다고 한다.

벤. C. 클로우 편『미국의 기묘한 이야기

02-저지 데블』에 의하면, 마리온 휴즈라는 인물이 만든 소책자 「아칸소의 3년간」에 실려 있는 신비한 돼지의 일종이라고 한다.

■ 필라 마 루 버드(Filla-ma-loo Bird)

미국에서 이야기된 괴물. 지적호기심이 아주 낮은 새이며, 어째서인지 자신이 있던 방향을 계속 바라보기 때문에 뒤를 돌아보며 난다고 한다. 그 모습은 은색의 비늘이 뒤덮인 긴 녹색 목과 칠면조 같은 머리에 검은색 오른쪽 날개와 핑크색 왼쪽 날개라는 기묘한 것으로, 둥지도 평범한 새와는 달리 위아래가 뒤집힌 형태로 만든다고 한다.

헨리. H. 트라이언 저『무서운 생물들』에 실려 있다. 이 책의 삽화에는 뒤를 보며 나는 모습이나, 땅바닥을 향해 나뭇가지에 만들어진 둥지 등이 그려져 있다.

이 책에 등장하는 다른 괴물들과 마찬가지로, 미국의 개척기에 개척에 종사하는 사람들이 모닥불에 둘러앉아서 이야기했다는 톨 테일(tall tale)에 나오는 괴물 중 하나로 생각된다.

【하】

■ 하가그(Hagag)

미국에서 목격된 괴이. 미네소타 주 북부나 캐나다에 나타났다고 하는 기묘한 동물로, 엘크와 비슷하게 생겼지만, 다리에 관절이 없고 긴 윗입술을 지니고 있다. 머리에는 털이 없고 귀는 축 늘어져있으며, 선사시대의 짐승을 연상케 하는 모습을 하고 있다고 한다. 하루 종일 걸을 수 있으며, 나무껍질을 벗겨서 먹는다고 한다. 또 다리에 관절이 없기 때문에 옆으로 드러누울 수 없으며, 잘 때는 나무에 기대서 잔다고 한다. 하가그를 붙잡을 때에는, 기대고 있는 나무 째로 베어 넘겨서 함께 쓰러뜨려 움직일 수 없게 된 것을 붙잡으면 된다고 한다.

윌리엄 토머스 콕스 저『럼버우즈의 무시무시한 동물들, 사막과 산의 짐승들』에 실려 있다.

미국의 개척기에 나무꾼이나 뱃사람들이 서로에게 이야기했다고 하는 톨 테일(tall tale) 속에서 태어난 괴물 중 하나.

■ 하늘을 나는 가오리

미국에서 목격된 괴물. 2012년 2월경, 미국 전국 각지에서 목격되었으며 그 모습은 가오리와 유사하다고 한다. 몸길이는 1미터 20센티미터 정도에, 몸 색깔은 백

색이고 몸 표면은 매끈하며 머리나 꼬리
는 없다. 하늘을 날 수 있으며, 자동차가
앞에 나타나면 갑자기 급강하했다가 자동
차 앞 유리 충돌 직전에 급상승한다, 라는
행동을 반복했다.

나미키 신이치로 저 『MU적 미확인 몬스
터 괴기담』에 의하면, 이것과 유사한 비행
물체가 2011년에 촬영되었다고 한다. 그
사진에는 가오리 같은 형태의 반투명 물
체가 몇 개나 찍혀있다. 다만 색은 백색이
아니라 오렌지색나 녹색 등 다양했다고
한다.

■하늘을 나는 스파게티 몬스터
(Flying Spaghetti Monster)

미국에서 이야기되는 괴이. '하늘을 나는
스파게티 몬스터교'에서 신이라고 이야기
되는 존재. 이야기에 따르면 5000년 전에
세상을 창조했다는 창조신으로, 누들의
촉수가 얽힌 듯한 모습을 하고 있으며 흉
부에 두 개의 미트볼을 장비하고 있다. 다
만 스파게티 몬스터의 모습은 육안으로는
보이지 않고, 기계로도 포착할 수 없다고
한다.

지구를 포함한 별들을 창조한 뒤, 스파게
티 몬스터는 그것이 몇 십 억년이나 전부
터 있었던 것처럼 오래되어 보이도록 가
공해서 사람들은 이것에 완전히 속아 넘
어갔다.

그리고 약 2500년 전, 누들 촉수를 인류를

향해 보이며 일부 사람들에게 길을 제시
했다. 이 길이란 보물과 술과 가능하면 여
자를 가득 실은 목조 선박으로 항해를 하
라는 것이었는데, 이 가르침에 따른 자는
해적이 되었다.

1700년 전, 하레크리슈나 교도라고 여겨
지는 사람들에 의해 해적이 살육되었다.
곧 각 종교끼리 대립하게 되었고, 해적사
냥은 멈췄다.

그 때문에 현재에서도 스파게타리안(하늘
을 나는 스파게티 몬스터 교의 신자)은 해적 모
습을 하고 있거나, 해적 그 자체가 되기를
바라고 있다고 한다.

바비 헨더슨 저 『반★진화론 강좌(The
Gospel of the Flying Spaghetti Monster)』에
실려 있다. 하늘을 나는 스파게티 몬스터
교는 헨더슨에 의해 창작된 패러디 종교
이며, 지적설계설(Intelligent design, 생명이
나 우주는 지성이 있는 뭔가에 의해 설계되고 창
조되었다는 사상)을 야유하기 위한 것이었지
만, 인터넷 등을 통해 많은 사람들에게 퍼
져서 전 세계에 신자가 존재한다.

하늘을 나는 스파게티 몬스터 자체는 미
국 요리인 '스파게티 위드 미트볼'을 바탕
으로 디자인 되었으며, 그 특징적인 모습
으로 인해 다양한 팬 아트도 존재한다.

■하수도의 하얀 악어

미국에서 이야기된 괴물. 뉴욕의 하수도
에는 하얀색의 거대한 악어가 숨어 살고

있다. 이 악어는 과거에 애완동물로서 사육되고 있었으나, 더 이상 키울 수 없게 된 주인이 화장실 변기에 내려버려서 하수구에 떨어지고 살아남은 것이라고 한다. 이 악어는 햇빛이 들지 않는 지하에서 살았기 때문에 비늘은 희고 눈은 보이지 않으며, 하수도의 쥐나 흘러들어온 약품 등을 섭취했기 때문에 보통 악어보다 거대하다고 한다. 또, 뉴욕의 하수도에 있는 것은 한 마리의 악어가 아니라, 마찬가지로 하수도에 버려진 뒤에 거대하게 성장한 악어들이 무리를 이루어 생활하고 있다고 여겨지는 경우도 있다.

아마도 19세기에는 이미 존재하고 있던 도시전설로 보이지만, 얀 해럴드 브룬번드 저『사라진 히치하이커』에 의하면 미국의 인류학자 로렌 콜맨 씨가 실제로 하수도에 악어가 서식하고 있던 사례로 1935년 2월 10일의『뉴욕 타임스』에 하수도에서 발견된 악어가 붙잡혀서 구조대에게 사살되었다는 기사가 실린 것을 발견해서 소개했다고 한다. 일본에도 이 도시전설은 수입되어, 무대를 일본으로서 이야기되는 경우도 많다.

1980년에는 미국에서 이 도시전설을 제재로 한 영화『앨리게이터(Alligator)』가 공개되었는데, 여기서는 하수도에 버려진 애완 악어가 연구소에서 하수도로 폐기한 성장 호르몬 실험동물을 잡아먹었기 때문에 몸길이 10미터 이상의 거대 악어로 변

해서 난동을 부리는 모습을 볼 수 있다.

■ 하이드 비하인드(Hide behind)

미국에서 이야기된 괴물. 몸길이 1미터 80센티미터 정도이며 직립해서 행동한다. 그 몸은 홀쭉해서 나무기둥 뒤에 완전히 숨을 수 있으며, 모피는 검으며 꼬리는 뒤로 젖혀져서 몸에 딱 붙어있고, 야행성이라 그 모습을 보기가 상당히 어렵다고 한다.

앞다리에는 그리즐리 같은 발톱이 있어서, 하이드 비하인드는 나무 뒤에 숨어서 사냥감을 미행하다가 갑자기 뛰쳐나가 사냥감에게 덤벼들어 그 발톱으로 해체한 뒤에 주식인 내장을 먹는다고 한다. 또 하이드 비하인드는 한 번 사냥감을 잡으면 7년간은 아무것도 먹지 않고도 살 수 있다고 한다.

윌리엄 토머스 콕스 저『럼버우즈의 무시무시한 동물들, 사막과 산의 짐승들』에 실려 있다. 이 책의 삽화에는, 나무 뒤에 숨은 하이드 비하인드의 모습이 그려져 있다.

이 책에 등장하는 다른 괴물들과 마찬가지로, 미국의 개척기에 개척에 종사하던 사람들이 서로에게 이야기했던 톨 테일(tall tale)에서 태어난 괴물 중 하나.

■ 하이즈빌 사건

미국에서 발생한 괴이. 미국의 뉴욕 주의

작은 마을인 하이즈빌에서 발생했기 때문에 이 이름으로 불린다. 사건의 개요는 이하와 같다.

이 마을에 살던 폭스 가의 단독주택에서 1848년 3월경부터 폴터가이스트 현상이 빈번하게 발생하게 되었다. 기묘한 소리가 들리거나, 2층을 걷는 발소리나 뭔가를 질질 끌며 지하를 향해 계단을 내려가는 소리, 문이 열리거나 닫히는 소리가 들리게 되어서 일가족 4명은 수면부족에 시달렸다.

그러던 어느 날, 일곱 살 난 딸인 케이트가 그 소리를 향해 "발굽이 갈라진 괴물님, 제가 하는 대로 해봐요"라고 말하며 박수를 몇 번 치자, 기묘한 소리도 박수와 같은 횟수만큼만 울렸다. 언니이며 10살인 마가렛이 이것을 따라하자, 역시나 기묘한 소리도 그것을 따라했다.

이 방법으로 괴이와의 커뮤니케이션이 가능하다는 것을 깨달은 폭스 가 사람들은, 기묘한 소리를 향해 '네'라면 소리를 두 번, '아니오'라면 소리를 한 번 내는 형식으로 대화를 청하며 그 정체를 살폈다.

그 대화로, 기묘한 소리를 내고 있는 자의 정체는 과거에 이 집에서 살해당한 남자임을 알게 되었다. 폭스 부인은 사건의 중대함을 깨닫고 이웃사람들을 많이 불러와서 다함께 질문을 했고, 이 혼령에 대해 다양한 것을 알 수 있었다.

그 혼령은 생전에는 행상인이었는데, 자료에 따라서는 '찰스 로스머'라고 하며, 5년 전 심야에 식칼에 목이 잘리고, 계단을 질질 끌려 내려가 지하실로 운반되어 그곳에 묻혔다고 했다. 이 이야기에 따라 폭스 가의 지하가 조사되었지만, 당시에는 유효한 증거가 나오지 않았다. 그러나 56년 뒤에 집의 벽 사이에서 백골 시체가 발견되면서 사건이 실제로 있었음이 판명되었다.

내용은 미우라 키요히로 저 『근대 스피리추얼리즘의 역사』나 하루카와 세이센 저 『심령연구 사전』을 참고했다. 이 사건은 19세기의 사건이지만, 이후에 전 세계적으로 큰 영향을 준 심령 붐의 도화선 역할을 했기 때문에 이 책에도 소개한다.

두 자매인 마가렛과 케이트는 이후에 집을 떠나도 기묘한 소리나 이상한 현상이 따라다니게 되고, 구경꾼이 집안에 밀고 들어올 지경이 되었기 때문에 자매는 각자 독립한 언니와 오빠 곁으로 보내졌다. 마가렛은 로체스터에 살고 있던 언니 곁으로 갔는데, 거기서도 괴현상이 계속 되었기 때문에, 그 현상은 이윽고 '로체스터의 노크 소리'로 불리게 되고 인근에서도 유명해졌다.

이 자매의 사건을 계기로, 같은 현상을 일으킬 수 있다는 여성이 잇따라 나타났다. 또한 폭스 자매에게 동조하는 자들이 정기적으로 모여 회합을 열고, 영계로부터의 메시지를 원하게 되었다. 그리고 마가

렛과 케이트의 언니인 리가 영매를 직업으로 삼아 자립하자 여동생들도 그 뒤를 따랐다. 이 활동들은 미국 내에 영계나 영능력의 존재를 널리 퍼뜨리게 되었고, 이윽고 미국은 이 스피리추얼리즘(심령주의)에 열광하기 시작한다. 그 붐은 해외에도 퍼져서, 사람들은 죽은 자와의 교류나 새로운 사후세계를 원하게 되었다.

■할로윈의 사디스트

미국에서 이야기된 괴인. 매년 할로윈 날이 되면 나타난다는 수수께끼의 인물로, 할로윈 분장을 하고 과자를 달라고 조르는 아이들에게 독이나 약물, 날붙이가 든 과자를 건넨다고 한다.

얀 해럴드 브룬번드 저『젠장! 어떻게 이런 일이(Curses! Broiled Again!)』에 의하면, 이 괴담의 원형은 1940년대의 과자를 달라고 조르는 아이들에게 프라이팬으로 뜨겁게 달군 10센트 동전을 건넨 사람에 대한 소문이라고 한다. 1960년대 말부터 1970년대에 걸쳐서는 독이나 약물, 날붙이 등이 섞인 과자를 나눠주는 할로윈의 사디스트에 대한 소문이 기사로 실렸다고 기록되어 있다. 실제로 1974년에는 한 아버지가 할로윈 날에 독이 들어간 사탕을 자기 아이에게 먹여서 살해하는 사건이 발생했다.

또한 이 책에는 1979년에 개봉한 존 카펜터의 영화『할로윈』을 필두로 하는『할로윈』시리즈 등, 할로윈을 무대로 한 호러 영화가 매년 할로윈이 다가오면 한밤중에 방영되었던 것이 할로윈의 사디스트에 대한 공포를 부채질했을 가능성에 대해서도 기록되어 있다

■핸드 스파이크

미국에서 이야기된 신비한 생물. 뾰족한 코를 지녔는데, 무리를 이루어 옥수수 밭을 향해 달려가서 이 코를 울타리 아래에 찔러 넣었다가 일제히 들어 올려 울타리 아래로 침입한다.

벤. C. 클로우 편『미국의 기묘한 이야기 02-저지 데블』에 의하면, 마리온 휴즈라는 인물이 만든 소책자「아칸소의 3년간」에 실려 있는 신비한 돼지의 일종이라고 한다.

■헤이즐 스프린터

미국에서 이야기된 신비한 생물. 핫스프링스 서쪽의 산들을 뛰어다니는 돼지의 일종으로, 크고 뾰족한 코끝이 특징. 이 코끝은 딱딱해서, 덤불에 돌진하면 나뭇가지를 산산조각 내버린다고 한다. 벤. C. 클로우 편『미국의 기묘한 이야기 02-저지 데블』에 의하면, 마리온 휴즈라는 인물이 만든 소책자「아칸소의 3년간」에 실려 있는 신비한 돼지의 일종이라고 한다.

■ 호다그(Hodag)

미국에서 목격된 괴물. 위스콘신 주와 미네소타 주에 나타났다고 하며, 그 몸은 거대한 뿔이나 가시로 덮여있고, 체모는 없다. 스페이드 형태로 된 코를 지녔으며, 움직임은 느리고, 호저를 주식으로 한다. 또한 나무껍질이나 낙엽을 몸에 둘러서 추위를 막으며 겨울을 나는 등의 생태가 알려져 있다고 한다.

윌리엄 토머스 콕스 저 『럼버우즈의 무시무시한 동물들, 사막과 산의 짐승들』에 실려 있다. 이 괴물에 대해서는 1910년에 발간된 이 책 이전부터 잘 알려져 있던 모양으로, 웹 사이트 〈HODAG FAN CLUB〉에 의하면 1893년에는 위스콘신 주에서 호다그의 목격정보가 보고되었다. 그것에 의하면 개구리의 머리에 코끼리 같은 얼굴, 거대한 발톱이 있는 발에 공룡 같은 등, 창 같은 가시가 있는 꼬리, 라는 특징이 이야기되고 있으며, 그 모습이 촬영된 사진도 게재되었다. 이 사진에서는 성인 남성의 무릎 정도 오는 크기의 네 발로 걷는 동물이 찍혀 있으며, 가짜처럼도 보이지만 머리에는 소 같은 뿔, 등에는 일렬로 늘어선 거대한 가시가 나 있음을 알 수 있다. 또한 다리에 관절이 없다는 특징도 보인다.

이 이후, 미국에서 호다그는 사람들에게 사랑받는 몬스터로서 활약하며, 위스콘신 주 라인랜더의 공식 심벌로도 사용되고 있다. 이 마을에는 호다그를 본뜬 건조물이 자주 전시되는 듯하다. 또한 2017년에는 J. K. 롤링의 『신비한 동물사전』에 호다그 항목이 추가되어, 해리 포터의 세계에도 진출을 이루었다.

■ 호이터호의 괴이

미국에서 이야기된 괴이. 호이터호는 1931년에 진수식이 이루어진 경범선인데, 배에 탄 사람을 차례차례 불행에 빠뜨린 것으로 알려져 있다. 로스앤젤레스의 영화감독인 롤랜드 웨스트에 의해 만들어진 이 배는, 1936년에 매각되었다. 그러나 기관실에서 큰 화재가 발생하거나 승객 한 명이 실종되거나 하는 사건이 일어났고, 제2차 세계대전 중에는 미 해군에게 맡겨졌다가 전쟁 후에 다시 팔렸다. 최종적으로 더스티 밀러라는 인물에게 대여되어 1955년에 토켈라우 제도의 파카오포 섬으로 향하는 도중에 소식이 끊겼다. 그 후에 배는 발견되었지만 타고 있었을 승객 스물다섯 명은 발견되지 않았고, 시신조차 남아있지 않았다고 한다.

N. 블런델 외 저 『세계 괴이 실화집』에 실려 있다. 메리 셀레스트호로 대표되는 승객이 사라진 배에 관한 괴담이지만, 이 책에 의하면 이 배에는 또 하나의 기묘한 점이 있었다고 한다. 그것은 이 마지막 항해에 나서기 얼마 전에, 호이터 호는 수수께끼의 검은 배에게 쫓기고 있었다. 그 배는

옛날의 갈레온선으로, 파카오포 섬으로 항해할 때에도 배가 출발했던 사모아 연안에서 호이터호를 쫓는 수수께끼의 검은 배가 목격되었다고 한다.

■홀로포의 유인원

미국에 나타났다고 하는 괴물. 플로리다 주 오세올라 카운티의 홀로포(Holopaw) 교외에 있는 목장 주인이 목격했다는 유인원 같은 생물로, 신장 1미터 50센티 이상, 온 몸에 털이 나 있으며 당당한 체격을 하고 있었다고 한다. 존. A. 킬 저『불가사의한 현상 파일』에 의하면, 이 유인원 같은 괴물은 1963년에 나타났고, 66년부터 68년에 걸쳐서도 같은 괴물이 출현했다고 한다.

■화이트 강의 괴물

미국에서 목격된 괴물. 미국 아칸소 주의 화이트 강에 출현하는 거대한 뱀장어라고 생각되고 있는데, 그 머리에는 뿔이 있으며 출현할 때에는 거품이나 기름을 내뿜는다고 한다.

장 자크 발루와 저『환상의 동물들』에 의하면, 화이트 강은 미시시피 강과 합류하고 있기에 이 강과 바다 사이를 오가는 거대 뱀장어라고 생각된다고 한다.

■후프 스네이크(Hoop Snake)

미국에서 이야기된 괴물. 그 이름대로 자신의 꼬리를 입으로 깨물고, 고리 같은 형태로 고속으로 굴러간다고 한다. 이것으로부터 도망치기 위해서는 펜스 같은 것을 뛰어넘는 게 좋다고 한다. 또한 그 꼬리에는 맹독이 있는데, 이것에 찔리면 부어올라 금방 죽어버린다고 한다.

헨리. H. 트라이언 저『무서운 생물들』에 실려 있다. 이 책의 삽화에는 굴러가면서 토끼를 쫓는 후프 스네이크의 모습이 그려져 있다.

이 책에 등장하는 다른 괴물들과 마찬가지로, 미국의 개척기에 개척에 종사하는 사람들이 서로에게 들려주었다는 지어낸 이야기인 톨 테일(tall tale)에 나오는 괴물 중 하나.

■흑표범 괴이

미국에 나타났다고 하는 괴이. 1967년 가을, 코네티컷 주의 길거리에서 흑표범이 많은 사람들에게 목격되는 일이 있었다. 그러나 이 흑표범은 쫓아가면 모습이 사라져버려서 아무도 붙잡을 수 없었다. 또한 같은 주의 어느 동물원이나 서커스단에서도 표범이 도망쳤다는 보고는 없었다.

흑표범은 마지막에 숲속으로 들어가는 모습이 목격되었지만, 그 숲속에서 발견된 것은 두 토막으로 절단되어 죽은 다람쥐 시체뿐이었고, 그 후로 흑표범이 모습을 보이는 일은 없었다고 한다.

존. A. 킬 저『불가사의한 현상 파일』에서

는, 이 흑표범은 괴물 고양이의 일종이라고 기록하고 있다.

■히얌폼 호그 베어
(Hyampom Hog Bear)

미국에서 이야기된 괴물. 캘리포니아 주 북서부에 서식하고 있다고 하는, 끝이 뾰족한 코를 지닌 작은 불곰 같은 생물이라고 한다.

이 곰은 인간이 사육하는 살찐 돼지를 즐겨먹기 때문에 양돈가 사람들이 큰 피해를 입고 있다고 한다.

윌리엄 토머스 콕스 저 『럼버우즈의 무시무시한 동물들, 사막과 산의 짐승들』에 실려 있다. 이 책의 삽화에는, 살쪄서 움직임이 둔해진 돼지를 습격하려고 하는 호그 베어의 모습이 그려져 있다.

이 책에 등장하는 다른 괴물들과 마찬가지로, 미국의 개척기에 개척에 종사한 사람들이 모닥불에 둘러앉아서 이야기했다는 톨 테일(tall tale)에 나오는 괴물 중 하나로 생각된다.

  미국에서 전통적으로 이야기되어 왔던 '허풍', '바보 같은 이야기', '황당무계한 이야기', '농담으로 하는 이야기'라는 의미를 지닌 민화(民話). 픽션임을 전제로 하면서도, 마치 실제로 그런 일이 있었다는 듯한 형식으로 사람들 사이에서 이야기된다.

  19세기경부터 서부나 남부의 개척자인 나무꾼이나 사냥꾼, 뱃사람들 사이에서 생겨났다. 그 중에는 톨 테일의 대표적인 사례로 자주 거론되는 거인 폴 버니언, 페코스 빌 같은 개척기의 영웅들이나, 하이드 비하인드, 스컹크 같은 신비한 괴물들의 활약도 있었다.

  이것은 북미대륙이라는 미지의 땅의 개척에 종사하는 사람들이, 술집에 모이거나 캠핑을 하며 모닥불에 둘러앉았을 때에 서로에게 자신의 무용담이나 강함, 지혜를 자랑하기 위해 영웅담에 허풍을 섞어 큰 소리로 주고받았던 것이 기원이라고 한다. 이윽고 그들은 자기 자신이 아니라 그 심벌로서 초인들의 활약을 이야기하거나, 실제 동물보다도 무섭고 신비한 동물과 만난 경험담을 이야기하게 되었다. 그것은 20세기가 되어도 사람들 사이에서 구전되었으며, 그것들을 정리한 서적도 발행되었다. 윌리엄 라우헤드 저『폴 버니언의 놀랄 만한 위업(The Marvelous Exploits of Paul Bunyan)』, 윌리엄 토머스 콕스 저『럼버우즈의 무시무시한 동물들, 사막과 산의 짐승들』같은 저작물이 그것에 해당한다. 이 책들에서는 영웅들이나 괴물들의 에피소드가 소개되어 있는 것과 함께, 그들의 모습이 삽화로 그려져 있다.

  그런 세계를 개척하는 초인들이나 상상 속의 동물들이 활보하는 톨 테일의 세계는, 미국의 새로운 신화라고도 평할 수 있을 것이다.

  이 사전에 수록되어 있는 것은 그 중에서도 특이한 성질을 지닌 초인이나 괴물들이다. 근현대에 태어난 미국의 새로운 신화의 세계를 조금이라도 전할 수 있었다면 더 바랄 것이 없다.

South America
남아메리카

【마】

■마이포리나(maiporina)

프랑스령 기아나와 수리남 국경에 있는 마로니 강에 출현하는 괴물. 짧은 황갈색 손과 갈고리발톱을 지녔으며 등에 한 줄의 무늬가 있다. 몸길이는 3~4미터이며 거대한 송곳니를 지니고 있다. 포유류인 듯하지만 그 정체는 알 수 없다.

장 자크 발루와 저『환상의 동물들』에 의하면, 1962년, 마로니 강에 떨어진 소년이 뭔가에 잡아먹힌 시체로 발견되었을 때에는, 이 괴물의 소행이 아닐까 하고 의심받았다고 한다. 나미키 신이치로 저『미확인 동물 UMA 대전』에 의하면, 그 모습은 수달과 비슷하다고 한다.

■미뇨카오(Minhocao)

브라질의 고지에 출현한다는 괴물. 거대한 지렁이로, 몸길이가 45미터에 이른다고 한다. 또 지렁이임에도 불구하고 그 몸 표면은 갑옷처럼 딱딱하다고 한다. 땅 속을 이동하는 것 외에 강을 헤엄칠 수도 있으며, 가축을 습격해서 잡아먹는 등, 육식이라고 전해지고 있다.

나미키 신이치로 저『미확인동물 UMA 대전』에 의하면, 일본에서는 '미뇨콘'이라는 이름으로 알려졌지만, 이것은 일본인이 만든 별명이며, 현지에서는 '미뇨카오', 혹은 '미뇨사오', '미뉴콘' 등으로 불리고 있다고 한다.

【사】

■사리타

페루의 카야오에 현존하는 저주 인형. 2010년경, 카야오에 사는 어머니와 두 딸로 이루어진 3인 가족에게, 어머니의 조카가 선물했다는 금발에 푸른 눈을 지닌 소년 인형. 언뜻 보기에는 평범한 인형이지만, 그 뒤에 조카가 죽어서 유품이 된 그 인형이 괴이한 일을 일으키게 된다.

예를 들자면, 버튼을 누르지 않았는데도 인형에 내장된 음악이 흘러나온다, 눈을 뗀 사이에 혼자서 자리를 이동했다, 한밤중에 아이들 곁을 찾아가서 때리거나 할퀴거나 한다는 것 등이었다.

이 인형에는 어떠한 혼령이 깃들어 있다고 여겨지고 있지만, 조카의 유품이기 때문에 버리지 못하고 있다고 한다.

2017년, 유튜브에 소개된 뒤로 유명해진 인형 괴이. 현재도 사리타의 사진이나 영상은 인터넷에서 볼 수 있다.

■상파울루의 돌 던지기

브라질에서 확인된 괴이. 1957년, 상파울

루의 돈 시드 데 우롱 센트로에 살던 일가를 습격한 괴현상. 4월 12일, 이 집에서 점심식사를 준비하고 있을 때, 갑자기 커다란 소리가 들리더니 누군가가 두 개의 돌을 일가를 향해 던졌다. 그로부터 몇 분 뒤, 어디에서랄 것도 없이 돌이 비처럼 마구 쏟아지기 시작했다. 이 돌은 가족 중 누구에게도 맞지 않았지만, 벽이나 바닥에 팅기며 주위 일대를 뒤덮었다. 그 뒤로 이틀에 걸쳐 돌이 쏟아지거나 멈추기를 반복했는데, 이내 가구나 일용품, 식사 등이 멋대로 날아다니는 현상이 일어나기 시작해, 끝내 구마의식이 이루어졌다.

이것으로 일시적으로 괴현상은 멈췄지만, 그 뒤에도 같은 현상이 40일 정도 이어지다가 갑자기 뚝 그쳤다고 한다.

로즈마리. E. 길리 저 『요정과 정령의 사전』에 실려 있다.

■ 스크루주

브라질에 나타났다고 하는 괴물. 몸길이 18미터나 되는 거대한 큰 뱀으로, 모래 위에서 달빛을 쬐고 있었다고 한다.

장 자크 발루와 저 『환상의 동물들』에 의하면, 스웨덴의 여행가인 알고트 랭(Algot Lange)이 조우했다고 한다. 또 이 책에는 그밖에도 브라질에서 35미터나 되는 길이의 큰 뱀이 나타났다는 이야기가 실려 있다.

【아】

■ 아메바 같은 우주인

페루에 나타났다고 하는 우주인. 리마에 사는 어느 남성이 원반 형태의 물체를 발견해서 그것에 다가갔을 때, 두 마리의 아메바 같은 생물과 만났다. 그 생물은 바나나를 몇 개나 이어붙인 듯한 모습을 하고 있었으며, 피부는 모래빛깔에 몸의 표면은 타월 같았으며, 키는 1미터 65센티 정도였다고 한다. 이 생물은 남성을 향해서 확성기를 통한 듯한 목소리로 영어로 말을 걸어왔나 싶더니, 자신들이 무성(無性)인 것을 알려주고서 아메바처럼 분열해보였다. 그리고 원반 안의 살풍경한 광경을 보여준 뒤에 날아갔다고 한다.

존. A. 킬 저 『불가사의한 현상 파일』에 의하면, 이 우주인은 1947년에 나타났다고 한다.

■ 엘 시르봉

콜롬비아나 베네수엘라에 전해지는 괴인. 모습은 농업용 모자를 쓰고, 커다란 자루를 메고 있다고 한다. 그 전설은 이하와 같다.

엘 시르봉이라는 소년이, 베네수엘라의 로스 야노스에 살고 있었다. 그의 가족은 농업을 경영하면서 그를 어리광쟁이로 키웠다. 어느 날 소년은 아버지에게 사슴 고기를 먹고 싶다고 졸랐고, 아버지는 사슴을 사냥하기 위해 외출했지만 잡지 못하고 빈손으로 돌아왔다. 그것을 본 소년은 수렵용 나이프로 아버지를 죽여 버렸다. 그리고 그 고기를 토막 내서 무슨 고기인지 말하지 않은 채로 어머니에게 조리하게 했다. 그러나 위화감을 느낀 어머니는, 그것이 자기 남편의 고기임을 깨달아버렸다. 그리고 소년이 저지른 짓이 밝혀지자, 소년의 할아버지는 소년을 나무에 묶고 등에서 피가 나올 때까지 채찍으로 때리고 그 상처에 레몬이나 칠리로 비볐다.

마지막으로, 할아버지는 소년에게 아버지의 유골이 들어간 자루를 건네고, 평원까지 옮기게 했다. 그리고 소년에게 저주를 걸고, 개를 풀어 그를 쫓게 했다. 그 개에 의해서 소년은 죽게 되었지만, 숨이 끊어질 때에 도레미파솔라시도의 음계로 휘파람을 불었다. 그리고 사후에 소년의 혼은 저주로 인해 지상을 떠돌아야만 하게 되었다.

그 이래로 엘 시르봉은 지상의 어딘가를 헤매고 있다. 이 엘 시르봉이 다가오면 휘파람 소리가 들린다. 그것은 처음에 가까이에서 들리기 때문에 엘 시르봉이 바로 곁에 있다고 생각된다. 그러나 그것은 착각으로, 사실 그의 휘파람 소리가 멀리서 들리면 들릴수록 엘 시르봉은 가까이에 있는 것이라고 한다. 그리고 그와 마주치면 반드시 목숨을 잃게 된다고 한다.

■ 유령 그네

아르헨티나에 나타난 괴이. 2007년, 산타페주의 피르마트라는 마을의 놀이터에서 그네가 저절로 움직이기 시작했다. 이것은 3열로 늘어선 그네 중 한 가운데의 하나만 몇 달에 걸쳐 계속 움직였기 때문에, 텔레비전이나 인터넷에서도 거론되게 되었다. 그 뒤에도 이 그네가 멈추거나 움직이거나를 시작하는 현상은 현재도 지속되고 있다고 한다.

이 그네를 움직이는 것은 유령이라는 설도 있지만, ASIOS 저 『신기괴현상 41의 진상』에 의하면, 이 그네는 바람이 불면 진자운동이 시작되는 구조라, 그것이 원인으로 아무도 타지 않았음에도 불구하고 장시간에 걸쳐 흔들리기 시작된 것이라는 설이 기록되어 있다.

【자】

■ 자보치카바우의 폴터가이스트

브라질에 나타난 괴이. 1965년, 상파울루 근교의 자보치카바우에 있는 집에서 발생한 폴터가이스트 현상으로, 상당히 흉포했다.

벽돌이 떨어져 나와서 날아다니는 것은 그나마 나은 편으로, 집에 사는 소녀인 마리아를 직접 깨물거나 따귀를 때리거나 입고 있는 옷에 불을 붙이거나 코나 입 위에 물건을 놓고 질식시키려고 하는 등, 목숨이 위험해지는 공격도 해왔다고 한다.

마리아는 13세의 어린 나이에 살충제를 마시고 죽어있는 것이 발견되었으나, 그것이 자살이었는지, 아니면 폴터가이스트 현상에 의한 타살이었는지는 아직까지 불명이라고 한다.

존 & 앤 스펜서 저 『세계 괴이 현상 백과』에 실려 있다.

【카】

■케르코피테쿠스 이카로코르누
(Cercopithecus Icarocornu)

브라질에서 발견되었다고 하는 신비한 생물. 아마존에 사는 다람쥐원숭이의 팔이 날개가 되고, 이마에 뿔이 나 있는 듯한 모습을 한 동물로 포유류라고 한다. 그러나 그 날개는 장식이 아니라 실제로 날 수 있으며, 비행하면서 곤충이나 과일을 그 뿔로 찔러서 포획하고 먹는다고 한다.

니가라 테보 족이라는 아마존의 원주민과 공존관계이며, 니가라 테보 족은 이카로코르누를 신성한 동물로서 모시면서 거대한 오두막을 제공한다. 이카로코르누는 이 오두막에서 출산하며, 아이는 날 수 있게 되면 오두막을 떠나는데, 그때에 니가라 테보 족에 의해 아마존 강에서 잡아온 은색 물고기의 피부를 가슴에서 배에 걸쳐 이식한다. 그 이후도 니가라 테보 족의 신성한 제사가 이루어질 때에는 반드시 모습을 드러내며, 그들에게 제공되는 술을 마시고 몹시 취하면 장엄한 노래를 부른다고 한다.

호안 폰트쿠베르타 & 페레 포르미게라 저 『비밀의 동물지』에 실려 있다. 이 책은 의문의 실종을 당한 동물학자 페터 아마이젠하우펜 박사의 자료를 바탕으로 작성되었다는 형식의 서적으로, 보통은 있을 수 없는 다수의 동물이 사진이나 해부도, 관찰일기 등과 함께 게재되어 있다.

그러나 이것은 '존재한다는 것은 사진에 찍힌다는 것이다'라는 역설을 이용해서 미지의 동물들을 소개하는 것이며, 게재된 동물들은 전부 이 책을 위해서 창작된 것이다.

■크렘=아카로레

아마존의 밀림 지대에 나타났다고 하는 거인. 평균 신장이 2미터를 넘는 인간에 가까운 종족이며, 난폭하다고 한다.

존. A. 킬 저 『불가사의한 현상 파일』에 의하면, 브라질의 공군병학교의 한 집단에 의해 이 거인족에 대한 정보가 보고되었다고 한다. 크렘=아카로레가 실제로 있는

가는 현 시점에서는 불명이다.

【타】

■텔레파시 몬스터

칠레에 나타났다고 하는 괴물. 카라마 시에서 소년들이 만났다고 하며, 그 모습은 럭비 공 형태의 몸통에 팔다리가 뻗어 나와 있으며, 둥근 머리에 붉은 눈이 있고, 둥근 귀가 달려 있었다고 한다. 꼬리는 짧고 몸에는 털이 나 있었으며, 뒷발에는 오리처럼 물갈퀴가 있었다.

이 괴물은 몸에서 엷은 빛을 발하고 있었으며, 만난 소년들에게 텔레파시로 "보지 마라, 가라"라고 경고하는 등, 보통의 생물로는 생각되지 않는 기묘한 행동을 보였다고 한다.

나미키 신이치로 저 『MU적 미확인 몬스터 괴기담』에 실려 있다.

■트레스체로니아 아티스
(Threschelonia Atis)

갈라파고스 제도의 헤노베사섬에 서식한다고 하는 기묘한 생물. 거북이 같은 등딱지를 지닌 새로, 위험을 감지하면 껍질 안에 몸을 숨긴다. 또 헤노베사섬 사람들의 방언으로는 '헨고고(모습을 감추는 자)'라고

불리고 있으며, 매년 9월이 되면 바다를 건너는 철새인데 다른 새에는 있을 수 없는 급상승을 보이기 때문에, 추적이 불가능하다고 한다. 그런데다 헤노베사섬 외에는 이 괴조가 발견되지 않으며, 매년 5월 3일이 되면 갑자기 헤노베사섬에 돌아온다고 한다.

호안 폰트쿠베르타 & 페레 포르미게라 저 『비밀의 동물지』에 실려 있다. 이 책은 의문의 실종을 당한 동물학자 페터 아마이젠하우펜 박사의 자료를 바탕으로 작성되었다는 형식의 서적으로, 보통은 있을 수 없는 다수의 동물이 사진이나 해부도, 관찰일기 등과 함께 게재되어 있다.

그러나 이것은 '존재한다는 것은 사진에 찍힌다는 것이다'라는 역설을 이용해서 미지의 동물들을 소개하는 것이며, 게재된 동물들은 전부 이 책을 위해서 창작된 것이다.

■트릴루스 실바도르
(Tirillus silvador)

페루에서 발견된 신비한 생물. 안데스 산맥 서쪽 고지의 불모지에서 발견되는 **평행식물**로, 높이 20센티 정도의 돌기물 같은 모습을 하고 있으며, 서로에게 달라붙듯이 군생한다. 구리 같은 광택을 가진 거무스름한 쥐색을 띠고 있으며, 1월과 2월의 맑은 날 밤에 300미터 떨어진 장소까지 또렷하게 들리는 휘파람 같은 소리를

낸다. 이것은 가까이 다가가면 그치기 때문에 많은 경우에 귀뚜라미 소리라고 착각되곤 하는데, 트릴루스 실바도르가 군생하는 고지는 귀뚜라미가 서식할 수 없는 표고에 있다고 한다.

레오 리오니 저, 미야모토 아츠오 역『평행식물』에 실려 있다. 이 책에 실려 있는 평행식물은 실존한다는 형식으로 기록된 보통의 식물에는 없는 특징을 가진 식물이지만, 전부 저자인 리오니의 창작이다. 평행식물의 특징 자체에 대해서는 같은 항목을 참조.

■ 트릴루스 오니리쿠스
(Tirillus oniricus)

볼리비아에서 발견된 신비한 생물. **평행식물**의 일종으로 여겨진다. 레알 산맥에 서식하는 돌기물 같은 형태를 한 식물 같은 생물로, 사진을 찍으려고 하면 뿌옇게 흐려진다. 특징적인 것은 트릴루스 오니리쿠스를 본 인간은 일시적으로 불쾌감을 느끼고, 그런 뒤에 한동안 비정기적으로 이 평행식물의 이미지가 몇 번이나 되살아나서 반복되게 된다고 한다.

레오 리오니 저, 미야모토 아츠오 역『평행식물』에 실려 있다. 이 책에 등장하는 평행식물이라 불리는 생물은, 통상의 물리법칙이 통하지 않으며 정지한 시간, 혹은 현실과 평행하게 존재하는 다른 시간을 살아간다는 특징을 지닌다고 한다. 그러

나 이 책에 실려 있는 식물은 실재한다는 형식으로 기록되어 있기는 하지만, 전부 저자인 리오니의 창작이다. 평행식물의 특징 자체에 대해서는 같은 항목을 참조.

■ 트릴루스 파라시티쿠스
(Tirillus parasiticus)

브라질에서 발견된 신비한 생물. 사모나강 일대의 열대지역에 군생하는 평행식물의 일종으로, 겉모습은 아스파라거스 비슷하지만, 표면은 매끈하고 흑색이며 구리 같은 광택이 있다고 한다. 마른나무 기둥이나 가지에 기생하고 있는 듯 보이기 때문에 이런 이름이 붙었다. 그러나 평행식물은 현실의 물체와는 다른 시간축에 살고 있기 때문에, 마른나무에서 양분을 섭취하고 있다고는 생각되지 않으며, 어째서 마른나무에 살고 있는지는 불명이다.

한 그루의 마른나무에 수 센티미터 간격으로 일직선으로 늘어서서 군생하며, 한가운데에 있는 개체가 가장 길다. 이 나열은 계산된 것처럼 정확하다고 한다.

레오 리오니 저, 미야모토 아츠오 역『평행식물』에 실려 있다. 이 책에 등장하는 평행식물이라 불리는 생물은, 통상의 물리법칙이 통하지 않으며 정지한 시간, 혹은 현실과 평행하게 존재하는 다른 시간을 살아간다는 특징을 지닌다고 한다. 그러나 이 책에 실려 있는 식물은 실재한다는 형식으로 기록되어 있기는 하지만, 전부 저자

인 리오니의 창작이다. 평행식물의 특징 자체에 대해서는 같은 항목을 참조.

【하】

■ 호라데이라(Holadeira)

아마존에 나타나는 괴물. 아마존 강 지류에 있는 호수 중 하나에 출현하는 미확인 생물로, 그 이름은 현지의 말로 '지옥의 송곳니'를 의미한다. 뾰족뾰족한 등지느러미를 가진 수생동물로 알려져 있지만, 목격 사례는 적다.

1938년에 영국인 저널리스트가 이 괴물을 찾던 중에 한 장의 사진 촬영에 성공했다고 하며, 그곳에는 둥근톱 같은 등지느러미가 찍혀 있다.

나미키 신이치로 저 『미확인동물 UMA 대전』에 실려 있다.

■ 황금의 어머니

브라질에 나타나는 괴이. '마인 데 오로'라고도 불린다. 1830년대부터 브라질의 모든 곳에서 확인되는 도깨비불. 황금빛에 가까운 오렌지색의, 사람 머리 정도 크기의 구체로, 이 불이 지나간 최초의 수역을 들여다보면, 황금빛으로 반짝이는 자신의 운명을 볼 수 있다고 전해진다.

존 & 앤 스펜서 저 『세계 괴이 현상 백과』에 실려 있다.

　심령주의는 19세기 중반에 미국에서 생겨난, 죽은 자와의 교신 등에 의해 생물이 사후에도 생존한다는 설을 지지하는 종교적인 사상을 말한다. 과학적인 입장에서 연구하는 경우에는 심령과학이라고 불리는 경우도 있다.

　1848년에 미국의 뉴욕 주에서 발생한 하이즈빌 사건(자세한 것은 해당항목 참조)이 발단이 되어 탄생했다고 여겨지고 있으며, 이것이 전 세계에 알려진 것에 의해 영과의 교신이 대유행해서 1855년에는 심령주의를 신봉하는 사람들이 200만명을 넘었다고 한다. 특히 영국에서 크게 번성해서, 1882년에는 심령현상 연구협회가 설립되었다.

　심령주의에 관련된 운동은 현재도 이어지고 있으며, 앞서 이야기한 심령현상 연구회 외에, 미국에는 전국심령주의자 협회연합, 영국에는 대영심령주의자 협회 및 심령주의자 전국연합이라는 큰 조직이 현존하고 있다. 이 조직에서는 현재도 심령현상에 대한 수집과 연구가 이루어지고 있으며, 다양한 사례가 이 조직들에 의해 기록으로 남겨져 있다. 한편, 심령주의의 발족 전부터 심령현상으로 취급되는 사례는 전 세계에서 확인되고 있으며, 과거로 거슬러 올라가서 이것들이 연구대상이 되는 것도 있다. 또한 수호령이나 지박령이라는, 일본에서도 지금은 일반적이 된 어휘 중에는 원래 심령주의에서 사용되던 것이 널리 퍼진 경우도 많다. 또 메이지시대의 일본에 유입되어 1970년대에 대유행했던 주술인 '콧쿠리 씨'도, 원래는 자동필기 등의 심령주의에서 혼령과 교신하기 위해 이루어진 의식이 바탕이다.

　이처럼 영미권이나 일본을 시작으로 심령주의 사상은 전 세계의 유령문화에 영향을 주고 있다. 심령현상을 연구대상으로서 삼지 않는 사람들 사이에도 심령주의가 퍼뜨린 말이나 혼령과의 교신 방법, 심령주의가 남긴 기록이 퍼져서 이야기되는 일은 흔하다. 그것에 의해 새로운 괴이가 생겨나는 경우도 있다. 앞으로도 그런 이야기에 주목하고자 한다.

Europe
유럽

【가】

■가계도의 목 없는 부인

영국에서 이야기되는 괴이. 링컨셔 주의 벨턴 하우스라는 오래된 저택의 복도에 걸려있는 가계도를 둘러싼 괴이인데, 그 가계도는 19세기에 실제로 이 저택에 살았던 브라운로(Brownlow) 가문의 가계도다. 어느 샌가 이 가계도의 여백에 어떤 인물의 모습이 떠오르게 되었는데, 그 모습은 오래된 드레스를 입고 진주 목걸이를 한 그림자 같은 여성이었지만, 목부터 위가 존재하지 않았다고 한다.

션 에반스 저 『영국의 유령전설』에 실려 있다. 이 저택에는 그밖에도 다수의 유령이 출현한다는 이야기가 있다. 자세한 것은 **벨턴의 브라이트 레이디** 항목을 참조.

■가위 눌리는 상의

영국에 나타난 괴이. 1948년, 런던의 스위스 코티지 극장에서 「여왕님이 오셨다」라는 연극이 상연되었을 때의 일이다. 빅토리아 여왕 시절의 양장점 여인을 연기하던 여배우가, 의상에 딱 맞는 상의를 발견한 것에서 시작한다. 여배우는 이 상의를 걸치고 연기에 임했는데, 일주일이 지나자 처음에는 사이즈가 딱 맞았던 상의가 점차 꽉 끼기 시작했다. 이것은 대역이 연기했을 때도 마찬가지였는데, 조이는 듯한 감각이 드는데다 밤에 꿈에서 이 상의를 입은 빅토리아 시대 풍의 젊은 여자를 보았다고 한다.

이 상의에 대한 소문이 퍼져서 무대에 관련된 사람들이 저마다 시험 삼아 입어보았는데, 모두가 불쾌함을 느꼈다. 어떤 여자는 이 상의를 벗은 뒤에 보니, 목의 양옆에 마치 누군가에게 목이 졸린 듯이 피멍이 들어있었다.

그래서 이 상의의 유래를 알기 위해 강령회가 열렸다. 그것이 한창 진행 중에 한 영매가 어느 젊은 여인이 남자에게 붙들리고, 물이 채워진 술통에 머리가 처박혀 살해되는 장면을 보았다고 말했다. 여인의 시체는 그 상의를 포함해 옷이 전부 벗겨지고 담요로 싸였다고 한다.

그 뒤로 여배우는 이 의상을 포기하고 어느 미국인에게 팔았는데, 미국에서도 이 상의를 입은 인간은 졸리는 듯한 고통을 느꼈다고 한다.

J. A. 브룩스 저 『런던 유령신사록』에 실려 있다.

■갈색의 귀부인(Brown Lady)

영국에서 이야기되는 괴이. 타운젠드 후작의 저택인 레이넘 홀(Raynham Hall)에 출현한다는 유령으로, 영국의 초대수상 로버트 월폴 경의 여동생인 도로시라고 한다. 도로시는 제2대 타운젠드 후작인 찰스와 결혼했으나 일찍 세상을 떠났는

데, 도로시가 다른 남자와 불륜을 저지르
다가 찰스에게 발각되어 저택의 방에 감
금되었기 때문, 또는 불륜상대의 아내에
게 붙들려 인질이 되는 불행한 일을 겪었
기 때문이란 설이 있다.

그 이후, 갈색의 브로케이드 드레스를 입
은 도로시의 초상화가 밤이 되면 눈을 반
짝이게 되었다. 또 이 레이넘 홀이나 오
빠인 월폴 수상을 위해서 세워진 호튼 홀
(Houghton Hall)에서 도로시의 유령이 목
격되었는데, 그 얼굴에서 눈동자가 있어
야할 곳에 텅 빈 구멍만이 있었다고 한다.
이렇게 많은 인물에게 목격된 도로시의
유령이지만, 1936년에 드디어 그 모습이
사진에 찍혔다. 쉬라(Shira)와 프로반드
(Provand)라고 하는 인물이 레이넘 홀의
대계단에서 찍은 심령사진으로, 계단을
내려오는 반투명한 인물이 찍혀 있었다.
이 사진은 컨트리 라이프지 등의 잡지에
게재되어 센세이셔널을 일으켰다. 이 사
진은 현재도 볼 수 있다.

로저 클라크 저 『유령이란 무엇인가(A
Natural History of Ghosts)』에 의하면, 레이
넘 홀에는 그밖에도 많은 유령이 출현한
다고 하며, '몬머스 룸'이라고 불리는 방에
는 붉은 기사의 모습으로 나타나는 후작
의 유령이 나온다고 한다. 또 '돌의 방'이
라 불리는 장소에서는 어린아이의 유령이
출현했다고 한다.

■ 갑옷을 빼앗긴 유령

영국에 나타난 괴이. 런던의 그래프턴 로
드(Grafton Road)에 있는 어느 골동품점에
서, 스페인에서 온 갑옷이 팔린 적이 있
었다.

그 갑옷은 아랍인 신사에게 팔려갔는데,
그 이후에 키 크고 수염을 기른 속옷 차림
의 남자 유령이 슬픈 표정을 하고 가게에
출몰하게 되었다. 이 유령은 자신의 갑옷
을 빼앗겨버렸기 때문에 헤매고 있다고
생각한 점주는 갑옷을 되찾아오려고 했으
나, 이미 갑옷은 배에 실려 중동으로 떠나
버린 뒤였다.

그래서 이 유령은 아직도 가게 안을 배회
하고 있다고 한다.

J. A. 브룩스 저 『런던 유령신사록』에 실
려 있다.

■ 거미난츠(The germinants)

이탈리아에서 발견된 신비한 생물. 통상
의 생물과 비교하면 특수한 생물인 평행
식물 중에서도 특수한 존재로, 다수의 식
물이 조합된 구조를 지니고 있다.

주로 오이나 호박과 비슷한 형태인 부분
(체트리올로[Cetriolo]라고 불린다)은 통상의
식물과 다르지 않지만, 체트리올로 상부
및 하부를 꿰뚫듯이 뻗어있는 이 새싹 같
은 것은 평행식물의 성질을 지니고 있다.
또한 이물질에 닿으면 분말로 변한다, 모
습이 전혀 변하지 않는다, 사진이나 영상

에 기묘하게 찍힌다는 등의 특징을 지니고 있다.

이것에 대해서는 두 개의 설이 있는데, 하나는 체트리올로와 거미난츠의 새싹은 전혀 다른 종이라는 것. 또 하나는 거미난츠의 새싹은 체트리올로의 새싹이었지만, 싹만이 평행식물화했다는 것이다.

한편, 이밖에도 바위에서 돋아나 있는 거미난츠나 수생식물 근경에서 발생한 거미난츠도 발견되고 있으며, 현실의 시간과는 다른 시간에 존재했을 평행식물이면서도 현실에 존재하는 유기물 및 무기물에서 직접 자라나는 거미난츠의 존재는 커다란 수수께끼를 부르고 있다.

레오 리오니 저, 미야모토 아츠오 역『평행식물』에 실려 있다. 이 책에 등장하는 평행식물이라 불리는 생물은, 통상의 물리법칙이 통하지 않으며 정지한 시간, 혹은 현실과 평행하게 존재하는 다른 시간을 살아간다는 특징을 지닌다고 한다. 그러나 이 책에 실려 있는 식물은 실재한다는 형식으로 기록되어 있기는 하지만, 전부 저자인 리오니의 창작이다. 평행식물의 특징 자체에 대해서는 같은 항목을 참조.

■ 검은 고양이의 소녀

스위스에서 이야기되는 괴이. 베른 주의 주도인 베른에서는, 혼이 검은 고양이의 모습이 되어 육체를 벗어나 다양한 악행을 저지르는 일족이 있다고 믿어지고 있

다. 이 혼이 떠도는 동안, 육체는 모든 활동을 멈추고 마치 죽은 사람처럼 된다고 한다. 어느 날, 한 젊은 남자가 어느 소녀의 방에 침입했을 때 보름달의 빛을 받고 있는 시체 같은 소녀의 몸을 발견했다. 그런데 직후에 개에게 쫓겨 돌아온 검은 고양이가 방에 들어왔고, 남자가 어떻게든 방에서 도망친 직후에 소녀가 숨을 되찾았다고 한다.

H. 슈라이버 저『독일 괴이집』에 실려 있다.

■ 검은 드레스의 여자

영국에 전해지는 괴이. 노퍽의 셰링엄이라는 저택에 나타났다고 이야기되는 유령. 1960년대, 이 집에 살고 있던 여자가 밤중에 눈을 뜨자 낯선 검은 드레스의 여성이 서 있었다. 이 여성에게 누구냐고 묻자, 여성은 대답하지 않고 등을 돌리고 그대로 벽을 통과해서 사라져버렸다고 한다.

선 에반스 저『영국의 유령전설』에 실려 있다. 이 책에 의하면, 제2차 세계대전이 종전에 가까워졌을 무렵, 한 여성이 자전거로 셰링엄으로 향하는 도중에 트럭에 치여 죽었다. 그녀는 셰링엄에서 일하고 있던 여성으로, 검은 드레스의 여성의 정체는 이 여성이었는지도 모른다고 한다.

■ 검은 옷의 수녀

영국에 전해지는 괴이. 런던의 잉글랜드 은행과 그 앞에 있는 스레드니들 길에는 사라 화이트헤드라는 이름의 여성의 유령이 나타난다고 한다. 사라의 오빠는 잉글랜드 은행에 근무하고 있었는데, 은행권을 위조했기 때문에 1811년에 사형에 처해졌다. 그 이래로 사라는 정신의 밸런스가 무너져버려서, 은행 직원들의 배려로 어떻게든 1836년까지 살았지만, 끝내 이해에 세상을 떠났다.

그 뒤로는 사라의 유령이 스레드니들 길에 나타나, 길을 가는 사람에게 오빠의 행방을 묻게 되었다. 그녀의 모습은 검은 옷을 입고 붉은 입술연지를 칠했기 때문에, 언제부터인가 '은행의 수녀', '검은 옷의 수녀'라는 닉네임으로 불리게 되었다. 19세기 후반까지는 이따금씩 모습이 보였는데, 현재도 스레드니들 길을 걷는 모습이 아주 드물게 목격된다고 한다.

N. 블런델 외 저『세계 괴이 실화집』, 히라이 쿄코 저『고스트를 찾아가는 런던 여행』에 실려 있다.

■ 검은 옷의 여인

영국에서 이야기되는 괴이. 런던의 포춘 극장의 바에 나타난다고 하는 여성의 혼령으로, 검은 드레스 차림을 하고 있으며, 샴페인을 우아하게 즐기는 모습이 목격되고 있다고 한다.

히라이 쿄코 저『고스트를 찾아가는 런던 여행』에 실려 있다. 이 책에 의하면 이 극장에서는 수잔 힐의 소설『검은 옷을 입은 여인(Woman in Black)』가 무대화 되어, 18년 이상에 걸쳐 롱런을 계속하고 있다고 한다. 이 이야기에 나오는 검은 옷의 여인 또한 원령으로 변했기 때문에 그 영향으로 생겨난 소문이었는지도 모른다.

■ 게프

영국에서 이야기된 괴이. 맨섬(Isle of Man) 중남부의 마을 달비(Dalby)에 있는 오래된 농가에서 이상한 소리가 들려서, 확인해보니 집안에서 뭔가가 돌아다니고 있었다. 그 존재는 집주인을 향해서 말을 걸었고, 자신을 '게프'라고 하는 이름의 몽구스라고 밝혔다.

게프는 이 농가에 몇 번 정도 목소리만 나타났는데 점차 그 횟수는 점점 줄어들었고, 이윽고 나타나지 않게 되었다.

피터 헤이닝 저『세계 영계 전승 사전』에 실려 있다. 이 책에 의하면, 이것이 정말로 말하는 몽구스였는지는 입증되지 않았다고 한다.

■ 결혼식을 지켜보는 혼령

영국에 전해지는 괴이. 타인위어(Tyne and Wear)에 있는 워싱턴 올드 홀에 나타났다는 유령으로, 소녀의 모습을 하고 있다고 한다.

이 혼령은 결혼식을 좋아하는지, 때때로 대형 응접실에서 이루어지는 결혼식을 지켜본다고 한다. 또 피로연의 사진을 현상하면, 신부의 머리 부분에 오브가 찍혀있는 경우도 있었다고 한다.

션 에반스 저 『영국의 유령전설』에 실려 있다.

이 책에 의하면 타인위어에는 그밖에도 혼령이 있는지, 두 손을 굳게 마주잡은 하얀 옷의 여성의 모습을 하고 있다고 한다. 또 이 저택에는 그밖에도 긴 잿빛 드레스를 입은 여성의 유령 등이 목격되고 있다고 한다.

■ 고대 이집트인의 유령

영국에서 이야기되는 괴이. 런던에는 1900년부터 33년에 걸쳐 사용되고 있던 대영박물관역이라는 지하철역이 있다. 그 역은 현재도 남겨져있는데, 이 폐역에는 밤중이 되면 고대 이집트인의 유령이 출현한다고 이야기되고 있다. 이 유령은 짧은 허리띠를 차고, 머리에는 천으로 된 쓰개를 쓰고 있다.

히라이 쿄코 저 『고스트를 찾아가는 런던 여행』에 실려 있다. 대영박물관에는 이집트가 반환을 원하는 로제타스톤을 비롯해 이집트에서 가져온 수많은 물건이 전시되어 있다. 그중에서도 미이라 전시실이 유명해서, 몇 명이나 되는 고대 이집트인의 미이라가 전시되어 있다. 1932년에는 유니버설 영화제작의 『미이라』라는 호러 영화가 개봉했고, 이것이 이후의 미이라형 몬스터의 시조가 되었는데, 이 미이라를 발굴하는 것도 대영박물관의 조사단이라고 묘사되고 있다. 이러한 부분 때문에 대영박물관에 고대 이집트인의 유령이 나온다는 이야기가 생겨난 것일까. 또 대영박물관에는 실제 미이라의 저주가 일어났다고 하는 이야기도 있다. 상세한 것은 **아멘라의 저주** 항목을 참조.

■ 고르누이(Gorny)

러시아에서 이야기되는 괴이. 산의 터줏대감으로 여겨지고 있으며, 광부들 사이에서 자주 이야기된다. 고르누이는 광부들에게 호의적이라 낙반을 사전에 알려서 사고로부터 목숨을 구해주거나 그들의 대우 개선을 위해 힘써준다고 한다.

사이토 키미코 저 『러시아의 요괴들』에 실려 있다.

■ 곰의 포효

영국에서 이야기되는 괴이. 서식스에 유적이 남아있는 버들레이(Verdley)의 고성에서는, 눈이 내리는 날에 먹이를 찾아 떠돌던 곰이 성 안으로 들어왔다가 죽는 사건이 있었다. 그 이래로 이 성에는 지금도 궁지에 몰린 곰의 포효가 어딘가에서 들려온다고 한다.

히라이 쿄코 저 『고스트를 찾아가는 런던

여행』에 실려 있다.

■ 공군 중령의 환시

영국에서 이야기되는 괴이. 제2차 세계대
전 중의 어느 날 밤, 이집트의 영국 공군
기지에서 병사들이 식당에서 담소를 나누
고 있을 때의 일이다. 포터라는 공군 중령
이 로이라고 하는 같은 공군 중령의 사후
모습의 환영을 보았다. 그 모습은 짙은 남
색을 배경으로 머리와 두 어깨 부분만이
공중에 떠 있고, 눈은 없고, 입술을 귀까
지 찢어지고, 피부는 초록빛이 도는 자주
색으로 덮여 있고, 군데군데 피부가 벗겨
져 떨어져있었다.

그때에 로이 중령은 아직 살아있었지만,
다음 날 출격할 예정이었다. 그리고 예
고대로 그는 시체가 되어 돌아왔다.

시체의 모습은 포터 중령 앞에 나타났던
모습과 똑같았다. 어깨부터 위밖에 보이
지 않았던 것은 로이 중령의 시체가 깊은
남색의 바다에 어깨부터 위쪽만 수면에
떠있었기 때문이었다. 포터 중령은 해면
에 떠오른 로이 중령의 시체를 전날 밤에
환상으로 봤던 것이었다.

존 & 앤 스펜서 저『세계 괴이 현상 백과』
에 실려 있다.

■ 과거에서 나타난 오두막

영국에 나타난 괴이. 1968년의 일로, 체셔
의 웰링턴에서 한 남자가 버스를 기다리

고 있을 때, 깔끔한 정원이 딸린 초가지붕
의 작은 오두막 두 채가 나란히 있는 것이
보였다. 한쪽 오두막의 벽에는 1837이라
고 적혀 있었다.

그가 동료에게 그 오두막에 대해 이야기
하자, 그곳에 그런 건물은 없으며 벽돌로
된 집이 있다고 대답했다. 그래서 확인해
보니, 정말 동료의 말대로 그곳에 있던 것
은 벽돌집이었다고 한다.

의아하게 생각해서 그 지역 사람에게 물
어보니, 확실히 옛날에 그곳에는 초가지
붕의 오두막이 있었지만 이미 오래 전에
헐렸다고 알려주었다.

존 & 앤 스펜서 저『세계 괴이 현상 백과』
에 실려 있다.

■ 광녀 메리

영국에 전해지는 괴이. 요크셔의 노튼 코
니어스 하우스(Norton Conyers House)라는
저택에는, 과거에 저택의 한 방에 미쳐버
린 메리라는 여성을 감금했었다는 전설이
남아있다. 메리는 현재도 혼령이 되어서
이 방에 머무르고 있으며 광녀 메리로 불
리고 있다고 한다.

로버트 그렌빌 저『반드시 나오는 세계의
유령의 집』에 실려 있다. 이 책에 의하면
이 메리의 전설은 샬롯 브론테의 소설『제
인 에어』에 등장하는 로체스터 부인의 모
델이 되었다고 한다.

■괴물이 튀어나오는 도로

영국에 나타났다고 하는 괴이. 영국에서는 갑자기 도로로 튀어나오는 유령이 나온다는 스팟이 있다. 배스(Bath)와 브래드 포드 온 에이본(Bradford on Avon)을 잇는 도로에는, 롬인(집시) 노파의 혼령이 자주 튀어나오기 때문에, 자동차가 도로를 이탈하는 사고가 종종 일어난다고 한다.

또 A38호선 도로의 배로우 거니(Barrow Gurney) 주변에는 하얀 코트의 여자가 갑자기 도로에 나타났다가 사라지는 짓을 벌이기 때문에 사고가 발생한다고 한다.

N. 블런델 외 저『세계 괴이 실화집』에 실려 있다.

■그레이 레이디

영국에 나타났다고 하는 유령. 2015년 2월, 런던 남서부의 햄프턴 코트 궁전을 소녀들이 촬영했을 때, 한 소녀가 스마트폰으로 촬영한 사진에 키가 크고 머리카락이 허리 아래까지 내려오는 여성이 찍혔다. 이 여성은 그레이 레이디라고 불렸는데, 그 정체는 1562년에 이 궁전에서 천연두로 목숨을 잃었던 시빌 펜이라는 간호사의 혼령이 아닐까 하는 소문이 돌았다. 1829년에 궁전 내의 교회를 재건할 때, 그녀의 묘를 옮긴 뒤로 유령의 목격담이 다발하고 있다고 한다.

ASIOS 저『신' 괴기현상 41의 진상』에 의하면 iPhone의 파노라마 촬영기능을 사용했을 때에 카메라의 눈앞을 지나간 사람이 있으면, 사진 합성에 실패해서 이러한 사진이 생겨나는 일이 있다고 한다. 소녀가 찍은 사진에 찍힌 유령은 진짜 유령이 아니라, 이 현상에 의해 찍힌 인간으로 여겨진다. 그러나 그레이 레이디의 유령 자체는 그 이전부터 목격되고 있었기 때문에 그녀의 유령의 존재를 부정할 만한 이유는 아닌 듯하다.

■그렉클러

독일에서 이야기되는 정령. 트라운 계곡의 슈타이나흐 마을에 남아있는 행사의 이름이며, 정령의 이름이기도 하다. 이 행사는 1월 5일 저녁 무렵부터 시작되어, 젊은이들이 하얀 옷을 입고, 소에게 다는 방울을 허리에 차고 리히트카페라는 나무 등롱을 머리에 얹고 걷는다. 이 등롱 주위에는 성화가 그려진 종이가 붙고, 안에 두, 세 자루의 촛불이 세워져 있다고 한다.

그렉클러는 본래 밤에 춤을 추는 정령으로, 대지를 강하게 밟음으로써 봄을 깨운다고 한다. 그것을 위해 그렉클러로 분장한 젊은이들은 마을의 광장에 모여 방울을 울리면서 춤추고, 눈을 밟으며 봄의 정령을 깨우게 한다고 생각되고 있다.

우에다 시게오 저『유럽의 제사와 전승』에 실려 있다.

■그렘린

영국에서 이야기된 괴이. 제1차 세계대전이 한창일 때 영국인이 타는 군용기에 나타난 요정으로, 기계에 장난을 쳐서 고장냈다고 한다.

피터 헤이닝 저 『세계 영계 전승 사전』에 실려 있다. 이 책이나 로즈마리. E. 길리 저 『요정과 정령의 사전』에 의하면, 근래에는 비행기뿐만 아니라 공장 등에 나타나서 장난을 친다고 한다.

그렘린이라는 이름은 「그림의 요정 이야기」와 맥주 상표인 '프렘린'이 합쳐져서 생겨난 이름이라는 설이 있다.

그 밖에도 『요정과 정령의 사전』에 의하면, 제2차 세계대전 중에 목격된 그렘린은 뿔이 나 있으며 검은 가죽 장화를 신은 15센티 정도의 크기의 요정이거나, 몸길이 30센티 정도의 인간을 쏙 닮은 요정으로, 쭈글쭈글한 붉은 겉옷과 녹색 바지를 걸친 모습이었다고 한다. 또한 최근에는 조난당할 것 같은 비행기에 나타나서 조종사에게 올바른 루트를 알려주거나 지시한 사례도 있다고 한다.

1984년에는 미국에서 영화 『그렘린』이 공개되었는데, 이 영화에서는 '모과이'라는 인형 같은 생물이 밤 12시를 지나서 음식을 먹으면 변모하는 작은 몬스터로서 묘사되고 있다. 이 그렘린들은 기계뿐만이 아니라 인간에게 직접 다양한 장난, 때로는 폭력행위를 저지르며, 전승에 있는 그렘린과는 성질이나 모습이 크게 다르다. 그러나 현재는 이 영화에 등장하는 캐릭터들도 그렘린의 이미지 형성에 커다란 영향을 주고 있다.

■그림자가 없는 남자

러시아에 나타난 괴이. 과거에 사이가 좋았던 커플이 있었는데, 남자 쪽이 부잣집 패거리에게 살해당했다. 그 패거리는 남자가 전쟁에 나갔다고 거짓말을 했다.

그런데 한밤중인 12시에 그 남자가 연인 곁에 나타났다.

남자는 연인을 데리고 달밤의 길을 걷기 시작했고, "너에게는 그림자가 있지만 나에게는 없어."라고 말했다. 그래서 여자는 자신의 연인이 살아있는 인간이 아님을 깨달았다.

묘지에 도착하자 남자는 그녀를 자신의 묘로 데려가더니 무덤구멍에 들어가라고 재촉했다. 그래서 여자는 그 남자를 먼저 구멍에 들어가게 하고, 가진 물건을 하나씩 건네며 시간을 끌었다.

이윽고 더 이상 건넬 물건이 없어져서 끝내 여자가 무덤 구멍에 들어갔을 때, 수탉이 울었고 땅이 저절로 메워졌다.

여자가 비명을 지르자 근처에 살던 사람들이 당황하며 달려왔지만, 묘를 간단히 파헤칠 수는 없었기 때문에 사제를 불러서 묘를 팠다. 그러나 이미 여자는 죽어 있었고, 결국 연인과 함께 묘에 다시 묻히게 되었다고 한다.

사이토 키미코 저『러시아의 요괴들』에 실려 있다.

■ 그웬린(Gwenlyn)

영국에 전해지는 괴이. 카마덴셔의 돌라우코시(Dolaucothi) 금광에 남겨진 전설에 등장하는 여성. 이 금광은 2000년 이상 전에 고대 로마인에 의해 만들어졌는데, 그 내부에 있는 물은 약이 된다고 이야기되고 있었다. 그웬린이라는 여성은 류머티즘의 치료를 위해 금광에서 목욕하는 것을 일과로 삼고 있었는데, 어느 날 밤에 물속 깊이 빠져버려서 찾을 수 없게 되었고, 시체도 발견되지 않았다. 이후로 폭풍우 치는 밤이 되면 안개 속에 그웬린의 모습이 떠오르게 되었다고 한다.

션 에반스 저『영국의 유령전설』에 실려 있다.

■ 극소 유령의 집

영국 및 미국에 나타났다고 하는 괴이. 영국의 그레이터맨체스터의 어느 집에는 오두막 모양의 작은 도기 그릇이 있었는데, 그것이 언제 어디에서 집에 들어왔는지 알 수 없었다. 그래서 그 그릇은 이 집을 방문했던 어느 미국인 여성에게 양도되었는데, 그 뒤에 그 여성의 집에 유령이 나오게 되었다. 오두막 모양 도기가 원인이라고 깨달은 여성은 어쩐지 오싹해졌지

만, 그 때 집에 찾아온 딸이 그 도기와 유령에 흥미를 보였기 때문에 딸에게 그것을 물려주게 되었다.

그 뒤로 딸은 다양한 물건을 도기에 넣으며 유령의 격퇴를 시도했지만, 아무런 효과도 없었다. 그러나 아무것도 넣지 않고 있으면 유령도 나타나지 않았기 때문에, 아무래도 유령이 나오는 것은 이 작은 오두막에 물건이 들어차면 지낼 수 없게 되는 것이 원인임을 알았다고 한다.

존 & 앤 스펜서 저『세계 괴이 현상 백과』에 실려 있다.

■ 글래미스 성의 괴물

영국에 전해지는 괴물. 스코틀랜드의 앵거스 주의 딘 강(Dean Water)변에 실존하는 글래미스 성(Glamis Castle)에는, 털북숭이 괴물이 갇혀 있다고 하는 소문이 있다.

일설에 의하면, 이 괴물은 성주였던 스트라스모어 백작가에 17세기에 태어난 멧돼지 같은 얼굴에 맥주통 같은 몸의 털북숭이 아이였다고 하며, 가족은 이 괴물을 사람들 앞에 보일 수 없어서 성에 비밀 방을 만들어서 그곳에 가두었다. 그들은 그 방에서 그가 그대로 죽어버리기를 바랐지만 이 아이는 200년 이상에 걸쳐 살았다.

1869년에 먼로 일가가 이 성에 묵었을 때, 거대한 털북숭이 괴한이 나타나서 부인과 아이들의 방에 찾아왔다. 또 19세기에 이

소문을 확인하려고 성을 찾아와 모든 방의 창문에 수건을 걸고 돌아다보니, 밖에서 보면 수건이 걸려있지 않은 창문이 딱 하나 있었다. 그래서 그 방이 있을만한 장소의 벽을 헐어보자, 그 안쪽에서 무시무시한 괴물이 으르렁거리며 덤벼들었다고 한다.

1920년에는 블룸필드라는 저널리스트가 당시의 성주였던 글래미스 경에게 1621년에 사망한 남자 아이가 있다는 기록이 남아있음을 발견하고, 발표했다. 사망했다는 그 남자아이야말로, 실은 비밀 방에 숨겨진 기형아였던 것이 아닐까 하고 여겨지고 있다.

키류 미사오 저 『요크셔의 유령저택』에 실려 있다.

■글루미 선데이

헝가리에서 발표된 악곡의 제목, 및 그것을 둘러싼 괴이.

'자살의 성가'라고도 불리는 이 노래는, 헝가리를 시작으로 해서 들은 사람들이 차례차례 스스로 목숨을 끊었다는 도시전설이 자주 이야기 된다. 구체적으로는 자살한 사람의 방에 남겨진 유서에 '글루미 선데이'의 가사 일부가 인용되어 있었다, 목을 맨 사람의 발치에 '글루미 선데이'의 악보가 떨어져 있었다, 같은 식이라고 한다. 그래서 이 노래는 영국의 BBC에서 방송 금지 될 정도의 사태를 일으켰다.

'글루미 선데이'는 야보르 라슬로가 가사를 쓰고 셰레시 레죄가 작곡한 곡으로, 연인과 절연한 여성이 과거를 돌이키면서 그 슬픔을 이야기하는, 최후에는 스스로 목숨을 끊자고 결의한다는 내용이다. 또 작곡한 셰레시 레죄는 이후에 자살하지만, 그것은 이 곡의 발표 후 30년 이상 지난 뒤의 일이기 때문에 이 곡과 관계가 있는지는 확실치 않다.

이 곡이 발표된 당시는 세계정세가 불안정한 시기였으며, 그것이 자살을 조장한 것이 아닌가 하는 이야기도 있지만, '글루미 선데이'가 자살의 직접적 원인이 되었는가는 확실치 않다. 이 곡은 세계 각국에서 커버되었으며, 일본에서도 많은 가수가 '글루미 선데이'를 노래했다. 결코 자살을 유발할 만한 노래는 아닌 듯하다.

■기사의 언덕

영국에 전해지는 괴이. 체셔에 있는 라임 파크(Lyme Park)에 남아있는 이야기로, 이 저택과 정원을 둘러싼 사슴정원을 가로지르는 기사의 망령들이 몇 세기 동안이나 목격되고 있다. 이 기사들은 '기사의 언덕'이라고 불리는 언덕을 향해서 나아간다고 하며, 행렬 뒤에는 블랑슈라고 불리는 하얀 옷의 여성이 걷고 있다고 한다.

이 '기사의 언덕'은 1422년, 프랑스의 모(Meaux)에서 입은 상처가 원인이 되어 사망한 피어스 리(Piers Legh) 경이라는 인물이 매장되었으며, 그 내연녀가 블랑슈라는 여성이었다고 한다. 이 기사의 대열은 피어스 리의 장례행렬이라고 여겨지고 있지만, 현재는 기사들의 모습은 없어지고 흐트러진 블랑슈의 이야기만이 이야기되는 경우도 많다고 한다.

션 에반스 저 『영국의 유령전설』에 실려 있다.

■기원전 700년의 망령

영국에 나타난 괴이. 도싯 북부의 거리 보틀부시 타운에는 청동기 시대의 유령이 나타난다고 한다. 이 유령은 말을 타고 나타나서 자동차나 자전거와 나란히 달린다고 알려져 있는데, 어느 고고학자가 이 유령과 조우하고 그 용모를 자세히 관찰한 적이 있었다. 그 고고학자에 의하면 유령의 풍모는 청동기시대 말기, 기원전 700년에서 기원전 600년 전 무렵에 태어난 인간의 모습이었다고 한다.

N. 블런델 외 저 『세계 괴이 실화집』에 실려 있다.

■꼬마 휴이

영국에 나타난 괴이. 스코틀랜드의 캠벨 일가의 집에 나타난 폴터가이스트의 일종으로, 그 집의 아이인 버지니아에 의해 '꼬마 휴이'라는 이름이 붙었다.

출현한 것은 1960년으로, 같은 해 11월부터 다음 해 3월에 걸쳐 물건을 움직이거나, 소리를 내는 등의 행동을 했으나, 기본적으로 그것은 버지니아의 주변에서 일어났다. 또 버지니아를 트랜스 상태로 만들어서 신성모독적인 말을 하게 만들기도 했다고 한다.

그러나 1960년 11월 이후, 꼬마 휴이는 출현하는 횟수가 줄어들었고 1961년 3월을 마지막으로 두절되었다고 한다.

존 & 앤 스펜서 저 『세계 괴이 현상 백과』에 실려 있다.

【나】

■나비부인

영국에서 이야기되는 괴이. 브리스톨의 배스에 있는 국립극장에 나타난다는 유령으로, 1948년에 처음으로 확인되었다. 이 해, 극장에서 크리스마스 팬터마임 공연이 이루어졌는데 상연목록 중에 나비의 발레 「나비부인」이 있었다. 댄서들은 들신선나비의 의상을 걸치고 춤추고 있었는데, 갑자기 진짜 들신선나비가 나타나서 팔랑팔랑 날아다니는 것이 목격되었다. 그 이래, 이 극장에서 크리스마스 팬터마임 공연을 하면, 나비 유령이 나타나게 되었다고 한다.

존 & 앤 스펜서 저 『세계 괴이 현상 백과』

에 실려 있다.

■나이팅게일의 객실의 여자 혼령

영국에 전해지는 괴이. 버킹엄셔에 있는 클레이든 하우스라는 저택은 과거에 플로렌스 나이팅게일의 언니가 결혼 후에 살던 집이었다. 이 저택에는 당시에 나이팅게일 전용 객실이 준비되어 있었다. 현재, 이 객실 안이나 주변에서는 잿빛 드레스를 입은 여성의 혼령이 목격되고 있다고 한다.

션 에반스 저『영국의 유령전설』에 실려 있다. 이 여성의 혼령이 나이팅게일인지 여부는 불명이라고 한다.

■나이팅게일의 발소리

영국에 전해지는 괴이. 런던의 성 토머스 병원은 플로렌스 나이팅게일이 처음으로 간호학교를 부설한 병원이며, 원내에는 플로렌스 나이팅게일 박물관이 있다. 이 박물관에는 폐관 후에 아무도 없을 계단에서 소리가 들려온다는 괴기현상이 발생했으며, 이것은 나이팅게일의 유령이 야간에 병실을 돌아보는 발소리일 것이라는 소문이 돌고 있다고 한다.

히라이 쿄코 저『고스트를 찾아가는 런던여행』에 실려 있다. 나이팅게일은 설명할 것도 없이 세계적으로 커다란 영향을 끼친 간호사이며, 크리미아 전쟁에서 위생 개선이나 정보 분석으로 부상병의 사망률

을 극적으로 낮추는 공적을 세웠다. 또 간호통계학의 기초를 세우고 간호교육학을 완성시켰으며 간호사의 사회적 지위를 향상시키는 등, 현대로 이어지는 다대한 업적을 남겼다.

전장에서 나이팅게일은 램프를 들고 병사들을 돌아본 일들로 인해 '램프의 귀부인'이라고 불리고 있었다. 그녀는 사후에도 괴로워하는 환자를 구하기 위해 램프를 한 손에 들고 돌아다니고 있는지도 모른다.

■나이프를 든 엘리자베스 나이트

영국에 전해지는 괴이. 서리 주에 있는 클랜던 파크(Clandon park)라는 저택에는 엘리자베스 나이트라고 하는 여성의 유령이 나타난다고 한다. 엘리자베스는 이 집의 첫 주인으로, 18세기 무렵 호수에서 자살했다고 전해지고 있다. 그러나 19세기에 어째서인지 거대한 나이프를 든 엘리자베스의 유령이 이 저택에 나타나서, 냉혹한 표정으로 정원을 가로지르고 벽 속으로 모습을 감춘다고 한다.

엘리자베스의 유령은 19세기 말이 되어도 목격되었으며, 그때는 무도회용 드레스를 걸치고 계단을 오르고 있었다고 한다. 또 20세기에 들어서 제1차 세계대전 중에 이 저택이 병원으로 사용되었을 때에도 병사들이 엘리자베스의 모습을 목격했다고 한다.

션 에반스 저 『영국의 유령전설』에 실려
있다.

■나치의 가스

독일에서 이야기되는 괴이. 1949년, 당
시의 서독의 바이에른 주에서 처음 출현
이 기록된 폴터가이스트 현상의 일종으로
'나치의 가스'라고 불린다. 점령군인 연합
군 병사와 친하게 지내는 여성을 노리고
물건을 집어던지거나 침대에서 내던져버
린다고 한다.
피터 헤이닝 저 『세계 영계 전승 사전』에
실려 있다.

■나흐체러(nachzehrer)

독일, 폴란드에서 이야기되는 괴이. 흡혈
귀의 일종으로 슐레젠 지방이나 바바리아
지방, 카슈비아인들에게 전승되고 있다.
원래는 죽은 인간이지만, 나흐체러가 된
시체는 관 안에서 엄지를 다른 한 손으로
쥐고 왼쪽 눈을 뜨고 있다는 기묘한 특징
을 지닌다. 일종의 원거리 공감마술로 자
신의 친족을 살해하는 힘이 있는데, 그 방
법은 자신의 육체를 먹는다는 끔찍한 것
이라고 한다.
이것은 나흐체러로서 되살아난 시체가 관
안에 먹을 것이 없기 때문에 우선 자신의
수의, 그 다음에 자신의 육체를 먹게 되는
데, 그 정도에 따라 친족은 서서히 생명력
을 빼앗기며 점차 쇠약해져간다.

또 카슈비아인들 사이에서 나흐체러는 그
후에 돼지의 모습을 하고 묘에서 나타나
서 자신의 가족을 습격해 피를 빤다고 한
다. 그밖에도 교회의 종탑에 올라가서 종
을 울려서 그 소리를 듣는 자 모두를 살해
하거나, 자신의 그림자를 사람 위에 드리
워서 그 사람을 죽일 수도 있다고 한다.
이것을 퇴치하려면 묘지에서 뭔가를 씹
는 소리가 들리는 묘를 찾아내서 관을 파
내고, 입 안에 동전을 채우고 도끼로 목을
자른다. 그 뒤에 수의에 적힌 모든 이름을
지움으로써 죽일 수 있다고 한다.
매튜 번슨 저 『흡혈귀 사전(The Vampire
Encyclopedia)』에 실려 있다. 이 책에 의하
면 나흐체러가 되는 것은 태반에 싸여 태
어난 아이라고 한다. 또 H. 슈라이버 저
『독일 괴이집』에 의하면, 독일의 알트마
르크 지방에서는 죽은 자가 죽음의 세계
로 들어갈 수 있게 하기 위해 여비로서 시
신의 혀 뒤편에 동전을 한 장 넣는 풍습이
남아있으며, 이것을 잊으면 그 죽은 자가
나흐체러가 되어 산 자를 죽음의 나라로
데리고 가려고 하게 된다고 한다.

■나흐트예거

독일에서 이야기되는 괴이. 게르만 민간
전승에 나타나는 마물의 무리로, 밤이 되
면 출현한다고 한다. 주신(主神)인 보단
(Wodan)의 통솔을 받으며 폭풍과 함께 마
물의 무리가 천공을 질주하는데, 그 무리

에는 개, 고양이, 기묘하게 생긴 소, 말, 검은 말을 탄 목 없는 기사, 두건을 쓴 반인 반우의 괴물, 용, 뱀, 두꺼비, 도롱뇽, 거미, 지네, 까마귀, 부엉이, 산의 정령, 숲의 정령 등, 다양한 것이 있으며, 또 죽은 자의 신음소리나 흐느껴 우는 소리가 들린다. 만약 밤길에 이것과 마주쳤는데 비웃거나 놀리면, "함께 사냥을 가자. 대접을 받도록 하지"라는 말을 듣고 곧바로 밟혀 죽게 된다고 한다.

이것과 만났을 때에는 바닥에 엎드려서 완전히 지나갈 때까지 기다리거나, 세 개의 십자가를 자기 앞에 놓으면 된다고 한다.

우에다 시게오 저 『유럽의 제사와 전승』에 실려 있다. 유럽 각지에서 이야기되는 와일드헌트와 유사한 괴이다.

■ 낙뢰의 데몬

독일에서 이야기되는 괴이. 게르만 민족에게 전해지는 신인 도나르(Donar)는 번개의 신이지만 도나르가 뇌우를 일으킬 때는 데몬과 싸우고 있는 경우다. 이때, 낙뢰와 함께 데몬이 지상에 내려오면, 집 안으로 뛰어들려고 한다. 그렇기 때문에 뇌우가 다가왔을 경우에는 반드시 창문을 닫아둬야만 한다고 한다.

우에다 시게오 저 『유럽의 제사와 전승』에 실려 있다.

■ 날개 달린 고양이

영국을 시작으로 세계 각국에서 목격되는 괴물. 그 이름대로 날개가 달린 고양이의 모습을 하고 있으며, 1800년대부터 목격되고 있다. 1905년에는 영국의 천문잡지에 몸길이 3미터에 이르는 새까만 날개를 지닌 고양이와 비슷한 생물이 소개되었으며, 1933년에는 날개를 지닌 검은 고양이가 잡혔다고 한다. 그 이후로도 날개 달린 고양이는 몇 번이나 목격되었으며, 때로는 사진이나 영상으로 찍혔다. 그 정체에 대해서는 고양이형 피부무력증이라는 피부가 늘어나는 질병을 필두로 다양한 설이 주창되고 있다.

그러나 날개를 가진 고양이가 하늘을 나는 모습이 몇 번이나 목격되었기 때문에, 그 정체는 아직 확실히 판명된 것은 아닌 듯하다.

나미키 신이치로 저 『미확인동물 UMA 대전』에 실려 있다.

■ 네덜란드 인형 같은 것

영국에서 목격되는 괴이. 런던의 고급주택가인 첼시의 체이니 워크 강변의 집들 중에 유령이 나오는 것으로 유명한 집이 있다. 이 집의 옆을 지나가면, 2층 창문에서 네덜란드 인형 같은 뭔가 그로테스크한 것이 몸을 내밀고 있는 모습을 목격할 수 있다고 한다.

J. A. 브룩스 저 『런던 유령신사록』에 실

려 있다.

■네스 호의 선사시대의 짐승

영국에 나타났다고 하는 괴물. 1933년, 스파이서라는 인물과 그 아내가 네스 호의 남쪽 해안을 드라이브하던 중에 도로를 횡단하는 뭔가와 조우하고 차를 세웠다. 그것은 뭔가 거대한 동물의 목 같은 것이었는데, 이윽고 그 몸통도 덤불에서 나타났다. 크기는 길이 7미터, 높이 1미터 50센티 이상 되는 거대한 생물로, 고깃덩어리에서 목과 꼬리가 뻗어 나온 달팽이 같았다고 한다.

당시의 신문기사에서는 이 괴물은 '선사시대의 짐승'이라고 기록되어 있다. 또 스파이서가 그린 스케치도 남아있는데, 그곳에는 숲속에서 나타나는 고깃덩어리에 두 개의 굵은 목 같은 것이 뻗어나온 거대 생물의 모습이 그려져 있다.

■네시

영국에 나타난 괴이. 스코틀랜드의 네스 호에서 여러 번 목격된 수장룡 형태의 미확인생물로, 1933년에 목격된 이래로 끊임없이 목격자가 발생하고 있다. 그 정체는 공룡시대의 수장룡, 특히 플레시오사우르스의 생존개체로 추정되는 경우가 많으며, 공룡의 일종인 용각류(Sauropod)나 거대한 뱀, 물고기로 여겨지는 경우도 있다.

미확인생물의 대표로서 이야기되는 거대생물로, 6세기경의 아일랜드 선교사 콜룸바의 전기인『성 콜룸바의 생애(Vita Columbae)』중 서력 565년에 네스강에 서식하는 괴물이 퇴치되었다는 기술이 있는데, 이것이 네시에 대한 최초의 기록으로 여겨지는 경우가 많다. 네시의 명칭 자체는 1933년에 붙은 것으로, 목격담뿐만 아니라 사진에 그 모습의 일부가 찍혀있는 것도 다수 현존하고 있다. 한편, 1934년에 외과의사 로버트 케네스 윌슨이 촬영한 것으로 유명한 호수의 수면에서 목을 내민 네시의 사진은 반세기 이상 지난 1993년에 날조임이 판명되었다. 그것 외에도 수많은 사진에 네시의 모습이 찍혀있으며, 그 진위가 의심되고 있다.

그러나 네시가 지금까지 많은 사람의 마음을 사로잡아왔던 것은 사실이다. 언젠가 그 정체가 판명되는 그때까지 인류의 로망으로서 계속 자리할 것이다.

■넬슨 제독의 유령

영국에서 이야기되는 괴이. 런던에 있는 서머싯 하우스에는 영국 해군 제독으로서 트래펄가 해전에서 프랑스와 스페인 연합함대를 격파한 것으로 유명한 허레이쇼 넬슨의 유령이 나온다고 한다. 이것은 서머싯 하우스의 한 구역에 원래 해군성이 있었기 때문이라고 하는데, 나타나는 넬슨의 유령은 생전처럼 오른팔을 잃은 상태인 기운 없어 보이는 모습이라고 한다. 이 유령이 안뜰을 가로지를 때에는 머리 부분이 성인(聖人)처럼 영혼의 구름에 감싸이며, 사람이 다가가려고 하면 사라져 버린다고 한다.

히라이 쿄코 저『고스트를 찾아가는 런던 여행』에 실려 있다.

■노란 사람

프랑스에 나타난 괴이. 얼굴이 노랗고 목 부분에 붉은 표시가 있는 인간의 모습을 한 존재로, 처음 나타난 것은 1870년의 보불전쟁(프로이센-프랑스 전쟁) 직전이었다고 한다. 그 이래로 노란 사람은 프랑스가 큰 전투에서 패하기 직전에 나타나게 되었으며, 마지막으로 나타난 것은 제1차 세계 대전이 발발하기 며칠 전이었다는 소문이 있다고 한다.

피터 헤이닝 저『세계 영계 전승 사전』에 실려 있다.

■노란 소년

영국에서 전해지는 괴이. 동잉글랜드의 하트퍼드셔에 있는 넵워스 하우스(Knebworth House)에 출현한다는 소년의 모습을 한 유령. 이 괴이는 죽음의 전조로서 나타난다고 여겨지고 있으며, 실제로 만난 사람은 자신의 죽음을 예감한다고 한다. 19세기에는 외교관 캐슬리 경(Lord Castlereagh)이라는 인물이 노란 소년을 목격하고,

직후에 자살한 일도 있다고 한다.

로버트 그렌빌 저『반드시 나오는 세계의 유령의 집』에 실려 있다.

■노리치 성의 검은 귀부인

영국에 전해지는 괴이. 노리치 성은 노퍽에 현존하는, 과거에 감옥으로 사용되었던 성이다. 이 성에는 여러 유령에 대해 전해지고 있는데, 성 안의 아트갤러리에는 검은 귀부인이라 불리는 유령이 헤매고 있다고 한다. 이 귀부인은 과거에 폭력을 휘두르는 남편의 목을 낫으로 베어버렸던 빅토리아조 시대의 여성이라고 한다.

로버트 그렌빌 저『반드시 나오는 세계의 유령의 집』등에 실려 있다. 이 성에는 그 밖에도 공중에 떠오르는 해골이 나온다고 하는데, 이것은 살해된 검은 귀부인의 남편의 것이 아니라 16세기에 반란을 일으켰다가 처형된 로버트 케트(Robert Kett)의 유령인 듯하다. 자세한 것은 **로버트 케트의 하늘을 나는 해골** 항목을 참조.

■노아 부인

영국에 전해지는 괴이. 콘월에 있는 올드 포스트 오피스(Tintagel Old Post Office)라는 매너하우스를 둘러싼 이야기로, 이 집의 관리인을 맡고 있던 여성의 체험담에 의하면 매일 아침마다 건물에 들어오면 전등이 깜빡이고 있다고 한다. 또 어느 견학자가 침대에서 자는 노부인을 보았다

는 증언이 있었기 때문에, 전등의 깜빡임과 관계가 있는가 하고 전등의 점멸 패턴을 기록해보았다. 그러자 그 전등의 점멸은 반복되는 모스부호로 '노아(Noah)'라는 신호를 보내고 있었다. 노아는 예전에 이 저택에 살고 있던 노부인의 이름이었다고 한다.

션 에반스 저『영국의 유령전설』에 실려 있다.

■녹색의 귀부인

프랑스에서 목격되는 괴이. 브리삭 칸세(Brissac-Quincé)에 현존하는 브리삭 성(Brissac Castle)이라 불리는 성에는, 녹색의 귀부인이라는 유령이 나타난다고 전해지고 있다.

이 유령은 '샤를로트 드 브레제(Charlotte de Brezé)'라는 15세기경의 인물로, 불륜상대와 밀회 중에 남편에게 발각되어 참살 당했다고 이야기되고 있다. 샤를로트는 사후에도 아끼는 녹색 드레스를 걸치고 나타나게 되었는데, 그 눈구멍에는 눈알이 없고 검은 구멍이 뻥 뚫려 있다고 한다.

로버트 그렌빌 저『반드시 나오는 세계의 유령의 집』등에 실려 있다.

■누치닉

러시아에서 이야기되는 괴이. 밤의 정령이라고 하는 존재로, 강에 산다. 빛나는 몸을 지녔으며, 강가에 있는 인간을 발견하면 다가가서 죽여 버린다고 한다.

P. G. 보가티료프 저『주술·의례·속신』에 실려 있다. 이 책에 의하면 누치닉은 흡혈귀의 일종이라고 한다.

■눈을 깜빡이는 소녀의 미이라

이탈리아에서 이야기된 괴이. 시칠리아 섬의 도시인 팔레르모의 카푸친 프란시스코 교회에 안치되어 있는 소녀의 미이라로, 생전의 이름은 '로잘리아 롬바르도'라고 한다. 1920년에 두 살 나이로 죽은 이 소녀는 방부처리에 의해 생전 그대로의 모습으로 잠들어있지만, 2012년에 그녀가 눈을 깜빡이는 것이 확인되었다.

나미 신이치로 저『MU적 도시전설』에 의하면, 이 소녀의 깜빡임에는 빛에 의한 착각이라는 설 이외에 교회 지하묘지에 매장된 사람들의 혼령이 빙의했다는 설이 있다고 한다.

■뉴게이트 감옥의 마견

영국에서 이야기되는 괴이. 현재 런던에 있는 중앙 형사재판소는 뉴게이트 감옥이라는 이름의 형무소 터에 세워진 재판소다.

이 뉴게이트 감옥에서는 수많은 사형수가 죽었기 때문인지 유령 목격담이 끊이지 않는데, 그 중에서도 가장 특이한 것이 지금도 목격된다고 하는 마견의 전설이다. 시대는 13세기, 헨리 3세의 치세 때에 끔찍한 기아가 런던을 덮쳤고, 뉴게이트 감옥도 심한 굶주림에 시달리고 있었다. 그곳에서 죄수들은 사람이 새로 들어올 때마다 그 사람을 죽여서 먹게 되었는데, 어느날 마법을 사용했다는 죄로 한 남자가 감옥에 들어왔다.

죄수들은 당연하다는 듯이 그 남자를 죽여서 먹었는데, 그 이후로 눈에서 활활 불이 타오르고 입에서 새빨간 피를 뚝뚝 흘리는 마견이 나타나서 죄수들을 습격하게 되었다고 한다.

히라이 쿄코 저『고스트를 찾아가는 런던 여행』에 실려 있다. 이 마견은 블랙독이라고도 불린다. 블랙독은 영국에 널리 전해지는 괴이로, 불길함의 상징으로서 두려움을 사는 것 외에, 사람에게 직접 위해를 가하는 경우도 있다고 한다.

■늙은 광녀

영국에 전해지는 괴이. 런던의 하이게이트 묘지에 출현한다는 유령으로, 그 정체는 자신이 죽인 아이들을 착란 상태에서 찾아다니는 노녀라고 한다.

로버트 그렌빌 저『반드시 나오는 세계의 유령의 집』등에 실려 있다. 하이게이트 묘지는 그밖에도 다양한 괴이가 출현하는 것으로 알려져 있다. 자세한 것은 **천을 뒤집어 쓴 악귀, 하이게이트 뱀파이어** 항목을 참조.

■닉켈카터(Nickelkater)

독일에서 이야기되는 괴이. 폭포 안에 숨는 물의 정령으로, 뱀의 모습을 하고 있다고 한다. 아이를 발견하면 물속으로 끌고 들어가 버린다고 전해지고 있다.

우에다 시게오 저『유럽의 제사와 전승』에 실려 있다.

【다】

■다니엘 풀트니 상의 괴이

영국에서 목격되는 괴이. 런던의 웨스트민스터 사원에 있는 대리석으로 된 다니엘 풀트니(Daniel Pulteney) 조각상은, 이따금씩 오른쪽 무릎에 놓은 책의 페이지가 넘어간다.

히라이 쿄코 저『고스트를 찾아가는 런던 여행』에 실려 있다. 다니엘 풀트니는 17세기부터 18세기에 걸쳐 활동한 영국의 정치가이며, 웨스트민스터 사원에 매장되어 있다.

■다름슈타트의 검은 부인

독일에 나타난 괴이. 다름슈타트에 출몰하는 검은 상복과 긴 베일을 두른 유령으로, 죽음의 전조로서 나타난다고 한다.

피터 헤이닝 저『세계 영계 전승 사전』에

실려 있다.

■다섯 그루의 참나무의 괴이

독일에서 이야기되는 괴이. 니더작센 주의 아에르첸(Aerzen)에서 제르크센으로 가는 길 도중에, 다섯 그루의 참나무가 있다. 이 장소에는 빈번하게 하얀 거위가 목격되는데, 이 거위는 평범한 거위가 아니라고 한다.

어느 인물이 이 장소를 지날 때에 거위가 멋대로 등에 진 바구니에 들어왔는데, 그대로 나아가고 있다가 점점 무거워져서 끝내 움직일 수 없게 되었다. 그래서 바구니를 내리자, 그곳에는 거위가 아니라 노파가 있었고, 자신을 참나무 곁으로 돌려놓으라고 명령했다고 한다.

또 다른 인물은 이 장소를 지날 때에 다섯 명의 하얀 소녀가 황금공을 사용해서 볼링을 하고 있던 것을 보았다. 이 공은 길을 데구르르 굴러서 그것을 보고 있던 인물의 발밑까지 굴러왔기 때문에, 그 인물은 공을 주워서 재빨리 달아났다. 하얀 소녀 유령들은 그를 쫓아왔지만, 흐르는 물을 건널 수 없었기 때문에, 다리를 건넌 그를 따라갈 수 없었다.

그 황금 공은 정말로 순금으로 만들어진 것이어서, 그 인물은 집을 살 수 있을 정도로 큰돈을 손에 넣었다고 한다.

H. 슈라이버 저『독일 괴이집』에 실려 있다.

■다우어 하우스의 괴물 고양이

아일랜드에서 이야기되는 괴이. 아일랜드의 킬라키(Killakee)에 있는 다우어 하우스는 과거에 시인 마가렛 오브라이언과 그 남편인 니콜라스가 예술센터로서 사용했던 집이었는데, 이 집에 중형견 정도 되는 거대한 검은 고양이가 나타나게 되었다. 이 검은 고양이는 문이 잠긴 방 안에도 갑자기 나타나고, 어느 때에는 "너에게는 내가 보이지 않는다. 내가 누군가인지조차 모르겠지"라고 굵고 낮은 목소리로 말을 걸어왔다고 한다.

존 & 앤 스펜서 저『세계 괴이 현상 백과』에 실려 있다.

■대재해를 부르는 이니셜

영국에서 이야기되는 괴이. 런던 스트랫퍼드의 왕립극장은 1884년에 개업했는데, 1888년에 프레드릭스가에 인수되어 1957년까지 그 관리 하에 있었다. 그곳의 역대 지배인 중에도 가장 유명한 프레드 프레드릭은, 유령이 되어서 매일 밤늦은 시간이 되면 이 극장에 나타난다고 한다. 술통처럼 뚱뚱한 몸에 갈색 양복을 걸치고 무대를 둘러싼 프로시니엄 아치에 자신의 이니셜이 남아있는지를 확인하는데, 만약 이것이 없어지기라도 하면 극장에 큰 재해가 내린다고 전해지고 있다.

J. A. 브룩스 저『런던 유령신사록』에 실려 있다.

■더 퀴어 펠라(the queer fella)

영국에서 이야기되는 괴이. 1968년, 런던의 지하철을 지나는 터널을 굴삭공사를 하던 때에 나타난 유령으로, 아일랜드 출신의 작업원들에게 '그 이상한 자식(더 퀴어 펠라)'라고 불렸다.

이 유령은 키가 2미터 이상이며, 무섭게 두 팔과 두 다리를 내밀고 있는 모습이 목격되었다고 한다.

이 유령이 출현하게 된 것은, 공사할 때에 페스트로 죽은 사람들을 묻은 집단묘지를 파헤쳐버렸기 때문으로 믿어지고 있다고 한다.

J. A. 브룩스 저 『런던 유령신사록』에 실려 있다.

■데번셔의 악마

영국에 출현한 괴이. 1855년, 영국 남서부의 데번셔(현 데번 주)에서, 쌓인 눈 위에 기묘한 발자국이 나타난 일이 있었다. 이 발자국은 말발굽과 비슷했으며 길이 약 10센티미터, 폭은 약 7.5센티미터로 약 160킬로미터에 걸쳐 나 있었다고 한다.

이 발자국은 벽면이나 지붕에도 이어지고 있었으며, 약 20센티미터의 보폭을 바꾸지 않고 쭉 통과하고 있었다고 한다. 이러한 발자국으로 생겨난 길은 옛날부터 '악마가 다니는 길'이라 불렸으며, 이 발자국도 '악마의 발자국'이라며 두려움을 샀다. 그리고 발자국의 주인은 '데번셔의 악마'라고 불리게 되었다.

2009년, 이 발자국은 다시 데번 주에 출현해서 주민들을 공포로 몰아넣었다.

나미키 신이치로 저 『MU적 도시전설』에 의하면, 사람들은 이 발자국의 출현으로 악마가 이 마을에 나타났다고 믿었다고 한다. 유럽에서 기독교의 악마는 발굽을 지닌 모습으로 표현되는 경우가 많은데, 이 발자국이 악마의 발자국으로 여겨지는 이유는 그런 것일까.

■도모보이(Domovoy)

러시아에 나타난 괴이. 집의 수호신으로 여겨지는 존재로, 가족의 건강을 지키고 가축을 돌봐주기 때문에 사람들에게 사랑받고 있다고 한다.

도모보이는 사는데 익숙해진 집을 스스로 떠나지 않기 때문에, 이사할 때는 도모보이에게 사정을 이야기하고 함께 이주하자고 설득해야만 한다. 이 설득을 게을리 하면 도모보이를 화나게 만들어서 무슨 짓을 당할지 알 수 없다고 한다.

또 러시아에서는 옛날부터 가위에 눌리는 것은 도모보이가 깨운 것이라고 여겨지고 있으며, 가위에 눌렸을 때는 "길이냐 흉이냐"라고 물어보면 도모보이가 운명을 예언해준다고 한다. 그밖에, 전쟁 중일 때에 도모보이가 앞으로 사흘만 있으면 전쟁이 끝난다고 예언했다는 이야기도 남아있다고 한다.

도모보이를 직접 불러내는 방법도 전해지고 있는데, 그것에 의하면 양동이에 깨끗한 물을 채우고 그 안에 아름다운 빗을 넣어두면 3일 뒤에 도모보이의 머리카락이 그곳에 나타난다. 이 머리카락을 손바닥에 비비면 도모보이가 찾아온다고 한다.

사이토 키미코 저『러시아의 요괴들』에 실려 있다.

■도모지리하

러시아에서 이야기되는 괴이. 집안에 나타나는 요괴로, 그 집의 사람들을 위해서 일하며 부를 가져다준다고 한다. 또 집에 불행이 찾아올 때에는, 마루 밑에서 소리 내어 운다고 한다.

사이토 키미코 저『러시아의 요괴들』에 실려 있다. 이 책에 의하면, 도모지리하는 마찬가지로 집에 나타나는 요괴인 **키키모라**와 같은 존재라고 한다.

사이토 키미코 저『러시아의 요괴들』에 실려 있다.

■도살하는 짐승

스위스에서 이야기되는 괴이. 베른 주의 주도인 베른에 출현하는 검은 짐승으로, 원래는 푸줏간의 주인이었다고 한다. 이 남자는 자신이 도살하는 짐승들을 배려하지 않기는 고사하고 점점 잔혹하게 처리했기 때문에 사후에 죽음의 세계로부터 쫓겨났다. 그렇게 되어 삶과 죽음의 틈새

를 방황하는 처지가 되어 도살당한 짐승들의 괴로움을 맛보며 지상을 헤매고 있다고 한다.

H. 슈라이버 저『독일 괴이집』에 실려 있다.

■들판의 도깨비불

영국에 나타난 괴이. 1969년 1월 4일, 잉글랜드의 와이트 섬(Isle of Wihgt)에서 어느 부부가 차를 타고 가고 있는데, 앞쪽에 펼쳐진 들판이 위아래로 흔들리는 빛으로 덮여있는 것을 깨달았다. 그래서 다가가 보니, 농장으로 이어지고 있을 어두운 시골길이 가로등이 켜진 길거리처럼 보였다. 그러나 길의 입구에 들어서자 평소의 시골길로 돌아와 있었다. 이상하게 생각해서 단골 호텔에 가보았더니 그 호텔도 빛으로 뒤덮여 있었고, 회중전등 같은 것을 든 여러 명의 사람이 앞을 가로질러 지나갔다. 그 중에서도 남자는 저킨(Jerkin. 16세기부터 17세기에 걸쳐 입던 남성용 짧은 상의)을 입고 폭이 넓은 벨트를 차고 있었다. 그래서 차를 세우고 무슨 일이냐고 물어보려고 했더니, 이번에는 사람의 모습이 사라지고 평소대로의 호텔 모습으로 돌아와 있었다.

그 다음 날 아침, 부부는 이른 아침에 같은 루트로 돌아왔지만, 어젯밤의 빛의 흔적은 아무것도 없었다고 한다.

존 & 앤 스펜서 저『세계 괴이 현상 백과』

에 실려 있다. 이 책에는 이 부부는 타임슬립을 반복하고 있었던 것이 아닌가 하고 고찰되고 있다.

■ 디벅(Dybbuk)

유태인들 사이에서 이야기되는 괴이. 원래는 이블이라고 불리고 있었지만, 17세기 이후, 독일이나 폴란드에 사는 유태인들의 언어에서 이 디벅이라는 이름이 창작되었다고 한다.

원래 디벅은 병자의 몸에 깃드는 사악한 정령이었는데, 16세기에는 죄인이 변해버린 모습으로 여겨지게 되었다. 과거에 저지른 죄 때문에 새로운 몸에 들어가지 못하고 살아있는 죄인에 억지로 빙의한 혼이 디벅이 된다고 여겨졌다. 또 일부 사람들은 올바른 방법으로 매장되지 않은 인간이 악령으로 변한 존재라고 생각했다.

유대교의 신비주의 사상에 의한 '카발라'에는 디벅을 추방하기 위한 방법이 몇 개나 남아있으며, 그것은 지금도 여전히 채용되고 있다. 또, 인간의 몸에서 디벅이 도망칠 경우에는 발의 새끼발가락을 통해서 나가는데, 그곳에 피가 나는 작은 구멍이 남겨진다고 한다.

로즈마리. E. 길리 저 『요정과 정령의 사전』에 적혀 있다

■ 디아틀로프 사건

러시아에서 발생한 괴이. 1959년, 당시 소련의 우랄 산맥에서 발생한 조난사건을 가리킨다. 이 사건으로 남녀 아홉 명이 희생되었지만, 어째서인지 모두 극한의 날씨 속에서 옷을 제대로 걸치지 않고 신발도 신지 않고 있었다. 사인은 아홉 명 중 여섯 명이 저체온 증이었지만, 나머지 세 명은 외상에 의한 사망이었다. 그 시체는 늑골이 골절되거나 두개골이 함몰되거나, 혀가 사라진 자가 있었다고 한다. 그러나 그들 사이에서 싸움이 벌어진 흔적은 없었다고 한다.

이 불가사의한 죽음으로 인해, 이 조난사건에 대한 다양한 억측이 퍼지게 되었다. 눈보라나 산사태 등의 자연현상부터 방사능 피폭이나 미사일 발사실험 같은 음모론, UFO나 우주인의 습격 같은 SF 영화 같은 주장, 곰이나 탈옥수의 습격 같은 물리적인 것까지 다양했다. 또 그들이 남긴 사진 중에 정체불명의 빛나는 물체가 찍혀있었다는 점도 논의를 가속시켰다.

그러나 그들이 의복을 몸에 걸치지 않았던 것은 눈사태에 의한 것이며, 외상도 미끄러져 추락하며 바위나 얼음에 부딪쳐서 생긴 것이라는 현실적인 추측도 이루어져 있다. 다만 한 가지 분명한 것은, 이 산에서 아홉 명의 젊은이가 목숨을 잃었다는 사실이다.

도니 아이카 저 『죽음의 산(Dead Mountain: Dyatlov Pass Incident)』에 실려 있다.

■ 디아볼 (davol)

러시아에서 이야기되는 괴이. 악마의 일종으로 여겨지고 있으며, 익사하거나 목을 매서 죽은 인간을 붙잡아서 말로 바꿔버린다고 한다.

어느 이야기에서는 한 농부가 여자가 있는 곳에서 술을 마시고, 그런 끝에 돈을 뜯어내려 했지만 여자는 응하지 않고 밖으로 음식을 사러 나갔다. 그렇게 길을 가던 도중에 말을 탄 두 명의 거한과 만났는데, 그 남자들이 "말의 입을 봐라"라고 말했다. 그리고 말이 입을 벌렸기 때문에 들여다보았더니, 그곳에는 그 농부가 서 있었다. 여자는 정신을 잃고 말았다.

그 후에 의식을 되찾은 여자가 집에 돌아가 보니, 농부가 로프에 목을 매고 죽어있었다고 한다.

사이토 키미코 저『러시아의 요괴들』에 실려 있다.

■ 디에프 공습의 사례

프랑스에 나타난 괴이. 제2차 세계대전에서 프랑스의 디에프 인근에서 이루어진 공중전과 해전의 소리가 종전 후인 1951년에 울려 퍼졌다는 괴이.

이것은 같은 해 7월부터 8월에 걸쳐 디에프 근교의 뷔에서 휴가를 보내고 있던 영국의 두 부인에 의해 보고되었는데, 그것에 의하면 8월 4일의 새벽 4시경부터 시작되었다. 두 사람은 바다에서 들려오는 굉음에 잠을 방해받았고, 총성, 포탄을 쏘는 소리, 병사들의 아비규환이 연속해서 들려왔지만, 그 소리의 출처는 아무것도 보이지 않았다. 그것은 두 시간 이상에 걸쳐 단속적으로 발생했는데 오전 6시 55분 정도 되자 아무 소리도 들리지 않게 되었다.

이 불가사의한 소리의 괴이는 1942년 8월 19일, 그야말로 두 부인이 체험했던 것과 같은 시간에 이루어진 전투와 일치했다고 한다.

로즈마리. E. 길리 저『요정과 정령의 사전』에 적혀 있다

■ 디키 (Dicky)

영국에 나타난 괴이. 더비셔의 농장에 출현하는 유령으로, 집 사람이 죽을 상황이거나 비상사태가 발생할 경우, 그 전조로서 나타나거나 소리를 낸다고 한다. 또 외부인을 싫어하기 때문에 타인이 집에 머무르면 나타날 확률이 높아지며, 소음을 내서 잠을 방해한다고 한다.

이 유령의 생전에 대해서는 자세한 이야기는 남아있지 않지만, 어떠한 불우한 죽음을 맞이한 인물로 여겨지고 있다.

사라 리트비노프 편『세계 오컬트 사전 (The Illustrated Guide to the Supernatural)』에 실려 있다.

【라】

■라넬라 정원의 하얀 부인

영국에서 이야기되는 괴이. 과거 런던에 있었던 라넬라 정원(Ranelagh Gardens)에 나타난 유령으로, 과거에 이 여성을 짝사랑하던 남자에게 연인이 살해당했다고 한다. 이곳에서는 보름달이 뜨는 밤이면 말에 탄 살인자가 미친 듯이 캐리지포치를 달려 낡은 경비실을 지나서 그 밖의 로어 리치몬드 로드(Lower Richmond Road)로 나가고, 그 뒤를 "폴, 폴!"이라고 살해당한 연인의 이름을 부르면서 울며 비틀비틀 걷는 귀부인의 모습이 나타난다고 한다. J. A. 브룩스 저 『런던 유령신사록』에 실려 있다.

■라빈키르 호수의 괴물

러시아에서 목격된 괴물. 라빈키르 데빌 (Labyngkyr Devil)이라고도 불린다. 거대한 어류, 혹은 양서류 같은 모습을 한 괴물이라고 하며, 호수 근처에 다가온 동물을 습격해서 한입에 삼켜버린다고 한다.
장 자크 발루와 저 『환상의 동물들』에 의하면, 그 몸 표면은 회색, 혹은 흑색으로 1964년경부터 목격되고 있다고 한다.

■라인 강의 괴물

독일에서 이야기되는 괴이. 라인 강에는 이하와 같은 이야기가 전해지고 있다. 강 바닥이 깊은 여울이 갑자기 파도치며 "때는 왔다, 봐라, 한 사람이면 된다!"라는 소리가 들릴 때가 있다. 이 소리가 들리면 사람이 물에 빠지는 사고가 발생한다고 한다.
우에다 시게오 저 『유럽의 제사와 전승』에 실려 있다. 이 책에 의하면, 이것은 산 제물을 원하는 물의 정령에 대한 원시적인 두려움을 전하는 이야기라고 한다.

■란하이드록(Lanhydrock)의 유령들

영국에 전해지는 괴이. 콘월에 현존하는 이 저택에는, 많은 유령이 살고 있다고 한다.
1760년대에 심장병으로 세상을 떠난 에밀리라는 소녀, 1775년에 말에 밟혀 죽은 소년, 유부남인 동료의 아이를 밴 채로 자살한 애너벨 오코너라는 여성 고용인, 1820년대에 계단에서 굴러떨어져 죽은 여성이나 같은 시기에 성홍열로 죽은 유아, 1890년에 자연사한 앨버트 리어라는 이름의 집사장 등 다양하다.
또 이 저택을 조사했을 때에는 실내 온도의 저하나 기계의 상태 불량, 갑작스러운 향수 냄새가 풍기는 등의 괴기현상이 일어났다고 한다.
션 에반스 저 『영국의 유령전설』에 실려 있다.

■ 랜돌프 처칠의 유령

영국에서 전해지는 괴이. 랜돌프 처칠은 영국의 정치가로, 영국 수상 윈스턴 처칠의 아버지로도 널리 알려져 있다. 이 윈스턴이 랜돌프의 유령과 조우했다는 이야기가 유명하다. 윈스턴 자신이 쓴 기사에 의하면 1941년, 그는 아버지의 초상화의 복제를 그리고 있었는데, 문득 시선을 들었더니 팔걸이의자에 아버지가 앉아있었다. 랜돌프는 생전의 젊은 시절 모습이었는데, 윈스턴은 아버지가 죽은 후 반세기 동안 일어난 일들을 전했고 랜돌프는 그것에 대답했다고 한다.

션 에반스 저 『영국의 유령전설』에 실려 있다.

■ 랜턴 남자(Lantern man)

영국에서 전해지는 괴이. 케임브리지셔의 위켄 펜(Wicken Fen)이라는 습지에 출현하는 괴이로, 늪이나 연못 위를 돌아다니는 신비한 불을 말한다. 이 도깨비불은 만난 자를 미혹시켜서, 습지의 늪에 빠뜨리려 한다고 한다. 이 랜턴 남자는 휘파람에 불려오기 때문에, 이 부근을 걸을 때는 휘파람을 불어서는 안 된다고 전해지고 있다.

션 에반스 저 『영국의 유령전설』에 실려 있다. 이 책에 의하면 랜턴 남자는 수백 년 전부터 현대에 이르기까지 이야기되고 있는 괴이라고 한다.

■ 랭커스터 백 토머스의 유령

영국에 전해지는 괴이. 노섬벌랜드에 현존하는 던스턴버러 성(Dunstanburgh Castle)에 살고 있었다고 하는 랭커스터 백 토머스(Earl Thomas of Lancaster)는 1322년, 버러브리지 전투(Battle of Boroughbridge)에서 패하고 반역죄로 처형당했다. 이 처형은 몹시 끔찍했는데, 목이 제대로 잘리지 않아서 처형인이 열한 번이나 검을 내리쳐야만 했다고 한다.

그 이후, 토머스는 망령이 되어 나타나게 되었다. 그 유령은 잘린 자신의 머리를 자기 팔로 안고 그 땅을 헤매고 있는데, 그 얼굴은 공포로 굳은 채라고 한다.

션 에반스 저 『영국의 유령전설』에 실려 있다.

■ 러시아의 아이 보는 유령

러시아에 나타난 괴이. 어느 마을을 방문한 한 남자가 오랫동안 만나지 못했던 지인의 집에서 하루 묵으려 생각하고 찾아갔더니, 한 여자가 나와서는 집에 들여보내주었다. 남자는 이 여자를 본 적이 없었지만, 아는 사이인 노부부는 이미 잠들어 있고 여자가 아기에게 젖을 주기 시작했기 때문에 노부부의 며느리이겠거니 하고 별 의심 없이 잠자리에 들었다.

다음 날 아침, 깨어난 노부부가 남자를 보고 깜짝 놀랐기 때문에 며느리가 집에 들여보내 주었다고 이야기하자, 그 여자는 이미 죽었다는 대답이 돌아왔다. 그리고 죽은 며느리가 아이를 죽이러 온 것이 아니냐며 대소동이 벌어졌다고 한다.

사이토 키미코 저 『러시아의 요괴들』에 실려 있다. 죽은 뒤에도 남겨진 아이를 불쌍히 여겨서 키우러 온다고 하는 일본의 아이 보는 유령담과 달리, 러시아의 경우에는 어머니 유령 본인의 마음은 알 수 없다고 해도, 살아있는 사람들에게 어머니 유령은 아이에게 해를 끼치는 존재로 취급되고 있다.

■ 런던 다리의 효수대

영국에서 이야기되는 괴이. 템스 강에 놓였던 옛 런던 다리는 16세기부터 17세기에 걸쳐 효수대를 설치하고 효수된 머리를 전시하고 있었다. 이 효수대는 처음에는 다리 북쪽에 설치되었다가 나중에 남쪽으로 옮겨졌는데, 그때는 3, 40명의 목이 효수된 상태였다고 한다. 이 목은 풍화될 때까지 방치되어서 까마귀 등이 그 살을 쪼아 먹으러 내려오는 일도 많았다고 한다. 그런 장소에 있었기 때문인지, 옛 런던 다리가 있었던 부근에는 효수되었던 사람들의 신음소리가 들리는 일이 있다고 한다.

히라이 쿄코 저 『고스트를 찾아가는 런던 여행』에 실려 있다.

■ 레밍턴 스파 역
(Leamington Spa Railway Station)

영국에서 이야기되는 괴이. 영국에 실존하는 역으로, 유령이 자주 목격되는 것으로 유명하다. 유령이 나타나는 것은 플랫폼부터 오피스까지 다양하지만, 특히 지금은 사용되지 않는 3번 플랫폼의 지하실이나 오피스 빌딩의 최상층을 유령들이 마음에 들어 하는 모양이라고 한다. 그들은 전깃불을 끄거나 켜고, 서류를 책상에서 멋대로 꺼내는 등의 장난을 친다.

현재는 고스트 버스터로서 고용된 닉 리스(Nick Rees)라는 인물이 순찰을 담당하고 있는데, 그의 노력 덕분에 지금도 이 역에서는 유령과 인간이 공존하고 있는 듯하다.

■ 레소비크(Lesovik)

러시아에서 이야기되는 괴이. 동물들을 통솔하는 숲의 왕이라고 하며, 이런 이야기가 전해지고 있다.

한 남자가 숲에서 노숙을 하며, 모닥불 앞에서 샤니가라는 치즈나 저먼포테이토를 얹은 빵을 먹고 있자, 늑대나 토끼, 엘크 등의 숲에 사는 동물들을 이끌고 레소비크가 나타났다.

레소비크가 "샤니가를 다오"라고 말했기 때문에 절반을 떼어주자, 레소비크는 그것을 찢어서 동물들에게 나누어주었다. 하지만 어떻게 된 영문인지 레소비크가

가지고 있는 샤니가는 전혀 줄어들지 않았고, 동물들은 모두 배불리 먹었다.

그런 뒤에 레소비크는 남자에게 집으로 돌아가라고 재촉하며, "만약 늑대에게 습격당할 것 같다면 '너는 나의 샤니가를 먹었으니까 나에게 손대지 마라'라고 말하도록 해라"라고 조언했다. 귀갓길에 남자가 늑대의 습격을 당했을 때에 레소비크가 말한 대로 했더니, 늑대들은 그대로 떠나갔다고 한다.

사이토 키미코 저 『러시아의 요괴들』에 실려 있다.

■ 레시(Leshy)

러시아에 전해지는 괴이. 레스노이(Lesnoi), 레소비크(Lesovik), 레샤크(Leshak) 등, 지역에 따라서 호칭이 다르지만, 어느 것이나 '숲의 사람', '숲의 왕' 같은 의미를 지닌다. 숲에 서식하는 동식물을 지배하에 두는 숲의 파수꾼이라고 한다. 인간에게는 호의적이지 않은 경우가 많고, 길을 잃게 만들거나, 먹을 것처럼 보이게 해서 똥이나 이끼를 먹이려는 짓을 하기도 한다. 또 젊은 여자가 있으면 납치해서 아내나 유모로 삼아버린다는 이야기도 있다.

사이토 키미코 저 『러시아의 요괴들』에 실려 있다. 이 책에 의하면, 목동의 모습을 하고 토끼떼를 쫓는 레시의 목격담이나, 소떼에게 자유자재로 명령을 내릴 수 있는 허리띠를 인간에게 준 노인 모습을 한 레시의 이야기 등이 실려 있다.

레시는 평범한 인간 같은 모습으로 나타나지만, 강을 한 걸음에 넘을 수 있을 정도로 거인 같은 모습이거나, 작은 노파의 모습일 때도 있는 등, 모습은 일정하지 않다고 한다. 때로는 키를 자유자재로 바꿀 수 있는 능력을 지니고 있다고 이야기되는 경우도 있다고 한다.

그밖에도 죽은 아버지 등, 만난 사람과 가까운 사람의 모습으로 변할 수도 있다고 한다.

또 복장에도 특징이 있어서, 콜팍(Kolpak)이라는 삼각모자, 그 중에서도 구리로 된 것을 즐겨 쓰며 마물의 것이라고 생각되는 녹색 옷 외에 흑색, 백색, 적색 옷을 입는 경우가 많다. 또 옷의 조합이 보통과 반대이거나, 신발이 좌우 반대이거나 하는 특징으로 레시를 분간할 수 있다고 전해진다. 그에 더해서 사타구니 사이로 바라보면 레시의 정체를 간파할 수 있다는 이야기도 있다. 이것은 일본에서 인간으로 둔갑한 여우 등의 요괴를 간파할 때에 사용되는 방법과 공통된다.

약점은 은 탄환으로, 납 탄환이라면 맨손으로 움켜쥐어버린다고 한다. 또 옷을 뒤집어 입거나 신발을 좌우 반대로 신는 방법으로 레시와 마주치는 것을 막을 수도 있다. 만약 만나버렸을 경우에는 엉겅퀴 수풀 속으로 도망쳐 들어가면 쫓아오지 않는다고 한다.

한편, 인간에게 호의적인 레시도 있으며, 인간 아이를 돌봐주거나 전쟁에 나간 병사들과 함께 적과 싸운 레시도 있다고 한다.

■ 레이디 엘리노어 캐번디시의 유령

영국에 전해지는 괴이. 웨일즈의 카마던셔 주에 있는 흘란데일로(Llandeilo)의 교외에 있는 뉴턴 하우스(Newton House)에는 유령이 출현한다고 한다. 1980년대, 어느 텔레비전 방송국에서 그 유령의 모습을 촬영하려고 이 저택에 하루를 묵었는데, 결국 유령의 모습은 촬영할 수 없었다. 그러나 누군가의 보이지 않는 손에 의해 카메라맨이 목을 졸리거나, 천장이 떨어져 내리는 등, 촬영을 방해하려고 하는 현상이 일어났다.

이 유령은 레이디 엘리노어 캐번디시(Elinor Cavendish)라고 하는 여성의 유령이 아닌가 하는 설이 있다. 엘리노어는 뉴턴 하우스에 살고 있던 사람의 사촌이었는데, 바라지 않던 혼약으로부터 도망치기 위해서 이 집에 숨어있었다. 그러나 약혼자가 찾아와, 화가 나서 엘리노아의 목을 졸라 죽여 버렸다. 그것은 텔레비전 방송국 카메라맨이 목을 졸렸던 방과 같은 방에서 일어난 일이라고 한다.

션 에반스 저 『영국의 유령전설』에 실려 있다.

■ 로겐볼프(Roggenwolf)

독일에서 이야기되는 괴이. 여섯 개의 다리가 달린 늑대 모습을 한 괴이로, 호밀밭에 출현한다고 한다. 호밀밭에서 일하는 중에 갑자기 의식을 잃고 쓰러졌을 경우에는 로겐볼프에게 물렸다고 표현되는 듯하다.

우에다 시게오 저 『유럽의 제사와 전승』에 실려 있다.

■ 로라 태플린(Lola Taplin)의 유령

영국에 전해지는 괴이. 우스터셔 주의 브렛포턴(Bretforton)에 있는 더 플리스 인(The Fleece Inn)이라는 건물에 출현하는 유령으로, 1977년에 죽은 로라라는 여성의 혼령으로 여겨진다. 로라는 이 건물에서 선술집 겸 여관을 개업한 인물의 손녀였는데, 이 건물을 아직 자신의 집으로 인식하고 있는 듯하다. 특히 이 건물에서 식사를 하는 사람을 싫어해서, 식사를 바닥에 떨어뜨려서 망쳐놓는다고 한다. 또 의자가 혼자서 흔들리거나, 그곳에 노부인이 앉아있는 모습이 목격되거나, 흐리멍덩한 사람의 형체가 현재 술집이 되어 있는 실내를 가로지른다고 한다.

션 에반스 저 『영국의 유령전설』에 실려 있다.

■ 로버트 케트의 하늘을 나는 해골

영국에서 전해지는 괴이. 노퍽에 있는 노

리치 성은 과거에 감옥으로서 사용되고 있었다. 튜더 왕조 시대, 1549년에 일어난 농민 봉기 '케트의 난'의 주도자였던 로버트 케트가 처형되었던 것도 이 성이었는데, 교수형이었음에도 불구하고 사형집행인이 케트의 체중을 잘못 재는 바람에 가느다란 로프를 썼다가 체중에 의해 목이 절단되고 말았다고 한다. 그 이후, 이 성에는 공중을 나는 해골의 모습이 몇 번인가 목격되었다고 한다.

로버트 그렌빌 저 『반드시 나오는 세계의 유령의 집』에 실려 있다. 이 성에는 그밖에도 '검은 귀부인'이라 불리는 유령이 나온다고 한다. 상세한 것은 **노리치 성의 검은 귀부인** 항목을 참조.

■ 로젠하임 사건
(Rosenheim Poltergeist)

서독(현 독일)에서 발생한 괴이. 서독의 바이에른 주 로젠하임에서 있었던 지그문트 아담(Sigmund Adam)이라는 변호사의 사무소에서 1967년에 발생했던 폴터가이스트 현상. 괴이는 우선 전화기를 통해서 발생하고, 아무도 전화하지 않았는데도 전화기의 상태가 통화중이 되어 있거나, 빈번하게 시각 안내 번호로 전화하고 있음을 알았다. 그 후, 전류전압계가 업무시간 내에 한해 이상한 오류를 일으켰고, 그밖에 전구가 터지거나 벽에 걸린 그림이 회전하거나 책상 서랍이 열리는 등의 이상

현상이 계속 일어났다.

이것은 안네마리 샤벨(Annemarie Schaberl)이라는 여성사무원이 사무소에 있는 시간대에만 발생했기 때문에, 그녀를 해고하자 괴이현상은 멈췄다고 한다.

하니 레이 저 『초상현상 대사전』에 실려 있다. 일본에서도 유사한 사례로서, 에도 시대 말기에 이케부쿠로 출신의 여성을 고용하면 괴상한 소리가 발생하거나 가구가 멋대로 움직이기 시작한다는 '이케부쿠로의 여자'라고 불리는 속신이 있었다.

■ 루살카(Rusalka)

러시아에서 이야기되는 괴이. 사고나 자살, 저주 등에 의해 불행하게 죽은 여성이나 아이가 변화한다는 요괴로, 주로 물속에서 살고 있다.

루살카와 만나는 것은 불길한 일의 전조로 여겨지며, 직접 위해를 가해오는 루살카도 많다. 특히 혼례 전에 죽은 여성이 바탕이 된 루살카는 무서운 존재로 여겨져서, 마음에 든 젊은 남자가 있으면 물속으로 끌어들여 죽여 버린다고 한다.

봄을 보내고 여름을 맞이하는 축제인 루살리아(Rusallia) 기간에만 루살카는 물속에서 나와서 호밀밭이나 숲, 묘지 등 지상에 출현한다고 이야기되는 지역도 많다고 한다. 이 시기에는 밤에 루살카를 위해 테이블에 저녁식사를 놓아둔다, 일주일간 집의 바닥을 닦지 않는다, 바느질과 실잣

기에 관련된 일을 쉰다, 나무를 벌채하지 않는다, 같은 룰이 부과되는 지역도 있으며, 이것을 깨뜨리면 화가 난 루살카가 밭을 망쳐놓거나 간지럽혀 죽인다고 한다.

그 모습도 다양하게 전해지고 있는데, 남부 러시아나 우크라이나에서는 젊고 아름다운 여자로, 북부 러시아에서는 추한 노파로 이야기되고 있다. 상반신이 여성, 하반신이 물고기라는 인어형 루살카도 있으며, 어느 쪽이든 대개 물가에서 머리를 빗거나 몸을 씻거나 하는 모습이 목격되는 경우가 많다.

루살카로부터 몸을 지키려면 마물을 불러들이지 않는 냄새를 지닌 쑥, 마녀의 소지물로 여겨져서 루살카가 두려워하는 부지깽이를 가지고 있으면 좋다고 한다.

사이토 키미코 저 『러시아의 요괴들』에 실려 있다.

■루시퍼

주로 유럽에서 이야기되는 괴이. 루시퍼는 기독교에서 타천사의 필두이며, 악마인 사탄과 동일시되는 경우도 많다. 현대에도 악마빙의가 일어났을 때, 빙의된 악마 중 하나로서 이름이 이야기되는 일이 있다.

또 19세기부터 20세기에 걸쳐 활동한 철학자이자 인지학인인 루돌프 슈타이너는 이 루시퍼를 빛의 존재이자 그리스도에 맞서 인간을 비추는 영으로서 정의하고, 조로아스터교에서의 악신 아흐리만의 숙적으로 위치시켰다. 또 그에 의하면 루시퍼는 조로아스터교에서의 선한 신 아후라=마즈다와 동일한 존재라고도 적고 있다. 그러나 슈타이너가 이야기하는 루시퍼는 일방적으로 선한 존재가 아니라고 한다. 루시퍼는 인간을 빛의 영역으로 끌어 올리고 대지에서 해방되기를 바라면서 인간에게 간섭하기 때문에, 인간은 보다 고위의 영적 능력을 지닌 존재가 될 수 있다며 오만한 마음을 품고 만다. 그러나 인간은 대지에 속박되지 않더라도 땅에 발을 딛고 살아가야만 하는 존재이며, 결코 루시퍼가 주는 유혹에 굴하지는 않았다고 한다.

프레드 게팅스 저 『악마의 사전』에 실려 있다. 슈타이너가 말하는 루시퍼와 대립하는 존재로서의 아흐리만에 대해서는 동일항목을 참조.

■리 호수의 용

아일랜드에서 목격된 괴물. 1960년에 세 명의 신부가 목격했다고 하는 거대생물로, 리 호수(Lough Ree)에서 낚시를 하던 중에 긴 목과 뱀 같은 머리를 지닌 뭔가가 호수의 물 위에 얼굴을 보이며 헤엄쳐갔다. 이 괴물의 머리 뒤에는 혹이 있었다고 한다.

장 자크 발루와 저 『환상의 동물들』에 의하면, 이 목격담이 있기 30년 전에도 리 호수에서 보트 낚시를 하고 있던 우편배달원이, 뭔가 거대한 생물이 낚싯줄을 잡아당겨서 결국 낚싯줄을 끊을 수밖에 없었다는 이야기가 기록되어 있다.

■리젠시 스타일의 유령

영국에 전해지는 괴이. 런던의 수상 관저에 나온다는 활기찬 유령으로, 19세기에 유행했던 슬림한 바지에 검은 프록코트를 걸치고 검은 실크햇을 쓴 차림으로 건물 내외에 모습을 보인다고 한다. 그러나 정체는 전혀 알 수 없다고 한다.

히라이 쿄코 저 『고스트를 찾아가는 런던 여행』에 실려 있다.

【마】

■마녀집회

독일에서 이야기된 괴이. 바덴=뷔르템베르크 주의 슈바르츠바르트에서는 근래에도 마녀집회가 이루어지고 있었다. 어느 날, 한 농가의 안채에서 떨어진 헛간에 묵던 여행객이 있었는데, 그곳에 열리고 있던 마녀집회와 조우했다. 마녀들은 연회를 열면서 떠들고 있었는데, 두 명의 마녀가 여행객 바로 옆까지 와서 상담을 시작했다.

그 내용은 자기 전에 아이들을 축복하지 않았던 집의 아이를 납치해서 죽이려고 한다는 것으로, 실제로 몇 분 뒤에는 아기를 납치해 와서 다리를 붙잡고 찢으려고 했기 때문에 여행객은 용기를 짜내서 신의 가호를 외치며 돌진했다.

이 기습에 마녀들은 놀라 모두 바람처럼 떠나갔다. 아이는 무사했지만, 마녀들이 남긴 물건들을 보았더니 어딘가에서 훔쳐온 식기류들에, 술잔이라고 생각되었던 것은 말발굽이었고 식사는 가축의 분변으로 바뀌어 있었다.

식기류는 원래 주인에게 돌려주고 아기의 부모도 신문을 통해 수소문했는데, 찾은 것은 1년이나 지난 뒤였다. 아기는 그 정도로 먼 나라에서 납치되어 온 것이었다고 한다.

H. 슈라이버 저 『독일 괴이집』에 실려 있다.

■마르셀과 레이날도의 유령

프랑스에 전해지는 괴이. 파리에 있는 페르 라셰즈 묘지(Père-Lachaise Cemetery)에는 저명한 인물들이 많이 매장되어 있다. 그 중 한 명인 소설가 마르셀 프루스트(Marcel Proust)와 그의 친구이자 같은 묘지에 매장된 레이날도 한(Reynaldo Hahn)은, 밤중이 되면 두 사람 모두 묘를 빠져나온다. 그리고 서로가 서로의 모습을 찾아서 묘지를 헤맨다고 한다.

로버트 그렌빌 저 『반드시 나오는 세계의 유령의 집』 등에 실려 있다.

■마르틴스베르타(Martinsberta)

독일에서 이야기되는 괴이. 매년 11월 11일 성 마르티누스의 날에 나타나는 정령으로서 중부 프랑켄(Franken) 지방에 전해지는 존재. 추한 노파로 분장하고 하얀 옷을 입고 나막신을 신고서 농가의 이쪽저쪽을 배회한다. 그리고 아이들을 발견하면 착한 아이에게는 사과나 벌꿀과자를 주고 나쁜 아이는 채찍으로 위협하거나 때린다고 한다.

우에다 시게오 저『유럽의 제사와 전승』에 실려 있다. 이 책에 의하면, 이 정령은 마녀 **페르히타**가 바탕이 되어 있다고 한다 (페르히타 항목 참조). 성 마르티누스 혹은 성 마르틴은 기독교에서의 성인이며, 추위에 시달리는 걸인에게 자신이 가진 망토의 절반을 주었다는 전설이 남아있다. 또 이날은 겨울이 시작되는 날이라고 하며, 할로윈과 마찬가지로 수확제로서의 역할도 담당하고 있다.

이 축제날에는 같은 역할을 담당하는 정령인 **홀라 부인**, **펠츠메르테르** 등이 있다.

■맥주 당나귀

독일에 나타나는 괴이. 루르 지방에 나타나는 수수께끼의 당나귀로, 술집에서 거나하게 취해서 비틀거리는 인간이 있으면 자신의 등에 태운다. 그리고 그 사람의 집에 도착할 때까지 태우고 가지만, 집에 도착한 것을 확인하면 떠나간다고 한다.

H. 슈라이버 저『독일 괴이집』에 실려 있다. 이 책에 의하면, 이 당나귀는 루르 지방의 주당들에게 두려움을 사고 있으며, 반대로 걸어서 집에 돌아오는 것이 늦는 남편을 걱정하는 아내에게는 환영받고 있다고 한다.

■머리 없는 거대한 새

스웨덴에서 목격되었다는 괴물. 그 이름대로 머리가 없으며, 거대한 날개를 지닌 거대한 새의 모습을 하고서 **유령 로켓**이라 불리는 발광 비행물체와 함께 나타나서 상공을 날아갔다고 한다.

존. A. 킬 저『불가사의한 현상 파일』에 의하면, 1946년에 목격된 괴물이라고 한다. 이 괴조와 함께 목격된 유령 로켓은 유럽 각지에서 목격되고 있지만, 거대한 새를 목격한 것은 스웨덴 사람뿐이었다고 한다. 유령 로켓에 대해서는 해당항목을 참조.

■메리 1세의 유령

영국에서 이야기되는 괴이. 메리 1세는 16세기 잉글랜드 및 아일랜드의 여왕으로, 개신교에 대한 박해 때문에 블러디 메리(피투성이 메리)라는 이름으로 불린 것으로도 널리 알려져 있다. 신앙을 위해서는 일체의 타협을 허락하지 않고 개신교도 사람들을 차례차례 처형한 열정적인 가톨릭교도라는 측면과 자상하고 총명한 여성이라는 두 가지 얼굴이 있었다고 한다.

메리 1세의 유령은 소스톤 홀(Sawston Hall)에 출현한다. 소스톤 홀은 과거에 메리 1세를 숨긴 것 때문에 불타 무너졌고, 나중에 그녀의 손에 의해 재건되었던 저택으로, 메리 1세가 사용했다고 하는 침대가 남아있다. 메리 1세는 이 침대가 있는 방으로 돌아와서 버지널(virginal)이라는 악기를 연주했다고 전해진다.

이시하라 코사이 저 『유령이 있는 영국사』에 실려 있다. 메리 1세의 이명인 블러디 메리는 후세에 칵테일의 이름으로 정착되는 것과 함께 동명의 괴이에 영향을 주었다고도 여겨지고 있다. 상세한 것은 **블러디 메리** 항목을 참조.

■ 메이블

영국에서 전해지는 괴이. 영국에서 산업혁명에 커다란 영향을 준 발명가인 조지 스티븐슨의 생가는 현재도 노섬벌랜드에 남아있는데, 이 집에는 메이블이라고 이름 붙은 여성의 유령이 출현하는 것으로 알려져 있다. 메이블은 빅토리아시대에 살고 있던 여성이라고 하며, 어째서인지 전압을 올려서 퓨즈를 끊어버리거나, 전자제품을 고장 내거나 하는 장난을 친다고 한다. 특히 여름이나 축제일 등, 사람의 출입이 많아지는 시기에 흥분하는지 이상한 현상을 계속 일으키는 듯하다.

그 모습을 본 인물에 의하면, 빅토리아시대의 검은 옷에 하얀 에이프런을 한 젊은 여성으로, 조우한 인물은 그녀를 발견하고 나서 가벼운 열과 두통이 하루 종일 지속되었다고 한다.

션 에반스 저 『영국의 유령전설』에 실려 있다.

■ 모라그(Morag)

스코틀랜드에서 목격되는 괴물. 스코틀랜드의 모라(모랄) 호(Loch Morar)에 산다고 하며, 몸길이 6~20미터에 몸 색깔은 흑갈색이라고 한다. 등에 혹이 있으며, 뱀 혹은 뱀장어처럼 긴 목과 머리를 지닌 수장룡 같은 생김새를 하고 있다고 한다.

가장 오래된 목격 사례는 1893년까지 거슬러 올라가며, 20세기에 들어서도 이따금씩 목격되었다. 또, 이 괴물이 나타나면 그 지역의 명가인 맥도널가의 인물 중 누군가가 죽는다는 전승도 남아있다고 한다.

하니 레이 저 『초상현상 대사전』, 나미키 신이치로 저 『미확인동물 UMA 대전』에 실려 있다. 또한 모라 호는 네스 호와 가깝기 때문에 **네시**와 동일한 생물이라는 설도 있다고 한다.

■ 모르가울(Morgawr)

영국에서 목격되는 괴물. 영국의 콘월 해안의 팔머스(Falmouth) 만에 출현한다고 한다. 그 모습은 작은 머리와 긴 목을 가졌고 목 뒤에는 억센 털 같은 것이 자라있으며, 등에는 혹이 있다고 한다. 몸 색깔은 검은색 혹은 짙은 갈색으로, 피부는 강치 같다고 한다. 이것은 1975년에 목격되었고, 다음 해에 사진이 촬영된 것으로 유명해졌다.

장 자크 발루와 저 『환상의 동물들』에 의하면, 그밖에도 머리에 작은 뿔이 두 개 있었다, 지느러미가 네 개 있었다, 라는 증언도 기록 되어 있다. 그 모습은 뱀 같은 모습 외에, 플레시오사우르스나 엘라스모사우르스 같은 수장룡과 비슷한 모습을 했다는 설이 있다고 한다.

■ 모르핀 투여를 지켜보는 혼령

영국에서 이야기되는 괴이. 런던에 있는 유니버시티 칼리지 병원에서는, 20세기 초에 일하던 리지라는 이름의 간호사의 유령이 나온다고 한다. 리지는 자신의 약혼자에게 실수로 모르핀을 과다투여해서 죽게 만든 여성으로, 지금도 모르핀이 투여되는 때에는 두 번 다시 같은 실수가 일어나지 않도록 작업을 지켜본다고 한다.

J. A. 브룩스 저 『런던 유령신사록』에 실려 있다.

■ 모리타니아호의 괴이

영국에서 이야기된 괴이. 악당 푸 맨추(Fu Manchu) 박사 시리즈를 낳은 것으로 알려진 작가인 색스 로머(Sax Rohmer)는, 자신이 마음에 들어 했던 모리타니아호(RMS Mauritania)라는 배가 은퇴 후 해체되었을 때에 나온 자재로 집과 가구를 만들었다. 그러나 이 집은 날씨가 나쁘면 마치 풍랑 속을 나아가는 집처럼 목재가 삐걱이며 으르렁거리는 듯한 소리를 내게 되었다. 또 이 집 주위에서는 문 앞의 길에서 사고로 죽는 일이 다발하거나 정원사가 목을 매거나 화재로 소녀가 죽거나 하는 불행한 일이 잇따라 일어났다고 한다.

존 & 앤 스펜서 저 『세계 괴이 현상 백과』에 실려 있다.

■ 목요일의 레코더

영국에서 기록된 괴이. 20세기에 들어선 어느 날, 잉글랜드 북부의 어느 집에서 매주 목요일이 되면 남녀가 이야기하는 목소리나 아기 울음소리, 그리고 누군가가 계단에서 굴러떨어지는 소리가 일련의 흐름으로 들려오는 괴현상이 있었다.

그래서 이 집에 대해서 조사해보자, 20년쯤 전에 임신한 아내와 그 남편이 이 집에서 살고 있었고, 이윽고 아이가 태어난 것이 판명되었다.

아기는 밤마다 심하게 울었고, 남편은 밤 늦게까지 일을 해서 밤중에 몇 번이나 깨어나는 일이 계속되었다. 아내도 출산한 지 얼마 되지 않았던 터라 부부가 모두 피폐했었다.

그러던 어느 날, 아기 울음소리에 깨어난

남편은 아기에게 우유를 주었는데, 아기가 우유를 토했기 때문에 더러워진 아기 옷을 갈아입혀야 하게 되었다. 그래서 아기를 안고 계단을 내려가려고 하다가, 몹시 지쳤던 나머지 실수로 아기를 떨어뜨리고 말았다. 아기는 그 사고로 죽었고, 남편도 그 일로 인한 후회로 인해 1년 뒤에 스스로 목숨을 끊었다.

이 집에서 반복 재생되고 있던 것은 그 사고 당일 날 밤의 사건이라고 한다. 이 시기에 그 아내는 아직 생존 중이었으므로 유령들이 사고를 재현하고 있던 것이 아니라, 집에 배어있던 기록이 새로운 거주자에게 그날의 일을 계속 전하고 있던 것으로 추측된다.

존 & 앤 스펜서 저『세계 괴이 현상 백과』에 실려 있다.

■ 몸페슨 하우스의 큰북

영국에서 전해지는 괴이. 윌트셔에 있는 이 집에는 많은 폴터가이스트 현상이 일어났다. 그것은 물건이 날아오거나 아이가 침대에서 떠오르는 등의 전형적인 것이었지만, 그 중에서도 이 집에 사는 사람들을 가장 괴롭게 만든 것은 한밤중에 끊이지 않고 계속 울리는 큰북소리였다. 이 큰북은 군대의 고수(鼓手)가 두드리는 큰북의 리듬과 똑같았는데, 그것이 매일 밤마다 이어졌다.

사실 이 집의 주인인 토머스 몸페슨 (Thomas Mompesson)은 과거에 집 주위에서 큰북을 계속 쳐대는 부랑자 때문에 골머리를 앓아서, 이 부랑자를 구속하고 악기를 압수했던 적이 있었다. 이 악기는 몸페슨의 집에 돌아가 있었기 때문에, 과거의 그 부랑자가 마술을 사용한 것이라며 체포되었지만, 결국 무죄 방면되었다.

이 이야기는 17세기의 사건이지만, 세월이 지나서 1950년대, 이 집에서 큰북이 보관되어있었다고 여겨지는 방에서 군대의 고수가 다는 배지가 발견되었다고 한다. 이것은 큰북을 계속 치고 있던 유령의 물건이었을까.

선 에반스 저『영국의 유령전설』에 실려 있다.

■ 몽스의 천사(Angels of Mons)

영국에서 이야기된 괴이. 제1차 세계대전 중, 영국군은 몽스 전투에서 압도적으로 불리했던 전황 속에서 독일군의 포위망을 돌파하고 생환했다. 이 전투에서 감명을 받은 저술가 아서 메이첸(Arthur Machen)은 '궁병(The Bowmen)'라는 단편을 썼다. 이것은 영국군에 소속된 주인공이 라틴어로 기도를 올리자, 환상의 궁병 집단이 나타나서 독일군을 쓰러뜨린다는 이야기였다. 그러나 그 이후, 전투에 참가했던 영국군들로부터 실제로 몽스 전투에서 환상의 궁병을 보았다는 보고가 잇따랐다. 매켄은 자신의 작품은 픽션이라고 몇 번이나 주장했으나 병사들의 목격담은 끊이지 않았다고 한다.

피터 헤이닝 저 『세계 영계 전승 사전』에 실려 있다.

■무명용사의 묘

영국에서 이야기되는 괴이. 런던의 웨스트민스터 사원에 있는, 제1차 세계대전에서 전사한 이름도 알 수 없는 사람들이 잠든 무명용사의 묘에는 보병 군복을 입은 혼령이 나온다고 한다. 이 혼령은 묘에 잠든 병사 본인이라고도, 그 형제라고도 한다.

J. A. 브룩스 저 『런던 유령신사록』에 실려 있다.

■문어 같은 괴물

영국에서 나타났다고 하는 괴이. 웨일스의 어느 오래된 수도원에 살면서 수선을 하고 있던 수도사가 조우했다고 하는 괴물로, 축축한 하얀 눈을 가진 새까만 문어 같은 모습을 하고 있었다고 한다.

이것과 마주친 수도사는 가위에 눌린 듯이 몸이 움직이지 않았지만, 어떻게든 손에 십자가를 그으며 새벽까지 계속 기도를 올리자 어느 샌가 괴물은 사라져있었다. 그 이후, 이 수도원에 괴물이 나타나는 일은 없었다고 한다.

존 & 앤 스펜서 저 『세계 괴이 현상 백과』에 의하면, J. 앨윈. 로버츠 저 『성스러운 고스트 버스터(Holy Ghostbuster: A Parson's Encounters With the Paranormal)』에 기록이 있다고 한다.

■물의 요정

독일에서 이야기되는 괴이. 베틴(Wettin)의 초르니처베르크(Zörnitzer berg) 부근에서는, 밤이 깊으면 잘레(Saale) 강에서 물의 요정이 올라와서 춤춘다고 전해지고 있다. 이 요정들은 인간의 아이 정도의 크기로 남녀가 함께 있으며, 손을 맞잡고 고리를 만들어 종종걸음 치듯 춤춘다고 한다. 또 그때에 들리는 노랫소리는 밝고 즐거운 것이라고 한다.

우에다 시게오 저 『유럽의 제사와 전승』에 실려 있다.

■미니 네시

영국에 나타난 괴물. 영국의 해안에 밀려 올라왔다는 수수께끼의 생물로, 크기는 돌고래보다 조금 작고, 바다표범 같은 피부에 고래 같은 지느러미를 가지고 있었다고 한다. 또 위쪽과 측면에도 지느러미가 있으며, 날카로운 발톱과 이빨을 가지고 있다고 한다.

나미키 신이치로 저 『미확인동물 UMA 대전』에 의하면, 이 기묘한 생물의 정체는 돌고래의 태아가 아닐까 이야기되고 있지만, 어째서인지 해안에 밀려 올라왔던 실제 표본이 은닉되어 있기 때문에 정확한 정체는 알 수 없다고 한다.

■미스 후퍼의 유령

영국에 전해지는 괴이. 서머싯에 현존하는 던스터 성(Dunster Castle)은 많은 유령이 출현하는 것으로 알려져 있지만, 이 미스 후퍼는 그 중에서도 최근에 죽은 유령으로 여겨진다.

후퍼는 이 성에서 자원봉사로 안내역을 맡고 있던 여성으로, 병에 걸려 안내역을 그만두었고 그대로 세상을 떠났다. 그러나 그 이후로, 성을 견학하러 온 사람이 스태프용 의자에 앉아있는 후퍼의 모습을 목격하게 되었다. 이 후퍼의 유령은 빤히 바라보고 있으면 스윽 하고 사라져버린다고 한다.

션 에반스 저 『영국의 유령전설』에 실려 있다.

■미스터 노바디

영국에 나타난 괴이. '아무개 씨'라는 의미. '미스터 노바디' 외에 '프레드'라고도 불린다.

웨스트요크셔의 폰트프랙트(Pontefract)에 있는 일가에 출현한 폴터가이스트로, 1966년 8월부터 1969년 9월에 걸쳐 이 집을 덮쳤다고 한다.

발생한 현상도 다양해서, 시끄러운 숨소리가 다양한 시간에 들려온다, 자동차의 전기계통이 이상해진다, 벽에 거꾸로 십자가가 새겨진다, 부엌에 있는 잼 등이 문이나 계단에 발라져 있다, 폴터가이스트를 믿으려고 하지 않는 목격자의 머리에 우유가 부어진다, 자고 있던 사람을 매트리스 째로 침대에서 떨어뜨린다, 수도꼭지를 틀면 녹색 거품이 뿜어져 나오게 된다, 등이 확인되었다.

이 현상은, 유령을 쫓아낼 때에 사용되곤 하는 집 주위에 마늘을 걸어놓는다는 방법을 써보니 뚝 그쳤다고 한다.

존 & 앤 스펜서 저 『세계 괴이 현상 백과』에 실려 있다.

■미스터 프리츠(Mr Fritz)

영국에서 이야기되는 괴이. 2차 세계대전 중, 미국인 복화술사 빌리 부스(Billy Booth)라는 인물에 의해 만들어진 복화술 인형의 이름이다.

프리츠는 나치 독일의 포로수용소에서 태어나, 빌리와 함께 사람들을 즐겁게 해주었다고 한다. 그러나 빌리는 총살당했고, 프리츠는 동료 포로들에 의해 유족들에게 전해졌다. 그 뒤에 영국의 안티크몰까지 흘러들어갔고, 현재는 리버풀에 사는 마이클 다이아몬드라는 인물이 구입해서 자택에 보관되고 있다.

이 복화술 인형은 괴기현상을 일으킨다고 하며, 인형이 전시되어 있는 유리 케이스가 저절로 열리거나, 멋대로 깜빡이거나 입을 움직인다는 현상을 일으켰다. 또한 마이클 씨의 아이들이 이 인형을 보관하던 헛간에서 웃음소리를 들었다는 이야기도 있다고 한다.

마이클 씨는 프리츠가 표정을 바꾸는 모습을 비디오카메라로 촬영했고, 그 모습은 유튜브 등에서도 볼 수 있다. 그러나 이것은 괴기현상이 아니라, 조작한 영상이 아닐까 하고 이야기되는 일도 많다고 한다.

■미이라의 손

영국에 나타났다고 하는 괴이. 고대 이집트 제18왕조의 왕인 아크나톤(아멘호테프 4세)의 딸의 손으로 여겨지고 있다. 그 배경은 이하와 같다. 기원전 1537년, 딸과 종교상의 문제로 말다툼을 한 아크나톤은 승려들에게 명령해서 딸을 강간하고 죽이게 했다. 승려들은 딸을 죽인 뒤, 그 오른손을 잘라내서 '왕가의 계곡'에 매장했다고 한다.

그 절단된 오른손은 아득한 세월을 거쳐 1890년, 이집트의 룩소르에서 장로의 말라리아를 치료한 답례로서 영국의 루이스 헤이먼 백이라는 인물에게 선물되었다.

헤이먼 백은 손뿐인 미이라를 기분 나쁘게 생각했지만, 그 사연을 듣고 더욱 혐오하게 되었다. 어딘가의 박물관에 기증하려고 했지만 받아주는 곳이 없어서, 어쩔 수 없이 런던의 자택 금고에 보관하기로 했다.

그리고 1922년, 헤이먼 백과 아내가 금고를 열어보았더니, 그곳에는 새로운 살이 붙기 시작한 미이라의 팔이 있었던 것이다.

더 이상 견딜 수 없게 된 두 부부는 이 미이라의 팔을 매장하기로 했다. 같은 해의 할로윈 날 밤, 헤이먼 백은 최대한 예의를 다해서 매장하려고 미이라의 손을 난로의 불 속에 넣고, 이집트의 '사자의 서'의 한 구절을 낭독했다. 그러나 책을 덮은 순간, 천둥이 울려 퍼지고, 집이 흔들리고, 불이 꺼지고 어둠에 감싸였다.

그리고 부부의 눈앞에 한 여자가 나타났다. 고대 이집트 왕족의 의상을 걸친 그 여자의 오른팔은 절단된 부상이 생생하게 엿보였다.

여자의 망령은 난로의 불 앞을 향해 쪼그려 앉았고, 다음 순간에 모습이 사라졌다. 그 뒤에는 불에 타고 있던 미이라의 손도 사라졌다고 한다.

N. 블런델 외 저『세계 괴이 실화집』에 실려 있다.

■밀리네

영국에 나타났다는 괴이. 영국 스트랜라(Stranraer) 교외에 있던 오래된 저택에 사는 커크라는 인물의 딸로, 교통사고로 사망한 뒤에 아버지 앞에 나타나게 되었다고 한다.

심령연구가들이 모인 자리에서 모습을 보

였을 때에는 핑크색 드레스를 입고 팔다리에 하얀 붕대를 감고 있었다고 한다. 이 유령의 모습은 커크나 심령연구가 등의 한정된 인간밖에 보지 못했으며, 보통 사람이 보면 밀리네가 건드린 물체가 저절로 움직이는 것처럼 보였다고 한다. 또 밀리네는 심령연구가들의 질문에 명확하게 대답했고, 사후의 세계나 사후에 만난 인물 등에 대해서 이야기했다고 한다.

키류 미사오 저 『요크서의 유령저택』에 실려 있다.

【바】

■ 바다에서 태어난 메리

영국에 나타난 괴이. 뉴햄프셔의 헤니커 근처에 있는 집에 나타났다고 한다. 이 메리는 기구한 운명을 타고난 여성이라고 하는데, 태어난 곳은 1720년, 뉴햄프셔로 가는 도중에 보스턴 만에서 해적에게 습격당한 배 안이었다고 한다. 이 배, 울프호의 선장의 아내가 마침 딸을 낳았다. 해적선의 선장이었던 페드로 선장은 아기에게 '메리'라는 이름을 붙이는 것을 조건으로 울프 호에 탄 사람들의 목숨을 살려주기로 약속했다.

그 뒤로 오랜 세월이 흐른 1760년, 해적질을 그만두고 헤니커 근방의 저택에 살고 있던 페드로 선장은 메리를 찾아내서 그녀와 그 자식들을 자신의 집에 자주 초대했고, 최종적으로는 메리를 저택의 관리인으로 삼는 대신, 함께 생활하게 되었다. 그런 생활 중에 메리는 여행에서 돌아온 페드로 선장이 집의 밖에 커다란 옷상자를 묻기 위해 구멍을 파는 것을 목격했다. 그로부터 1년 뒤, 페드로 선장은 누군가에게 가슴을 단검으로 찔려 사망했다. 메리는 그의 유언대로 부엌의 화로에 접한 재받이돌 아래에 페드로 선장을 묻었다. 그리고 메리는 1814년, 94세로 죽을 때까지 이 집에서 살았다.

메리가 세상을 떠난 후, 이 집에 보물이 잠들어있다는 소문이 퍼졌고 몇 명의 사람이 그것을 애타게 찾았지만 아무도 보물을 발견하는 일은 없었다. 페드로 선장이 잠들어 있다는 재받이돌을 움직이려고 한 사람은 모두 죽어버렸기 때문이다.

메리의 유령은 이 집에 나타나, 집이 어떠한 위험에 노출되면 그것을 막고, 또 집에 이사 온 사람이 집을 아끼고 잘 손질하면 그 인간을 지켜주는 일도 있었다.

메리는 지금도 출몰한다고 하며, 매년 10월의 할로윈 무렵에는 메리는 집을 벗어나서 밤중에 네 필의 말이 끄는 마차를 타고 떠난다는 이야기도 남아있다.

로즈마리. E. 길리 저 『요정과 정령의 사전』에 적혀있다

■바다의 괴물

독일에서 이야기되는 괴이. 독일의 바다에는 잿빛 망토를 두르고 커다란 모자를 쓰고 등불을 든 유령이 나온다고 여겨지고 있다. 이 바다의 괴물은 마치 뱃사람들에게 길안내를 하는 것처럼 등불을 들고 있지만, 이것을 믿고 따라가면 반드시 비참한 최후를 맞게 된다고 전해진다.

이 유령은 원래 봉건가신이었는데, 악마에게 혼을 팔고 폭풍우 치는 밤바다에서 등불을 흔들어 배를 유도해 침몰시킨 뒤, 해안에 밀려올라온 재물을 가로채서 부를 축적했다. 그래서 이 남자는 사후에 영원히 해변의 모래밭 위에서 지내게 되었다고 한다.

H. 슈라이버 저 『독일 괴이집』에 실려 있다.

■바다의 기사

독일에서 이야기되는 괴이. 뤼겐 섬에는 옛날에 바다 속에서 찾아온 기사가 해변에 있던 아가씨에게 춤을 추자고 청했다는 전설이 있다. 이 기사는 목에 황금 장식을 걸고 바다처럼 푸른색 왕관을 머리에 쓰고 있으며, 멋진 스텝으로 아가씨와 춤을 췄다고 한다. 그러나 춤을 언제까지고 멈추지 않아서 아가씨는 점점 힘들어졌기 때문에 멈춰달라고 부탁하자, 기사는 "나는 이제 당신을 놓지 않겠어. 자유롭게 하지 않겠어. 당신은 바다의 정령의 아내가 되는 거야"라고 말하고 바다로 끌고 가버렸다고 한다. 그 후로 이 해변에서는 지금도 그 아가씨의 비명이 들려온다고 한다.

우에다 시게오 저 『유럽의 제사와 전승』에 실려 있다.

■바사 가이스터(Wasser Geister)

독일에 전해지는 괴이. 물의 정령을 뜻하며, 지방이나 시대에 따라 다양한 모습이 있다. 이 정령들이 지닌 특징으로 예를 들면, 반인반어라는 것, 녹색 피부를 지녔다는 것, 머리카락에 해초가 자라고 있으며, 이빨은 이끼 같다는 점, 눈은 물고기 눈이며 입은 개구리 같다는 점, 손에는 물갈퀴가 있으며, 헤엄치는 데 능숙하고, 3살부터 12살 정도까지의 어린아이 같다, 라는 점이 있다.

또 물의 정령도 인간과 마찬가지로 가정생활을 하며, 그 중에는 인간과 혼인을 맺으려 하는 자도 있다고 한다. 남자 정령인 경우에는 인간 여자를 유혹해서 물속으로 끌고 가 가정을 이루고, 아이를 일정 수 낳으면 지상으로 돌려보낸다고 한다. 반대로 여자 정령일 경우에는 아름다운 외모와 노래, 음악으로 인간 남자를 유혹해서 물로 끌고 가지만, 7일 후에 시체가 떠오르게 된다고 한다.

우에다 시게오 저 『유럽의 제사와 전승』에 실려 있다. 이 이름은 물의 정령의 총칭이며, **호우라트, 바흐바르바라, 닉켈카터** 등 개별 이름을 지닌 정령도 있다. 자세한 것은 해당 항목을 참조.

■ 바엔니차

러시아에 나타난 괴이. 볼로그다 주에 출현했다고 하는, 이마에 빛나는 한 개의 눈이 있는 여성 요괴. 바냐(러시아식 사우나)는 산실로도 사용되는데, 그곳에 임산부와 아이를 단 둘이 있게 하자 바엔니차가 나타나더니, 다리를 꼬아 십자가 형상을 만들고 있던 임산부를 향해 "다리를 빼서 십자를 풀어!"라고 말했다고 한다.

사이토 키미코 저 『러시아의 요괴들』에 실려 있다. 이 책에 의하면 이것은 마찬가지로 바냐에 나타나는 요괴 **반니크**와 같은 존재라고 한다.

■ 바흐바르바라(Bachbarbara)

독일에 전해지는 괴이. 물의 정령의 일종으로, 여자의 모습을 하고 있다고 한다. 또 그 이름은 '강의 바르바라 님'이라는 뜻이라고 한다.

우에다 시게오 저 『유럽의 제사와 전승』에 실려 있다. 바르바라(Barbara)는 기독교의 성인(聖人)으로 석공, 포수, 소방사, 광부, 죄수의 수호성인이라고 한다.

■ 반니크(Bannik)

러시아에서 이야기되는 괴이. 바냐(러시아식 사우나)에 살고 있는 정령으로 여겨지며, 바냐의 예의를 익히지 못한 인간에게 벌을 준다고 한다.

바냐를 새로 지었을 때는 검은 닭을 목 졸라 죽여서 문지방 아래에 묻어 반니크에게 바치며, 새로 만든 바냐에 처음으로 들어갈 때는 빵과 소금을 놓고 나오며, 일상적인 바냐에 들어가는 경우에도 반니크에게 꼭 인사한다, 라는 행동을 빠뜨려서는 안 된다.

그밖에도 원래는 축제 전날에 불을 때야 했던 바냐를 축제 당일에 불을 땠기 때문에 아무리 바냐에 물을 부어도 물이 없어졌다는 이야기도 있다고 한다.

또한 바냐는 산실로도 사용되어서 산모는 여기서 출산일로부터 며칠을 지내는데, 이때 산부와 아기 이외에 아무도 없으면 반니크가 산모와 아이를 죽여 버린다고 한다.

사이토 키미코 저 『러시아의 요괴들』에 실려 있다. 이 책에 의하면 바냐에는 그밖에도 다양한 요괴가 출현한다고 한다. 자세한 것은 **시시가, 바엔니차**를 참조.

■ 반시(beansí)

아일랜드 및 스코틀랜드에서 전해지는 괴이. 죽음을 예고하는 정령이라고 하며 '우는 여자'라고 번역되는 경우가 많다. 아일랜드에서 이야기되며, '밴시(Banshee)'라고 적히는 정령의 이야기에서는 젊은 여자의 모습으로 나타난다. 이 정령은 녹색 옷에 잿빛 상의를 걸치고 긴 머리카락을 지닌 아름다운 여성이라고 하며, 죽은 자를 위해서 계속 울기 때문에 눈은 새빨갛게 되어 있다고 한다. 밴시가 가족에게 닥칠 죽음을 알릴 때는 노래하거나 소리치지만, 모습은 거의 볼 수 없다고 한다. 그러나 그 외침은 아주 슬퍼서, 틀림없이 죽음을 고하는 소리처럼 들린다고 한다.

또 아일랜드나 스코틀랜드의 고원지대에서는 '벤니아'라는 이름으로 전해지고 있다. 이 정령은 강물에 피에 물든 남자의 흰 수의를 빤다고 하며, 그것으로 그 남자의 죽음을 예고한다고 한다.

벤니아는 산욕으로 죽은 여성이라 여겨지고 있으며, 벤니아가 되면 본래의 수명이 올 때까지 흰 수의를 계속 빨아야만 한다고 한다. 녹색 옷을 입은 이 정령은 사악하며 심술궂고 추한 모습을 하고 있다고 한다.

로즈마리. E. 길리 저『요정과 정령의 사전』에 실려 있다.

이 책에 의하면, 이 정령은 미국에 유입되어 노스캐롤라이나 주의 타르 강(Tar River)에 출현했다는 이야기도 있다고 한다. 이 반시의 이야기에서는 독립지지파인 미국인을 살해한 세 명의 영국병사의 곁에 반시가 매일 밤마다 출현해서 그들을 익사시켰다고 한다.

■배드슬리 클린턴
(Baddesley Clinton)

영국에 전해지는 괴이. 15세기에 세워진 건물로, 빈번하게 유령이 목격되고 있다. 대부분은 누군가의 발소리가 들린다는 것이며, 그 발소리는 복도를 걸으면서 사람이 있는 방으로 다가온다. 때로는 문을 여는 소리까지 들리는 경우도 있지만, 결코 그 발소리의 주인의 모습은 보이지 않는다고 한다.

또, 토머스 펠러스 소령이라는 군인의 유령이 출현한 적도 있다. 이 유령은 진홍빛 상의에 하얀 띠를 비스듬히 교차하듯 걸친 남성의 모습을 하고 있으며 1817년, 임무 중에 저택의 성벽에서 추락해서 사망했다고 한다.

선 에반스 저『영국의 유령전설』에 실려 있다.

■버섯과 이끼의 주인

러시아에서 이야기되는 괴이. 땅 속에 있는 할아버지의 모습을 한 요괴라고 여겨지고 있으며, 아이들이 버섯을 제대로 된 방법으로 따지 않으면 땅속에서 나타나서 "어째서 그런 실수를 하는 게냐!"라면서 주의를 준다고 한다.

사이토 키미코 저『러시아의 요괴들』에 실려 있다. 이 책에 의하면 이것은 숲의 주인이기도 하고, 마찬가지로 숲의 주인으로서 전해지는 레시를 흉내 내는 존재로서 소개되고 있다.

또한 이 책에는 버섯을 따러 온 인간을 기둥바위라는 거대한 바위 위로 인도하고, 그대로 사라져버린 할아버지 괴이에 대한 이야기도 실려 있다.

■버즈비의 의자(Busby's stoop chair)

영국에 현존하는 괴이. 노스요크셔 주에서 살인죄로 교수형을 당한 토머스 버즈비의 혼령이 빙의되었다고 전해지는 나무 의자로, 이 의자에 앉은 사람은 전부 사망했다. 그 수는 63명에 이른다고 한다.

토머스 버즈비는 18세기에 자신의 장인을 살해한 죄로 사형된 인물로, 사후에 재산처분의 일환으로 버즈비의 의자는 펍에 팔렸다. 살인귀의 소지품이었다는 것으로 유명해진 이 의자에 많은 사람이 앉았고, 이윽고 앉으면 저주받아 죽는 의자라는 소문이 퍼졌다. 제2차 세계대전 중에는 병사들이 담력 시험 삼아 앉았는데, 앉았던 병사 전원이 전사했다고 전해지고 있다. 또 펍은 2012년에 폐점하고 의자는 그 지역의 서스크 박물관에 기증되었는데, 과거에 주인이 교수형을 당했던 것처럼 이 의자도 아무도 앉을 수 없도록 천장에 매달아 전시되고 있다.

■버크와 헤어 연쇄살인사건의 유령

영국에 전해지는 괴이. 에든버러의 지하도시 블레어 스트리트 볼트(Blair Street Vaults)는 1827년부터 1828년에 걸쳐 일어난 윌리엄 버크와 윌리엄 헤어 두 사람에 의한 연쇄살인사건의 현장이 된 장소라고 한다. 이 지하도시에서는 16명이 희생되었는데, 지금도 그 희생자의 혼령이 떠돌고 있다고 이야기되고 있다.

로버트 그렌빌 저 『반드시 나오는 세계의 유령의 집』 등에 실려 있다. 버크와 헤어 연쇄살인사건은 영국의 의학교에 팔기 위한 해부용 시체를 마련하려고 버크와 헤어 두 사람이 일으킨 사건이다. 이 시체는 에든버러 의학교에 팔렸는데, 로버트 녹스라는 의사가 구매하고 있었다고 한다. 그 배경에는 의학의 진보와 함께 의학 연구에 사용할 해부용 시체가 부족해진 것, 그것으로 인해 묘를 파헤치는 일이 횡행하는 시대였다는 점이 있다. 버크와 헤어도 처음에는 묘지를 파헤치려고 했지만, 효율이 나쁜데다 신선한 시체일수록 비싸게 팔리기 때문에 자신들이 시체를 만들어서 팔자며 행동을 개시했다.

범행이 발각되어 두 사람은 체포되었으며, "빨리 잠을 자지 않으면 버크와 헤어가 와서 잡아간다"라는 식으로 그들의 이름은 어린아이를 겁주는데 쓰는 일종의 악귀처럼 불리게 되었다. 또 이 사건은 몇 번이나 영화나 소설 등의 제재로 쓰였다. 다만 이 사건에 블레어 스트리트 볼트가 이용되었다는 기록은 보이지 않으며, 시체를 보관했다는 소문은 있는 모양이지만 그것도 확실한 증거가 없다고 한다. 사람들의 소문이 희생자의 유령들을 이 장소에 출현시키고 있는지도 모른다.

그러나 이 지하도시에는 범행의 희생자 외에 버크와 헤어 본인들의 유령을 필두로 다양한 유령이 출현한다고 하며, 세계적으로도 유수의 심령 스팟으로 취급되고 있다.

■버클리 스퀘어 50번지의 괴물

영국에 현존하는 유령의 집. 런던의 고급주택가인 메이페어에 세워진 집으로, 19세기에는 영국의 전 수상 조지 커닝(George Canning)이 거주한 적도 있었다. 1859년에는 마이어스라는 인물이 이 집을 빌렸는데, 이 인물은 약혼자에게 배신당한 것 때문에 정신이 망가져 집의 다락방에 틀어박혔고 이내 집은 황폐해졌다.

그리고 20세기에 들어서자 어느샌가 이 저택은 유령의 집으로 널리 알려지게 되었다. 이 저택에 고용된 하녀가 다락방에서 누군가와 조우하고 정신이 이상해진 것을 시작으로, 그 이후로 이 저택의 다락방에 들어간 사람이 변사하는 일이 몇 번이나 이어졌다.

그래서 집은 빈집이 되었는데, 어느 날 에드워드 블런든(Edward Blunden)과 로버트 마틴(Robert Martin)이라는 남자가 우연히 이 집을 발견하고 하룻밤을 나기로 했다. 그러자 바닥을 긁는 듯한 소리나 뭔가가 부딪치는 듯한 소리가 들리기 시작하더니, 이윽고 계단을 시커멓고 형체를 알수 없는 것이 내려와서 그들이 있는 침실에 침입했다. 그래서 마틴은 황급히 집밖으로 나와 경찰서에서 경찰을 불러 다시 집으로 돌아왔는데, 집 안의 기묘한 괴물은 없어졌지만 블런든의 상처투성이 시체가 다락방의 창문 바로 아래에 있는 철책에 꽂혀있었다고 한다.

키류 미사오 저 『요크셔의 유령저택』에 의하면 이 저택에서는 과거에 다락방에 정신이상을 일으킨 형제를 가둬놓고 있었다는 이야기도 있다고 한다. 그리고 1938년에는 '맥스 브라더스'라는 고서점이 이 집에 영업을 시작했는데, 그 이후로 유령이나 괴물은 목격되지 않게 되었다고 한다.

■버킹엄 궁전의 유령들

영국에 나타난 괴이. 런던의 버킹엄 궁전에는 몇 명인가의 유령이 출현하는 것으로 알려져 있다.

빅토리아 여왕의 장남인 에드워드 7세의 개인비서였던 그웬 소령은 20세기 초에 아내와의 이혼문제로 고민하다가 궁전에서 권총으로 자살했는데, 그 이후 궁전 내에서 이따금씩 권총 소리가 들리게 되었다고 한다.

또 궁전이 세워지기 전, 16세기 중반까지 이 땅에 있었다고 하는 수도원의 독방에서 죽은 수도사의 유령도 나온다고 이야기되고 있다. 매년 크리스마스 시기가 되면, 이 유령은 갈색 수도사복을 걸치고 쇠사슬을 끄는 모습으로 궁전 뒤편의 테라스에 나타나, 신음소리를 내면서 배회한다고 한다.

히라이 쿄코 저 『고스트를 찾아가는 런던 여행』에 실려 있다.

■버튼 아그네스 홀의 유령

영국에 전해지는 괴이. 영국 요크셔 지방에 현존하는 16세기에 세워진 버튼 아그네스 홀(Burton Agnes Hall)은 유령의 집으로 알려져 있다.

그 유래는 이하와 같다. 16세기 당시, 그리피스 가의 세 자매가 아버지에게 막대한 유산을 물려받고 버튼 아그네스 홀의 건축에 착수했다. 그런데 막내딸인 앤이 롬인(집시) 집단에게 폭행을 당해 머리에 큰 부상을 입는다.

그것이 치명상이 되어 앤은 목숨을 잃게 되는데, 죽기 직전에 언니들에게 한 가지 부탁을 남겼다. 그것이 자신이 생전에 완성되는 것을 볼 수 없었던 버튼 아그네스 홀의 벽에, 절단된 자신의 목을 묻어달라는 것이었다. 앤은 만약 이 바람이 이루어지지 않는다면 유령이 되어 앙화를 일으킬 거라고 언니들에게 고했지만, 두 언니는 그런 무서운 짓은 할 수 없다며 앤을 묘지에 매장했다.

그러나 그 이래, 정말로 아그네스 홀에서

는 문이 멋대로 움직이거나 계단을 내려오는 발소리가 들리거나 어딘가에서 신음소리가 들려온다는 괴현상이 다발하게 되었다. 이것에 겁을 먹은 언니들은 앤의 유언을 실행하기 위해 묘를 파냈다. 그랬더니 무섭게도 앤의 머리는 몸통에서 떨어져서 마치 새 집을 보러 가려던 것처럼 시신의 발치에 굴러다니고 있었다.

언니들은 이 머리를 저택으로 운반해서 유언대로 벽에 묻었다.

그 뒤로 이 저택에 살고 있는 사람이 앤의 머리를 다른 장소에 옮기려고 하면 반드시 괴현상이 일어나게 되었다. 그래서 앤의 머리는 반드시 같은 벽 안에 묻혔다고 한다.

키류 미사오 저 『요크셔의 유령저택』에 실려 있다.

■베네딕트 신부의 유령

영국에서 목격되는 괴이. 헨리 8세 시대에 예배당에서 기도를 올리던 중에 살해당했다는 신부로, 런던의 웨스트민스터 사원에 현재도 나타난다고 한다. 이 유령은 아주 온화해서 저녁이 되면 회랑을 미끄러지듯이 이동하고, 때로는 마주친 사람과 이야기를 나눈다. 그래서 그가 유령이라고 깨닫지 못하는 사람도 있다고 한다.

히라이 쿄코 저 『고스트를 찾아가는 런던 여행』에 실려 있다.

■ 베이컨에게 죽은 닭의 혼령

영국에서 이야기되는 괴이. 런던 북부의 고급주택가, 하이게이트에는 철학자이자 조원가(造園家)이기도 했던 프랜시스 베이컨을 둘러싼 이런 이야기가 남아있다.

예전부터 시체의 보존방법에 대해 생각하고 있던 베이컨은 1626년 겨울에 눈을 바라보다가 어떤 아이디어를 떠올리고 닭을 사왔다. 그리고 그 닭을 잡아서 내장을 전부 꺼낸 뒤에 눈을 채워 넣는, 현대에서 말하는 냉동보존을 시도했다. 이것은 획기적인 방법이었으나 베이컨은 이 실험 중에 걸린 감기가 악화되어 죽고 말았다.

그 후, 이 부근에서는 깃털을 뽑혀 하얀 유령이 된 닭의 모습이 목격되게 되었다고 한다. 히라이 쿄코 저『고스트를 찾아가는 런던 여행』에 실려 있다.

■ 벤 맥듀이의 잿빛 거한

영국에서 이야기되는 괴이. 스코틀랜드 북동부의 케언곰 산맥(Cairngorms)의 주봉 중 하나인 벤 맥듀이(Ben MacDhui) 산에는 몸길이 3미터의 거인이 나타난다고 전해지고 있다. 이 거인은 긴 팔을 늘어뜨리고 나타나서 엄청나게 큰 소리를 지르는 일이 있다고 한다.

피터 헤이닝 저『세계 영계 전승 사전』에 실려 있다.

■ 벤자민 디즈레일리의 유령

영국에 전해지는 괴이. 벤자민 디즈레일리(Benjamin Disraeli)는 19세기의 정치가 및 소설가로, 버킹엄셔의 휴헨덴(Hughenden)에서 만년을 보냈다. 디즈레일리가 살았던 저택인 휴엔덴 매너(Hughenden manor)에는 지금도 그의 유령이 나타난다고 하며, 실제로 지팡이를 든 검은 옷의 신사가 다양한 모습으로 목격되고 있다. 또 모습은 보이지 않더라도, 2층에 있는 어느 방에서 하루 일과를 끝내고 문을 잠그면 옛날 느낌의 향수 냄새가 풍겨온다는 이야기도 유명하다고 한다.

그러나 이 유령이 기분 나쁘게 느껴지는 일은 거의 없고, 기본적으로는 온화한 느낌이라고 한다.

션 에반스 저『영국의 유령전설』에 실려 있다.

■ 벨제부브의 마차

독일에 나타나는 괴이. 도른센베르크(Dornsenberg)라는 산기슭에 나타난다고 이야기되는 괴이인데, 마녀를 태우고 불의 숨결을 토하는 말이 까마귀 마차를 끌고 달리며, 마부석에는 마왕 벨제부브가 앉아있다고 한다. 이것은 수많은 인간의 혼을 가져온 부하들을 마왕 자신이 즐겁게 해주는 광경이라고 한다.

H. 슈라이버 저『독일 괴이집』에 실려 있다. 벨제부브는 그리스도교의 악마 중 하

나로, '파리의 왕'이라고도 불린다.

■ 벨턴의 브라이트 레이디

영국에서 이야기되는 괴이. 링컨셔 주에 있는 벨턴 하우스(Belton House)라는 옛 저택에 출현한다는 유령으로, 그 이름대로 황금색 빛에 감싸여서 나타난다고 한다. 이 유령의 정체는 17세기 초에 벨턴에 살았던 앨리스 셰라드(Alice Sherard) 부인으로 생각되고 있다.

션 에반스 저 『영국의 유령전설』에 실려 있다. 이 책에 의하면 이 벨턴 하우스에는 그 밖에도 다양한 유령이 출현한다고 하며, 검은 옷을 입은 귀부인의 혼령, 검은 모자에 어깨 망토를 걸친 '검은 옷의 신사'라 불리는 혼령, 회색 옷을 입은 수수께끼의 신사의 혼령 등이 목격되고 있다고 한다. 그밖에, 가계도에 관련된 수수께끼의 여성 괴이에 대한 보고도 있다. 이것에 대해서는 **가계도의 목 없는 부인** 항목을 참조.

■ 보댜노이(Vodyanoy)

러시아에서 이야기되는 괴이. 물속에 사는 마물이라고 생각되고 있으며, 물속에 있는 것 모두를 지배하에 둘 수 있다고 한다.

인간 앞에 나타날 때는 노인의 모습인 경우가 많지만, 그 온몸은 수초로 덮여있다. 또 몸은 말랑말랑하며, 머리에는 머리카락이 없다. 몸은 커서 인간의 배 이상은

된다고 한다.

인간을 물속으로 끌어들여서 죽이는 무서운 존재로도 전해지고 있으며, 보댜노이에게 끌려간 인간은 결코 찾을 수 없다. 러시아에서는 이 희생을 막기 위해, 강의 얼음이 녹아서 보댜노이가 눈을 뜨기 전에 강에 밀가루나 담배를 던져 보댜노이에게 바치는 것으로 가족의 안녕을 빈다고 한다. 또한 때로는 말까지도 물속으로 끌어들인다고 한다.

사이토 키미코 저 『러시아의 요괴들』에 실려 있다. 이 책에 의하면 자유롭게 변신할 수 있는 보댜노이도 있어서, 나무로 변해서 강을 타고 내려갔다고 한다. 달이 차고 이지러짐에 따라 나이가 변하며, 달이 차면 젊은이로, 달이 이지러지면 노인이 된다는 이야기도 있다. 그래서인지 보댜노이는 결코 죽는 일이 없다고 한다.

또 보댜노이는 물 밑바닥에 있는 수정 궁전에 살고 있다는 전승도 많다고 한다.

■ 보리 할머니

독일에서 이야기되는 괴이. 보리가 수확기에 접어들면 보리밭에 출현한다고 생각되는 정령의 일종으로, 보리밭에 들어가서 장난을 치려고 하는 아이들을 습격한다고 한다. 붉은 눈에 잿빛 머리카락과 검은 코를 지닌 노파이지만 재빠르게 달릴 수 있으며, 수레국화, 겨자, 완두콩의 꽃을 따려고 하는 아이가 있으면 곧바로

발견해서 붙잡아 머리부터 잡아먹는다고
한다.

우에다 시게오 저『유럽의 제사와 전승』에
실려 있다. 이 책에 의하면, 이 정령은 '바
바', '부바', '슈바르츠', '포펠' 등으로 불린
다고 한다.

■ 보리 할아버지

독일에 전해지는 괴이. 중부 독일에서는
바람이 호밀밭을 물결치듯이 쓸고 지나가
는 모습을 정령이 장대로 호밀을 쭉 쓸고
가는 것에 빗대곤 한다. 이 정령은 보리 할
아버지라는 이름으로 전해지고 있다고 한
다.

우에다 시게오 저『유럽의 제사와 전승』에
실려 있다. 이 책에 의하면, 헤센 주 등에
서는 같은 현상을 정령의 양치기가 양떼를
몰고 가는 모습에 빗대며, 동 바이에른 지
방에서는 **와일드헌트**로 간주한다고 한다.

■ 보브쿤(Vovkun)

러시아에서 이야기되는 괴이. 늑대로 변
신할 수 있는 인간을 말하며, 수많은 인간
을 살해했다고 한다.

P. G. 보가티료프 저『주술 · 의례 · 속신』
에 실려 있다.

■ 보스루카냐

러시아에 전해지는 괴이. 카르파티아 지
방에서 이야기되는 마녀로, 밤에만 모습

을 보인다고 한다. 죽은 자를 사역하는 마
술을 사용할 수 있으며, 목격한 사람을 살
해한다. 한편, 낮 동안에는 평범한 인간으
로서 지내고 있으며 다른 인간과도 교류
한다고 한다.

개나 고양이로 변할 수 있지만, 왼손에 한
대 맞으면 그 정체를 드러낸다. 이때, 다
시 한 번 때려달라고 애원하지만, 무시하
면 아침에는 죽어버린다. 그러나 부탁대
로 다시 한 번 때리면 악마의 모습으로 변
해서 덤벼든다고 한다.

P. G. 보가티료프 저『주술 · 의례 · 속신』
에 실려 있다.

■ 보스턴 부인의 유령

영국에서 이야기된 괴이. 런던의 브렌트
포드에 있는 보스턴 장원저택은 여성 유
령이 출현하는 것으로 알려져 있다. 이 혼
령은 불륜남과의 정사를 남편이 목격한
보스턴 부인이라는 여성으로, 남편에게
살해당한 부인의 시체는 공원에 묻혔지만
현재도 그 유령이 출현한다고 한다. 부인
의 유령은 그림자처럼 집의 뒤편에서 나
타나서 골목을 나아가, 노송나무 거목이
있는 곳까지 미끄러지듯이 이동한 뒤에
나무 아래에서 사라진다고 한다. 마치 자
신이 이곳에 묻혀있다는 것처럼.

J. A. 브룩스 저『런던 유령신사록』에 실
려 있다.

■보크제른

스위스에서 이야기되는 괴이. 유럽에서는 각 지방에서 크리스마스의 방문을 알리기 위해, 변장한 젊은이가 집집마다 문을 두드리는 습속이 남아있다. 스위스의 투르가우(Thurgau)에 전해지는 보크제른도 그 중 하나로, 이것은 17세기에 유행하며 많은 사람들을 죽음에 이르게 했던 감염병인 페스트가 바탕이 되어 생겨난 것이라고 한다.

당시 페스트가 유럽에 만연했을 때, 사람들은 그 집에 사는 사람과 접촉하지 않고 안부를 확인하기 위해 문을 두드리거나, 지붕이나 벽에 돌을 던져서 신호를 했다. 만약 그 집에 사는 사람이 무사하다면 그 신호에 반응해서 대답을 했다고 한다.

우에다 시게오 저 『유럽의 제사와 전승』에 실려 있다.

■볼리 사제관(Borley Rectory)

영국에 전해지는 괴이. 보리 목사관이라고도 불린다. 과거에 실존했던 유령의 집으로, 세계에서 가장 심령현상이 많이 발생한 건물이었다고 한다. 이 건물은 1862년에 서퍽 주에 부임했던 헨리 불(Henry Dawson Ellis Bull)이라는 사제가 다음 해에 세운 건물로, 불 일가가 이 저택에 이사 와서 살자마자 유령들이 출현하게 되었다고 기록되어 있다. 그것은 교회에 있는 18개의 종들이 전부 일제히 울린 날부터 시작되었다고 한다.

유령의 모습은 다양해서, 2층의 손님용 침실에 하얀 옷을 입은 나이든 수녀, 딸의 방에 나온 남자, 복도에 나타난 수녀, 뜰에 나타난 환상의 사륜마차 등이 있었다. 이러한 유령의 출현을 시작으로 다양한 괴기현상이 일어난 이 저택은, 1년에 50건 이상, 1944년에 철거될 때까지 2000건 이상의 괴이가 확인되었고, 현재도 그 옛 터는 관광명소가 되었다.

키류 미사오 저 『요크셔의 유령저택』, 하니 레이 저 『초상현상 대사전』 등에 실려 있다.

■부기맨(Bogeyman)

영국에서 이야기되는 괴이. 밤에 어린아이를 위협하는 존재로, 부모가 아이들을 재울 때나 나쁜 버릇을 고치기 위해서 이 괴물의 이름을 들려준다고 한다. 보가트(Boggart), 버그베어(Bugbear), 보기(Bogey) 등, 같은 역할을 지닌 괴물은 많다. 옷장이나 문 너머에 숨어있으며, 아이를 납치해간다고 한다.

로즈마리. E. 길리 저 『요정과 정령의 사전』, 테리 브레버튼 저 『세계의 신화 전설 괴물백과』 등에 실려 있다.

■부델프라우(Budelfrau)

독일에서 이야기되는 괴이. 식물의 혼령을 뜻하는 말로, 페르히타(Perchta)나 홀레

(Holle) 같은 마녀가 다스리는 마물의 무리 중에 존재한다고 한다.

우에다 시게오 저『유럽의 제사와 전승』에 실려 있다. 이 책에 의하면 이 식물령은 겨울에는 말라죽은 곡식이나 야채를 포함한 모든 식물이 다시 생명을 얻어 번식하는 것을 기원하며 형상화된 정령이라고 한다.

■부디카의 망령

영국에 전해지는 괴이. 링컨서 주에서는 19세기 중엽부터 전차(채리엇)을 타고 질주하는 부디카의 모습이 잇따라 목격되고 있다고 한다.

또 런던의 북동부에 있는 에핑 포레스트는 부디카가 최후를 맞이한 땅이라는 설이 있으며, 이 숲을 부디카의 망령이 배회한다는 이야기가 있다고 한다.

히라이 쿄코 저『고스트를 찾아가는 런던 여행』, 이시하라 코사이 저『유령이 있는 영국사』에 실려 있다. 부디카는 1세기 경 영국의 동브리타니아, 노퍽 지역을 통치했던 켈트인 이케니 족의 여왕으로 당시 브리튼제도를 실질 지배하고 있던 로마제국에 대항해 반란을 일으킨 것으로 알려져 있다.

이것은 부디카의 남편이자 켈트의 왕이었던 프라스타구스의 유언인 그의 사후에 딸들에게 영토 절반을 계승한다는 권리가 인정되지 않고, 오히려 다른 절반을 상속하려고 한 로마 황제 네로의 권리가 인정되어서 그대로 이케니 족의 왕국이 로마제국으로 편입되게 된다. 이어서 이것에 저항한 부디카와 딸들이 능욕당한 것으로 인해 부디카는 이케니족뿐만 아니라 인근 부족들과 함께 봉기하여 로마 제국에 대항하는 반란을 일으킨다. 최종적으로 부디카 군은 패배하였으나, 이 반란은 로마 제국에 큰 타격을 주었다. 또한 빅토리아 왕조 시대에는 부디카의 이름이 당시의 여왕 빅토리아와 같은 의미를 지닌 전설의 여왕으로서 널리 알려졌으며, 현재도 영국을 상징하는 인물 중 한명으로 여겨지고 있다.

■부유하는 피에로의 목

영국에서 이야기되는 괴이. 런던에 있는 드루어리 레인 극장은 공중을 부유하는 피에로의 목이 목격되는 것으로 알려져 있다. 이 피에로는 19세기에 광대역할로 이름을 날렸던 조제프 그리말디(Joseph Grimaldi)로 여겨지며, 병으로 무대를 내려온 그리말디가 유언으로서 시신의 머리를 잘라달라고 전한 것에서 유래한다고 한다.

히라이 쿄코 저『고스트를 찾아가는 런던 여행』에 실려 있다. 이 극장에서는 초연 직전에 나오면 그 무대가 대히트한다는 징크스가 있는 미청년 유령이 있거나, 동료 배우를 살해한 찰스 매클린(Charles

Macklin)의 유령이나 자살한 희극배우 댄 레노(Dan Leno)의 유령 등, 다양한 유령이 나온다고 한다.

■부츠만들(Buttnmandl)

독일에서 이야기되는 괴이. 바이에른 주 남단에 있는 베르히스가덴 중에서도 일부 지역에만 전해지는 괴이로, 크리스마스에 성 니콜라우스의 시종으로서 크람푸스와 함께 온다고 한다. 그 모습은 온몸에 지푸라기를 두르고 양의 모피로 만든 동물가면을 쓴 모습으로 분장하는 것으로 나타내는데, 기독교의 풍습이 들어오기 전에는 풍양의 심벌이었다고 한다.

와카바야시 히토미 저『크리스마스 문화사』에 실려 있다. 부트만들과 함께 나타나는 **크람푸스**에 대해서는 해당항목을 참조.

■불행한 백작부인

영국에서 전해지는 괴이. 더웬트 밸리(Derwent Valley)의 깁사이드(Gibside)에 있는 저택은 유령이 나오는 것으로 알려져 있다. 그 중에서도 '불행한 백작부인'이라 불리는 유령이 유명한데, 그 정체는 메리 엘레노아 보우스(Mary Eleanor Bowes)라고 하는 여성이라고 한다. 그녀는 아버지가 세상을 떠나면서 이 저택을 상속받았으며, 그 후에 두 번의 결혼을 경험했지만 두번째 남편이 폭력을 휘둘러서 그것을 견

디지 못하고 도망쳤다. 그러고 나서 조용히 여생을 보냈는데, 그녀의 사후에 마치 자기 집으로 돌아온 것처럼 깁사이드에 여성의 유령이 목격되게 되었다고 한다. 션 에반스 저『영국의 유령전설』에 실려 있다.

■브로켄 산의 괴물

독일에서 이야기된 괴이. 하르츠 산지의 최고봉인 브로켄 산을 오르는 사람들에게 옛날부터 빈번하게 목격되던 거인. 현재는 그 정체가 해명되어 있는데, 태양빛을 받은 등산자의 그림자가 전방 30킬로미터 정도의 거리에 있는 구름에 드리워지며 길이 150미터 이상 되는 그림자로 나타나는 현상이었다고 한다.

이 현상은 동시에 그림자의 주위에 나타나는 무지갯빛 고리를 포함해서 '브로켄 현상'이라는 이름으로 알려져 있으며, 명칭도 브로켄 산에서 따왔다.

■블랑켄펠데의 저주받은 방

라트비아 공화국에 나타났다고 하는 괴이. 라트비아와 국경 부근에 있는 블랑켄펠데(Blankenfelde)라고 하는 농원에는, 유령이 나오며 저주받았다는 소문이 도는 방이 있었다. 어느 날, 한 여성 가정교사가 숙식하며 일하게 되었는데, 새로 이 농원의 주인이 된 인물이 그 교사에게 그 방을 할당했다. 그러나 농원에 찾아온 첫 날

밤, 가정교사의 무시무시한 비명이 울려 퍼졌고, 농원사람들이 달려가 보니 그곳에는 머리가 새하얗게 되고 방구석에 알몸으로 웅크리고 있는 가정교사가 있었다. 그녀는 그대로 정신이 망가져버렸다고 한다.

그 뒤로 유령의 존재를 확인하기 위해 집주인을 포함한 네 명의 사람들이 그 방에서 묵었는데, 그 중 두 명은 사망하고 집주인은 가정교사 여성과 마찬가지로 미쳐버렸으며, 마지막 한 사람은 마비된 것처럼 안락의자에 앉아있었다.

이후에 안락의자에 앉아있던 인물에게 무슨 일이 있었느냐고 묻자, 그저 "무서운 일을 당했다"라고만 대답할 뿐, 자세한 것은 알 수 없었다고 한다.

H. 슈라이버 저 『독일 괴이집』에 실려 있다.

■블랙 몽크

영국에서 목격된 괴이. 1966년 이후, 이스트요크셔의 이스트 드라이브 30번지에 세워진 집에 출현한다는 유령으로, 그 이름대로 검은 옷을 입은 수도사 같은 차림을 하고 있다.

블랙 몽크는 이 집의 딸에게 위해를 가하거나 폴터가이스트 현상을 일으켰다고 한다. 또 그 모습이 사진에 찍히는 일도 있었으며, 21세기를 맞이한 현재도 이 집에 살고 있다고 여겨지는 듯하다.

웹 사이트 〈THEsun〉 등에 실려 있다. 이 집에 일어나는 괴기현상은 2012년에 개봉한 영화 『웬 더 라이츠 웬트 아웃(When the Lights Went Out)』의 메인 소재가 되었다.

■블랙 샐리의 나무(Black Sally's Tree)

영국에서 이야기되는 괴이. 런던의 하이드 파크에는 블랙 샐리의 나무라고 불리는 나무가 있는데, 이 나무 아래를 잠자리 삼아 하룻밤을 보내려고 하면 새벽녘에는 죽어있다는 소문이 있다. 이 나무는 블랙 샐리라고 불렸던 롬인 여성이 죽은 장소에 자라고 있다는 이야기가 있으며, 이 따금씩 신음소리가 들려오는 일도 있다고 한다.

히라이 쿄코 저 『고스트를 찾아가는 런던 여행』에 실려 있다.

■블랙 위치

영국에 전해지는 괴이. 노샘프턴셔에 있는 라이브덴 뉴 빌드(Lyveden New Bield)는 건설 중에 방치된 정원주택인데, 그 미들 가든이라 불리는 정원에는 스코틀랜드인의 유령이 깃들어 있다고 한다. 이 유령은 스코틀랜드의 보병부대 '블랙 위치'의 병사들로, 1741년에 영국군에게 포위되어 항복했으나 처형이나 아사로 인해 대부분이 사망했다. 이 장소에서는 폭풍우치는 밤이 되면 지금도 병사들의 백파이프와 큰북 소리가 들린다고 한다.

션 에반스 저 『영국의 유령전설』에 실려 있다.

■ 블랙독

영국에 전해지는 요정. 그 이름대로 검은 개의 모습을 하고 있으며, 이것을 보면 가까운 시일 내에 불행이 찾아오거나 죽는다고 한다.

별칭은 '헬하운드'이고, 입에서 유황 냄새가 나는 불을 뿜으며 갑자기 굉음과 함께 나타났다가 굉음과 함께 사라진다고 전해진다.

■ 블러디 타워의 유령

영국에서 이야기되는 괴이. 블러디 타워는 현존하는 런던탑을 구성하는 탑 중 하나이지만, 두 명의 소년이 유폐된 장소이기도 하다. 1483년, 아버지 에드워드 4세의 급서로 고작 열두 살의 나이에 왕위를 계승하게 된 에드워드 5세는, 대관식을 앞두고 있던 중, 숙부인 글로스터 공 리처드(이후에 리처드 3세)에 의해 이 탑에, 동생인 요크 공 리처드와 함께 유폐되었다. 그 후에 1483년이 끝날 무렵에는 두 사람이 노는 모습이 목격되었으나, 어느 샌가 그들의 모습은 보이지 않게 되었고, 살해된 것이 아니냐는 소문이 떠돌게 되었다. 그 뒤로 1674년이 되어서, 런던탑에서 아이들의 유골이 두 사람 분 들어있는 나무상자가 발견되었다. 이것은 에드워드 5세의 것이 아닐까 하고 여겨졌으나, 현재도 특정되지 않고 있다. 그러나 이 유골이 발견된 이래, 둘이 사이좋게 노는 에드워드 5세와 요크 공 리처드의 유령이 목격되게 되었다고 한다.

히라이 쿄코 저 『고스트를 찾아가는 런던 여행』에 실려 있다. 이 책에 의하면, 블러디 타워에는 엘리자베스 1세의 총애를 받았던 월터 롤리(Walter Raleigh) 경이 유폐된 일도 있었다. 롤리는 수차례 면죄 받았으나, 마지막에는 남미 탐험 실패의 책임을 물어 처형되었다. 그러나 블러디 타워에는 지금도 롤리의 유령이 살고 있으며, 성벽 위를 산책하거나 난로 곁에 가만히 서 있거나 한다고 한다.

■ 블루버드의 삶과 죽음

영국에 이야기되는 괴이. 1935년, 영국의 레이서인 말콤 캠벨은 아들인 도널드 캠벨과 함께 미국의 유타 주에서 레이싱카 '블루버드'로 속도의 세계기록을 수립했다. 그러나 그 레이스에서 차바퀴에 불이 붙어 충돌사고를 일으킨 두 사람은, 구사일생으로 목숨을 건졌다.

그 뒤로 시간이 흘러 말콤은 죽었지만, 1964년에 아들인 도널드는 레이서로서 활약하며 똑같은 블루버드라는 이름의 차를 타고 오스트레일리아의 메마른 염수호인 에어 호를 달려서 속도의 세계기록을 수립했다.

그때, 도널드는 아버지의 유령을 방풍유리에서 보았다고 한다. 말콤은 도널드에게, 자신이 사고를 일으켰을 때와 같은 감각을 도널드가 느끼고 있음을 전하고, 그렇지만 너라면 분명 성공할 수 있을 거란 말을 남기고 사라졌다고 한다.

존 & 앤 스펜서 저『세계 괴이 현상 백과』에 실려 있다. 그는 이로부터 3년 후에 1967년에 같은 블루버드라는 이름의 모터보트를 타고서 이번에는 수상 최고기록을 수립했다. 그러나 이 코니스턴 호에서의 기록 도전 중, 그는 보트사고로 목숨을 잃고 만다. 이때의 영상은 기록으로서 지금도 남아있다.

■비의 여자

우크라이나에 있는 그림을 둘러싼 괴이. 그 그림은 현재 우크라이나의 비니차 주의 비니차의 어느 가게에 걸려있었는데, 그때까지 세 사람이 구입했고, 많은 괴현상을 일으켰다고 한다. 비 오는 날에 검은 모자를 쓰고 검은 옷을 입은 여성이 눈을 내리깔고 있는 그림인데, 스베틀라나 트라스라는 화가가 그린 것이라고 한다. 그녀는 이 그림을 그리기 6개월 전부터 누군가의 시선을 받고 있다는 감각을 느꼈는데, 어느 날 갑자기 이 그림의 구상이 떠올라서 곧바로 밑그림을 그리고 약 한 달 만에 완성시켰다.

「비의 여자」라고 이름 붙인 이 그림은, 처음에 어느 여성 실업가에게 팔렸지만 2주일 뒤에 반품되었다. 여성 실업가에 의하면, 이 그림을 집에 두게 된 뒤로 누군가가 곁에 있는 듯한 감각이 항상 따라다녔다고 한다. 다음에는 젊은 남성이 이 그림을 샀는데, 그림 속의 여성이 매일 밤 자신의 주위를 걸어 다니는 듯한 느낌이 들기 시작해서, 역시 그림을 반품했다.

세 번째 구입자도 남성이었고, 처음에는 그림 속의 여성에게 호의적이었으나, 그림 속의 여성의 눈을 본 뒤로 두통이나 막연한 불안이 느껴지기 시작하더니 어디에 있어도 누군가가 나타날 것 같은 감각에 빠졌다. 그리고 결국 비의 여자는 스베틀라나 곁으로 반품되었다고 한다.

원 출처는 불명이지만, 2011년 7월에는 인터넷상에 이 괴이가 이야기되고 있었던 것이 확인된다.

■비트겐슈타인의 공주

독일에서 이야기되는 괴이. 노르트라인-베스트팔렌 주의 지겐-비트겐슈타인 군에 옛날에 있었다고 하는 비트겐슈타인 성에는 돈 많은 기사와 그 딸이 살고 있었다. 이 딸에게는 장래를 맹세한 젊은 기사가 있었는데 딸의 미모 때문에 그녀를 손에 넣고자 많은 기사들이 다퉜고, 끝내는 한 왕자가 나타나서 그녀에게 청혼했다. 아버지는 명예욕으로 인해 이 왕자를 사위로 맞으려고 했지만, 딸은 완강하게 고개를 저었다. 그러나 끝내는 연인과 함께 도망치려고 했지만, 그것을 알게 된 아버지가 딸의 연인을 살해하고 시체를 딸의 방으로 옮겼다. 그것을 본 딸은 충격을 받은 나머지 그대로 죽어버렸다.

그런 일이 벌어진 후, 딸을 성에서 데리고 나가려고 검은 말에 탄 기사의 망령이 성을 향해 달려오게 되었다. 또한 딸 자신도 유령으로 변해서 성의 이 방 저 방을 걸어 다니며 사람들을 겁에 질리게 만들었다. 그래서 성주였던 딸의 아버지는 구마의식을 의뢰했다. 이로 인해 두 사람의 유령은 각자 살던 성 안에 갇히게 되었고, 죽어서도 서로 만나는 것이 불가능해졌다.

현재도 기사의 망령은 자신의 성의 영지에 출현하고, 신음하면서 성 주위를 말을 타고 달리고 있다고 한다.

한편 딸은 비트겐슈타인 성이 있던 장소에 출현하고, 배회한다. 그녀는 7년에 하루만 지상에 출현하는 것을 허락받는다고 하며, '비트겐슈타인성의 공주'라고 불리게 된 그녀를 만났다는 이야기는 지금도 이야기되고 있다.

H. 슈라이버 저 『독일 괴이집』에 실려 있다. 이 책에 의하면, 이 공주는 성이 있던 장소 근처를 흐르는 엘베 강에도 나타난다고 한다. 그 강에는 작은 다리가 놓여 있는데, 밤이 되면 이 다리에 불빛이 보일 때가 있으며 그 빛은 착한 사람이 그 장소를 방문했을 때만 보이는 비트겐슈타인의 공주가 밝히는 불빛이라고 한다. 또한 공주는 자주 여행자 앞에 나타나는데, 두려워하지 않고 다가가면 자선을 베풀어준다고 한다. 한편 그녀를 모욕하면 재앙이 일어난다고 한다.

【사】

■ 사기 코드(saggy cord)

영국에 나타났다고 하는 괴이. 중동의 살인강도단이 사람을 살해할 때에 사용했다고 하는 비단끈으로, 1미터가 조금 안 되는 길이다.

1910년, 잉글랜드에 사는 조지 개프니라는 인물이 이 끈을 구입하고 2주 뒤에 이 끈을 사용해서 연인을 살해한다. 이유는 연인인 베시 그레이브즈라는 여성을 임신시켜서 결혼을 요구받았으나, 좀 더 조건이 좋은 상대를 발견했기 때문에 베시가 방해가 되었다는 뻔뻔스런 이유였다.

시체의 목에 파고든 채로 방치되어 있던 사기 코드는 경찰에게 회수되었고, 수사가 시작되었지만 경찰은 좀처럼 범인을 밝혀낼 수 없었다.

한편 개프니는 새로운 연인과 만남을 유지하면서 유유자적하게 지내고 있었는데,

어느 날 밤 2인승 마차에 타고 있던 그는, 문득 옆자리에 죽은 직후의 모습으로 베시가 앉아있음을 깨달았다.

개프니는 비명을 지르며 달아났지만, 괴이현상은 그것으로 끝나지 않았다. 연인의 집 지하실에서 술을 가지러 갔던 그는, 암흑 속에서 사기 코드를 목걸이처럼 늘어뜨린 베시와 조우하고 말았다. 그것에 몹시 놀란 개프니는 계단에서 굴러 떨어지는 바람에 다쳐서 입원하게 되었다.

그리고 퇴원 후, 잉글랜드를 떠나 베시의 유령으로부터 도망치기 위해 퀘벡으로 가는 정기선 몬트로즈호에 타기로 했다.

그러나 출발 전날 밤, 개프니는 묵고 있던 호텔의 어둠 속에서 또다시 베시와 조우한다. 베시는 목에서 풀어낸 사기 코드를 그를 향해 내밀고 있었다.

모든 것을 깨달은 개프니는 그 끈을 받아들었다. 베시의 모습은 이미 사라졌지만, 개프니는 자신의 죄를 종이에 적은 뒤, 더이상 베시의 유령으로부터 도망칠 수 없다고 마지막으로 덧쓰고 유령에게 건네받은 끈으로 목을 맸다.

그 뒤로 경찰은 개프니의 시체와 그가 남긴 글에 의해 사건의 진상을 알게 되었지만, 한 가지 기묘한 점이 남아 있었다.

개프니가 목을 매는 데 사용한 것은 경찰이 보관하고 있었을 사기 코드였던 것이었다.

N. 블런델 외 저『세계 괴이 실화집』에 실려 있다.

■사냥꾼 한

영국에서 이야기되는 괴이. 사냥꾼 한(헬라)은 유럽 각지에서 전해지는 사냥꾼이나 그것들이 데리고 있는 말, 사냥개의 유령 무리를 가리키는 말로 **와일드헌트**의 일종으로 이야기되는 존재다. 윈저의 숲에서 산다고 하며, 윌리엄 셰익스피어의 시 「윈저의 명랑한 아낙네들」에도 등장한다. 와일드헌트로서의 한은 중세부터 목격담이 있었는데 현대가 되어도 출현하는지, 1967년에는 윈저 성의 대정원에서 사슴 모피를 두르고 사슴뿔이 달린 모자를 쓴 한의 모습이 목격되었다고 한다.

또, 이 지역에도 한이 유령 개를 데리고 성 안을 소리 없이 질주했다는 목격담이, 최근 3세기 정도 사이에 몇 백건이나 보고되고 있다고 한다.

N. 블런델 외 저『세계 괴이 실화집』에 실려 있다.

한은 원래는 고대 브리튼의 왕으로, 요정의 나라에서 3일을 보낸 뒤에 원래 세계로 돌아왔더니 200년이 지나있었다. 그 이래, 말에서 내리면 그 세월의 무게가 단숨에 밀려와서 먼지로 돌아가 버리기 때문에, 말에서 내리지 않고 계속 달리고 있다는 전승이 있다.

■사라고사의 요마

스페인에서 이야기된 괴이. 1934년, 스페인 북동부의 사라고사에 있는 파라손이라는 일가의 집에서 벽난로의 굴뚝 위에서 누군가의 목소리가 말을 걸어온다는 괴이 현상이 있었다. 그래서 많은 사람들이 집에 찾아와 이 목소리와 대화를 했는데, 목소리는 '사라고사의 요마'로 자칭했으며 그 정체는 알 수 없었다.

사람들은 우선 파라손가에서 일하는 열여섯 살의 식모를 의심했지만, 누군가가 굴뚝 위에 있던 흔적은 발견되지 않았고, 결국 장난이었음을 증명할 수 있는 사람은 없었다. 이 목소리는 1934년 12월까지 나타났지만, 그 이후로는 들려오지 않게 되었다고 한다.

피터 헤이닝 저『세계 영계 전승 사전』에 실려 있다.

■사라예보의 저주받은 자동차

오스트리아에서 이야기되는 괴이. 오스트리아 황태자였던 프란츠 페르디난트 대공은, 보스니아 주의 수도인 사라예보를 순방하기 위해 자동차를 한 대 만들게 했다. 이것은 붉은 6인승 오픈카였는데, 정세가 불안정한 당시의 유럽에서는 절호의 표적이 되었다. 세르비아 민족주의자 과격파가 이 차에 올라타서 황태자와 그 아내를 권총으로 암살했던 것이다. 이것은 1914년 6월 28일의 일로, 제1차 세계대전이 일어난 계기가 되었다.

전쟁이 끝난 후, 암살의 무대가 되었던 이 오픈카는 수리되어 신임 유고슬라비아 통치자에 의해 사용되었지만, 네 번이나 사고를 일으키며 결국 오른쪽 팔을 잃게 되어 버려졌다. 그 후에 그 차는 친구 의사의 손에 넘어갔는데, 이 의사도 길에서 전복된 차체 밑에서 시체로 발견되었다.

그 후에도 다른 소유자들을 전전했지만, 대부분의 소유자가 목숨을 잃게 만드는 계기가 되었다. 최종적으로는 빈의 박물관에서 전시되게 되었는데, 이 박물관 역시 제2차 세계대전 중에 폭격에 의해 돌무더기로 변하고 말았다. 그러나 그 폐허 안에서 이 자동차는 한 조각도 보이지 않았다고 한다.

N. 블런델 외 저『세계 괴이 실화집』에 실려 있다. 첫 소유주가 불행한 일을 겪은 것으로 저주받은 자동차의 이야기는 전 세계에 있으며, 제임스 딘이 탔던 포르셰 스파이더 550의 이야기 등이 유명하다.

■사라진 러너

영국에서 이야기되는 괴이. 신발가게의 제임스 워슨은 마라톤을 잘 하고 다리가 빠른 것으로 유명했다. 1873년에 제임스는 워릭셔의 레밍턴에서 코벤트리까지 달리며 자신의 실력을 증명하게 되었다.

경기 진행은 순조로웠고, 제임스도 특별히 지친 기색이 없이 4분의 1정도를 달렸다. 그런데 비포장도로를 달리고 있을 때에 갑자기 제임스가 비틀거리며 넘어지는 듯 보였고, 직후 날카로운 비명을 지르는가 싶더니 감쪽같이 사라져버렸다. 대규모 수색이 이루어졌지만 그의 모습은 지상에서 사라져버린 것처럼 발견 되지 않았다.

그러나 그가 실종되고서 한동안 레밍턴에서 코벤트리로 향하는 길에서는, 밤에 음침한 녹색빛의 달리기 선수가 뛰는 모습이 목격되었다고 한다.

N. 블런델 외 저『세계 괴이 실화집』에 실려 있다. 이 책에 의하면, 그밖에도 1880년에 미국의 테네시 주에 살고 있던 데이비드 랭이 가족의 눈앞에서 갑자기 사라져버린 사건에 대해서도 기록되어 있다. 이 사건에서도 데이비드는 발견되지 않았지만, 1881년에 데이비드가 사라진 장소 주변에서 수수께끼의 고리가 출현하고 데이비드의 비명이 들렸다고 한다.

■사람을 죽이는 우편배달원

영국에서 이야기되는 괴이. 노퍽의 그레이트 야머스(Great Yarmouth)에서 서퍽의 로스토프트(Lowestoft)를 잇는 A12호선(현 A47호선) 도로에는 나이 든 우편배달원의 모습을 한 유령이 나타난다. 이 유령은 도로를 달리는 자동차 앞에 나타나서 사고를 유발한다고 한다.

그 정체는 1899년에 시체로 발견된 우편

배달원 윌리엄 볼즈(William Balls)가 아닐까 생각되고 있는데, 어째서인지 1960년 이래로 현세에 킬러가 되어 돌아와 사망사고를 다발시키고 있는 것이 아닐까 하고 이야기되고 있는 듯하다.

N. 블런델 외 저『세계 괴이 실화집』에 실려 있다.

■사제 라히어의 저주

영국에서 이야기되는 괴이. 런던의 세인트 바솔로뮤 더 그레이트 교회에 나타났다고 하는 유령을 둘러싼 괴이. 라히어(Rahere)는 12세기, 그 당시의 국왕 헨리 1세를 모시던 고관으로, 왕자를 잃은 국왕을 위해서 로마 순례 여행을 떠났을 때에 말라리아로 쓰러졌다. 거기서 생사의 기로를 헤매던 중에, 무사히 조국으로 돌아갈 수 있다면 가난한 자를 위해 교회를 세우겠다고 맹세했고 무사히 회복한 라히어는 세인트 바솔로뮤 더 그레이트 교회를 세웠다. 그 후 1145년에 라히어가 죽은 뒤에는 그의 묘가 교회의 제단 왼편에 만들어졌다.

그로부터 세월이 흘러 19세기, 라히어의 묘가 수리되었을 때에 라히어의 유해가 몸에 걸치고 있던 샌들을 훔친 사제가 있었는데, 그는 직후에 기묘한 죽음을 맞았다. 그것은 라히어의 저주라며 두려움을 샀고, 샌들은 반환되었지만 라히어의 혼령은 진정되지 않았다.

1999년의 어느 날, 교회의 방범 벨이 작동
했을 때에는 침입자는 발견되지 않았지
만, 누군가가 복도를 걷는 소리를 순찰하
는 수도사가 들었다. 그래서 시큐리티 시
스템을 확인해 보니, 라히어의 묘 부근에
서만 누군가의 발자국이 확인되었다고 한
다.

히라이 쿄코 저 『고스트를 찾아가는 런던
여행』에 실려 있다.

■사형수 감방의 종

영국에서 이야기되는 괴이. 런던에 있던
뉴게이트 감옥을 둘러싼 이야기. 이 감옥
은 1902년에 철거되었는데, 철거가 시작
되기 전날 아무도 없을 사형수 감방의 종
이 울렸다. 그래서 주변에 있던 사람들이
서둘러 사형수 감방으로 가보니, 그곳에
는 사람의 모습은 없고 종만이 흔들리고
있었다고 한다.

J. A. 브룩스 저 『런던 유령신사록』에 실
려 있다.

■살인마 잭의 망령

영국에 전해지는 괴이. 런던의 템스 강에
는 섣달그믐날 밤이 되면 웨스트민스터교
의 난간에 검은 사람의 형체가 나타나서
템스 강에 뛰어내린다고 한다. 이 형체의
정체는 과거에 런던을 공포에 빠뜨렸던
살인마 잭의 망령이라는 설이 있다. 이것
은 살인마 잭의 용의자 중 한 명으로 여겨

지는 변호사인 몬터규 존 드루이트의 시
체가 섣달그믐날에 템스 강에서 떠올랐다
는 사건에 유래하고 있다. 드루이트는 살
인마 잭 본인이며, 생전의 악행을 후회해
서 속죄를 위해 사후에도 템스 강으로 투
신을 반복하고 있다고 한다.

히라이 쿄코 저 『고스트를 찾아가는 런던
여행』에 실려 있다. 물론 살인마 잭의 정
체는 아직 불명이기 때문에 드루이트가
범인인지 여부는 알 수 없다.

■생매장된 로자

이탈리아에서 이야기된 괴이. 1950년, 주
세페 스토폴리니라는 심리학 교수가 대학
에서 강의를 하러 갔을 때, 마리아 보카라
는 여성을 소개했다.

그런데 이 여성은 갑자기 혼수상태에 빠
지더니 몇 사람의 죽은 자의 목소리로 이
야기를 한 뒤, 로자 메니켈리라는 여성의
목소리로 이야기를 시작했다. 그 이야기
에 의하면, 이 로자라는 여성은 혼수상태
인 채로 사망했다고 판단되어 카스텔라이
몬도의 묘지에 산채로 묻히고, 거기서 죽
었다는 것이었다.

그 이야기를 들은 스토폴리니 교수가 로
자에 대해 조사했더니, 그녀는 확실히 실
존인물이었으며 1939년에 매장되었음을
알았다. 그래서 사람을 모아 이 묘를 파보
니, 관 안에는 필사적으로 뚜껑을 열려고
발버둥 친 뒤에 사망했다고 보이는 로자

의 인골이 있었다. 뚜껑 안쪽에는 그녀가 어떻게든 뚜껑을 열려고 손톱으로 수없이 긁어댄 흔적이 남아있었다고 한다.

N. 블런델 외 저『세계 괴이 실화집』에 실려 있다. 토장문화가 있는 지역에서는 이렇게 살아있는 상태인데 죽었다고 판단되어 매장된 인간은 많이 있으며, 관속에서 되살아난 사례도 많았다. 의료지식이 발전되지 않은 시대에는, 이것이 죽은 자가 되살아나서 흡혈귀로 변한 것이라고 믿어지는 경우도 있었다고 한다.

■ 샹보르 성의 망령

프랑스에서 목격되는 괴이. 샹보르 성은 루아르에셰르 현에 현존하는 성으로, 관광지이기도 하다. 이 성은 16세기부터 17세기에 걸쳐 지어졌으며, 프랑수아 1세의 시대에는 수렵에 사용되는 성으로서 개축되었지만, 그 후에 몇 번 정도 사람은 살기는 했지만 대부분 방치되어 있었다.

그로부터 19세기가 되어 보불전쟁이 일어나자 이 성은 야전병원으로서 활용된다. 이때 원통하게 죽음을 맞이한 병사들의 망령이 지금도 헤매며 걸어 다니고 있다고 전해진다.

로버트 그렌빌 저『반드시 나오는 세계의 유령의 집』 등에 실려 있다.

■ 석기시대의 유령

영국에 나타난 괴이. 도싯의 크랜본 사냥터에 출현하는 유령으로, 모피를 두르고 털북숭이인 애마에 올라타고서 돌도끼를 휘두르고 있다고 한다.

피터 헤이닝 저『세계 영계 전승 사전』에 실려 있다. 도싯에는 청동기 시대의 유령도 나타난다(기원전 700년의 망령 참조)는 이야기도 있는데, 같은 것일까.

■ 섣달그믐날의 수녀

영국에서 나타난 괴이. 글로스터셔에 과거에 있었던 여학교에는, 섣달그믐날에만 나타나는 수녀 유령이 있었다. 이 유령이 처음에 확인된 것은 1939년으로, 오후 6시 15분에 학교의 운동장 가장자리에서 마치 보이지 않는 의자가 있는 것처럼 앉아있는 모습이 목격되었다.

다음 해 섣달그믐날의 같은 시간에도 이 수녀가 나타났다. 학교의 교장이 좀 더 자세히 보려고 유령에게 다가가 회중전등을 향했지만, 도중에 회중전등의 불이 꺼지더니 두 번 다시 작동하지 않았다고 한다. 현재 이 여학교가 있었던 장소는 개인의 저택이 되었기 때문에, 이 유령이 또 나타났는지는 알 수 없다고 한다.

존 & 앤 스펜서 저『세계 괴이 현상 백과』에 실려 있다.

■ 성야의 샘

독일에서 이야기되는 괴이. 크리스마스의 밤에는 샘을 엿봐서는 안 된다는 전승이 있다. 그것에 의하면, 만약 엿보았다가는 등 뒤에서 물의 정령에게 몽둥이로 머리를 두들겨 맞거나, 어두운 땅속으로 끌려들어간다고 한다.

우에다 시게오 저 『유럽의 제사와 전승』에 실려 있다. 이 책에 의하면 반대로 크리스마스나 섣달그믐날 밤 12시에 샘에 횃불을 던지는 습속도 남아있으며, 이것은 데몬이나 마녀 헥세가 샘에 나쁜 짓을 하지 않도록 예방하는 목적이 있다고 전해진다.

■세계에서 가장 수명이 긴 유령

영국에 전해지는 괴이. 요크 주에 현존하는 트레저러스 하우스, 이 저택의 지하실에는 공화제 로마기, 즉 기원전 로마인의 유령이 나온다고 한다. 이 유령은 로마의 보병 모습을 하고 있으며 원형 방패에 창과 단검을 들고, 대열에 맞춰 걷는다. 또 몹시 지친 모습에 너덜너덜해진 옷을 입고 있으며, 항상 바닥보다 낮은 위치를 걷고 있기 때문에 몸의 일부가 바닥에 묻혀 있는 것처럼 보인다고 한다.

실은 이 트레저러스 하우스의 지하실이 있는 장소는 데쿠마누스(decumanus)라고 하는 고대 로마시대의 가도가 지나가는 위치였다고 한다. 이 길은 지하실의 바닥보다도 45센티 정도 낮은 장소에 있으며, 그곳을 보병들의 유령이 지나고 있었기 때문에 바닥보다 낮은 장소를 걷는 듯 보인 것이라고 한다.

션 에반스 저 『영국의 유령전설』에 실려 있다. 이 책에 의하면, 이 유령들은 '가장 수명이 긴 유령들'로서 기네스북에도 등록되어 있다고 한다. 공화제 로마기의 보병이었다면, 이 유령들은 2000년 이상 동안 계속 유령이었다는 뜻이 된다.

■세인트 제임스 공원의 목 없는 부인

영국에 나타나는 괴이. 런던에 있는 세인트 제임스 공원에는 이런 괴담이 전해지고 있다. 날이 저문 뒤에 공원의 길을 걷고 있으면 연못 쪽에서 물소리가 들려온다. 그래서 연못을 바라보면 수면이 물결치고, 이윽고 목 없는 여성의 몸이 떠오른다. 이 여성은 수면을 한동안 떠돌지만, 물가에 도달하면 갑자기 깜짝 놀랄 정도로 힘차게 달리기 시작하더니 덤불 속으로 사라진다고 한다.

이 유령의 정체는 1780년대에 살해된 여성이 아닐까 하고 이야기되고 있다. 당시에 이 공원이 있던 장소에는 군대의 막사가 있었는데, 그곳에 살고 있던 연대의 중사가 불륜을 저지른 아내를 살해하고 그 목을 잘랐다. 그리고 아내의 목을 막사의 마당에 묻고, 몸은 연못에 던졌다. 그 뒤로 심야가 되면 목을 찾아서 여성의 유령이 배회하게 되었다고 한다.

히라이 쿄코 저 『고스트를 찾아가는 런던

여행』에 실려 있다.

■센두시누이

러시아에서 이야기되는 괴이. 툰드라의
주인이라고 전해지는 존재로, 툰드라의
동물을 총괄하고 있다고 한다. 또 인간이
툰드라에서 길을 잃으면 미치거나 죽어버
리는데, 그렇게 된 인간은 센두시누이가
데려가서 남자라면 하인이나 파수꾼으로,
여자라면 하녀나 유모로 삼는다고 한다.
센두시누이의 모습은 털이 많은 거한으
로, 썰매를 타고 이동한다. 그러나 십자가
를 꺼리며, 눈앞에 십자가를 그으면 썰매
가 부서진다고 한다. 또 이때, 센두시누이
는 십자를 그은 인간을 향해서 걸어오는
데, 눈밭에 원을 그리고 그 안에 들어가면
직접적인 위해를 당하지 않는다.
센두시누이에게 썰매를 부순 것을 나무
라는 말을 들을 때에는, "북극여우를 주
면 썰매를 고쳐주겠다"라고 말하면 된다.
그러면 센두시누이는 "반드시 하겠다"라
고 말하는데, 이 말에 대해 "얼른 가, 썰매
는 이미 고쳐졌어"라고 말하면, 정말로 썰
매는 고쳐져 있다. 그 뒤로는 이 약속대로
북극여우가 덫에 많이 걸리게 되었다고
한다.
또 센두시누이는 트럼프를 좋아해서, 인
간과 함께 노는 일도 있다. 이때 북극여우
를 많이 달라고 부탁하면, 역시 덫에 많은
여우가 걸려있다고 한다.

그러나 센두시누이와 사귀는 인간은 사후
에 사탄 곁으로 가게 된다고도 전해진다
고 한다.
사이토 키미코 저『러시아의 요괴들』에 실
려 있다. 이 책에 의하면 센두시누이는 원
래 곰이었다고도 전해진다고 한다.

■수도사 윌리엄

영국에 나타난 괴이. 영국에는 5세기경에
창설된 글래스톤베리 대수도원이라는 시
설이 있는데, 예수 그리스도가 방문했다
는 이야기나 아서 왕의 묘지가 있다는 전
설이 남아있는 장소였으나 16세기에는 건
물 자체가 파괴되었다고 전해지고 있었
다.
그러나 1907년, 프레드릭 블라이 본드
(Fredrick Bligh Bond)라는 고고학자가 남
겨진 건조물 발굴 작업을 개시한다. 그러
나 자료가 거의 남아있지 않았기 때문에,
본드는 자동서기자로서 유명했던 친구인
존 앨런 바틀렛(John Allan Bartlett)에게 협
력을 부탁해서 영적인 힘을 사용해 수도
원을 발견하기로 한다.
같은 해, 자동서기의 준비를 한 바틀렛에
게 본드가 수도원에 대해 질문하자, 바틀
렛이 가진 연필이 움직이기 시작하고 그
질문에 대답했다. 자동서기를 한 혼령은
'수도사 윌리엄'이라고 서명하고, 그밖에
도 베어 수도원장, 시계 장인 피터 라이트
풋 등의 다양한 혼령이 교신자로서 나타

났다. 그들은 문장이나 도면에 의해 수도원의 자세한 사항을 전했고, 다음 해에 본드가 그 정보를 토대로 발굴 작업을 하자 그들이 말했던 대로 예배당이 나타났다.

이 발굴은 크게 칭송받았으나, 이 발굴로부터 10년 뒤인 1918년에 본드가 『기억의 문(The Gate of Remembrance)』이라는 책을 써서 죽은 자와의 교신에 의해 수도원이 발굴되었다는 경위를 발표하며 영국국교회의 역린을 건드리자 그의 저서는 수도원 내에 판매를 금지 당하게 되었다. 그러나 본드는 미국으로 건너가서 자신의 체험을 널리 강연함과 동시에 심령연구를 계속했다고 한다.

키류 미사오 저 『영국 무섭고 신비한 이야기』에 실려 있다.

■ 수인(獸人) 감시원

스위스에서 이야기되는 괴이. 베른 주의 주도인 베른에 나타나는 괴이로, 새로운 달의 밤이 되면 어둠이 농축되어 짐승의 모습을 하고 베른 감옥탑 위에서 뛰어내린다. 그리고 바로 옆에 있는 안나 자일러의 분수까지 걸어가는데, 물을 마실 수 없어서 포효한다고 한다.

그 정체는 과거에 감옥탑에서 일하고 있던 감시원이라고 한다. 당시에 이 탑의 조악한 방에 유폐된 범죄자나 범죄자로 간주된 사람은 탑에서 많은 괴롭힘과 창피를 당했는데, 이 감시원은 그런데다 수인에게 마실 것을 주지 않는 등의 학대행위를 했다고 한다. 그 죄로 인해 이 감시원은 새로운 달의 밤에는 짐승으로 변하고, 자신이 죄인에게 했던 것과 마찬가지로 물을 마실 수 없게 된다고 한다.

H. 슈라이버 저 『독일 괴이집』에 실려 있다.

■ 수키(Suki)

영국에 전해지는 괴이. 웨스트 위컴의 조지 앤드 드래곤이라는 펍에 나타나는 유령의 이름으로, 18세기경에 태어난 여성이라고 한다.

수키는 부잣집 도련님을 노리는 야심 많고 젊고 매력적인 여성이었다. 그것을 알고 있던 세 명의 젊은이가, 그녀에게 첫눈에 반한 유복한 노신사가 한밤중에 그녀와 야반도주를 하려 한다고 거짓말을 해서 수키를 불러냈다. 세 사람은 그저 수키를 놀리려던 것뿐이었지만, 속은 것을 알게 된 수키는 부끄러운 나머지 뛰어가기 시작했고, 도중에 넘어져서 머리를 세게 부딪쳤다. 세 사람은 수키를 급히 조지 앤드 드래곤으로 옮겨서 치료를 했지만, 결국 이 부상이 원인이 되어 죽어버리고 말았다.

그 후로 조지 앤드 드래곤에는 하얀 실내복을 입은 수키가 나타나게 되었고, 계단 위에 출현해서 침실 문 앞 부근에서 사라지게 되었다고 한다.

션 에반스 저『영국의 유령전설』에 실려
있다.

■ 숲의 아이들

영국에서 전해지는 괴이. 노퍽의 웨일랜
드(Wayland)의 숲에는 이런 전설이 남아
있다. 부모를 잃은 어린 아들과 그 여동생
이, 그 부모의 영지를 가로채려는 숙부에
의해 숲속에 방치되어 아사했다. 지금도
바람이 강한 날 밤에 이 숲에 들어가면,
손을 맞잡은 채로 헤매는 두 아이들의 울
음소리가 들려온다고 한다.

히라이 쿄코 저『고스트를 찾아가는 런던
여행』에 실려 있다. 이 이야기는 영국에서
는 유명한 듯하며, 발라드로 불리고 있다
고 한다.

■ 슈타트 보크(Stadt Bock)

독일에서 이야기되는 괴이. 독일 남서부
에 있는 브로인링겐(Bräunlingen)이라는
작은 도시에서 전해지는 악령인데, 1년에
한 번 있는 사육제인 파스트나하트(Fast-
nacht)에서 마녀 헥세(Hexe)에게 찔려죽는
것으로 겨울의 끝과 봄의 시작의 상징이
된다고 한다. 이 일련의 흐름이 지금도 브
로인링겐에서는 분장한 사람들에 의해 재
현되고 있다고 한다.

우에다 시게오 저『유럽의 제사와 전승』에
실려 있다.

■ 스토너웨이의 발광체

영국에서 이야기되는 괴이. 스코틀랜드
의 아우터헤브리디스 제도 중 하나인 루
이스 섬의 동쪽 연안에 있는 스토너웨이
라는 도시에서 보고되는 도깨비불.

이 발광체는 시체가 생기는 장소에서 그
전조로서 출현한다고 하며, 시체가 운반
되어올 예정인 길을 더듬어가는 경우도
있다고 한다.

존 & 앤 스펜서 저『세계 괴이 현상 백과』
에 실려 있다.

■ 스토르시왼 호수의 괴물

스웨덴에서 목격된 괴물. 스웨덴의 스토
르시왼(Storsjön) 호수에서는 1820년 무렵
부터 이 수수께끼의 생물을 목격하고 있
다. 그 겉모습은 머리는 크고 둥그렇고,
눈도 거대하며 피부는 매끈매끈하게 빛을
낸다. 뒤쪽으로 꺾여 굽어진 귀를 지니고
있으며 시속 70킬로미터 속도로 헤엄칠
수 있다고 한다.

장 자크 발루와 저『환상의 동물들』에 의
하면, 1894년에 이 괴물의 포획이 결정되
어 1년간에 걸쳐 탐색이 계속되었으나,
잡을 수 없었다. 그 뒤에도 이 괴물은 스
토르시왼 호수에서 몇 번이나 목격되었다
고 한다.

■ 스토우 하우스의 유령

영국에 전해지는 유령. 버킹엄셔에 있는

스토우 하우스(Stowe House)라고 불리던 저택에는 과거에 큰 사고가 일어났던 다리가 있다. 1930년대에 마차가 저택을 드나들기 위해 만들어진 지붕이 설치된 다리였는데, 폭이 좁고 높이도 2미터 50센티 정도밖에 안 되었기 때문에 자주 마차 차체가 긁히는 등 통행이 어려운 장소이기도 했다. 어느 때, 스토우 하우스에 마차를 타고 가고 있던 부인이 있었는데, 마차의 마부가 맹렬한 속도로 말을 몰다가 이 다리에 격돌했다. 마부는 즉사했고, 여성은 목숨을 건지기는 했지만 심하게 동요했다고 한다.

그 뒤로 시간이 흐르고, 1940년대에 스토우 하우스는 스토우 스쿨이라는 기숙학교가 되었는데, 건물에서 두 명의 기숙사 직원이 이 다리를 내려다보던 중에 뭔가 불길한 기척을 느꼈다. 그 직후, 동요한 듯 보이는 사람들이 다리를 향해 다가오는 것이 보였다가, 갑자기 사라졌다. 그것은 과거에 이 다리에서 사고가 일어났을 때에 부인을 구출하러 달려왔던 사람들의 모습의 재현 같았다고 한다.

션 에반스 저『영국의 유령전설』에 실려 있다.

■스프링힐드 잭(Spring-heeled Jack)

영국에 나타난 괴이. 19세기의 런던에 출현했다는 괴인으로, 경이적인 도약력을 지니고 있었던 것 때문에 이 이름으로 불린다. 1837년에 처음으로 모습을 보였으며, 망토를 걸치고, 눈은 빨갛고, 코는 뾰족하며, 입에서는 푸른 불꽃을 토하고 있었다고 한다. 다음 해에는 당시의 런던 시장 존 코완(John Cowan) 경에 의해 정식으로 이 괴인의 존재가 발표되었고, 그 뒤에도 수많은 사람들이 그 모습을 목격했다. 최후의 목격사례는 1904년이라 생각되고 있으며, 리버풀에 출현해서 도로에서 가까운 교회 지붕으로 뛰어올랐다고 한다. 그 정체는 다양하게 이야기되고 있으며, 젊은 귀족이 여성들을 겁주기 위한 사람을 모았다는 설, 유령이었다는 설, 우주인이었다는 설 등이 있다.

나미키 신이치로 저『최강의 도시전설』, J. A. 브룩스 저『런던 유령신사록』에 실려 있다.

■스프링힐의 올리비아의 혼령

영국에서 전해지는 괴이. 런던데리에 있는 스프링힐이라는 저택에 나타나는 여성의 유령. 이 집에는 과거에 녹스=커닝엄 일족이 살고 있었는데, 올리비아는 조지 레녹스=커닝엄이라는 인물의 두 번째 아내였다고 한다. 1816년에 조지가 우울증이 발병해서 자살한 뒤로 올리비아는 슬픔으로 하루하루를 보내며 자책에 시달렸고, 그 원통함 때문에 지금도 이 집에 유령으로서 나타나고 있다고 한다.

그 모습을 본 사람에 의하면, 올리비아

는 닫힌 문을 통과하면서 이동하며 생전에 아이들을 좋아했던 것 때문인지 이 집에 사는 가장 어린 사람 곁에 나타나는 경우가 많다고 한다. 또한 유령으로서는 드물게도 낮에 나타나며, 검은 옷을 입고 지식해 보이는 여성이라고 이야기되고 있다. 사람에게 위해를 끼치는 일이 없는 온화한 혼령이라고 한다.

션 에반스 저 『영국의 유령전설』에 실려 있다.

■시골기사 만셀

영국에서 전해지는 괴이. 가워(Gower) 반도에 있는 로실리(Rhossili) 해안에는, 1800년부터 전승되고 있는 만셀(Mansell)이라는 기사의 유령담이 있다.

만셀은 욕심 많은 남자로, 어느 때, 로실리 해안의 물이 빠지고 숨겨져 있던 황금이 발견되었을 때, 마차를 타고 서둘러 그 현장에 가서 이미 모여 있던 마을 사람들을 쫓아내고 황금을 독차지했다. 그리고 이미 황금을 가지고 돌아간 마을 사람을 쫓아가서는 그들에게서 황금을 강탈했다. 그러나 그 수년 뒤, 가진 돈을 다 써버린 그는 다시 로실리로 돌아가서 남아있는 황금이 없나 하고 찾았지만 헛수고로 끝났다. 그 이후 폭풍이 치는 밤이 되면 네 필의 말이 끄는 마차를 탄 만셀의 유령이 모래밭에 나타난다고 믿어지게 되었다고 한다.

션 에반스 저 『영국의 유령전설』에 실려 있다.

■시쇼크

러시아에서 이야기되는 괴이. 늪에 사는 악마라고 하며, 늪 근처에 있는 인간을 속여서 옷을 벗게 만든다고 한다.

사이토 키미코 저 『러시아의 요괴들』에 실려 있다.

■시시가

러시아에서 이야기되는 괴이. 바냐(러시아식 사우나)에 출현하는 정령으로, 기도를 하지 않고 바냐에 들어가면 출현한다. 블라디미르 현에서는 어느 소녀가 기도를 올리지 않고 바냐에 들어가자, 죽은 숙모가 몸을 씻고 있었는데 그 정체가 시시가였다고 한다.

사이토 키미코 저 『러시아의 요괴들』에 실려 있다. 이 책에 의하면, 바냐에 출현하는 정령은 수가 많고, 시시가도 그 일종이라고 한다.

【아】

■아서왕의 유령

영국에서 이야기되는 괴이. 잉글랜드 남

서부의 도시 요빌의 북동쪽, 사우스 캐드버리에 있는 캐드버리성은 『아서왕 이야기』에 등장하는 아서왕의 왕국 수도인 카멜롯이었다고 여겨지고 있다. 지금도 하지 전야에는 아서왕의 유령이 백마를 타고 기사단의 선두에 나타난다고 한다. 그 허리에는 전설의 검 엑스칼리버를 차고, 머리에는 용을 본뜬 머리장식이 달린 투구를 쓰고, 몸에는 사슬조끼 위에 은색 갑옷을 두르고 있다고 한다. 등 뒤에는 황금색과 붉은색 용이 그려진 군기를 든 두 명의 기수와, 카타프락티라고 불리는 경기병 정예부대가 따르고 있다고 한다.

이시하라 코사이 저 『유령이 있는 영국사』에 실려 있다. 아서왕은 5세기 후반부터 6세기 초반의 브리튼의 군주로 여겨지고 있으며, 중세의 기사도 전설, 통칭 『아서왕 이야기』에서는 마법의 검인 엑스칼리버를 무기로 프랑스나 이탈리아를 지배하는 거대한 왕국을 세운 뒤, 아내의 부정이나 부하인 원탁의 기사의 배신, 내란에 의해 비극적인 최후를 맞는 인물로서 그려진다.

■아흐리만

주로 유럽에서 이야기되는 괴이. 악마의 일종으로, 원래는 조로아스터교에서 말하는 앙리 마유(아리만)을 가리키지만, 19세기부터 20세기에 걸쳐 활동한 철학자이자 인지학인 루돌프 슈타이너에 의해 루시퍼와 대립하는 악마로서 이야기되었다. 거짓말의 왕, 어둠의 지배자, 망령 같은 지상의 군주 등으로 형용되며, 인간에게 영적인 것이 아니라 물질세계와 그것에 기초한 육체적 욕망이 가장 중요한 것이라는 거짓말을 믿게 만드는 것이 목적이라고 한다. 또 슈타이너는 이 아흐리만이 메피스토펠레스와 같은 존재라고도 이야기했다.

프레드 게팅스 저 『악마의 사전(Dictionary of Demons: A Guide to Demons and Demonologists in Occult Lore)』에 실려 있다. 이 책에 의하면 슈타이너가 제창하는 아흐리만의 숙적인 루시퍼는 조로아스터교에서 앙리 마유와 대립하는 존재인 아후라 마즈다와 동일한 것이라고 한다. 자세한 것은 루시퍼 항목을 참조.

■안네 마르그레테와 안네 수잔느

독일에서 이야기되는 괴이. 괴를리츠의 호수를 둘러싼 이야기로, 이 호수가 있던 장소에는 과거에 괴를리츠 마을이라는 마을이 있었다고 한다. 그런데 마을 사람이 신을 믿지 않게 되어 오만하게 행동하게 되었기 때문에, 신에 의해 물속에 가라앉게 되었다고 한다.

지금도 맑은 날에는 물속에 교회의 탑이 보이고, 정오가 되면 두 개 있는 종의 소리가 물속에서 들려온다고 하는데, 이 종을 물속에서 육지로 끌어올리려고 했던 어부는, 이 종의 목소리를 들었다.

그 어부의 말에 의하면 두 개의 종은 이렇게 이야기했다고 한다.

"안네 수잔느, 함께 육지로 올라가지 않을래?"

"안네 마르그레테, 물 밑바닥까지 떨어지자."

그 뒤에 종은 곧바로 호수 바닥을 향해 가라앉아갔다고 한다.

H. 슈라이버 저 『독일 괴이집(Es spukt in Deutschland)』에 실려 있다.

■ 안네리제 미셸 사건

독일에서 일어난 괴이. 구마의식에 얽힌 사건으로서 유명하며, 안네리제 미셸이라는 여성이 희생되었던 점 때문에 이 이름으로 불린다.

미셸은 16세 무렵에 간질로 진단되어 치료를 받고 있었는데 점차 신체기능에 이상이 생기기 시작하더니, 이윽고 환청이나 환시 증세가 나타나기 시작했다. 그녀는 그것을 지옥에 있는 사람들의 목소리나 악마의 모습이라고 생각하기 시작했고, 자신은 악마에게 홀린 것이 아닐까하는 생각에 빠지게 되었다. 이내 그녀는 자해행위를 하거나 갑자기 인격이 변한 것처럼 행동하는, 성지에 들어갈 수 없게 되는 증상을 보이기 시작했다.

그랬기 때문에 미셸 본인뿐만 아니라 부모도 그녀가 악마에게 홀렸다고 믿게 되어서 교회에 구마의식을 요청하지만 거부된다. 그러나 미셸의 이상행동은 그 뒤에도 이어졌고, 끝내 구마의식이 허가 되어 두 명의 신부가 파견되었다. 그 구마의식 과정에서 미셸에 빙의되어 있던 것은 루시퍼, 카인, 유다, 네로, 발렌틴, 프라이슈만, 아돌프 히틀러 같은 자들이었음을 알았다.

구마의식은 10개월에 걸쳐 계속되었는데, 1976년, 노력한 보람도 없이 미셸은 23세의 젊은 나이로 세상을 떠났다. 그 몸은 몹시 야위어 고작 30킬로그램밖에 나가지 않았다고 한다.

그 뒤에 구마의식을 행한 성직자 및 부모는 과실치사로 체포되었고, 이 사건은 사망사고로서 보도되었다.

이 사건에서 기록된 음성은 현재도 남아 있으며, 신부와 악마의 대화를 들을 수 있다. 또 이 사건에 대해서 자세하게 기록한 가스파레 불링거 저 『악마의 대답(Satan's Answers To The Exorcist)』이라는 책이 있는데, 일본어 번역판은 없으며 독일어판이나 영문판도 입수가 곤란하다(인터넷상에서 전문이 공개되어 있는 사이트는 있다).

정말로 악마에게 홀려있었는지, 아니면 정신질환에 의한 증상이 미셸에게 이러한 행동을 하게 만들었는지는 알 수 없다. 이 사건은 영화 『엑소시즘 오브 에밀리 로즈(The Exorcism of Emily Rose)』의 제재가 된 것으로도 알려져 있다.

■안트완의 유화

영국에서 이야기된 괴이. 런던의 중고물품점에서 팔리고 있던 붉은 벨벳 가운을 입은 젊은 여성이 그려진 유화를 둘러싼 괴담. 이 유화에는 '안트완'이라는 사인이 적혀있었다고 한다.

이 그림을 장식한 사람은 차례차례 신경쇠약에 빠지기 때문에, 사이코메트리(psychometry, 사물에 손을 대서 그 소유자의 정보를 읽어내는 심령적인 행위-역주)가 특기인 영능력자가 불려왔다. 그 인물이 그림과 대면하자, 바로 공포와 고통을 느끼면서, 음악이 들린다, 피가 보인다, 전기 쇼크 치료를 받을지도 모른다는 등의 지리멸렬한 말을 늘어놓기 시작했다고 한다.

존 & 앤 스펜서 저 『세계 괴이 현상 백과』에 실려 있다. 안트완이란 누구인가, 이 그림에 그려진 여성은 누구인가, 어째서 그림을 장식하면 고통에 시달리는가, 하는 점은 여전히 불명인 듯하다.

■알로펙스 스툴투스(Alopex Stultus)

러시아에서 발견되었다는 신비한 생물. 1940년, 시베리아의 타이가 지역에서 포획되었다는 북극여우가 특이하게 진화한 동물이라고 한다. 그 모습은 여우의 몸에 바다거북의 머리가 달려있는 듯한 형태로, 이 머리는 납 성분이 포함된 껍데기로 덮여있다고 한다. 또 여우와는 달리 초식이며 상당히 겁이 많은 성격이다. 적이 다

가오면 머리를 땅속에 처박고 몸을 수직으로 세워 관목처럼 의태한다. 그러나 그 고기가 아주 맛있기 때문에, 인간을 포함한 포식자는 움직이지 않게 된 알로펙스 스툴투스를 간단히 잡아서 먹어버린다고 한다.

호안 폰트쿠베르타 & 페레 포르미게라 저 『비밀의 동물지』에 실려 있다. 이 책은 의문의 실종을 당한 동물학자 페터 아마이젠하우펜 박사의 자료를 바탕으로 작성되었다는 형식의 서적으로, 보통은 있을 수 없는 다수의 동물이 사진이나 해부도, 관찰일기 등과 함께 게재되어 있다.

그러나 이것은 '존재한다는 것은 사진에 찍힌다는 것이다'라는 역설을 이용해서 미지의 동물들을 소개하는 것이며, 게재된 동물들은 전부 이 책을 위해서 창작된 것이다.

■애니

영국에 전해지는 괴이. 에든버러의 메리 킹스 크로스에는 애니라고 하는 소녀의 혼령이 있다고 여겨지고 있다. 이 장소는 17세기에 페스트가 대유행했을 때, 시신을 남겨둔 채로 봉쇄되었다고 한다. 애니도 페스트의 희생자 중 한 명으로, 이 장소에서 가족에게 버림받고 죽은 소녀라고 한다.

1992년, 일본인 영능력자가 이 애니와 만난 이래로 애니를 찾아서 생전에 그녀가

살았던 장소를 찾는 사람들이 늘었다고
한다.

로버트 그렌빌 저 『반드시 나오는 세계의
유령의 집』 등에 실려 있다. 역자인 카타야
마 미카코 씨의 주석에 의하면, 일본인 영
능력자는 기보 아이코로 보인다고 한다.
기보 아이코는 1960년대부터 2000년대에
걸쳐 텔레비전에서 활약했던 영능력자로,
일본의 심령 붐에도 큰 영향을 주었다.

■ 애쉬 저택의 유령

영국에 나타난 괴이. 1934년, 서식스에 있
는 애쉬 저택이라는 저택에 나타난 유령
으로, 녹색의 겉옷에 흙투성이의 반바지
를 입고, 각반을 차고, 한쪽 챙을 기울인
모자를 쓰고, 목에 손수건을 두르고 있는
나이 든 남자의 용모를 하고 있다. 또 그
얼굴은 시뻘겋고 눈은 악의에 차 있으며,
그 목 주위는 둥글게 잘려있었다고 한다.
유령은 이 저택에 이사 온 킬 부부 앞에
몇 번이나 나타났기 때문에 구마의식이
이루어지게 되었는데, 그때 진행된 교영
회(交靈會)에서는 유령이 영매의 몸을 통
해 자신을 찰스 에드워드라고 소개하며,
헌팅턴 백작이라는 인물에게 땅을 빼앗
기고 옛 친구인 버킹엄에게 배신당했다는
이야기를 했다.
또 유령은, 이 저택에 이사 온 부부는 서
로 상대를 곤란하게 만들기 위해 자신의
존재를 필요로 하고 있기 때문에, 본심으

로는 자신이 떠나기를 바라고 있지 않다
고 말했다. 사건의 해결을 위해 불려온 심
령연구가인 낸더 포더(Nandor Fodor)가 이
것을 확인하자, 두 부부는 분명 그런 경향
이 있다고 인정했다. 그 후로 유령은 나타
나지 않게 되었기 때문에, 포더는 이 유령
은 킬 씨의 잠재의식이 낳은 존재이며, 교
령회에 출현한 유령은 이 잠재의식에 영
매가 영향을 받아 마치 진짜 유령이 영매
에게 빙의한 것 같은 현상이 발생한 것이
라고 생각했다. 그러나 이 유령은 킬 부부
이외의 고용인 등에게도 목격되었다. 포
더는 이 저택이 13세기에 지어진 것을 포
함해서, 역사적 기억에 가득 찬 장소에 아
무런 심리적 준비도 없는 상태로 들어가
면, 드물게 자기 자신의 것이 아닌 힘이나
지혜와 교섭하게 되는 경우가 있을 것이
라는 결론을 내렸다고 한다.
로즈마리. E. 길리 저 『요정과 정령의 사
전』에 적혀있다

■ 앤 불린의 유령

영국에서 이야기되는 괴이. 잉글랜드의
노퍽에 있는 블리클링 홀이라는 저택에
출현한다고 하는 여성 유령으로, '잿빛의
귀부인(그레이 레이디)'라고도 불린다.
이 저택에 있던 장소에는 헨리 8세의 아
내이자 엘리자베스 1세의 어머니이기도
했던 앤 불린의 매너 하우스가 세워져있
었다. 앤은 남자아이를 낳을 수 없었던 것

과 간통죄로 1536년에 참수형에 처해졌는데, 그 이래로 그녀가 처형된 5월 19일 밤이 되면 목이 없는 마부가 끄는 마차에 탄 그녀의 유령이 자신의 목을 무릎에 안고 이 저택을 향해 언덕을 올라가는 모습을 볼 수 있게 되었다. 이 마차는 정면 현관에 도착하면 사라져버린다고 한다.

선 에반스 저 『영국의 유령전설(Ghosts)』에 실려 있다. 이 책에 의하면 이 유령은 20세기에 들어선 뒤에도 다양한 목격담이 있으며, 잿빛 드레스를 입은 앤의 유령이 호수 주변에 나타났다는 것도 있었다. 그런 사연을 모른 채로 이 저택에서 일하던 당시의 집사가 그녀에게 "뭔가 찾으시는 게 있으십니까?"라고 묻자, "제가 찾고 있는 것은 영원히 잃어버렸답니다"라고 대답했다고 한다. 또 1970년에는 보수를 위해 맡겼던 그림이 반납되었을 때, 앤의 유령이 인수 사인을 했다는 일도 있었다고 한다. 이 그림은 앤의 딸인 엘리자베스 1세를 그린 '디칠리의 초상화'였다고 한다.

■앤드루 크로스의 진드기

영국에서 태어난 괴이. 앤드루 크로스라는 인물에 의해 인공적으로 만들어졌다는 생명체로, 진드기의 일종이라고 여겨진다.

1836년, 크로스는 탄산칼륨의 규산염과 염산을 섞고, 그 안에 이탈리아의 베수비오 화산에서 채취한 주먹 정도 크기의 탄화철광석을 넣은 용액에 전류를 흐르게 해서 규토에서 인공수정(水晶)을 만드는 실험을 했다. 그때, 우연히 뭔가 희고 작은 알갱이 같은 것이 생겼는데, 그것에서 점차 촉수 같은 것이 나기 시작했고 바늘로 찌르니 움직였다. 그로부터 26일 후에 현미경으로 들여다보았더니 그곳에는 여섯 개에서 여덟 개의 다리를 가진 곤충 같은 것이 있었다.

이것이 외부에서 곤충의 알이 들어온 것인지, 아니면 화학 반응에 의해 새로운 생명이 탄생한 것인지를 확인하기 위해, 크로스는 실험을 계속했다. 그리고 결코 다른 생명체가 침입할 수 없는 조건에서 행한 실험에서도 역시 그 생명체가 태어났다. 이 생물은 번식능력을 갖추고 있었지만, 가을을 넘기지 못했다.

크로스가 곤충학자에게 이 생물의 검사를 의뢰하자, 이 생물은 진드기의 일종 같다는 결론이 나왔다.

그러나 이 생물은 과학자들에게 받아들여지는 일 없이 비웃음을 살 뿐이었고, 또 생명을 낳았다는 그를 마술사 취급하는 사람도 나타났다. 크로스에게 퇴마사가 방문하기에 이르자, 크로스는 끝내 이 진드기에 대해서 침묵을 지키게 되었다.

크로스는 불우하게 살다가 1855년에 죽었다. 그가 만들어냈다고 하는 진드기의 실체는 여전히 수수께끼인 상태이며, 현재에 이르러도 그 정체는 해명되지 않았다.

키류 미사오 저『요크셔의 유령저택』에 실려 있다.

■ 양자 살해자 다이어

영국에 나타난 괴이. 1896년, 뉴게이트 감옥에 수감되어 있던 전직 탁아소 경영자 아멜리아 다이어(Amelia Dyer) 부인이 처형되었다. 다이어 부인은 원하지 않게 태어난 아이들을 돌보며 고액의 보수를 받고 있었는데, 그렇게 맡은 아이들을 400명 이상 살해했다. 그러면서도 묵묵히 양육비를 받아 챙기고 있었다고 한다.

이 사건은 아멜리아 다이어 사건이라고 불렸고, 1896년에 체포된 다이어 부인은 그 해에 처형되었다. 죄수로서 수감 중일 때, 다이어 부인은 항상 간수장인 스콧에게 불쾌해 보이는 시선을 보내고 있었다. 그리고 처형대로 가던 도중에 그의 앞에 멈춰 서더니, "언젠가 또 만나죠"라고 말했다.

그 뒤로 몇 년이 지나고 뉴게이트 감옥이 폐쇄되는 1902년의 마지막 주에, 스콧을 필두로 한 간수들은 마지막 임무를 기념해서 모여 위스키를 마시고 있었다. 그때 문득 스콧은 시선을 느꼈고, 동시에 머릿속에서 "또 만나죠……언젠가 또"라는 목소리가 들려왔다.

그때 스콧 일행은 여자 죄수용 운동장 옆의 간수실에 앉아있었는데, 문득 스콧이 운동장을 관찰하기 위해 문에 달린 유리창 쪽을 보자, 창문 너머에 다이어 부인이 히죽이는 엷은 웃음을 지으며 그를 바라보고 있었다. 다이어 부인은 스콧을 흘깃 보더니 창문을 통과해서 나갔고, 당황하며 문을 열었으나 여성용 손수건이 떨어져있었을 뿐, 그녀의 모습은 없었다고 한다.

J. A. 브룩스 저『런던 유령신사록』에 실려 있다. 이 책에 의하면, 형장 밖에서 스콧의 사진을 찍자, 다이어 부인의 얼굴이 그의 어깨 부근에 찍힌 적도 있었다고 한다.

■ 얼굴이 나타나는 집

스페인에 나타났다고 하는 괴이. 안달루시아 주에 있는 베르메스에는 얼굴이 나타나는 집이라 불리는 집이 있다.

이 집이 그러한 이름으로 불리게 된 것은 1970년대에 일어난 괴기현상에 유래한다.

사건의 발단은 1971년, 이 집의 부엌에 갑자기 얼굴 같은 형태의 얼룩이 생기고, 비벼서 없애면 이번에는 다른 장소에 얼굴 형태의 얼룩이 생겼다. 그래서 이번에는 돌바닥 째로 얼굴 부분을 깎아냈지만, 역시 다른 장소에 얼룩이 생겼다. 그런 일이 몇 번이나 이어졌다.

1972년이 되자 이 얼룩에 대한 조사가 이루어졌고, 과거에 인근에서 살인사건이 있었던 것이나 그 집 주변이 예전에 묘지였다는 사실 등을 알았다. 또한 나타난 얼굴 형태의 얼룩만이 시간이 지남에 따라 표정을 바꾸었기 때문에 다양한 실험이 이루어졌고, 그 결과 약국에서 살 수 있는 화학물질에 의해 이 얼룩이 만들어졌다고 판명되었다. 그러나 얼굴이 나타난 장면을 본 인물이나 표정이 바뀌는 모습을 본 인물도 있었기 때문에, 무조건 누군가의 장난에 의한 일이라고만은 말할 수 없는 듯하다.

존 & 앤 스펜서 저『세계 괴이 현상 백과』에 실려 있다.

■ 에드먼드 버니 경의 유령

영국에서 전해지는 괴이. 버킹엄의 클레이든 하우스라는 저택에 출현하는 유령으로, 에드먼드 버니(Edmund Verney)는 16세기부터 17세기에 걸쳐 실존했던 인물. 버니는 1642년의 에지힐 전투에서 왕당파의 기수를 맡았고 적군에게 사로잡혀서 처형당했다. 그때, 군기를 쥔 손을 결코 놓지 않았기 때문에 손목 째로 잘렸다고 한다.

그 후, 그가 생전에 살았던 클레이든 하우스에는 흐트러진 모습의 버니의 혼령이 2층에 나타나거나, 계단에 서 있는 모습이 목격되게 되었다고 한다. 또 때로는 잘려나간 그의 손이 침실 문을 노크하는 일도 있다고 이야기되고 있다.

선 에반스 저『영국의 유령전설』에 실려 있다. 클레이든 하우스에는 그밖에도 나이팅게일을 위해 준비되어 있었던 전용 침실이 있으며, 그곳에 나타나는 여성 유령 이야기도 있다. 자세한 것은 **나이팅게일의 객실의 여성 혼령**을 참조.

■ 에링글 트루의 유령

아일랜드에 나타나는 괴이. 아일랜드 모나한 카운티의 에링글 트루(Eringle Truagh)에 있는 오래된 묘지에는, 한 유령이 나타나는 것으로 알려져 있다. 이 유령은 매장이 끝나고, 젊은 남성이나 여성이 혼자가 되었을 때에 나타난다.

그때 있는 사람이 남성이면 아름다운 여성으로, 여성이면 아름다운 남성의 모습이 되어서 그 인물을 유혹한다. 그러면 어느 샌가 저절로 다음에 만날 약속을 잡게 되고, 그 증표로서 이 유령과 키스를 하게 된다. 그 입술은 얼음장처럼 차갑고, 정신을 차리고 보면 이미 유령의 모습은 사라져 있다.

그리고 유령과 만난 인간은 그 이후로 미치게 되며, 유령과 재회할 약속의 날에 이 세상을 떠난다. 그리고 에링글 트루의 묘지에 매장되게 된다고 한다.

키류 미사오 저『요크셔의 유령저택』에 실려 있다.

■ 에밀리 공주의 원령

영국에 전해지는 괴이. 스코틀랜드에 현존하는 던스태프니지성(Dunstaffnage Castle)은 미녀 망령이 나타나는 것으로 유명한데, 그 망령은 15세기의 실존인물 더글

러스 백작의 딸인 에밀리 공주라고 여겨
지고 있다.

당시 에밀리 공주는 미녀로서 평판이 자
자했고, 국왕 제임스 2세가 첫눈에 반해
둘 사이에 세 명의 아이를 두고 있었다.
머지않아 에밀리 공주는 왕비가 되어야
했지만, 크릭튼 공작이라는 인물이 자신
의 딸을 왕비로 삼으려고 자신의 딸을 왕
의 곁으로 보내고, 더글러스가의 일족을
모두 죽였다.

그리고 마지막으로 에밀리 공주에게 자객
을 보내, 그녀를 능욕하고 아이들을 산 채
로 난로에 넣어 태워 죽였다. 이 일로 인해
에밀리 공주는 분노에 미쳐, 크릭튼 가를
영원히 저주하겠다고 선언하고 죽었다.

그 뒤로 에밀리 공주의 원령은 차례차례
괴이 현상을 일으켰다. 더글러스 백작 가
문을 습격했던 병사 수백 명이 원인불명
의 병으로 죽었고, 크릭튼 공작은 죄인의
처형을 지휘하던 중에 사고로 기요틴의
칼날에 맞아 즉사했다. 크릭튼 공의 딸도
역시 생가인 에든버러 성에서 발이 미끄
러져 전락사했다. 그리고 제임스 2세 곁
에도 에밀리 공주의 망령이 세 아이를 데
리고 나타났고, 제임스 2세의 아이들이기
도 한 그 아이들을 차례차례 난로에 던져
넣어 보였다. 아이들은 미친 듯이 울부짖
었고, 이 광경을 매일 밤마다 보게 된 제
임스 2세는 끝내 미쳐서 나라의 장래를
염려한 모반자들에게 살해당했다.

이 이후로도 에밀리 공주의 원념은 그치
지 않아서, 크릭튼 가에 태어난 남자는 젊
어서 변사하게 되었다. 20세기에 들어서
도 그 저주는 쇠하지 않아서, 그녀의 기일
인 3월 13일에는 그 당시의 성주였던 캠
벨 경에게 갑작스러운 손님이 찾아왔는
데, 손님들은 난로 안으로 넘어지는 사고
로 불타 죽었다. 그 직후에 에밀리의 망령
이 나타나, 크릭튼 가의 사람들을 향한 저
주의 말을 외쳤다. 캠벨 경이 나중에 조사
해 보니 그 손님은 크릭튼 가의 피를 이은
사람이었다고 한다.

키류 미사오 저 『요크셔의 유령저택』에 실
려 있다.

■ 에이브베리의 괴이

영국에서 이야기되는 괴이. 잉글랜드에
있는 신석기 시대의 유적으로, 세 개의 스
톤서클이 존재한다.

이 유적에서는 제1차 세계대전 중에 100
년 이상 전의 마을 풍경이 나타났다거나,
이 장소에 있는 입석을 사용해서 건물을
만들면 폴터가이스트 현상이 일어난다
는 이야기가 있다. 또 현재도 한밤중이 되
면 돌 부근에 유령 같은 사람의 형체가 나
타나며, 망령이 노래를 부르는 등, 때때로
기묘한 현상이 일어난다고 한다.

션 에반스 저 『영국의 유령전설』에 실려
있다.

■ 에이브베리의 마을 축제

영국에 나타난 괴이. 1916년에 이디스 올리비에라는 인물이 윌트셔의 에이브베리를 이동 중에 쭉 늘어선 고대의 거석 사이를 지나게 되었다. 그리고 유적 중앙에 있는 작은 산을 오를 때, 어둑어둑한 빗속에서 축제의 노점이나 나룻배 형태의 그네, 축제에 모인 군중의 모습을 보았다.

그러나 그 뒤로 몇 년이 흐른 뒤, 그녀는 에이브베리의 축제가 1850년에 폐지되었음을 알았다. 그리고 올리비에가 지나갔던 그 고대의 거석도, 19세기에 들어서기 전에 불타 사라졌다는 사실도 알게 되었다.

존 & 앤 스펜서 저 『세계 괴이 현상 백과』에 실려 있다. 에이브베리에는 스톤서클이 있는 것으로 유명한데, 올리비에가 지나갔다는 거석은 다른 것이었을까.

■ 엔필드 플라이어

영국에 나타나는 괴이. 런던의 엔필드에서 목격되는 유령 마차로, 암흑 속에서 갑자기 길을 가던 사람을 향해 달려와서 공포에 질리게 만들지만 사람에게 부딪치기 직전에 사라진다고 한다. 그때, 마차가 지면에서 180센티미터 이상 떨어진 공중을 달려오기 때문에 이런 이름으로 불린다고 한다.

이 마차에는 검고 커다란 모자를 쓴 귀부인이 두 명 타고 있는데, 과거에 사고로 마차에서 범람한 리 강(River lea)으로 떨어져버린 승객이 아닐까 하는 이야기가 돌고 있다고 한다.

J. A. 브룩스 저 『런던 유령신사록(Ghosts of London)』에 실려 있다.

■ 엔필드의 폴터가이스트

영국에서 발생한 괴이. 미들섹스 주(현 그레이터 런던)의 엔필드에서 1977년부터 1979년에 걸쳐 일어난 폴터가이스트 사건을 가리킨다.

1977년 8월 30일, 엔필드에 있는 어느 단독주택의 두 아이가 지내는 방에서, 침대가 혼자 위아래로 흔들리는 현상이 일어났다. 그리고 밤 9시 반 무렵이 되자, 가구가 움직이는 듯한 소리가 들렸지만 가구가 이동한 눈치는 보이지 않았다.

그러나 그 뒤로 한동안 시간이 흐른 뒤, 이번에는 벽장이 혼자서 움직이기 시작했다. 이웃사람들과 경찰이 불려왔지만, 그 동안에도 저절로 울리는 노크 소리나 바닥을 미끄러지는 의자 등의 괴현상이 이어졌다.

다시 그 다음 날, 이번에는 레고 블록 등이 공중을 날게 되었고, 그 뒤에는 딸인 자넷이 공중에 떠오르거나 노녀나 아이의 혼령이 목격되거나 동전의 환상이 나타나는 등, 다양한 괴이현상이 일어났다.

이 폴터가이스트는 2년간에 걸쳐 철저하게 조사되었고, 다양한 연구자가 이 집을 방문했다. 그 조사에 의해, 몇 가지 현상은 자넷이나 아이들이 일부러 일으킨 것임을 알 수 있었지만, 원인을 알 수 없는 것을 몇 가지나 남긴 채로 폴터가이스트 현상은 맥없이 종언을 맞았다고 한다.

로즈마리. E. 길리 저『요정과 정령의 사전』, 피터 헤이닝 저『세계 영계 전승 사전』, 존 & 앤 스펜서 저『세계 괴이 현상 백과』에 실려 있다. 이 사건은 역사상 가장 자세하게 조사된 폴터가이스트 사건이며, 역사상 가장 긴 폴터가이스트라고 여겨지는 경우도 있다.

2016년에는 컨저링 시리즈로 알려진 영화 시리즈 두 번째 작품으로, 이 사건을 제재로 한『컨저링2』가 공개되었다. 참고로 첫 번째 작품은 애나벨이라는 이름의 인형을 제재로 했다. 애나벨에 대해서는 **애나벨 인형** 항목을 참조.

■ 여자 도적의 원령

벨기에에서 이야기되는 괴이. 다머 (Damme) 시의 사람들이 '살인자의 동굴 산'이라고 부르고 있는 산에는 이런 전설이 남아있다. 이 산에는 과거에 도적들이 살고 있었는데, 길을 가는 사람들을 습격해서 그 재물을 빼앗고 때로는 죽였다. 어느 날 도적들이 상인과 그 딸을 덮쳤는데, 저항한 상인은 때려죽이고 딸은 산으로 끌고 가 자신들의 시중을 들게 했다. 그 뒤로 1년이 지났을 때, 딸은 아버지의 첫 부활절 미사를 위해서 다머에 가고 싶

다고 부탁했고, 도적들의 수령의 허락을 받고 교회로 향했다. 그러나 오랫동안 도적들과 지냈던 그녀는 머리도 부수수하고 옷도 마을 여자와는 달랐기 때문에, 교회 사제에게 제지당해 결국 미사에 참석할 수 없었다.

그래서 딸은 몹시 절망한 후 분노에 차오르는 것을 느끼고, 도적들의 동료가 되기로 결심했다. 이윽고 수령이 죽자 부하들은 만장일치로 그녀를 새로운 수령으로 삼기로 결정했고, 그녀의 지시에 따라 새로운 도적단을 이끌고 악행을 벌이고 다녔다.

그러던 어느 날, 딸을 제지했던 사제가 살인자의 동굴 산 근처에 설치한 함정에 빠졌다. 부하들은 말렸지만, 딸은 과거의 원한 때문에 사제를 살해했다.

이 사건으로 인해 다머의 마을 사람들도 정신을 차리고, 도적들이 사는 동굴 근처에 매복했다가 동굴에서 나오는 일행을 일제히 덮쳐서 살해했다.

그 후로 부활절 날이 되면, 여자 도적이 된 딸의 혼령이 자기 아버지의 묘 위에서 울음소리를 내게 되었다. 또, 그 모습을 빤히 바라보면 그 사람은 건강이 나빠지고 평생 밝은 마음을 되찾지 못하게 된다고 이야기되고 있다.

H. 슈라이버 저『독일 괴이집』에 실려 있다.

■ 여자를 밝히는 핍스

영국에서 이야기되는 괴이. 런던의 버킹엄 길에 있는 12번지의 집에 나타난다는 유령으로, 현관홀에 미소 지으며 서 있는 핍스의 혼령이 몇 번이나 목격되었다.

실존하는 핍스는 17세기 후반에 이 길 14번지의 집에 살고 있었는데, 12번지의 집에 나타나는 것에는 이유가 있다. 그가 살던 14번지의 집에는 과거에 화가 윌리엄 에티가 살고 있었다. 그는 여성의 누드화를 그리는 것이 특기였는데, 지금도 이 집의 2층 창문에서는 누드모델이었던 여성의 혼령이 알몸인 채로 거리를 향해 미소를 보여주는 일이 있다고 한다. 이 혼령을 보면 행운이 따르게 된다는 소문이 돌자 핍스는 이 여성의 혼령을 보고 싶은 나머지, 자신의 집이 아니라 12번지의 집에 나타나는 것이라고 이야기되고 있다. 이것은 핍스가 생전에 여자를 밝히는 자로 알려졌기 때문인 듯하다.

히라이 쿄코 저 『고스트를 찾아가는 런던 여행』에 실려 있다.

■ 오라뮨데 백작부인

독일에 나타나는 괴이. 바덴=뷔르템베르크 주의 도시, 바덴=바덴에는 죽음의 전조로서 나타나는 하얀 귀부인 유령 이야기가 전해지고 있다. 이 귀부인 이야기는 이하와 같다.

과거에 바덴에 젊은 변경백이 살고 있었는데, 백성들의 마음과 삶을 배우기 위해 여행을 떠났다. 그 여행 중에 변경백은 덴마크에서 아름다운 과부인 오라뮨데 백작부인과 만난다. 두 명의 아이를 가진 그녀와 변경백은 금세 사랑에 빠졌고, 2주간을 함께 지냈지만 이윽고 변경백이 나라로 돌아갈 날이 찾아왔다.

변경백은 부모의 허락이 없는 한 그녀와 결혼할 수 없었기에, '두 쌍의 눈이 있는 한, 함께 할 수 없다'라고 고했다. 그러자 오라뮨데 백작부인은 그것만 없으면 결혼할 수 있느냐고 물었고, 변경백이 끄덕이자 아주 기뻐했다.

이윽고 고향으로 돌아간 변경백은 다행히 부모의 허락을 얻을 수 있었고, 그는 몹시 기뻐하며 덴마크를 다시 방문했다.

그런데 오라뮨데 백작부인의 집에 도착해보니, 그녀는 병상에 누워있었다. 그래서 무슨 일이 있었는가를 묻자, 오라뮨데 백작부인은 변경백과 맺어지기 위해서 방해가 되는 두 쌍의 눈을 없앴다고 말했다. 그러나 바덴 변경백의 부모는 아직 살아 있었으므로 그것을 지적하자, 오라뮨데 백작부인은 절망한 얼굴로 말했다. 바덴 변경백과 맺어지기 위해서 자신은 두 아이를 죽였노라고.

오라뮨데 백작부인은 바덴 변경백이 말한 '두 쌍의 눈'이 자신의 아이들이라고 생각하고, 그들을 살해하고 변경백이 돌아오기를 기다리고 있었던 것이다. 그렇게 하면 바덴 변경백과 맺어질 수 있을 것이라 믿고서.

바덴 변경백은 무서워져서 백작부인을 내버려두고 독일로 도망쳤다. 그러나 오라뮌데 백작부인은 변경백과 자신의 사이에는 피의 계약이 맺어졌다고 외치고, 그것을 증명하듯이 그가 숨을 거둘 때에 백작부인이 그의 앞에 나타났다.

그 이래로 오라뮌데 백작부인은 바덴 대공가 사람이 죽을 때마다 그들 앞에 모습을 보이게 되었다고 한다.

기 브흐통 및 루이 파웰 편저『서양역사기담(Histoires extraordinaires)』에 실려 있다.

■오브데리하(Obderikha)

러시아에서 이야기되는 괴이. 산실로도 사용되는 바냐(러시아식 사우나)에 살고 있다는 요괴로, 출산이 이루어졌던 바냐에 산다. 아이를 지켜주는 존재이기도 하다.

어느 때, 소녀가 예배당 옆에 뼈가 굴러다니고 있는 것을 보고, "뼈야, 뼈야, 우리가 있는 곳에서 놀아줘"라고 말했다. 그러자 저녁이 되어 소녀가 있는 곳에 쇠로 된 이빨과 뼈로 된 다리를 지닌 젊은이들이 찾아와서, 함께 놀았다. 그러나 그들의 정체를 깨달은 소녀는 볼일을 보고 오겠다고 말하고 도망쳤지만, 뼈들은 쫓아왔다. 그래서 바냐로 도망쳐 들어가서, "오브데리하 아주머니, 부디 저를 숨겨주세요!"라고 외치자, 오브데리하가 소녀를 돌로 숨기고

증기를 뿜었다. 그 직후에 뼈들이 찾아와서 바냐를 살펴보았지만 소녀를 발견할 수 없었다. 그대로 아침이 오고 수탉이 울자, 뼈들은 뿔뿔이 흩어져 도망쳤다고 한다.

사이토 키미코 저『러시아의 요괴들』에 실려 있다.

■올드 지미

영국에서 이야기되는 괴이. 런던의 성 제임스 교회에 있는 미이라화 한 시신의 유령이라고 한다. 1942년 이 교회에 불발탄이 떨어져 소동이 벌어졌을 무렵부터 이쪽저쪽에 모습을 보이게 되었다고 하는데, 이 미이라의 생전에 대해 아는 사람은 없다. 그러나 중세에서는 상당한 권력을 상징하는 유리관에 들어가 있었던 점으로 미루어 보아, 런던의 시장 중 한 명이 아닐까 하고 이야기되고 있다고 한다.

J. A. 브룩스 저『런던 유령신사록』에 실려 있다.

■올드 채플 레인의 고양이

영국에 나타났다고 하는 괴이. 햄프셔의 올드 채플 레인에는 고양이가 깃들어있는 오두막이 있었다고 한다. 이 오두막에 살고 있던 여성에 의하면, 고양이는 계단이나 난로 근처에 나타나서 평범한 고양이처럼 지내지만, 갑자기 모습이 사라져버린다고 한다.

존 & 앤 스펜서 저『세계 괴이 현상 백과』

에 실려 있다.

■ 와일드헌트(Wild Hunt)

주로 유럽에서 이야기되는 괴이. 사냥꾼, 죽은 자의 혼령, 사냥개 등이 폭풍의 밤에 행진한다고 한다.

그 행진을 지휘하는 존재로는 다양한 존재가 있는데, 바탕이 된 스칸디나비아인이나 튜튼인의 신화에서는 북유럽 신화의 주신인 오딘이지만 독일 북부에서는 게르만 신화에 등장하는 화로와 모성의 여신인 홀다(Holda), 잉글랜드에서는 아서왕 전설의 주인공인 아서왕이나 16세기에 해군제독이자 해적으로 활약했던 프랜시스 드레이크 경, 셰익스피어의 시「윈저의 명랑한 아낙네들」에도 등장하는 사냥꾼 한 이 나타난다고 하며, 프랑스에서는 르 그랑 브뇌르(Le Grand Veneur)이라는 수렵 담당관이 와일드헌트를 통솔한다고 생각되고 있다.

20세기 이후에도 그들의 목격사례가 보고되고 있으며, 와일드헌트와 조우한 인간은 전부 이계로 끌려가버렸거나 목숨을 잃었다고 한다.

로즈마리. E. 길리 저『요정과 정령의 사전』, N. 블런텔 외 저『세계 괴이 실화집』등에 실려 있다. 와일드헌트는 다양한 혼령이나 괴물을 다스리며 출현한다고 여겨지고 있으며, 일본에서는 자주 백귀야행(百鬼夜行)과 비교된다.

■ 왕가의 저주

영국 및 이집트에서 발생한 괴이. 1922년, 이집트의 암굴묘군(巖窟墓群)인 왕가의 계곡에서 발굴을 했던 카나본 경(조지 허버트) 외 영국인들이 발굴 작업이 끝난 뒤에 차례차례 급사한 사건을 가리킨다.

콜린 윌슨 저『세계 불가사의 백과(The Encyclopaedia of Unsolved Mysteries)』등에 실려 있다.

그들의 죽음은 마치 투탕카멘의 저주에 의한 것이었던 것처럼 이야기되고 있는데, 실제로 급사한 인물은 카나본 경 한 명이었다. 그리고 그 사인도 면도 중에 난 상처의 세균 감염으로 인한 패혈증임이 확인되어 있다.

그러나 카나본 경의 죽음이 각색되어 당시 사람들에게 퍼진 것은 확실하며, 이 소문은 현대의 몬스터 문화에 다대한 영향을 준 작품의 탄생의 계기가 되었다. 그것이 유니버설 스튜디오에서 제작되어 1932년에 개봉한 영화『미이라(The Mummy)』다. 이 영화는 이 왕가의 저주에 대한 소문을 힌트로 만들어져, 미이라가 몬스터로서 등장하는 첫 작품이 되었다. 이어서 유니버설 스튜디오는 1940년에『미이라의 손(The Mummy's Hand)』이라는 영화를 개봉했다. 이 작품에서는『미이라』에는 없었던 붕대를 감은 그로테스크한 괴인이 사람을 습격하는 장면이 표현되어, 이후로 이어지는 괴물로서의 미이라의 이

미지가 결정되게 된다.

현재는 미이라, 혹은 머미 등으로 불리며, 영화나 문학, 만화나 게임 등에 당연하다는 듯이 등장하게 된 살아있는 시체 괴물은, 왕가의 저주의 소문에서 생겨난 영화의 세계적 히트에 의해 탄생한 몬스터다.

■요크셔의 유령자동차

영국에서 이야기되는 괴이. 잉글랜드 북부 요크셔의 어느 교회에는 멋대로 혼자 돌아다니는 자동차가 보관되어 있다고 한다. 이 자동차는 핸드브레이크를 걸든 엔진 키를 뽑아두든, 멋대로 엔진에 시동이 걸려서 돌아다닌다고 한다.

N. 블런델 외 저『세계 괴이 실화집』에 실려 있다. 일본에서도 운전수가 없는 채로 돌아다니는 자동차가 **유령자동차**로 불리고 있는데, 어디에서랄 것도 없이 나타나는 일본의 유령자동차와는 다르게 이 유령자동차는 실체가 확실히 있는 듯하다.

■요크셔의 폴터가이스트

영국에서 발생한 괴이. 영국의 요크셔 주 로치데일에서 가드너 일가가 사는 가건물 방갈로에서 일어난 폴터가이스트 현상으로, 물이 자연발생 한다는 기묘한 현상이 일어난 것으로 유명하다. 이 현상은 1994년경에 일어나기 시작했으며 그 후에는 담배 냄새가 떠도는 현상도 일어났다.

하니 레이 저『초상현상 대사전』에 실려 있다.

■우는 소년(Crying Boy)

그림을 둘러싼 괴이. 그 이름대로 울고 있는 소년의 그림을 그린 그림으로, 이탈리아의 화가 조반니 브라골린(Gigovanni Bragolin)이 그렸으며 다수의 그림이 존재한다. 1950년대에 그가 그린 우는 소년, 혹은 소녀의 그림이 인기를 모아서 복제화를 포함해서 많은 그림이 시장에 나왔다. 그러나 1980년대 중반부터 이 그림을 장식하는 집은 차례차례 불이 났다는 도시전설이 생겨나고, 진실처럼 이야기되게 되었다. 또한 이 그림이 있는 집에서 화재가 발생하면 다른 모든 것이 불에 타버려도 우는 소년 그림만은 깨끗하게 남아있다고 한다.

그 계기는 1985년에 영국의 어느 소방사가 화재로 불탄 집에서 우는 소년의 그림을 빈번하게 발견했다고 이야기한 것으로 여겨진다. 그 뒤로 소문은 이야기를 낳았고, 이 그림에 그려져 있는 것은 롬인(집시) 아이이며 그 가족이 그림에 저주를 걸었다는 이야기 등이 생겨났다. 특히 유명한 이야기는, 이 소년은 자기 의지에 상관없이 주변에 불을 붙여버리는 체질이라 '디아블로'라고 불리고 있었다, 소년은 그 체질 때문에 화재로 가족을 잃고 브라골린의 양자로 맡겨졌다, 이 소년의 그림은 잘 팔렸지만 어느 날 화가의 스튜디오가 갑자기 불길에 휩싸여 전소되어 버렸다, 화가는 소년을 비난했고 소년은 울면서 그 집을 나갔다, 라는 이야기라고 한다.

이 이야기에는 근거가 없으며, 오히려 현재 우는 소년의 그림이라 여겨지는 그림은 조반니 브라골린의 그림이 아닌 것도 포함되어 있는 등, 소문이 독자적으로 발달한 부분이 있는 듯하다.

■ 우드랜드 트위저
(The woodland tweezers)

인도네시아와 독일에서 발견된 신비한 생물. **평행식물**의 일종으로, 나무의 뿌리나 나무 그늘에서 1000그루 이상이 군생하는 경우도 있다. 그 이름대로 족집게처럼 두 장의 잎사귀가 마주보는 형태를 하고 있다. 다른 물체에 닿으면 미립자로 변하는 평행식물 특유의 특징을 지니고 있기 때문에 이동시킬 수는 없다. 색은 탁하고 짙은 검은빛이며, 잎사귀의 표면은 얇은 촛농 같은 막으로 덮여있다고 한다.

레오 리오니 저, 미야모토 아츠오 역『평행식물』에 실려 있다. 통상의 물리법칙이 통하지 않으며 정지한 시간, 혹은 현실과 평행하게 존재하는 다른 시간을 살아간다고 하는 평행식물의 일종으로, 두 장의 등그스름한 잎사귀가 마주보는 모습을 한 삽화도 그려져 있다. 그러나 이 책에 실려 있는 식물은 실재한다는 형식으로 기록되어 있기는 하지만, 전부 저자인 리오니의 창작이다. 평행식물의 특징 자체에 대해서는 같은 항목을 참조.

■ 우피르(Upiór)

러시아에서 이야기되는 괴이. 흡혈귀의 일종으로, 오피르라고도 한다. 사람, 말, 개 등의 다양한 모습으로 변할 수 있으며 물가에서 산다. 가축을 쫓아다니거나, 물가에서 만난 인간을 살해한다고 한다. 또 물고기를 한 마리 건네면 짐차에 가득 실을 수 있는 양의 물고기를 잡을 수 있다, 만나더라도 결코 말을 주고받아서는 안 된다, 라는 이야기도 전해지는 듯하다.

P. G. 보가티료프 저『주술·의례·속신 (Actes magiques rites et croyances en Russie Subcarpathique)』에 실려 있다.

■ 운명을 예언하는 여자

러시아에서 이야기되는 괴이. 어느 여자에게 아이가 태어나고 그 아이가 석 달이 되는 날, 어머니가 밤에 자고 있는데 누군가가 창문을 통통 두드렸다. 그래서 창문을 열어보았더니, 하얀 옷을 입고 하얀 프라토크(러시아의 양털 스툴)를 두른 여자가 "물 좀 주세요"라고 말했다. 그래서 물을 마시게 해주었더니 이번에는, "당신의 아들을 나에게 주세요"라고 말했다. 어머니는 그 부탁을 거절했지만, 여자는 "18년 후에 당신의 아들은 스스로 제가 있는 곳에 오게 될 겁니다"라고 예언했다.

과연 그 말대로, 아이는 18세에 죽어버렸다고 한다.

사이토 키미코 저『러시아의 요괴들』에 실려 있다. 이 책에 의하면, 이렇게 사람의 죽음의 운명을 예언하는 괴이는 '스디바'나 '돌랴'라고 불리는 일이 있다고 한다.

■ 월페르팅거 바카분두스
(Wolpertinger Bacchabundus)

독일에서 발견되었다는 신비한 생물. 오리와 설치류가 혼합된 듯한 기묘한 동물로, 두더지 같은 다리를 지니고 있다. 놀기를 좋아해서 대부분의 시간을 보금자리 밖에서 지낸다. 어떤 인간이 이것을 붙잡으려고 했을 때에는, 마치 환상이었던 것처럼 손 안에서 사라져버렸다고 한다.

호안 폰트쿠베르타 & 페레 포르미게라 저『비밀의 동물지』에 실려 있다. 이 책은 의문의 실종을 당한 동물학자 페터 아마이젠하우펜 박사의 자료를 바탕으로 작성되었다는 형식의 서적으로, 보통은 있을 수 없는 다수의 동물이 사진이나 해부도, 관찰일기 등과 함께 게재되어 있다.

그러나 이것은 '존재한다는 것은 사진에 찍힌다는 것이다'라는 역설을 이용해서 미지의 동물들을 소개하는 것이며, 게재된 동물들은 전부 이 책을 위해서 창작된 것이다.

■ 웨어의 큰 침대

영국에서 전해지는 괴이. 현재 런던의 빅토리아 앤드 앨버트 박물관에 보관되어 있는 캐노피가 달린 커다란 침대로, 유령이 나오는 것으로 알려져 있다. 이 침대는 1950년경에 하트퍼드셔 주의 웨어에 위치한 여인숙에서 사용되고 있었기 때문에 이런 이름으로 불리고 있는데, 원래는 15세기 중반 당시 잉글랜드 왕인 에드워드 4세를 위해 제작된 물건이라는 이야기도 남아있다. 독일인 조나스 포스버그가 그 침대를 만든 장인인데, 이 침대에 나오는 유령이 그 남자라고 한다.

웨어의 여인숙에서는 다양한 손님들이 이 침대를 이용했다고 하는데, 왕을 위해 만든 침대에 신분이 낮은 자들이 자는 것이 마음에 안 들었는지, 잠들려고 하는 손님을 포스버그의 유령이 꼬집거나 잡아당기거나 하며 숙면을 방해했다고 한다. 그래서 여인숙에 묵을 때에는 우선 포스버그와 그 침대를 위해 기도를 올리는 것이 항례가 되었다고 한다.

히라이 쿄코 저『고스트를 찾아가는 런던 여행』에 실려 있다.

■ 위쉬트의 사냥개 (Wisht Hounds)

영국에 나타난 괴이. 잉글랜드의 데번셔에 있는 다트무어 주변과 위스트맨즈 우드에 출몰하는 개의 괴이. 머리가 없고, 검게 빛나고 있으며, 사냥의 뿔피리와 몽둥이를 지닌 주인인 오딘과 함께 헤매고 있다고 한다. 이 사냥개는 기독교의 세례를 받지 않았던 아이들을 쫓는다고 한다. 또 다른 이야기에서는 이 사냥개들은 세례를 받지 않고 죽어버린 아이들의 혼으로, 자신들의 부모를 찾고 있다고도 한다. 이 사냥개와 조우한 인간은 그 뒤에 적어도 1년 이내에 죽어버린다고 한다.

만약 마주친 경우에는 팔다리를 맞붙이고 고개를 깊이 숙이고서, 그들이 지나갈 때까지 신에게 기도를 계속 올려야만 한다.

위쉬트의 사냥개는 일요일 밤 늦은 시간에 가장 빈번하게 출현하며, 불과 연기를 토하면서 황야를 달린다고 한다.

로즈마리. E. 길리 저『요정과 정령의 사전』에 실려 있다. 이 책에 의하면, 사냥개를 통솔하고 있는 것은 오딘이 아니라 악마나 프랜시스 드레이크인 경우도 있다고 한다. 오딘은 북유럽신화에 등장하는 주신으로, 이러한 와일드헌트의 전승에서 자주 언급된다. 프랜시스 드레이크도 와일드헌트 전승에 등장하는 것 외에, 그의 큰 북이 괴이현상을 일으킨 이야기도 남아있다. 자세한 것은 **프랜시스 드레이크의 큰 북** 및 **프랜시스 드레이크의 유령**을 참조.

■ 윌 오 더 위스프

유럽 각지에서 이야기되는 괴이. 도깨비불의 일종으로 여겨지며, 이것이 나타나는 것은 죽음의 전조라는 이야기가 전해진다. 그 이름은 '마른 풀을 든 윌리엄'을 의미하며, 마른 풀에 불을 붙이고 떠도는 윌리엄이라는 남자의 영혼이라는 전승이 있다. 윌리엄은 천국에도 지옥에도 갈 수 없게 된 남자로, 영혼인 채로 이 세상을 영원히 떠돈다는 이야기도 남아있다.

피터 헤이닝 저『세계 영계 전승 사전』, 로즈마리. E. 길리 저『요정과 정령의 사전』에 실려 있다. 마찬가지로 도깨비불이라 이야기되며 **할로윈**에도 유명한 **잭 오 랜턴**과 동일시되는 경우도 많다.

■ 윌리엄 코다의 두개골

영국에 나타난다는 괴이. 의사 존 키르나는 두개골 수집이 취미였는데, 그 중에서도 푹 빠져 있던 것이 자신의 소유물이 아니라 근무처인 병원에 표본으로 놓여있던 어느 두개골이었다.

이 두개골은 윌리엄 코다라는 살인범의 것이었는데, 참을 수 없어진 키르나는 이 두개골을 훔쳐서 자기 집에 두었다. 그러자 집안을 코다의 악령이 배회하기 시작하고, 숨결이나 흐느껴 우는 소리가 들리게 되었다. 마지막에는 하얀 팔이 나타나서 두개골을 담은 쇼케이스를 두드려 깨트렸다.

무서워진 키르나는 두개골을 친구에게 양도했지만, 그 친구도 마찬가지로 괴이한 일을 겪게 되자 더 이상 견딜 수 없어져서 기독교식으로 매장했다. 그 이후로 괴이

한 일은 멈췄다고 한다.

N. 블런델 외 저 『세계 괴이 실화집』에 실려 있다.

윌리엄 코다는 19세기에 실존했던 살인귀로, 마리아 마틴이라는 약혼자를 살해한 것으로 알려져 있다. 이 사건은 살해현장이나 시체가 묻혀있던 장소가 붉은 지붕의 헛간이었기 때문에 '붉은 헛간 살인사건'이라고도 불린다.

마리아를 임신시킨 코다는 결혼하라는 압박을 받게 되어 떨떠름하게 승낙했지만, 두 사람의 아이는 출산 후에 금방 죽어버렸다. 그렇지만 여전히 결혼을 종용하는 마리아의 살해를 결의한 코다는, 붉은 헛간에서 두 사람만의 결혼식을 올리자고 마리아를 데려와 살해한 뒤에 헛간 바닥 아래에 시체를 묻었다.

코다는 마리아의 부모에게 런던에서 예식을 치른다고 속이고 도망쳤지만, 마리아의 어머니가 붉은 헛간 바닥에 딸이 묻혀 있음을 알아차렸고 실제로 조사해보자 정말로 시체가 발견되었다. 마리아 살해는 1827년, 시체 발견은 다음 해인 1828년이었다고 한다.

범행이 발각된 코다는 같은 해인 1828년에 교수형에 처해졌다. 또 이 살인사건은 연극으로서 영국에 상연되었으며, 인기를 얻었기 때문에 영국에서도 유명한 살인사건이었다고 한다.

■ 윌리엄 테리스의 유령

영국에서 이야기되는 괴이. 런던 코벤트 가든 역에는 19세기의 인기배우 윌리엄 테리스의 영이 나타나는 것으로 알려져 있다.

테리스는 아델피 극장이라는 극장에서 배우 겸 무대 감독을 맡고 있었는데, 1997년에 동료 배우의 칼에 찔려 세상을 떠났다. 숨이 끊어지기 직전에 "반드시 이곳으로 돌아오겠어"라는 말을 남겼다고도 전해진다.

그 유언대로, 아델피 극장에는 아무도 없는 복도에서 발소리가 들리거나 무대 위에 테리스로 보이는 사람의 형체가 나타나게 되었다. 또 테리스가 생전에 자주 이용했던 코벤트 가든 역에는 몇 번이나 테리스의 유령이 목격되게 되었다. 처음에는 누구의 유령인지 확실하지 않았지만, 목격자인 역무원 중 한 사람이 아델피 극장에서 테리스의 사진을 보고서 유령이 테리스와 똑같이 생겼음을 알았다고 한다.

히라이 코코 저 『고스트를 찾아가는 런던 여행』에 실려 있다. 21세기가 되어도 이 유령은 출현한다고 하며, 영국에서는 몇 번인가 텔레비전에서 테리스의 유령에 관한 특집이 방송되었다.

■ 유령 로켓

스웨덴, 핀란드, 노르웨이, 덴마크, 영국, 그리스 등, 다양한 나라에서 목격된 괴이.

반짝이는 수수께끼의 비행물체로, 상공을 날다가 사라져갔다고 한다.

존. A. 킬 저 『불가사의한 현상 파일』에 의하면, 유령 로켓은 1946년에 목격되었는데, 이것은 미국에서 처음으로 하늘을 나는 원반이 목격되기 1년 전의 사건이었다고 한다. 또 이 유령로켓과 함께 머리 없는 거대한 새가 출현했다는 기록도 있다. 이것에 대해서는 **머리 없는 거대한 새** 항목을 참조.

■ 유령 택시

영국에서 이야기되는 괴이. 런던의 켄싱턴의 어느 교회에서 1913년에 발생한 괴이로, 어느 목사가 조우했다. 이 목사는 성가대 연습을 마치고 예배당에서 나왔을 때, 한 여성이 어느 집의 주인이 죽어가고 있다고 말해서 그녀와 함께 택시를 타고 그 집으로 향했다. 도착 후에 초인종을 누르고 사정을 이야기하자, 그런 중병에 걸린 사람은 없다는 대답이 돌아왔다. 그래서 자신을 데리고 온 여성에게 사정을 들으려고 했는데, 어느샌가 그녀의 모습은 택시 째로 사라져 있었다.

그 집의 집사는 목사의 장난이거나 정신착란을 일으킨 것이라고 여기고 문을 닫으려고 했지만, 집의 주인이 나와서 목사의 이야기를 들어주었다. 목사와 한 시간 정도 이야기를 나눈 집 주인은 날이 밝으면 목사의 교회에 가기로 했는데, 다음 날 저택의 주인은 끝내 모습을 보이지 않았다. 신경 쓰인 목사는 다시 그 집을 찾아가보았고, 어제 목사가 집을 나간 뒤 10분 뒤에 주인이 죽었다는 사실을 알았다.

그래서 집사와 함께 시신이 안치된 2층의 침실로 올라가보니, 귀부인의 초상화가 걸려 있었다. 그 그림은 어젯밤 목사에게 주인의 위중함을 알린 여성을 쏙 빼닮아 있었다. 목사가 그 여성에 대해서 물어보자 그 여성은 15년 전에 죽은, 이 집 주인의 아내였다고 했다.

J. A. 브룩스 저 『런던 유령신사록』에 실려 있다. 택시나 히치하이커를 태워준 사람이 사실 죽은 자였다는 이야기는 일본을 포함해서 전 세계에 있지만, 택시 째로 사라지는 이야기는 드물다.

■ 유령 페르시안 고양이

영국에서 이야기되는 괴이. 런던의 바이워드 거리(ByWard street)에 있는 올 할로우즈 교회(All Hallows by the Tower)에는 페르시안 고양이의 유령이 나온다고 한다. 이 유령은 과거에 오르가니스트인 리셋 리스트라는 여성이 기르던 고양이로, 예배 때마다 항상 교회에 따라왔다고 한다. 이 고양이가 죽었을 때, 리스트는 고양이를 묘지에 매장하고 싶다고 부탁했지만 거절당했다. 그래서 교회에 출현하게 된 것일지도 모른다고 이야기되고 있다.

J. A. 브룩스 저 『런던 유령신사록』에 실

려 있다.

■ 율페스트(Yulefest)

북유럽에서 전해지는 괴이. 12월 21일 동짓날에 이루어지는 축제를 의미하는데, 주신 오딘에게 수확물을 바치고, 다음 풍양을 기원하는 축제라고 한다. 또 죽은 자의 혼령이 돌아오는 날로 여겨지며, 그들에게 음식을 바치고 자손의 수호와 복을 빈다고 한다.

우에다 시게오 저『유럽의 제사와 전승』에 실려 있다.

■ 이데일 마을의 검은 개

영국에 전해지는 괴이. 더비셔에 있는 이데일이라는 마을에서 목격된 괴이로, 1920년대에는 신문기사로 나기도 했다. 그것에 의하면, 이 괴이는 거대한 검은 개의 망령으로, 하룻밤에 수십 마리의 양을 물어 죽였다고 한다. 또 그 수년 뒤에는 그 근처에 사는 소녀가 거대한 검은 개를 목격했는데, 그 개는 철조망을 통과하며 모습을 감췄다고 이야기되고 있다.

선 에반스 저『영국의 유령전설』에 실려 있다.

■ 이사벨라 왕비의 유령

영국에서 이야기되는 괴이. 이사벨라 왕비, 혹은 이사벨라 오브 프랑스는 14세기 잉글랜드 왕 에드워드 2세의 왕비이며 프랑스의 공주이기도 했던 인물로 아름다운 여성으로서 유명했다.

그러나 이사벨라 왕비는 국왕과의 마음의 골이 깊어지자 자신의 정부와 공모해서 국왕을 퇴위시키고 사실상의 여왕으로서 군림한데다, 최후에는 자신의 남편이기도 한 에드워드 2세를 암살했다. 이 때문에 '프랑스의 암늑대'라고도 불렸다.

그러나 아들인 에드워드 3세의 쿠데타로 인해 실각한다. 캐슬라이징성에 연금되어 그대로 생애를 마쳤다.

이 이사벨라 왕비의 유령은 현재도 영국의 노퍽에 남아있는 캐슬라이징성에 나타난다 하며, 심야에 성곽 안에서 이사벨라 왕비의 웃음소리가 울려 퍼지는데 특히 추운 겨울밤에 자주 들린다고 한다.

역사에서 이야기되는 그녀의 인물상과는 달리, 지역 사람들에게 이사벨라 왕비는 아주 사랑받는 인물이며 오히려 에드워드 2세가 실정을 거듭한 어리석은 왕으로서 이야기되고 있다. 이것은 에드워드 2세가 동성애에 빠져 정치를 소홀히 했기 때문으로, 이사벨라 왕비가 정권을 가로챘을 때에는 국민들이 크게 환영했다고 한다.

이시하라 코사이 저『유령이 있는 영국사』에 실려 있다. 이 지역에 전해지는 역사가 사실인지는 알 수 없지만, 이사벨라 왕비의 유령이 지역 사람들에게 사랑받는 존재임은 확실한 듯하다.

또한 이 책에 의하면, 이사벨라 왕비가 붙

잡힌 노팅엄 성의 지하통로에서도 이사벨라 왕비의 목소리가 들린다고 한다.

■이에레

루마니아에 전해지는 괴이. 새하얀 옷을 입은 아름다운 처녀의 모습을 한 요정이라고 하며, 호수나 늪, 샘 등의 아직 인간에게 어지럽혀지지 않은 장소에 산다. 밤에 나타나 걸어 다니거나 노래를 한다고 하며, 그녀들이 지나간 장소는 풀이 검게 그을린 원형 자국이 남는다. 또 그 뒤에 그 자리에는 아무것도 자라지 않는다고 전해진다.

일반적으로 악령 부류라고 여겨지고 있으며, 그녀들이 춤추는 것에 끼었다간 얻어맞게 되고, 노랫소리에 정신이 팔렸다간 귀가 잘 안 들리게 되며, 말을 걸었을 때에 대답하면 말을 할 수 없게 된다.

이에레가 가장 위험한 것은 정령강림절 때라고 여겨지고 있지만, 그 이외의 날에도 위해를 가할 위험성이 있으며 한밤중부터 새벽까지가 특히 위험하다고 한다.

재클린 심프슨 저 『유럽의 신화전설(European Mythology)』에 의하면, 1976년에 이루어진 조사로 앞서 이야기한 이야기가 기록되었다고 한다. 동구권에서는 근래에도 이 요정의 존재를 믿는 사람들이 많다고 한다.

【자】

■자전거를 탄 목 없는 유령

영국에서 나타났다고 하는 괴이. 그 이름대로 자전거를 탄 목 없는 남자 유령으로, 앞이 보이지 않기 때문에 위태위태한 움직임으로 도로를 달려간다고 한다. 그 정체는 1915년, 묘지의 문 앞에서 자전거에 타고 있을 때에 자동차에 치여 목이 찢겨 나가버린 남성이라고 한다.

N. 블런델 외 저 『세계 괴이 실화집』에 실려 있다.

■잔 다르크에 관련된 유령

프랑스에 나타난 괴이. 백년전쟁에서 프랑스를 승리로 이끌고, 그 뒤에 조국에 배신당해 처형된 잔 다르크. 이후에 복권되어 성인 중 한 명으로 꼽히게 된 그녀는 고향인 동레미 라 퓌셀의 바실리카 성당에 모셔지고 있다.

1925년, 영국의 관광객이 이 성당을 방문해서 사진을 찍었는데, 그 사진에 잔 다르크의 별명이기도 한 오를레앙의 처녀의 기장인 창포무늬의 하얀 사제복을 입은 두 성직자의 유령이 찍혔다. 이 두 사람이 누구인지는 불명이라고 한다.

피터 헤이닝 저 『세계 영계 전승 사전』에 실려 있다.

■ 잭 오 랜턴

영국 및 아일랜드에서 생겨난 괴이. 현재는 영미권에서 할로윈 날에 호박을 도려내서 사람 얼굴처럼 조각하고 안에 불을 밝혀서 랜턴으로 삼는 장식으로 알려져 있다.

그 기원으로 여겨지는 이야기는 여러 가지가 있는데, 잘 알려져 있는 것은 이하와 같은 이야기다.

아일랜드에 잭이라고 하는 난봉꾼이 있었는데, 술에 절고 누추한 생활로 알려져 있었다. 어느 할로윈 날, 잭은 그 지역의 술집에서 만취하는 바람에 몸에서 혼이 빠져나가버렸다. 곧바로 악마가 출현해서 그 혼을 빼앗으려고 했기 때문에, 잭은 어떻게든 죽음을 피하기 위해서 떠나기 전에 마지막 한잔을 마시고 싶다고 애원했다.

악마는 그 부탁에 승낙했지만, 악마는 돈을 가지고 있지 않았고 잭이 가진 돈도 술한 잔을 마시기에는 부족했다. 그래서 잭은 악마가 동전으로 변신했다가, 지불한 뒤에 원래 모습으로 돌아가는 것을 제안했다. 악마는 이 제안도 승낙하고서 동전으로 변했지만, 잭은 이 동전을 지갑 안에 집어넣었다. 그리고 1년간 자신을 풀어준다면, 악마를 해방해주겠다고 말했다.

그 뒤로 잭은 개심해서 가족을 자상하게 대하고 빚도 갚고 교회에도 나가게 되었다. 그러나 그것도 오래 가지 못했고 이내 예전 같은 생활로 돌아가 버렸다.

그리고 다음 해 할로윈 날 밤, 잭이 술집에서 귀가하는 도중에 악마가 출현했다. 혼을 빼앗기게 된 잭은 악마를 다시 한 번 속이려고 마음먹고 나무에 달린 사과를 따자고 가리켰다. 그리고 악마를 목말 태워서 나무에 오르게 한 직후, 칼을 꺼내서 나무에 십자가를 새겼다. 이것에 의해 악마는 나무에서 내려오지 못하게 되었고, 어쩔 수 없이 잭의 요구대로 그에게 간섭하지 않기로 맹세했다.

그 뒤로 잭은 평소의 생활로 돌아갔지만, 다음 할로윈이 오기 전에 방탕한 생활이 원인이 되어 죽고 말았다. 그는 천국에 가려고 했지만 생전의 생활 때문에 거부당한다. 그래서 어쩔 수없이 지옥으로 향했더니, 악마는 잭에게 간섭하지 않을 것을 약속했다고 말하고 그를 내쳤다. 그리고 잭에게 암흑 속에서 길을 찾기 위해 쓰라며 석탄 덩이를 하나 던졌다.

잭은 이것을 순무 속에 넣고 랜턴으로 삼았다. 그렇게 그는 잭 오 랜턴이라 불리는 악귀가 되었고, 영원히 지상을 헤매게 되었다고 한다.

현재도 잭은 지상을 헤매고 있으며, 아이들이 길을 잃게 만든다고 한다. 그 때문에 아일랜드에서는 아이들에게 겉옷을 뒤집어 입도록 경고하고 있다. 그 방법으로, 잭에게 그 아이가 아무런 가치가 없는 것처럼 보이게 할 수 있다고 한다. 또한 만나버렸을 때에는 잭 오 랜턴이 지나갈 때까지 대지에 몸을 붙이고, 눈을 감고 숨을 죽이고 귀를 막으라고 전해지고 있다.

또 잭 오 랜턴의 일화 때문에 할로윈 축제에는 순무나 사탕무를 도려낸 뒤에 속에 양초를 넣어 불을 붙이고 등불로 삼는 풍습이 생겨났는데, 아메리카 대륙에서 호박 생산량이 많았기 때문에 호박으로 변했다고 한다.

■ 잿빛 숙녀

영국에서 이야기되는 괴이. 런던에 있는 성 토머스 병원에 출현한다는 유령으로, 이 병원을 세운 플로렌스 나이팅게일과 같은 시대를 살았던 여성의 혼령이라고 한다.

이 여성이 유령이 된 이유에는 다양한 설이 있는데, 나이팅게일의 질타를 견디지 못하고 옥상의 발코니에서 투신한 간호사, 투약하는 양을 실수해서 환자를 죽게 만들어버린 간호사, 제8병동의 최상층에서 천연두가 원인이 되어 죽은 간호사, 등이라고 한다.

세 가지 설이 가장 오래된 듯 하며, 유령이 목격되기 시작한 것은 1880년대, 유령은 제8병동에 나타났다고 한다. 이 유령은 20세기에 들어서도 이따금씩 목격되며, 제2차 세계대전으로 인해 성 토머스 병원이 커다란 피해를 입었던 1943년에는 거울 너머로 모습을 보였는데, 무서울 정도로 차가운 냉기를 동반하고 있었다고 한다. 또 전쟁이 끝난 뒤인 1956년부터 1961년에 걸쳐서는 다섯 명의 환자가 이 잿빛 숙녀와 만났는데, 그 모든 환자가 그로부터 며칠 내에 죽어버렸다고 한다.

J. A. 브룩스 저 『런던 유령신사록』에 실려 있다.

■ 저주받은 비단 어깨걸이

영국에서 이야기되는 괴이. 콘월의 해변마을 뉴린(Newlyn)에서, 흉어가 이어지던 시기에 어부들이 해적질을 하게 되는 일이 있었다. 어부들은 습격한 사람들에게 눈가리개를 하고 갑판 위를 걷게 해서 바다에 빠뜨리는 방법으로 차례차례 살해했다.

그러던 어느 날, 습격한 배의 선장의 아내가 아름다운 비단 어깨걸이를 하고 있었다. 어부들은 그녀도 다른 사람들과 마찬가지로 살해했는데, 어느 해적이 이 비단 어깨걸이만 빼앗은 뒤에 출처를 말하지 않고 자기 아내에게 주었다.

다음 일요일, 아내는 그 어깨걸이를 자신의 어깨에 걸치고 거울을 보고 있었는데, 그곳에 익사했을 그 창백한 얼굴의 여자가 비치며 한 손으로 어깨걸이를 가리키고 있었다. 그것을 본 어부의 아내는 미쳐서 그대로 죽어버렸다고 한다.

이 어깨걸이가 그 후에 어떻게 되었고 지금 어디에 있는지는 알 수 없다.

코노 이치로 편역 『영국 민화집』에 실려

있다.

■ 저킨

영국에서 전해지는 괴이. 헤리퍼드셔에 있는 크로프트 성(Croft castle)에 출현하는 유령으로, 가죽제의 소매 없는 상의를 입은 신장 2미터를 넘는 커다란 남자라고 한다. 이 유령은 성의 소유주였던 크로프트 가의 선조, 오와인 글린두르(Owain Glyn Dwr)의 유령이라고 여겨지고 있다. 그는 성의 이쪽저쪽에서 목격되고 있으며, 20세기에 들어서도 조우한 인간이 있다고 한다.

선 에반스 저 『영국의 유령전설』에 실려 있다. 이 크로프트 성에는 그밖에도 다양한 유령이 있으며, 아기 울음소리가 울려 퍼지거나, 곱슬머리의 여성이 창문에서 밖을 바라보는 모습이나, 잿빛 드레스의 여성이 방에 들어오는 모습 등이 목격된다고 한다.

■ 정죄의 불

독일에서 목격된 괴이. 회첼베르크(Hörselberge) 주변에 뻗어있는 통상가도를 밤에 와인 운반인 몇 사람이 걷고 있을 때의 일이다. 어느 바위산에 본적도 없는 동굴이 뚫려있는 것이 보였다. 그래서 운반인들이 그 안을 들여다보자, 동굴 한가운데에 불이 활활 타고 있고 그 안에 많은 사람들의 모습이 보였다. 이미 죽은 자도, 산

채로 타고 있는 자도 있었는데, 그 중에는 운반인들이 잘 아는 와인 상인의 모습도 있었다. 운반인들은 이것이 와인에 물을 타거나 독을 넣거나 했던 그 사람들이 정죄의 불에 불태워지고 있는 것이라고 생각하고, 한 사람이 "신이여 자비를 베푸소서!"라고 외치자 환상은 사라졌다고 한다. H. 슈라이버 저 『독일 괴이집』에 실려 있다.

■ 조셉 셀리스의 유령

영국에 나타난 괴이. 런던의 세인트 제임스 궁전에서 목격되었다. 뼈가 보일 정도로 목에 깊게 베인 상처를 입고 아래턱이 축 늘어진 조셉 셀리스(Joseph Sellis)라는 영국인의 유령이라고 한다. 이 유령이 나타나면 피 냄새가 난다고도 한다.

조셉 셀리스는 원래 어니스트 아우구스투스(Ernest Augustus)라는 인물의 시종이다. 아우구스투스는 조지 3세의 아들로 빅토리아 여왕의 숙부에 해당하는 인물이지만, 몹시 여자를 밝히는 사람이었다. 조셉 셀리스는 아우구스투스가 자는 것을 습격해서 검으로 상처를 입힌 뒤에 자기 방에서 스스로 목을 베어 죽었다고 공표되었다. 그러나 아우구스투스에 대한 나쁜 소문은 끊이지 않아서, 아우구스투스가 셀리스의 아내와 딸에 손을 댔으며 그런 끝에 셀리스를 죽인 것이라는 소문이 돌았다. 그래서 강한 원한을 지닌 채로 죽은

셀리스가 유령이 되어 나타난 거라고 사람들은 입을 모아 말했다고 한다.

히라이 쿄코 저 『고스트를 찾아가는 런던 여행』에 실려 있다.

■조지

영국에서 이야기되는 괴이. 런던의 왕립 재판소의 맞은편에 있는 '더 조지'라는 펍에는 17세기의 의회파 청교도였다는 남자의 유령이 살고 있다. 그는 머리를 짧게 깎은 기사 같은 모습으로 자주 어둠 속에 서 있다고 한다. 그러나 특히 나쁜 짓은 하지 않기 때문에, 펍의 이름을 따서 조지라고 불리며 친근하게 여기고 있다고 한다.

히라이 쿄코 저 『고스트를 찾아가는 런던 여행』에 실려 있다.

■조지 여관의 유령

영국에 전해지는 괴이. 런던에 있는 숙박 시설 조지 여관에는 여성 유령이 출현한다고 한다. 그 정체는 과거에 이 여관을 경영했던 아멜리아 마리나 그 딸인 아그네스라고 여겨지고 있지만, 어느 쪽이든 현대적인 테크놀로지를 몹시 미워하고 있는 듯하다.

마리 모녀는 생전에 기술의 진보를 싫어해서 여관에 입욕시설을 하나도 만들지 않았다. 1934년에 아그네스가 죽은 뒤에야 시설이 개축되었는데, 그 후로 이 모녀 중 어느 한 쪽의 혼령이 최신기술로 만들어진 기기를 방해하게 되었다. 이 여관에서 전기제품을 도입하면 갑자기 상태가 안 좋아지지만, 한동안 시간이 지나면 멀쩡히 쓸 수 있게 된다. 그것은 유령이 새로운 기기를 받아들일 수 있을 때까지 몇 주간의 시간이 걸리기 때문이라고 한다.

션 에반스 저 『영국의 유령전설』에 실려 있다.

■족쇄를 찬 잭

영국에 나타난 괴이. 요크셔의 뒷골목에 출현하는 악령으로, 몸에 족쇄와 쇠사슬이 감긴 장신의 남자의 모습을 하고 있으며, 밤에 혼자 외출하는 여행자를 공포에 떨게 한다고 한다.

피터 헤이닝 저 『세계 영계 전승 사전』에 실려 있다.

■존스 씨

영국에서 이야기되는 괴이. 웨일스 북부의 콘위라고 하는 마을에 있는 아버콘위 하우스(Aberconwy House)라는 건물에 나타나는 유령으로, 19세기 후반에 실제로 이 건물에 살고 있었던 인물이라고 한다. 존스 일가는 이 건물을 호텔로 만들어 생활하고 있었는데, 1880년에 서거했다. 그 후에 유령이 되어 나타나게 되었다고 한다.

존스 씨는 신사의 모습을 하고 있으며, 자코비안 양식의 방에 빈번하게 출현한다. 그 전조로 파이프 담배 냄새나 꽃향기가 떠돈다는 보고도 있다고 한다.

션 에반스 저 『영국의 유령전설』에 실려 있다.

■종려주일 사건(Palm Sunday Case)

영국에서 일어난 괴이. 1902년부터 1905년에 걸쳐 영국 수상을 역임했던 아서 발포어의 연인이 사후 통신을 보내왔다는 사건. 이 통신을 보내온 혼령은 몇 명인가 있었는데, 아서의 연인이었던 여성은 메리 캐서린 리틀턴(Mary Catherine Lyttleton)이라고 하며 1875년의 종려주일(부활절 직전의 일요일)에 티푸스로 죽었다. 그후에 1901년부터 아서가 세상을 떠나는 1930년에 걸쳐 Society for Psychical Research(SPR, 심령현상연구협회)에 소속된 영매를 통해 통신을 주고받았다고 한다. 이 30년간의 기록은 SPR에 의해 정리되었다. 또 메리의 목적은 아서에게 자신이 그를 사랑했음을 전하기 위해서였다고 여겨진다.

그들의 통신은 자동서기에 의해 단어와 문절부터 기호나 일러스트 같은 다양한 형태로 전달되었으며, 아서는 죽을 때에 메리의 모습을 보고, 그녀에게 사람은 사후에도 자기 자신을 잃지 않고 계속 살아간다는 것을 배웠다고 한다.

하니 레이 저 『초상현상 대사전』 등에 실려 있다.

이 사건은 영혼과의 교신 외에도 사후에 인간의 자아가 계속 남아있는 사례로 언급되는 경우가 많다.

■죽은 자의 거리

영국에서 이야기되는 괴이. 런던 중심부에 있는 시티 오브 런던은 14세기와 17세기에 페스트 대유행으로 수많은 사망자를 낸 장소이기 때문에, 지하철을 건설할 때마다 그들의 유골이 수없이 발견된다고 한다.

그 때문인지 런던 지하철에서는 어디에서나 슬픈 신음 소리가 들리거나 썩은 내가 풍기거나, 하얀 형체가 목격되기도 하고 있다.

이런 이유에서 영국의 고스트 헌터들 사이에서 시티 오브 런던은 '죽은 자의 도시'라고 불리고 있다고 한다.

히라이 쿄코 저 『고스트를 찾아가는 런던 여행』에 실려 있다.

■죽음을 부르는 탑

영국에 이야기되는 괴이. 과거 런던 일링(Ealing)의 몬트필리어 로드(Montpelier Road)에 있었던 16번지의 저택에는 높이 20미터 이상 되는 탑이 있었다고 한다.

이 탑은 많은 사망자가 나온 것으로 알려져 있으며, 그 발단은 1887년까지 거슬러 올라간다. 이 해에 앤 핀치필드라는 12세의 소녀가 탑에서 몸을 던졌다. 1934년에는 베이비시터가 이 탑에서 자신이 맡왔던 아이를 던져 떨어뜨리고 그 뒤에 자신도 뛰어내렸다. 이 사건으로부터 10년 간 저택은 빈 집이 되었지만, 그 동안에도 탑에서 자살이나 살인이 발생했다. 그리고 1944년, 앤드루 그린이라는 인물이 아버지와 함께 이 저택을 방문했을 때, 탑에 올라가자 어째서인지 난간을 뛰어넘어 떨어지고 싶다는 충동에 사로잡혔다. 그렇게 해도 상처 하나 나지 않을 거라고 굳게 믿게 되었다고 한다. 그러나 막 뛰어내리려는 순간, 함께 있던 아버지가 그의 옷깃을 움켜쥐어서 무사할 수 있었다.

그 후로 저택은 공동주택이 되었지만 불길한 평판은 끊이지 않았고, 1970년에는 새로운 공동주택으로 다시 세워졌다. 그러나 이 주택에도 이따금씩 어딘가에서 이상한 소리가 들려온다고 한다.

J. A. 브룩스 저 『런던 유령신사록』에 실려 있다.

■죽음의 나무

영국에서 전해지는 괴이. 런던의 그린 파크라는 공원에는 '죽음의 나무'라고 불리는 나무가 심겨있다. 이 나무에는 새나 개가 다가오지 않고 음산한 분위기가 떠돌고 있다고 하며, 어째서인지 셀 수 없을 정도로 많은 사람들이 이 나무에서 목을 맸다고 한다. 또 해가 지고 나서 이 나무 곁을 지나면 나무속에서 기분 나쁜 웃음소리가 들려온다는 소문도 있다.

히라이 쿄코 저 『고스트를 찾아가는 런던 여행』에 실려 있다.

■죽음의 새

영국에 나타난 괴이. 웨일스 특유의 괴조로 여겨지며, 죽음의 전조로 생각되고 있다. 죽을 때가 가까운 인간이 있는 건물의 창틀에 머물며, 창문을 두드려서 귀에 거슬리는 소리를 낸다고 한다.

피터 헤이닝 저 『세계 영계 전승 사전』에 실려 있다.

■죽음의 촛불

영국에 나타난 괴이. 웨일스에 잘 알려진 도깨비불로, 죽은 사람이 생기기 직전의 집 근처에 나타난다고 한다. 그 불의 형태는 양초의 불빛과 비슷하며, 작고 푸른빛이면 어린아이가, 크고 붉은빛이면 한창 일할 나이의 어른이, 빛의 사이즈가 크고 색이 옅고 푸르거나 회다면 노인이 죽음을 맞으려 하고 있다는 알림이라고 한다.

피터 헤이닝 저 『세계 영계 전승 사전』에 실려 있다.

■즈미차타

러시아에서 이야기되는 괴이. 카르파치아 지방에 전해지는, 세례를 받지 않고 죽은 아이들이 변화한다는 요괴로, 아이의 모습을 한 채로 사람 앞에 나타난다고 한다.

P. G. 보가티료프 저『주술・의례・속신』에 실려 있다.

■ 즈바르터 피트(Zwarte Piet)

네덜란드에서 전해지는 괴이. 크리스마스에 나타난 검은 괴물로, 성 니콜라스에 이끌려 찾아온다. 그리고 12월 25일 밤, 방문한 집의 아이들이 나쁜 아이라면 1년간 스페인으로 끌고 가버린다고 한다.

와카바야시 히토미 저『크리스마스 문화사』에 실려 있다. 나쁜 아이들을 스페인으로 끌고 가는 것은, 과거에 네덜란드의 가톨릭교회 사제가 스페인에서 파견되며, 임기가 끝나면 스페인으로 돌아간 것에 기인하고 있다고 한다. 또 즈바르터 피트가 검은 용모를 하는 것은, 북서 아프리카에 사는 이슬람교도인 무어인이 바탕이 되어 있기 때문이라고 여겨진다. 8세기에 이슬람교도가 이베리아 반도에 진출했을 때에 원주민인 스페인사람들이 그들을 즈바르터 피트라고 불렀으며, 또 무어인이 이국에서 찾아오는 외국인의 이미지에 겹쳐진 것이 크리스마스에 찾아오는 존재의 전승에 흡수된 듯하다.

■ 짐승으로 변한 베르톨트 5세

스위스에서 이야기되는 괴이. 베른주의 수도인 베른에 나타났다고 하는 수인으로, 그 지역의 소문으로는 최후의 체링겐 공작인 베르톨트 5세는 아이를 잡아먹는 자이며, 그 벌로 하늘로부터 후계자를 빼앗겼다고 한다. 그리고 그의 형태를 본뜬 조각상은 밤이 되면 사악한 짐승처럼 보이며, 또 그 모습을 하고 길거리에 출현하는 것도 목격되었다고 한다.

H. 슈라이버 저『독일 괴이집』에 실려 있다.

【차】

■ 처형된 남자의 발

러시아에서 나타난 괴이. 베르흐나야 쿠엔가(Verkhnyaya kuenga)의 학교에 출현한 거대한 발로, 늦게까지 학교에서 공부하고 있던 학생들의 교실 창문 너머에 나타났다.

그리고 그 발의 뒤로 세 마리의 백마가 끄는 마차가 창문 쪽을 지나갔다. 마차에는 하얀 옷을 입은 사람이 두 명 타고 있었다고 한다.

마차는 교정을 두 바퀴 돌았는데, 그 뒤에 창고에서 악기를 연주하는 소리가 들려왔다. 그래서 무서워진 학생들이 수위실로 달려가서 이야기하자, 이런 이야기가 돌아왔다.

옛날에 이 학교 가장자리에 나 있는 소나무에 어떤 남자가 매달리고 총살당한 적이 있었다. 그때에 흐른 피가 발이 되어서 지금도 돌아다니고 있다고 한다.

그 이야기를 들은 학생들이 소나무 밑동 부근을 파보자, 정말로 사람의 유해가 나왔다고 한다.

사이토 키미코 저 『러시아의 요괴들』에 실려 있다. 이 책에 의하면, 이 이야기는 1908년에 태어난 화자가 3학년일 때에 겪었던 일이라고 한다.

■ 천을 뒤집어 쓴 악귀

영국에 전해지는 괴이. 런던의 하이게이트 묘지에 출현한다고 하는 귀신 같은 존재로, 공중에 떠올라서 하늘을 바라보고 있다고 한다. 목격자는 많이 있지만, 사람이 다가가면 사라져버린다고 한다.

로버트 그렌빌 저 『반드시 나오는 세계의 유령의 집』 등에 실려 있다.

하이게이트 묘지는 유령 외에도 많은 괴이가 출현하는 것으로 알려져 있다. **늙은 광녀, 하이게이트 뱀파이어** 항목도 참조.

■ 철도사고의 미래예지

프랑스에서 발생한 괴이. 1933년 12월, 퐁텐블로에 살고 있던 르네 베르티에라는 인물이, 꿈에서 짙은 안개 속에 열차가 정면충돌하는 꿈을 꾸었다. 그 3일 뒤인 12월 23일, 파리 교외의 라니쉬르마른(Lagny-sur-Marne)과 퐁폰느(Pomponne) 사이에서 크리스마스 휴가 승객을 태운 열

차 두 대가 정면충돌했다. 이 사고로 인해 230명이 사망하며 프랑스 철도 사상 최악의 사고가 되었다고 한다.

기 브흐통 및 루이 포웰 편저 『서양역사기담』에 실려 있다.

■ 체링턴의 투석현상

영국에서 발생한 괴이. 1917년, 체링턴(Cherington)에서 일어난 괴현상으로, 제1차 세계대전의 방공호로 동굴 창고에서 공사를 하고 있었을 때, 양초의 불이 꺼지고 인부들의 시야가 가로막혔다. 그 직후에 돌이 그들 주위로 날아오기 시작했는데, 돌은 동굴에서 나온 인부에게까지 날아왔다. 이 현상에 의해 공사는 큰 방해를 받았다고 한다.

하루카와 세이센 저 『심령연구 사전』에 실려 있다.

■ 초르트(Chort)

러시아에서 이야기되는 괴이. 초르트는 악마의 일종으로, 마차를 타고 나타난다고 한다. 이 마차를 끄는 말들은 전부 인간의 다리를 가지고 있으며, 원래는 인간이었지만 강에 몸을 던지거나 목을 매서 죽었기 때문에 초르트가 말로 변하게 만들어 물을 운반시킨다고 전해진다.

사이토 키미코 저 『러시아의 요괴들』에 실려 있다. 이 책에 의하면, 기독교가 러시아에 유입되기 전부터 민간에서 이야기되

고 있던 악마로, 15세기의 문헌에서 이미 이름을 찾아볼 수 있다고 한다.

그러나 현재는 기독교의 악마인 디야볼의 영향을 받아, 온몸이 검은 털로 뒤덮이고 뿔과 꼬리를 가졌으며, 발에 발굽이 있는 모습으로 상상되는 경우가 많다고 한다.

초르트는 천계에서 물로 떨어진 천사가 악마가 된 존재라고 생각되고 있으며, 물 속에 숨어서 인간을 속여 물속으로 끌어들이는 일도 많다고 한다.

■치크 성의 유령

영국에서 이야기되는 괴이. 치크 성(Chirk Castle)은 클루이드(Clwyd) 주에 존재하는 성으로, 수많은 유령이 목격되고 있다. 이 성은 현재 주거로서 개방되어 있지만, 원래부터 아이 방으로 만들어진 방에서는 어린아이가 복도를 오가는 듯한 발소리가 들리거나 자는 동안에 어린아이의 손이라고 생각되는 것이 건드린다고 한다.

그밖에도 녹색 잠옷을 입은 부인의 유령이나, 갈색 옷을 입은 활달한 남성 유령이 목격된다. 이 유령들은 빈번하게 나타나지만, 주민이나 손님에게 위해를 가하지는 않는다고 한다.

션 에반스 저 『영국의 유령전설』에 실려 있다.

■친절한 하인

영국에서 이야기된 괴이. 어느 공무원이 1982년에 체험했다는 유령담으로, 유령은 그가 사는 집에 나왔다고 한다. 이 공무원의 집은 17세기에 세워진 농가였는데, 같이 만들어진 마구간은 한때는 채플(예배실)로 사용되기도 했다고 한다.

이 집에는 유령이 몇 번이나 출현했었는데, 어느 때는 이 유령이 집의 현관을 나와서 마구간으로 간 적이 있었다. 물론 마구간을 들여다봐도 아무도 없었지만, 이 유령이 나간 현관문은 자물쇠가 망가져서 제대로 열리지 않는 문이었다. 그 문을 확인해보자, 자물쇠가 고쳐져 있어서 문은 쉽게 열렸다고 한다.

존 & 앤 스펜서 저 『세계 괴이 현상 백과』에 실려 있다. 이 책에 의하면 이 유령은 마구간이 채플(예배당)으로 사용된 1910년대에 미사에 다니던 여자 하인의 혼령이라는 설이 유력하다고 한다.

【카】

■카스만들(Kasmandl)

독일에서 이야기된 괴이. 바이에른 지방에 전해지는 정령으로, 성 마르티누스의 날이 되면 알프스 산에서 내려오기 때문에 그날에는 집 밖으로 나가서는 안 된다고 한다. 전해지는 이야기로는, 이것을 무시하고 밖에 있던 젊은이가 "이 일을 1년간 잊지 마라"라는 말을 듣고 등 뒤에서 카스만들에게 얻어맞았다고 한다.

알프스에서는 여름 동안 고원의 목초지에 가축을 데려 가서 버터나 치즈를 만들고, 가을이 되면 가축을 데리고 내려온다. 이때, 산의 오두막에 치즈 등을 일부 남겨두고 온다. 이것은 카스만들에게 바치는 공물이라고 한다.

우에다 시게오 저『유럽의 제사와 전승』에 실려 있다. 이 책에 의하면 카스만들은 원래부터 치즈의 정령인 케제멘라인(Käsemännlein)에 유래하는 정령으로, 치즈나 버터를 만들 수 있었던 것에 감사하기 위해 바치던 풍습이었다고 한다.

■ 카스만들파렌

독일에서 이야기되는 괴이. 겨울에 나타나는 산의 정령으로, 산을 배회하며 때로는 마을에 내려와서 사람들에게 해를 끼친다고 한다. 이것은 여름부터 가을에 걸쳐 목축을 하는 사람들을 도우려고 풀을 키우거나 우유의 발효를 거들고 있던 산의 정령 카스만들이, 겨울이 되어 목축하는 사람과 헤어지는 것을 싫어해서 악령이 된 것이 카스만들파렌이라고 한다.

또 옛날 사람들은 겨울의 산이나 계곡에서 길을 잃으면, 이 정령에게 끌려가서 두번 다시 돌아올 수 없게 된다고 믿고 있었다. 그래서 마을의 젊은이들은 큰북이나 양철통을 울리며 마을 근처에서 "카스만들, 얼쩡거리지 마!", "카스만들, 산으로 돌아가!"라고 외치며 악령을 쫓았다고 한다. 우에다 시게오 저『유럽의 제사와 전승』에 실려 있다. **카스만들**에 대해서는 해당항목을 참조.

■ 칸델라를 기다리는 여자

영국에서 이야기되는 괴이. 콘월의 연안 마을 세인트 아이브스에 전해지는 괴이로, 인근 바다에 있는 '섬'이라 불리는 바위에 나타난다고 한다.

이 여자는 과거에 배가 난파되어 자식을 잃고 자신도 그 사실에 절망하고 숨을 거둔 뒤 교회묘지에 매장된 여자였다. 그러나 그 뒤에도 여자는 묘지를 빠져 나와 해변으로 이동해, '섬'에서 자신의 아이를 계속 찾게 되었다. 그리고 아이를 찾을 수 없음을 알고 한숨을 쉬고, 교회의 묘지로 돌아온다고 한다. 또 이 여자는 날씨가 안 좋은 밤이나 아주 어두운 밤에는 칸델라를 기다리며 나타나고, 맑은 날에는 칸델라를 기다리지 않았다. 그리고 어느샌가 이 주변에서는 칸델라를 든 여자는 재해의 전조로 간주되게 되었다고 한다.

코노 이치로 편역『영국 민화집』에 실려 있다.

■ 칼 클린트

영국에 나타났다고 하는 괴이. 영국 켄트주 민체스터 마을 외곽의 성에 살고 있다는 유령으로, 폴터가이스트 현상을 일으켰다.

그러나 이 성을 산 가브리엘 경이라는 인물이 이 클린트와 교류를 시도해서, 알파벳을 한 글자씩 이야기하고 해당하는 글자 부분에 유령에게 소리를 내 달라고 부탁했다. 그러자 유령은 칼 클린트라는 이름을 대고, 100년 이상 전에 이 성에서 살았다고 말했다. 그러나 여성을 둘러싸고 한 남자를 살해하고 지하에 묻었다고 말했다.

가브리엘 경이 그 진위를 확인하자, 실제로 칼 클린트라는 인물이 그 성에 살았던 기록이 있었으며 살인사건이 일어난 것도 사실이었다.

이 일로 기분이 좋아진 가브리엘 경은 영매를 불러서 다시 칼 클린트와 대화를 시도했다. 이번에는 턱수염을 기른 붉은 머리 중년남성의 모습으로 나타난 칼 클린트는, 사후에도 연인인 샬롯과 함께 이 성에서 지내고 있다고 말했다. 그리고 자신들의 영역인 지하실에 인간이 간섭하지 않으면 유령인 자신들도 이 이상은 인간의 생활을 위협하지 않겠다고 약속했다.

그리고 수년 후, 가브리엘 경이 성에서 이사를 가게 되어서, 다시 영매를 불러 최후의 인사를 나누자, 어째서인지 칼과 샬롯의 유령은 가브리엘 경이 이사하는 곳에 따라가기를 바랐다. 가브리엘 경은 이것을 허락했고, 그가 이사 가는 곳에 두 유령이 따라가게 되었다고 한다.

키류 미사오 저『요크셔의 유령저택』에 실려 있다.

■ 캐서린 페러스(Katherine Ferrers)

영국에 나타난 괴이. 베드퍼드셔의 던스터블 금광에 있는, 통칭 마키에이트 셀(Markyate Cell)이라는 저택에 출현한다. 17세기에 남장을 하고 매일 밤마다 주변 여행객을 강도, 때로는 살해하던 미녀였는데, 어느 날 반격을 당해 부상을 입었고 어떻게든 마키에이트 셀까지 돌아왔으나 그곳에서 사망했다고 한다. 그 이래로 그녀는 유령이 되어 나타났는데, 이 집에 출현하거나, 그 지역의 길을 질주하거나, 어째서인지 정원의 나무에 목을 매고 있었다고 한다.

피터 헤이닝 저『세계 영계 전승 사전』에 실려 있다. 이 책에 의하면, 이 유령은 20세기에 들어서도 빈번하게 목격된다고 한다.

■ 캐슬리그 스톤 서클

영국에서 이야기되는 괴이. 잉글랜드의 컴브리아에 있는 유적에는 직경 약 30미터의 돌의 고리가 늘어서 있다. 이 돌은 셀 수 있을 정도로 수가 변한다고 하며,

그 지역에 전해지는 이야기로는 이 돌은 인간이 변해서 만들어진 것이라고 한다. 또 이 스톤 서클은 도깨비불이 발생하는 것으로도 알려져 있으며, 이것은 죽은 자의 혼이라고 이야기되고 있다. 그것은 이 스톤 서클이 원래 죽은 자를 추도하기 위한 집회장소로서 사용되고 있었기 때문이라고 한다.

선 에반스 저『영국의 유령전설』에 실려 있다.

■케이스네스의 도깨비불

영국에서 이야기되는 괴이. 스코틀랜드의 하일랜드 주에 있는 케이스네스에서, 19세기 말부터 20세기 초에 걸쳐 목격된 도깨비불. 이 불은 새해 첫날밤부터 3, 4일 연속으로 길의 가장 높은 지점에서 빛났는데, 마지막 불이 목격된 다음 날 인근 앞바다에서 어선이 몇 척 침몰해서 두 명이 사망했다. 그 시체는 그 도깨비불이 빛났던 지점에서 보이는 장소에서 발견되었다고 한다. 또 건져낸 시신은 우연히도 도깨비불이 빛났던 장소와 한 치도 벗어나지 않은 지점에 눕혀졌다.

그 이래로 도깨비불은 재앙의 전조로서 두려움을 사게 되었고, 날이 밝을 무렵에 도깨비불을 보면 재앙도 같은 시간에 찾아온다는 등의 전승으로 전해지게 되었다고 한다.

존 & 앤 스펜서 저『세계 괴이 현상 백과』에 실려 있다.

■켐트레일(Chemtrail)

미국 및 유럽에 나타나는 괴이. 비행기구름처럼 보이는 구름이지만, 장시간에 걸쳐 사라지지 않다가 점차 확산되어 평범한 구름이 된다. 그러나 이 구름은 때때로 붉은 빛이나 무지갯빛으로 변색되고 점착성 물체나 우윳빛 액체를 떨어뜨리는 일이 있다. 또한 이 구름이 나타난 지역 주민들이 건강피해를 호소하는 일도 다발하고 있으며, 그 정체는 화학병기나 기상 컨트롤 실험이 아닐까 하는 설이 이야기되고 있다고 한다.

나미키 신이치로 저『최강의 도시전설 2』에 실려 있다. 이 책에 의하면, 이 기묘한 구름은 1999년 무렵부터 유럽에서 목격되고 있다고 한다.

■코난 도일의 유령

영국에서 이야기되는 괴이. 런던의 펍 '셜록 홈즈'는 홈즈의 방을 재현한 전시실이 있으며, 전 세계에서 홈즈팬이 모이는 펍으로 유명하지만, 팬들 사이에서는 이 펍에서 '셜록 홈즈' 시리즈를 낳은 코난 도일의 혼령이 나타난다고 이야기되고 있다. 또 1968년에는 도일이 생전에 살았던 이스트서식스의 크로우버러에 있는 윈들샴 매너(Windlesham manor)라는 저택의 정원에 도일의 혼령이 나타났다는 이야기가 전해지고 있다.

히라이 쿄코 저『고스트를 찾아가는 런던 여행』에 실려 있다. 아서 코난 도일은『셜록 홈즈』시리즈와『챌린저 교수』시리즈 등으로 저명한 작가로, 후세의 작품에도 다대한 영향을 준 인물이다. 그러는 한편으로 심령주의에 경도되어서, 심령현상 연구회의 정식회원이기도 했다. 강령회에 빈번하게 참가하거나, 심령주의를 둘러싼 저작물을 남기고 있기도 하다. 또 그 저작에는『고공의 공포(The Horror of the Heights)』,『술통 공장의 괴이(The Fiend of the Cooperage)』같은, 불가사의한 괴물이 출현하는 것도 많다.

■ 코랄 보르그의 영능화

영국에 남아있는 괴이. 코랄 보르그는 런던에 사는 영능력자 여성으로, 생전에 한 번도 만나지 않았던 사람의 모습을 영계에서 보내오는 파장을 받아서 생전의 모습 그대로 그릴 수 있는 능력을 지녔다고 한다. 그 방법은 자신에게 그리려고 하는 인물의 혼령을 옮겨오게 하고, 그대로 자동서기에 의해 그린다고 한다. 그 수는 현재는 몇 천 장에 이르고 있으며, 그녀가 자동서기 중인 모습은 영상이나 사진으로 남겨져 있다.

키류 미사오 저『요크셔의 유령저택』에 실려 있다.

■ 코른무머(Kornmuhme)

독일에서 이야기되는 괴이. 밀의 정령으로 여겨지고 있으며, 밀 이삭이 여무는 시기에 바람이 불어와서 파도처럼 흔들리는 것은 이 정령이 밭을 지켜보고 있기 때문이라고 전해지고 있다.

우에다 시게오 저『유럽의 제사와 전승』에 실려 있다.

■ 코른킨트(Kornkind)

독일에서 이야기되는 괴이. '밀 꼬마'라는 뜻이며, 낮에 밀밭에서 낯선 아이가 울고 있으면 코른킨트라고 이야기된다. 이 정령은 이따금씩 인간아이를 말도 안 되는 곳으로 데려가 버리기 때문에 주의가 필요하다고 한다.

우에다 시게오 저『유럽의 제사와 전승』에 실려 있다. 이 책에 의하면, 이 정령은 **코른무머**의 아이라고 한다.

■ 코프 성의 목 없는 유령

영국에 전해지는 괴이. 도싯의 코프 성은 폐허가 되었지만, 그 장소에서는 현재도 유령이 목격되고 있다. 코프 성은 청교도 혁명의 내전으로 포위되어 최후에는 폭파되었는데, 이 내전 중에 성이 소속되었던 왕당파를 배신하고 의회파에 정보를 흘린 여자가 있었다. 이 성에는 하얀 옷을 입은 목 없는 여성의 유령이 떠돌고 있는데, 그것이 이 여성이라고 생각되고 있다.

션 에반스 저『영국의 유령전설』에 실려 있다. 이 책에 의하면 이 폐허에는 그밖에도 때때로 아이의 울음소리가 들려온다고 한다.

■ 콧노래를 부르는 유령

영국에 나타난 괴이. 웨일스 중부의 컴브리아 산맥에 있는 디라이프라는 마을의 탄광에 나타난 유령으로, 작고, 흰색 혹은 엷은 푸른 색의 인간 같은 형체를 띤 존재다. 빛을 발하고 있으며 흥흥 하며 콧노래를 부르고 있다고 한다.

존 & 앤 스펜서 저『세계 괴이 현상 백과』에 실려 있다. 이 책에 의하면, 이 탄광에서는 밤이 되면 때때로 빛이 나타나서, 공중을 향해 올라간다는 소문이 있었다고 한다.

■ 쿼리 뱅크 밀의 유령

영국에 전해지는 괴이. 쿼리 뱅크 밀은 현재의 영국에 남아있는 가장 오래된 가동 가능한 상업용 방적공장인데, 그 도제용 기숙사에는 수많은 여성의 유령이 출현한다고 이야기 되고 있다.

빈번하게 유령이 출현하는 것은 다락인데, 여성의 모습이 보이거나, 다락방에 다가간 개가 털을 곤두세우며 더 이상 앞으로 나아가려고 하지 않았던 일 등이 있었다고 한다. 또한 과거에 어린아이들의 교실이었던 방에 사악한 혼령이 머무르고 있다, 기숙사에 부속된 오두막에 낡아빠진 양복을 입은 여성이 나타났다, 라는 이야기도 있다고 한다. 또한 공장 본체의 최상층에도 유령이 떠돌고 있는 모습이 목격되었다. 그러나 이 공장에서는 여성 사망사고는 하나도 없었기 때문에, 나타나는 유령들의 정체는 전혀 알 수 없다고 한다.

션 에반스 저『영국의 유령전설』에 실려 있다.

■ 크람푸스(Krampus)

유럽에서 이야기되는 괴이. 크리스마스에 성 니콜라우스의 시종으로서 찾아오는 악령으로, 성 니콜라우스가 나쁜 아이라고 판정한 아이들에게 벌을 준다고 한다.

와카바야시 히토미 저『크리스마스 문화사』에 실려 있다. 그 모습은 지역에 따라서 다르지만, 어느 것이나 무서워 보이는 용모를 하고 있다. 나쁜 아이에게 벌을 주는 괴물이기 때문에 근래에는 벌을 위해서 크람푸스나 성 니콜라우스의 이름이 언급되는 일도 있다고 한다.

■ 크럼프(Crump)

영국에 전해지는 괴이. 도싯 주에 있는 로지 파크(Lodge park)는 1634년에 존 크럼프 더튼이라는 인물이 세운 건물이라고 생각되고 있는데, 이 크럼프는 아직 로지 파크에 살고 있다고 한다. 예를 들면 지금은 이미 없어진 나무 계단을 오르내리는 크룸프의 발소리가, 과거에 계단이 있었던 공간에서 들려오기도 한다고 한다.

션 에반스 저 『영국의 유령전설』에 실려 있다.

■ 크론베르크 여관의 13인의 망령

헝가리에서 이야기된 괴이. 티사쿠르트(Tiszakürt)에서 라치오 크론베르크와 그 아내, 수시 부부가 경영하고 있던 여관을 둘러싼 괴이담으로, 사건의 발단은 1919년까지 거슬러 올라간다. 두 사람은 제1차 세계대전으로부터 여관을 지켜내기 위해 재산의 대부분을 써버렸으며, 게다가 자식들은 집을 나가거나 전사해서 한 명도 남지 않게 되어 있었다.

그래서 부부는 여관에 묵으러 오는 손님을 살해하고 금품을 빼앗아 연명하는 길을 택했다.

부부는 여관 주위에 깊이 1미터 80센티 정도의 구덩이를 파고 안을 생석회로 채웠다. 다른 사람에게는 새 헛간을 세우기 위해서라고 핑계를 댔다. 또 늑대를 죽이기 위해서라고 거짓말을 하고, 독성이 강한 스트리키닌을 구입했다.

이것으로 준비가 완료되었다. 크론베르크 부부는 1919년부터 1922년까지 3년간, 10명의 손님을 살해했다. 그 방법은 저녁 식사 뒤에 스트리키닌이 든 고급 와인을 건네서 독살하는 것이었다. 그러나 살인을 반복한 부부는 사건의 발각을 두려워해서, 살인은 다음 한 명으로 끝내기로 결심했다.

그리고 1913년 8월 14일, 서른 중반의 남자가 금화로 채워진 슈트케이스를 가지고 묵으러 왔다. 부부는 여행의 추억을 즐겁게 들려주는 이 남자를 좋아하게 되었지만, 이미 돌이킬 수 없었으므로 평소처럼 와인에 스트리키닌을 섞어서 죽였다.

그리고 손님의 숙박한 방에 가서 가방을 뒤지자, 그곳에는 막대한 양의 금화가 들어 있었다. 그런데 손님의 옷들을 뒤지던 중, 크론베르크 부부는 문득 자신들이 찍힌 스냅 사진을 발견하고 말았다. 이 손님은 옛날에 이 집을 나갔던 자신들의 아들이었던 것이다.

그 사실을 알아차린 부부는 아들이 앉은 채로 죽어있는 식탁으로 돌아가서 그의 옆자리에 앉았다. 그리고 짧은 고백문을 적고, 둘이 함께 와인을 마셨다.

이윽고 세 명의 시체가 여관에서 발견되었고, 크론베르크 부부가 저지른 살인도 널리 알려지게 되었다.

그러나 그 후로 이 여관에 발을 들이려고 하는 사람은 없어졌다. 왜냐하면 이 여관에 들어와서 하룻밤을 지내면, 여관에서 독살당한 11명의 손님과 자살한 크론베르크 부부까지 13명의 유령이 식탁을 둘러싸고 있는 것을 목격하게 되기 때문이다. 그 사람들의 얼굴은 스트리키닌을 마셔서 죽은 직후와 마찬가지로 입술을 까뒤집고 이를 드러낸 무시무시한 표정을 하고 있다고 한다.

그런 이유로 이 여관이 세워진 땅은 아무도 사려고 하지 않았지만, 1980년이 되자 누군가가 여관에 불을 질렀다. 그것에 의해 티사쿠르트 사람들은 간신히 공포에서 해방되었다고 한다.

N. 블런델 외 저『세계 괴이 실화집』에 실려 있다.

■크리스토퍼의 큰 발

영국에 나타난 괴이. 어느 집에 계단이 없는 장소에서 계단을 내려오는 듯한 발소리를 내고 있던 유령. 그 집에 있었던 장소에는 원래 농가가 있었고, 발소리가 들려오는 장소는 그 농가에 계단이 설치되어 있던 공간이었다. 또 점차 그 발소리에 더해서 2층을 걷는 소리, 총성 등이 들려오게 되었기 때문에 마을의 노부인에게 이 이야기를 했더니, 그 유령의 정체가 판명되었다. 유령이 된 것은 과거에 그 자리에 있던 농가에 살던 크리스토퍼라는 남성으로, 다른 사람보다 발이 엄청 컸기 때문에 계속 놀림 받다가 1912년에 총으로 자살했다고 한다. 그 뒤로 이 집에서 구마 의식이 이루어졌고 더 이상 발소리가 들리지 않게 되었다.

존 & 앤 스펜서 저『세계 괴이 현상 백과』에 실려 있다.

■클라우저 베르베르(Klause Bärbel)

독일에서 이야기되는 괴이. 12월 4일 성 바르바라의 날, 독일 오버알고이 군의 오베르스트도르프에서 밤중에 소의 방울을 울리면서 나타나는 정령. 추한 노인, 동물 같은 털로 뒤덮인 가면을 쓴 자, 하얀 천으로 얼굴을 가린 자 등이 두건을 쓰고, 검은 이를 붙이고, 화려한 상의와 지푸라기가 붙은 바지를 입고 대부(代父)와 세례를 받은 아이를 찾는다. 그리고 아이를 발견하면 과자나 선물을 주는 일도 있지만 손에 든 빗자루나 채찍, 곤봉으로 위협하는 일도 있다고 한다.

이 정령이 나타나면 젊은이들이 이것을 뒤쫓고 정령은 도망치지만, 가끔씩 젊은이에게 반격해서 눈 속으로 내던지는 일도 있다고 한다.

우에다 시게오 저『유럽의 제사와 전승』에 실려 있다.

■클레오파트라의 방첨탑의 괴이

영국에서 이야기되는 괴이. 템스 강의 강변에는 클레오파트라의 방첨탑이라고 불리는 고대 이집트의 오벨리스크가 있다. 이것은 기원전 1450년 무렵에 고대 도시 헬리오폴리스의 대신전 앞에 세워져있던 두 개의 석비 중 하나로, 기원전 23년에 알렉산드리아로 옮겨졌고, 그 땅에서 죽은 클레오파트라가 건설했던 침전(寢殿)을 장식한 물건이란 점 때문에 이 이름으로 불리고 있다.

이것은 1798년, 나일 해전, 알렉산드리아 전투에서 영국이 승리한 기념으로 당시의 오스만제국의 군주였던 무하마드 알리에게 기증 제안이 있었던 물건인데, 당시에는 비용이 막대해서 운송할 수 없었다. 그후, 1877년이 되어서야 런던으로 이송되었는데, 그 뒤로 이 방첨탑 주변에서는 템스 강으로의 투신자살이 잇따랐다.

그것에 부속되는 것처럼 이 부근에서는 자살자의 혼령이 출현하게 되었고, 자살하는 장면을 반복하는 혼령이나 자신의 죽음을 알리러 오는 혼령 등이 목격되고 있다고 한다.

히라이 쿄코 저 『고스트를 찾아가는 런던 여행』에 실려 있다.

■클레이바르바튼 호의 괴마
(Kleifarvatn lake)

아이슬란드에서 목격되는 괴물. 새까만 말 같은 모습을 하고 있지만, 물속을 서식지로 삼고 있으며 가끔씩 호수에서 나와서 호숫가를 달린다고 한다.

장 자크 발루와 저 『환상의 동물들』에 의하면, 1984년에 두 마리가 목격되었다고 한다.

스코틀랜드에는 호수나 강에 사는 켈피라고 하는 말의 마물이 전해지고 있는데, 이것도 비슷한 존재일까.

■클레이프 하이츠의 수도사의 원령

영국에 전해지는 괴이. 영국의 윈더미어 호(Windermere lake)의 서안에는 클레이프 하이츠(Claife Heights)라는 수목에 덮인 언덕이 있다. 이 언덕에는 어느 전설이 남아있는데, 18세기경부터 무시무시한 비명을 지르는 원령이 출현했다고 이야기되고 있다. 이 유령의 정체는 중세에 퍼니스 수도원이라는 수도원에 있던 수도사로 여겨지는데, 금욕의 맹세를 깨고 여성에게 사랑을 했으나, 그 여성에게 거절당한다. 그것에 의해 현세에서의 행복도 내세에서의 신의 축복도 잃게 되어 광기에 빠진 수도사는 클레이프 하이츠에서 자살한다. 그후 이 언덕에서 무시무시한 비명을 지르는 유령으로 변했는데, 18세기에 신부가 기도를 올려서 유령을 호반의 채석장과 숲에서 나오지 않도록 봉인했다.

현재도 바람이 강한 날에는 이 유령의 비명소리가 들린다고 하며, 채석장 근처를 지나는 사람이 후드를 쓴 누군가에게 쫓겼다는 이야기도 있다고 한다.

션 에반스 저 『영국의 유령전설』에 실려 있다.

■키키모라(Kikimora)

러시아에서 나타난 괴이. 집 안에 출몰하는 여자 요괴로, 그 이름은 수탉의 울음소리를 나타내는 '키키'와 고대 슬라브 신화에 등장하는 사신 '모라'로 구성되어있다.

그 이름대로 키키모라는 수탉 같은 울음소리를 내며 인간의 죽음을 애도하는 존재라고 한다. 등이 굽은 노파 같은 모습으로, 넝마 같은 옷을 두르고 머리는 헝클어져있다. 몸집은 작고, 바람에 휘날려가는 것을 두려워해서 집밖으로는 나가지 않는다고 한다. 모습을 보이는 일은 거의 없으며, 발을 울리거나 식기를 깨거나 해서 소리를 내어 자신의 존재를 알리고, 때로는 마음에 들지 않는 거주자를 내쫓는다고 한다.

키키모라가 모습을 보이는 것은 재앙의 전조라고 하며, 특히 크리스마스 주간의 밤에 찾아오는 일이 많다. 또 실잣기나 베짜기 등을 좋아해서, 이 일을 마친 후 제대로 정리하지 않고 자면 멋대로 일을 계속하는데, 대부분의 경우에 일을 망쳐놓는다고 한다. 또 가족에 불행이 있을 경우에는 그 직전에 나타나, 실을 자아서 가족에게 알린다. 크리스마스에 나타나는 것도, 실잣기로 다음 해의 운명을 잣기 때문이라고 한다.

또 키키모라 인형을 사용해서 키키모라를 집에 풀어놓을 수 있다고 여겨지고 있으며, 대금 지불 등의 대우가 나빴을 경우에는, 목수가 이 인형을 만들어 집안의 중심이 되는 기둥 아래나 집의 가장자리에 놓아서 키키모라가 장난을 치게 만든다고 한다.

사이토 키미코 저『러시아의 요괴들』에 실려 있다.

■킹스 헤드의 유령

영국에서 이야기되는 괴이. 킹스 헤드는 1450년 무렵부터 존재하는 오래된 펍인데, 많은 유령이 살고 있다고 한다. 예를 들면 '크롬웰 룸'이라 불리는 방에는 미친 듯이 날카로운 소리를 지르는 여성의 혼령이 있고, 혼령이 보이지 않더라도 방에 들어가면 왠지 모르게 위압적이라 불안하게 만드는 공기가 흐르고 있다고 한다. 또 이 방에서는 한밤중에 시계가 멈추는 괴현상도 일어난다고 한다.

2004년에 이루어진 조사로, 그밖에도 가톨릭 사제, 빅토리아 시대의 아이들, 화재로 죽은 고용인 등, 다양한 유령이 살고 있음을 알게 되었다.

또한 앞서 이야기 한 크롬웰 룸이란 이름의 유래가 된, 이 펍 겸 여관에 묵었던 올리버 크롬웰의 유령이 목격되는 일도 있다고 한다.

션 에반스 저『영국의 유령전설』에 실려 있다. 올리버 크롬웰은 잉글랜드의 정치가이자 군인이며 초대 호국경이기도 했던 실존 인물이다.

【타】

■탐구자 가이

영국에 전해지는 괴이. 노섬벌랜드에 현존하는 던스턴버러 성(Dunstanburgh Castle)에는 이런 전설이 남아있다. 어느 큰 폭풍우가 몰아치던 밤, 가이라는 기사가 이 성의 성문으로 피난해왔다. 그런데 사악한 마법사가 찾아와서, 그에게 도움이 필요한 귀부인이 있다고 이야기한다. 가이가 마법사에게 이끌려 숨겨진 방으로 가자, 그곳에는 잠든 미녀가 있었다. 마법사는 그녀를 깨우는데 검이나 뿔피리 중 한쪽을 선택하라고 말했고, 가이는 뿔피리를 선택한다. 그러나 가이가 뿔피리를 불자마자 약 1000명의 기사가 출현해서 그를 덮쳤다.

그 후, 의식을 되찾은 가이는 성문 앞에 혼자 있었다. 그 후로 그 미녀를 다시 한 번 찾고 싶다는 마음에 사로잡힌 가이는, 남은 일생을 폐허 탐색에 소비하며 탐구자 가이라고 불리게 되었다.

지금도 폭풍우가 몰아치는 한밤중에는 가이의 공허한 목소리가 들려온다고 한다.

션 에반스 저 『영국의 유령전설』에 실려 있다.

■털북숭이 손의 괴물

영국에서 이야기되는 괴이. 데번의 다트무어에 있는 도로에서는 털북숭이의 손뿐인 괴물이 출현한다고 이야기되고 있다. 이 괴물은 1920년대 초부터 출현하기 시작해서, 자동차를 밀거나 잡아당기거나, 차 안에 침입해서 핸들을 지닌 운전수의 팔을 붙잡고 차를 움직이려고 한다고 한다.

N. 블런델 외 저 『세계 괴이 실화집』에 실려 있다.

■템스 강의 죽은 자의 배

영국에서 전해지는 괴이. 런던을 흐르는 템스 강에는 이런 이야기가 전해 내려오고 있다. 안개가 짙게 낀 가을의 이른 아침, 템스 강을 이 세상의 것이라고는 생각되지 않는 기분 나쁜 보트가 떠오르는 일이 있었다. 그 보트에는 세 명의 남자가 타고 있었는데, 웨스트민스터 다리 아래에 들어간 뒤에 그대로 사라져버렸다고 한다.

히라이 쿄코 저 『고스트를 찾아가는 런던 여행』에 실려 있다. 이 책에서는 이것은 켈트의 전설인 바다 밑바닥에 죽은 자의 나라인 티르 나 노그(Tír na nóg)가 있다는 전설의 신비성에 기초한 이야기가 아닐까 고찰하고 있다.

■토미 로헤드(Tommy Rawhead)

영국에서 이야기되는 괴이. 요크셔나 랭커셔에 있는 괴이로, 늪이나 연못에 아이를 끌어들여서 익사시키고 혼을 빼앗으려고 한다고 전해진다. 이 괴이가 정말로 목격되었는지는 알 수 없지만, 현재도 부모가 자식을 재울 때 겁을 주기 위해 사용되는 존재로서 이야기되는 듯하다.

피터 헤이닝 저 『세계 영계 전승 사전』에 실려 있다.

■ 튤립 계단의 심령사진

영국에서 이야기되는 괴이. 런던 교외의 그리니치 지구에 있는 퀸즈 하우스에는 튤립 계단이라고 불리는 계단이 있는데, 1966년에 이 계단에서 유명한 심령사진이 촬영되었다. 두 개의 사람 형체가 계단 난간에 달라붙어 올라가려고 하는 모습이 찍힌 사진으로, 촬영자 캐나다인은 촬영 시에는 계단에는 아무도 없었다고 증언했다고 한다.

존 & 앤 스펜서 저 『세계 괴이 현상 백과』에 실려 있다. 세계적으로 유명한 심령사진으로, 소개되는 기회도 많은 사진이다.

■ 트리아농의 유령

프랑스에서 이야기되는 괴이. 베르사유 궁전에 출현하는 유령으로, 18세기 프랑스 혁명 중에 처형된 마리 앙투아네트의 망령이라고 한다. 마리의 혼령은 생전에 그녀가 좋아했다는 프티 트리아농과 그 주변에 생전 그녀와 함께 지냈던 사람들과 나타나며, 때로는 음악까지도 들려온다고 한다.

이 사건이 처음에 유명해진 것은 1901년에 일어난 타임 슬립 사건이라고 한다. 영국의 샬롯 앤 모벌리(Charlotte Anne Moberly)와 엘레노아 주르당(Eleanor Jourdain)이라는 여성이 프랑스 여행 중에 프리 트리아농을 방문했다가 그곳에서 18세기의 과거로 타임 슬립 했으며, 그곳에서 마리 앙투아네트 본인이라 생각되는 인물과 그녀를 모시던 사람들과 조우했다고 한다. 두 사람이 프티 트리아농을 방문했던 날은 8월 10일로, 109년 전에 마리 앙투아네트가 남편인 루이 16세와 함께 붙잡혀 탕플 탑에 유폐된 '8월 10일 사건'이 일어난 날이었다고 한다.

그 뒤로 두 사람은 몇 번 더 프티 트리아농을 찾았지만, 그날에 봤던 광경은 더 이상 볼 수 없었다. 그래서 그 장소에 관한 이야기를 조사한 결과, 옛날부터 마리 앙투아네트의 유령이 출현하는 전설이 남아 있었던 것, 마리 앙투아네트가 신뢰했던 측근 중 한 명과 같은 특징을 지닌 인물이 보였던 것, 마리 앙투아네트의 초상화와 모벌리가 봤던 프티 트리아농에서 스케치를 하고 있던 여성의 모습이 쏙 빼닮았던 것 등을 알았다.

두 사람은 1911년에 이 체험과 조사결과를 정리해서 『언 어드벤처(An Adventure)』라는 책을 냈다. 이것은 당시 베스트셀러가 되어 커다란 화제를 모았다.

현재도 마리 앙투아네트는 베르사유 궁전

정원을 거닐고 있는 모습이 목격되는 등, 많은 사람의 관심을 모으고 있다.

엘리자베스 모리슨 & 프랜시스 라몬트 저 『베르사유 유령의 수수께끼(An Adventure)』에 실려 있다. 이것은 엘리자베스 모리슨 및 프랜시스 라몬트는 샬롯 앤 모벌리와 엘레노아 주르당의 필명이며, 이 책은 두 사람이 쓴 『언 어드벤처』를 이마무라 코이치 씨가 번역한 것이다.

마리 앙투아네트는 오스트리아 출신으로 이후에 루이 16세인 프랑스의 루이 황태자와 결혼하는데, 아름다운 미모를 지니긴 했으나 낭비벽에 고집스러운 성격이란 평가를 받으며 민중들에게 낮은 평가를 받았다. 프랑스 혁명이 일어나자 반혁명의 중심인물로서 반역죄로 처형되었다. 이렇게 마리는 민중에게 미움을 받았으나, 근래의 연구에서는 오랫동안 이야기되어온 정도로 악한 인물은 아니었다고 한다. 낭비 등이 있었던 것은 사실이나, 유명한 "빵이 없으면 케이크를 먹으면 된다"라는 발언은 그녀가 한 말이 아니며, 민중들의 평판을 떨어뜨린 목걸이 사건도 누명이었다고 여겨지고 있다.

■ 팀과 조지

영국에 전해지는 괴이. 런던의 서튼 하우스에 나타난다고 하는 두 명의 유령으로, 아주 사이가 나쁘다고 한다. 이 두 사람은 생전에 둘로 분할되어 대여되었던 서튼 하우스에 살고 있었는데, 사이가 나빠서 말다툼이 끊이지 않았다고 한다. 그 관계는 사후에도 이어지고 있으며, 이 집에서 지금도 빈번하게 일어나는 폴터가이스트 현상은 그들이 일으키고 있다고 여겨지고 있다.

션 에반스 저 『영국의 유령전설』에 실려 있다.

【파】

■ 파티마의 성모

포르투갈에 나타났다는 괴이. 1917년, 제1차 세계대전이 한창일 때, 5월 13일에 세 목동이 코바 다 이리아 언덕에서 무지갯빛으로 빛나는 구슬이 하늘에 떠 있는 것을 깨달았다. 그 빛의 구슬은 이윽고 모습을 바꾸어 18세 정도로 보이는 여성의 모습으로 변했다. 여성은 세 아이들에게 자신은 천국에서 온 존재임을 고하고, 몇 가지 말을 남겼다. 그것은 10월이 될 때까지 매월 이 장소에 올 것, 자신에 대해서 누구에게도 말하지 말 것, 매일 빠짐없이 묵주 기도를 올릴 것 등을 고했다.

그러나 아이들 중에 가장 어린아이가 부모에게 이 사실을 말해버려서, 다음 달 13일에는 코바 다 이리아 언덕에 사람이 모였다. 그리고 성모는 아이들에게 고한 대로 언덕에 나타났다. 이후 성모는 10월 13일에 이르기까지 일곱 번에 걸쳐 언덕에 나타났고, 다양한 예언을 남겼다. 또한 마지막으로 출현했을 때에는 태양이 쥐불꽃처럼 회전하고, 지표에 급강하하거나 일곱 빛깔의 빛을 발하거나 했다. 이 광경은 적어도 7만 명의 군중이 목격했으며 당시에 신문기사에 실렸다.

웹 사이트 〈미코코로 네트〉, 마츠카쿠 얼터 저 『오컬트 크로니클』 등에 실려 있다. 이 성모는 가톨릭교회에서 공인되었으며, 처음으로 성모가 나타난 5월 13일은 기념일로 제정되어 있다.

■ 팔이 긴 넬리 (Nelly Longarms)

영국에서 이야기되는 괴이. 아이들을 야단칠 때에 등장하는 괴이로, 음산하고 기분 나쁜 용모를 하고 있다고 한다. 실제로 목격담이 있는 것이 아니라, 아이들에게 겁을 주기 위한 존재로서 "그런 짓을 하면 팔이 긴 넬리가 잡아간다"라는 형태로 이야기되어온 상상 속의 괴물로 여겨진다.

피터 헤이닝 저 『세계 영계 전승 사전』에 실려 있다.

■ 퍼시 (Percy)

영국에 나타난 괴이. 런던에서 가장 긴 아케이드라고 하는 벌링턴 아케이드에서는 1970년, 폴터가이스트 현상이 빈번하게 일어나고 있었다. 그러나 상품의 위치가 바뀌는 정도고 눈에 띄는 나쁜 일은 없었기 때문에 이 유령을 퍼시(Percy)라고 부르며 손님을 끌기 위한 선전에 이용했다. 그러자 흥이 깨진 것인지, 폴터가이스트 현상은 갑자기 일어나지 않게 되었다고 한다.

히라이 쿄코 저 『고스트를 찾아가는 런던 여행』에 실려 있다.

■ 페기 인형 (peggy)

영국의 슈롭셔 주 슈루즈버리(Shrews-bury)에 사는 초상현상 연구가인 제인 해리스(Jayne Harris) 곁에 현존하는 저주 인형. 이 인형은 원래는 다른 주인의 물건이었으나, 페기 인형 때문에 악몽을 꾸게 되었다고 호소하는 그 주인이 해리스에게 보냈다고 한다. 이 페기 인형의 모습은 해리스에 의해 인터넷상에 공개되어 있으며 사진이나 동영상으로 확인할 수 있지만, 겉으로 보기에는 지극히 평범한 여자아이 인형이다. 그러나 화면 너머에서도 페기의 모습을 보면 두통이나 구역질을 일으킨다는 사태가 다발했다. 해리스 자신도 이 인형이 곁에 있으면 몸 상태가 안 좋아진다고 한다.

해리스가 이 인형을 영매에게 보여주었더니, 이 인형에 깃들어있는 것은 유태인의 혼령으로 홀로코스트의 희생자가 아닐까 전해지고 있다고 한다. 현재도 페기 인형의 동영상은 유튜브 등에서 확인할 수 있다. 흥미가 있는 사람은 찾아봐도 좋을지도 모른다. 다만 그것에 의해 일어나는 건강 문제나 괴현상은 책임질 수 없다.

■페로소무스 프세우도스케루스
(Perosomus Pseudoscelus)

체코슬로바키아(현 체코)에서 발견되었다는 신비한 생물로, 보헤미아 체스카 벨라(Česká Bělá) 인근 소나무숲에서 포획되었다는 송곳니를 지닌 토끼 같은 형태의 동물. 그러나 토끼와는 달리 육식으로, 곤충을 잡아먹는다. 곤충을 포획할 때에는 그 긴 귀로 사냥감의 앞뒤를 막은 뒤에 날카로운 송곳니로 깨물어서 등딱지를 부수고 아래에 달린 흡반으로 체액을 빨아먹는다. 남은 등딱지는 앞발을 사용해서 능숙하게 버린다고 한다.

또 노쇠하고 죽은 가족의 시체에서도 마찬가지로 체액을 빨지만, 이것은 식사가 목적이 아닌지 뒷다리로 판 구멍에 삼킨 체액을 토해내서 매장한다. 이후 그 장소에는 결코 사냥을 가지 않는다고 한다.

호안 폰트쿠베르타 & 페레 포르미게라 저 『비밀의 동물지』에 실려 있다. 이 책은 의문의 실종을 당한 동물학자 페터 아마이젠하우펜 박사의 자료를 바탕으로 작성되었다는 형식의 서적으로, 보통은 있을 수 없는 다수의 동물이 사진이나 해부도, 관찰일기 등과 함께 게재되어 있다.

그러나 이것은 '존재한다는 것은 사진에 찍힌다는 것이다'라는 역설을 이용해서 미지의 동물들을 소개하는 것이며, 게재된 동물들은 전부 이 책을 위해서 창작된 것이다.

■페르히타(Perchta)

독일에서 전해지는 괴이. 마녀 중 한 명으로, 마물의 무리를 이끌고 신비한 음악을 연주하면서 밤에 나타난다고 한다. 대개 이 무리들은 폐허나 산속 오두막에 모여 적막한 길에서 노래하거나 춤추거나 하는데, 가끔씩 사람이 사는 집의 문을 두드리는 경우가 있다. 그럴 경우에는 따라가서 한 동안 함께 춤추며 놀고, 그런 뒤에 얌전히 배웅해 줘야만 한다. 그러지 않으면 두들겨 맞는 일이 있다고 한다.

또 페르히타나 같은 마녀인 홀레는 고양이가 끄는 마차를 타고 고양이 우는 소리나 죽어가는 여성의 목소리를 흉내 내며 밤중에 돌아다닐 때가 있다. 그때, 가축을 습격해서 갈기갈기 찢어버리는 경우도 있다고 한다.

우에다 시게오 저『유럽의 제사와 전승』에 실려 있다. 유럽 각지에서 이야기되는 **와일드헌트**의 일종일 것이다. 페르히타와 마찬가지로 마물의 무리를 이끄는 마녀, 홀레에 대해서는 **홀레 아주머니** 항목을 참조.

■ 펜들힐의 마녀

영국에서 이야기된 괴이. 2011년, 잉글랜드 북서부 랭커서 주의 펜들힐(Pendle Hill)의 묘지에서 지하에 묻힌 오두막이 발견되었다.

조사 결과, 이 오두막은 17세기에 있었다고 하는 '마녀의 오두막' 유적임이 판명되었고, 그 벽에는 미이라화한 고양이 시체가 묻혀있었다. 1612년, 펜들힐에는 마녀재판으로 여성 10명과 남성 2명이 처형되었는데, 그 마녀에게 희생된 고양이 중 하나였는지도 모른다.

이 지역에서는 당시 말킨 탑(Malkin Tower)이라 불리는 탑이 있었는데, 그곳이 마녀의 집회장으로 이용되고 있었다. 이곳에서는 어느 농부 일가가 악마와 손잡고 점토로 만든 인형을 사용해서 사람들을 저주해 죽였다고 전해지고 있다.

나미키 신이치로 저 『MU적 도시전설』에 실려 있다.

■ 펠츠메르테르(Pelzmärtel)

독일에서 이야기되는 괴이. 성 마르티누스의 날에 나타나는 정령. 이 축제일이 되면 어른은 암소 모피를 뒤집어쓰고, 허리에 소 방울을 달고, 가면을 쓰고, 손에 쇠사슬과 채찍을 들고 펠츠메르테르로 분장해서 마을 집집마다 찾아가서 착한 아이에게는 상을, 나쁜 아이에게는 채찍으로 벌을 준다고 한다.

우에다 시게오 저 『유럽의 제사와 전승』에 실려 있다. 이 책에 의하면, 이 축제일은 과거에는 순무, 오이, 표주박 같은 것을 잘라서 눈과 코를 만들어서 속에 촛불을 켜는 풍습이 있는 등, 영국의 할로윈과 흡사한 축제가 이루어졌다고 한다.

성 마르티누스 혹은 성 마르틴은 기독교에서의 성인이며, 추위에 시달리는 걸인에게 자신이 가진 망토의 절반을 주었다는 전설이 남아있다. 또 이 날은 겨울이 시작되는 날이라고 하며, 할로윈과 마찬가지로 수확제로서의 역할도 담당하고 있다.

■ 포르드니차(Poludnitsa)

러시아에서 이야기되는 괴이. '한낮의 여자'라는 의미의 이름을 가졌으며, 한낮, 정오에 호밀밭에 출현하는 경우가 많다고 한다. 낮에, 쉬어야 할 시간에 일하는 사람을 발견하면 그 인간의 목을 쥐고 비틀거나, 커다란 낫으로 잘라버린다고 한다. 그 모습은 하얀 옷에 키가 크고 아름다운 아가씨라고 하며, 추운 겨울을 대비해서 여름에 열심히 일해야만 하는 러시아 사람들을 나무라며 과격한 방법으로 쉬게 만드는 요괴인지도 모른다.

다만 아이에게 위해를 가하는 일도 있으며, 호밀밭에 꾀어 들여서 길을 잃게 만들거나 아이를 납치하기도 한다고 한다.

사이토 키미코 저 『러시아의 요괴들』에 실려 있다.

■ 포벨리아(Poveglia Island)

이탈리아에 전해지는 괴이. 이탈리아 북부의 베네치아 앞바다에 있는 작은 섬 포벨리아에는 많은 유령이 출현한다고 이야기되고 있다. 이 섬은 원래 페스트를 필두로 다양한 전염병환자를 격리하는 장소로 사용되고 있었으며, 수없이 많은 사람들이 이 섬에서 죽고, 매장되었다. 그런 그 사람들의 원통함이 유령이 되어 나타난다고 하며, 세계에서 가장 유령이 많이 나오는 섬으로 불리고 있다고 한다.

웹 사이트 〈HuffPost〉 등을 참고했다. 이 섬은 1900년대에는 정신과 병동이 운영되고 있었으며, 감염증 환자뿐만 아니라 정신장애로 인해 격리된 사람들이 많이 죽은 장소이기도 했다고 한다.

■ 폴레보이(Polevoy)

러시아에서 이야기되는 괴이. 20세기가 되어도 계속 구전되는, 한낮 12시에 출현한다는 밭과 들판의 수호신. 하얀 옷을 입은 모습으로 나타난다는 경우가 많다고 한다. 오를로프나 노브고로드(Novgorod) 같은 지역에서는 흙처럼 검은 옷을 입고 나타난다고 한다.

사람을 길을 잃게 만들거나, 주정뱅이를 놀리거나, 밭두렁에서 자고 있는 인간을 숨 막히게 만들거나 하며 인간에게 위해를 가하는 일이 많다. 한편, 돈이나 음식과 맞바꿔 도망쳤던 가축을 돌아오게 해주는 등, 사람을 돕기도 한다고 한다.

또 나쁜 바람을 불게 해서 호밀에 파멸적인 피해를 입힌다고 전해지는 지역도 있다고 한다.

사이토 키미코 저 『러시아의 요괴들』에 실려 있다.

■ 푸제르 성의 앨리스

프랑스에서 이야기되는 괴이. 브르타뉴 반도에 있는 푸제르 성에는 다양한 유령이 있다고 이야기되고 있는데, 성에 묵는 손님이 "나가라"라는 목소리를 듣거나, 음식이 없는데도 음식 냄새가 나는 경우가 있다고 한다. 그 중에서도 정체가 확실히 밝혀져 있는 유령으로 앨리스라는 소녀의 혼령이 있는데, 1924년에 죽은 이 소녀가 동요를 부르는 목소리가 지금도 들린다고 한다.

로버트 그렌빌 저 『반드시 나오는 세계의 유령의 집』 등에 실려 있다. 이 책에 의하면, 이 성에는 '펠릭스'라는 이름의 1898년에 사망한 남성의 영혼도 출현한다고 한다.

■ 푸트만들

독일에서 이야기되는 괴이. 베르히스가덴에서, 성 니콜라우스 축제날 밤에 사람들이 분장하고 걷는 '니코르 행렬'이라는 행렬에서, 선두를 걷는 존재. 원래는 곡식령이라고 하며, 분장할 때에는 온몸을 지푸라기로 두르고, 머리에는 1미터에 이르는 더듬이를 붙이고 있다. 길다란 막대를 채찍으로 치며 소리를 내며 걷는다. 이것은 악령을 쫓고 잠든 땅의 영을 깨워서 다음 해의 풍양을 기원하기 위해서라고 한다.

우에다 시게오 저『유럽의 제사와 전승』에 실려 있다. 부츠만들과는 크리스마스와 성 니콜라우스 축제에 나온다는 차이가 있으나 본래는 같은 존재일까.

■프라우드 레이디
(The Proud Lady of Nunnington)

영국에 전해지는 괴이. 요크 주의 너닝턴 홀(Nunnington Hall)에 나타나는 유령으로, 그 정체는 과거에 이 저택에 살았던 여성으로 여겨진다. 이 여성은 너닝턴 홀 소유자의 두 번째 아내였으나, 양아들을 싫어하고 친자식에게 집을 상속받게 하고 싶어서 남편이 죽은 뒤에 양아들을 다락방에 감금하게 되었다. 그러나 친아들은 그를 좋아했기 때문에 간식이나 장난감을 가져다주며 그와 교류하고 있었다. 그 양아들은 다락방에서 탈출에 성공했고, 그대로 모습을 감췄다. 어머니는 기뻐했지만 아들은 이 일을 슬퍼했고, 배다른 형이 돌아오지 않을까 창밖을 바라보며 창밖으로 몸을 너무 내밀다가 떨어져 죽어버렸다. 어머니의 슬픔은 몹시 커서, 그 이후로 집안을 멍하니 배회하게 되었다. 그녀는 죽은 뒤에도 집안을 걸어 다닌다고 하

며, 이것이 프라우드 레이디라고 부른다고 한다.

선 에반스 저『영국의 유령전설』에 실려 있다.

■프랜시스 드레이크의 유령

영국에 전해지는 괴이. 프랜시스 드레이크는 영국인으로서 처음으로 세계를 일주하고, 해적임과 동시에 해군으로서 함대를 이끌고 스페인의 무적함대를 격파하는 등, 군인으로서도 널리 알려져 있다.

드레이크는 죽을 때, 함께 세계를 여행했던 큰북을 고향으로 보내며 잉글랜드의 위기에 이것을 울리면 언제라도 달려오겠다는 말을 남겼다는 일화가 있다. 또 잉글랜드의 데번 주에 있는 다트무어 국립공원에는 그의 유령이 출현한다고 하는데, 목 없는 말이 이끄는 검은 마차를 타고 공원을 가로지른다고 한다. 이 마차 앞에는 12마리의 고블린이, 뒤에는 사냥개 한 무리가 따르고 있다고 하며, 이 사냥개가 내지르는 이 세상의 것이라고는 생각되지 않는 소리를 들으면 평범한 개는 즉사해 버린다고 한다. 이 모습은 과거에 드레이크가 스페인의 무적함대를 격파할 때에 악마와 계약해서 잉글랜드의 승리를 약속받았다는 전설이 영향을 주고 있다고도 생각되고 있다.

선 에반스 저『영국의 유령전설』, 이시하라 코사이 저『유령이 있는 영국사』에 실

려 있다. 이 전설은 아서 코난 도일의 소설 『바스커빌 가의 개』에 영향을 주었을 가능성이 있다고 한다.

■프랜시스 드레이크의 큰 북

영국에 전해지는 괴이. 역사상 처음으로 세계일주를 성공시킨 인물로서 이름 높은 프랜시스 드레이크에게는, 그와 함께 세계를 돌았던 큰북이 있었다. 드레이크는 죽을 때에 이 큰 북을 고향인 버클랜드 애비(Buckland Abbey)에 돌려보냈다. 잉글랜드가 위기에 빠졌을 때, 이 큰북을 울리면 나라를 지키기 위해 자신도 돌아오겠다는 말과 함께.

이후, 이 전설은 홀로 걷기를 시작했다. 제1차 세계대전 전날 밤, 또 그 4년 후인 영국해군의 기함인 로열 오크호 위에서 큰 북을 울리는 소리가 들렸다. 또 제2차 세계대전 중인 1940년, 덩케르크 전투에서도 이 소리가 들렸다.

션 에반스 저 『영국의 유령전설』, 이시하라 코사이 저 『유령이 있는 영국사』에 실려 있다. 이 책에 의하면, 드레이크 자체의 유령담도 영국에 남아있다고 한다. 자세한 것은 **프랜시스 드레이크의 유령**을 참조.

■프레드의 유령

영국에 전해지는 괴이. 잉글랜드 북동 해안부에 있는 수터(Souter) 등대에 살고 있는 유령은, 이 등대에서 일하는 스태프들에게 '프레드'라고 불리고 있다. 이 유령은 장난을 좋아해서, 스태프의 물건을 감추거나 계단을 오르는 사람의 엉덩이를 찌른다고 한다. 그러나 나쁜 장난은 하지 않아서 스태프들에게 사랑받고 있는 듯하다.

션 에반스 저 『영국의 유령전설』에 실려 있다.

■프레디 머큐리의 유령

영국에서 이야기되는 괴이. 런던의 도미니언 극장은 1929년에 토트넘 코트 로드 역 앞에 세워진 세계적으로 유명한 극장이다. 이 극장의 복도나 음악실에는, 이따금씩 프레디 머큐리의 유령이 출현한다고 한다. 그 모습은 무대 의상을 걸친, 현역 시대와 다를 바 없는 것이라고 한다.

히라이 쿄코 저 『고스트를 찾아가는 런던 여행』에 실려 있다.

프레디 머큐리는 영국의 록 밴드 '퀸'의 보컬리스트로 그 퍼포먼스나 가성, 작곡한 명곡들로 인해 음악계의 전설적 인물로 알려져 있다. 1991년에 HIV로 인해 45세의 나이로 세상을 떠났지만, 사후에도 전 세계의 아티스트에게 영향을 주고 있다. 도미니온 극장은 퀸의 곡으로 구성된 뮤지컬 'We Will Rock You'가 초연된 극장으로, 2002년부터 2014년에 이르기까지 롱런을 계속했다. 그런 인연에서 프레디는 이 극장에 나타난 것일까.

■ 플래넌 제도의 유령

영국에 전해지는 괴이. 1900년 12월 15일, 스코틀랜드 서해안 연안에 위치한 플래넌 제도(flannan Isles)의 아일린 모(Eilean Mòr) 등대에서 근무하는 세 명의 직원이 일제히 사라졌다. 남아있는 등대 일지에는 폭풍우가 등대를 덮쳤던 것이 기록되어 있었지만 이상하게도 그 날짜를 확인해 보니, 폭풍 같은 건 없었던 온화한 날씨였다.

끝내 이 세 사람은 발견되지 않았지만, 세 명이 실종된 날과 같은 날에 근처 바다를 지나던 선박이 해골 같은 사람들을 가득 태운 보트가 아일린 모 등대를 향해 가는 모습을 목격했다. 이 보트의 정체도 불명이었지만, 플래던 제도에는 옛날부터 전해지는 괴담이 있었다.

이 섬을 밤에 방문하면 유령이 나타난다는 이야기다. 그래서 원래 이 섬에 살던 사람들은, 결코 밤이 되면 플래던 제도에 다가가지 않았다고 한다.

N. 블런델 외 저『세계 괴이 실화집』에 실려 있다. 등대의 직원들은 보트에 탄 유령들에게 끌려가버린 것일까.

■ 플럭클리(Pluckley)

영국에서 이야기되는 괴이. 기네스북에도 등록된, 영국에서 가장 많은 유령이 출현한다는 마을로 비명을 지르는 남자, 검으로 나무에 꽂혀서 고정된 남자, 목소리만이 들려오는 남녀의 대화, 불꽃에 감싸인 여성, 등의 다양한 유령이 나타난다고 한다.

■ 피로파구스 카탈라나에

(Pirofagus Catalanae)

이탈리아에서 발견되었다는 신비한 생물. 시칠리아섬에 서식한다고 하는 동물로, 거대한 등지느러미를 지닌 악어 같은 모습을 하고 있다. 그러나 분류로서는 큰 도마뱀의 일종이며, 코모도왕도마뱀과 유연관계라고 한다. 화산 근처에 살며, 불을 먹고, 토해낸다는 특이한 특징을 지녔다. 그러나 화염방사는 자유자재로 할 수 있는 것이 아니며, 자신도 컨트롤 할 수 없는지, 때로는 강에 뛰어들어서 자신이 토한 불을 끈다고 한다.

호안 폰트쿠베르타 & 페레 포르미게라 저『비밀의 동물지』에 실려 있다. 이 책은 의문의 실종을 당한 동물학자 페터 아마이젠하우펜 박사의 자료를 바탕으로 작성되었다는 형식의 서적으로, 보통은 있을 수 없는 다수의 동물이 사진이나 해부도, 관찰일기 등과 함께 게재되어 있다.

그러나 이것은 '존재한다는 것은 사진에 찍힌다는 것이다'라는 역설을 이용해서 미지의 동물들을 소개하는 것이며, 게재된 동물들은 전부 이 책을 위해서 창작된 것이다.

■피오나 기사단의 망령

아일랜드에 전해지는 괴이. 아일랜드의
어퍼 호수(Glendalough Upper Lake)에는
옛날부터 호수면에 떠오르는 불덩어리가
목격되고 있었다. 그 지역 사람들 중에는
이것은 켈트 신화에서 전해지는 피오나
기사단의 망령이라고 생각하는 자들이 있
었고, 실제로 호수 부근에서 고대 병사의
모습을 본 사람도 있다고 한다.

선 에반스 저『영국의 유령전설』에 실려
있다. 피오나 기사단은 켈트 신화에서 기
사단장인 핀 막 쿨과 그가 이끄는 기사들
로, 그들의 이야기는 프랑스의「롤랑의 노
래」나 영국의「아서왕 전설」등, 이후에 만
들어진 전설에 커다란 영향을 주었다고
알려져 있다.

■피치포크로 찔러오는 유령

영국에 나타나는 유령. 런던의 킹스버리
그린(Kingsbury green)과 콜린데일 근방에
출현하는 유령으로, 과거에 피치포크에
찔려 죽은, 건초를 만들던 남자라고 한다.
이 유령은 삼지창 같은 피치포크를 들고
있으며, 만난 사람을 피치포크로 찌르려
든다고 한다.

J. A. 브룩스 저『런던 유령신사록』에 실
려 있다.

■핑그스틀(Pfinggstle)

독일에 전해지는 괴이. 기분 나쁜 차림새

를 한 여름의 도래를 고하는 정령이라고
하며, 현재도 북바이에른 지방의 숲에는
분장을 하고 이 정령의 방문을 재현한다.
핑그스틀로 분장한 인물은 몸을 어린 자
작나무 잎사귀가 달린 가지로 빼곡하게
감싸고, 나무껍질로 만든 가면을 쓴다. 그
리고 마을의 젊은이가 핑그스틀을 데리고
다니다가 마지막에 시냇물에 집어던지거
나 물을 끼얹거나 한다. 그것으로 여름의
풍요를 기원한다고 한다.

우에다 시게오 저『유럽의 제사와 전승』에
실려 있다.

【하】

■하늘에서 온 음악

영국에서 이야기된 괴이. 1968년 10월 17
일, 영국의 BBC 라디오에서 로즈마리 브
라운이라는 여성이 저 세상에 있는 리스
트, 쇼팽, 베토벤에게서 전수받았다는 음
악을 연주했다. 로즈마리는 어릴 적부터
죽은 자의 영과 교류할 수 있어서 위대한
음악가들로부터 직접 음악을 배웠다고 했
다. 처음에 찾아온 것은 리스트였는데, 그
가 나타났을 때에 피아노 건반에 손을 얹
으면 그가 로즈마리의 손을 이끌 듯이 자
연스럽게 손이 움직였다고 한다.

그 뒤에 리스트의 중개로 다양한 음악가가 그녀의 곁을 찾아왔다. 그들로부터 배웠다는 음악은 각 음악가의 특색을 적확하게 표현하면서도, 그들이 작곡한 기존의 어느 곡과도 달랐다고 한다.

기 브흐통 및 루이 포웰 편저『서양역사기담』에 실려 있다.

■하수도 좀비

영국에서 나타난 괴이. 2008년, 이스트본의 마을 하수도를 관리하고 있던 회사의 직원들이 작업 중에 좀비 같은 괴물에게 습격당하는 사건이 있었다. 그 때문에 조사가 이루어졌는데, 좀비나 유령 같은 것은 보이지 않았다고 한다.

나미키 신이치로 저『최강의 도시전설 2』에 실려 있다. 이 책에는 조사할 때에 하수도 안에 자기장이 강한 특성의 스팟이 있었으며, 그 자기장에 의해 종업원이 환각을 봤을 가능성에 대해 기록되어 있다.

■하이게이트 뱀파이어
(Highgate Vampire)

영국에서 이야기된 괴이. 런던의 하이게이트 묘지에 나타났다고 하는 흡혈귀로, 1960년대 말부터 존재가 소문으로 돌고 있었다. 1970년 3월에 그 지역 사람들이 모인 대규모 흡혈귀 사냥이 이루어졌는데, 다음 날에 그 모습이 미디어에 발표되는 바람에 수많은 구경꾼이 하이게이트

묘지에 몰려드는 소동이 벌어졌다. 흡혈귀 사냥을 주도한 것은 데이비드 파란트(David Farrant)와 앨런 블러드(Allan Blood)라는 인물이었는데, 그들은 그 후에도 묘지 침입을 반복하다가 파란트가 체포되기도 했다. 또 미디어는 이 사건에 대한 선정적인 기사를 실었고, 소문이 사람들 사이에 퍼져나감에 따라, 검은 옷의 남자가 나타났다, 젊은 여성이 흡혈귀에게 습격당했다, 라는 도시전설이 생겨나게 되었다. 그러나 공식적으로는 이 장소에서 흡혈귀가 발견되는 일은 없었다고 한다.

매튜 번슨 저『흡혈귀 사전』에 실려 있다.

■하켄만(Hackenmann)

독일에서 이야기되는 괴이. 샘에 나타나는 정령으로, 밤 12시에 아이가 샘에 다가오면 그 아이를 납치해간다고 한다.

우에다 시게오 저『유럽의 제사와 전승』에 실려 있다. 이 책에 의하면, 이것은 아이들이 밤늦게 샘에 다가가는 위험과, 아이들이 샘에 장난을 치거나 하는 것에 대한 경고의 역할을 담당하고 있다고 한다.

■하켄베르크

독일에서 이야기되는 괴이. 드뢰플링(Drömling)에 나타났다는 마왕으로, 하르츠산지에서 말을 타고 개들을 데리고서 드뢰플링으로 내려온다고 한다.

하켄베르크는 원래 부자 귀족으로 수렵을

취미로 삼고 있었다. 그는 일요일에도 교회에 가지 않고 숲에서 사냥을 했는데, 그곳에 두 명의 기사가 나타났다. 오른편의 기사는 무서웠고 타고 있는 말의 입과 코에서 불길이 뿜어져 나오고 있었다. 한편, 왼쪽의 기사는 온화해 보였다.

이때, 신에게 거스르며 살고 있던 하켄베르크는 단단히 결심하고 오른편 기사 쪽으로 향했고, 그와 나란히 말을 타고 떠났다. 그 이래로 그는 최후의 심판이 오는 날까지 사냥을 해야만 하게 되었다고 한다.

H. 슈라이버 저『독일 괴이집』에 실려 있다. 와일드헌트의 일종으로 생각되며, 사후에 천국에 들어가기를 바라지 않고, 그 대신 영원히 수렵을 계속하는 인물로 전해지고 있는 듯하다.

■할로윈

유럽 및 미국, 캐나다 등의 축제일. 10월 31일이 그 날에 해당하며 원래는 고대 켈트 인이 겨울의 시작과 신년을 축하하는 '사완(Samhain)'이라는 축제였다고 한다. 현대에는 영어권에서 대대적으로 치러지는 축제가 되었으며, 다양한 사람들이 이 축제를 즐긴다.

할로윈은 본래 악마나 마녀가 힘을 행사해서, 죽은 이의 영혼이 산 자의 세계를 방문하는 날이었다. 이 날, 사람들은 죽은 자의 영혼을 추도하는 것과 함께, 마물이나 정령, 사령을 쫓아내거나 집에 들어오지 않도록 화톳불을 피웠는데, 현재는 그런 종교적인 의미가 상실되었다.

또 아이들이 분장을 하고 동네를 돌아다니면서 이웃집을 방문해 "과자를 주지 않으면 장난친다"라고 외치는 습관이 만들어졌다. 또한 마물이나 영혼이 찾아오는 날이었던 흔적인지, 이때는 몬스터나 유령 등의 무섭다고 여겨지는 존재로 분장하는 경우가 많다. 그러나 이 분장은 전통적인 정령이나 마물부터 영화에서 등장하는 몬스터까지 다양하다.

로즈마리. E. 길리 저『요정과 정령의 사전』, 피터 헤이닝 저『세계 영계 전승 사전』에 실려 있다. 할로윈 날에 장식되는 것으로 유명한 호박 장식인 **잭 오 랜턴**에 대해서는 해당항목을 참조.

할로윈에 뭔가가 찾아온다, 뭔가가 일어난다, 라는 속신은 아직 남아있으며, 할로윈 날을 무대로 이야기되는 괴담도 많다 (스틸 묘지, 버니맨, 할로윈의 사디스트를 참조). 또한 1978년에는 할로윈 날에만 나타나는 살인귀, '부기맨' 마이클 마이어스의 공포를 그린 영화인 〈할로윈〉이 공개되었다. 이 영화가 시리즈화 되는 것과 함께, 1980년에 공개된 〈13일의 금요일〉을 시작으로 많은 호러 영화, 스플래터 영화에 영향을 주었다.

■해골 흡혈귀

영국에 나타났다는 괴이. 1875년, 컴벌랜

드(현 컴브리아)에 있던 사유지인 크로글린 홀(Croglin Hall)이라는 저택에 출현해서, 그곳에 잠자고 있던 아멜리아 크랜스웰이라는 여성의 목에 송곳니를 꽂고 피를 빨았다고 한다. 그 모습은 해골 같았다고 한다. 또 이 흡혈귀의 출현과 동시에 인근에서 기르고 있던 양들이 피를 빨렸다. 같은 사건이 1905년, 글로스터셔 주의 배드민턴 마을에서 발생해서 30마리의 양이 피를 빨렸다. 이번 일에 희생된 양은 다른 육식동물에게 습격당한 경우와 달리, 고기는 먹지 않고 피만 빨렸다고 한다.

존. A. 킬 저 『불가사의한 현상 파일』에 의하면 해골 같은 흡혈귀는 1905년 사건을 최후로 갑자기 사라졌다고 한다.

■ 해럴드 2세의 유령

영국에서 이야기되는 괴이. 해럴드 2세 혹은 해럴드 고드윈슨은, 웨식스 왕조 최후의 잉글랜드 왕임과 동시에, 최후의 앵글로색슨계 왕으로 알려져 있다.

해럴드 2세가 헤이스팅스 전투에서 전사하고 정복왕 윌리엄에게 패배하면서 잉글랜드는 노르만인에 의해 지배되게 되었다. 그런 해럴드 2세의 유령이 지금도 출현한다고 한다. 전투의 무대가 된 헤이스팅스에는 미첼햄 프라이오리(Michelham Priory)라는 수도원이 세워져 있는데, 이 수도원에 해럴드 2세의 유령이 나타나, 수도원을 어슬렁거린 끝에, 천천히 옛 전쟁터

방향으로 걸어간다고 한다.

또 영국 남부에는 해럴드 2세가 부활한다는 전설도 전해지고 있다. 실은 헤이스팅스의 전투에서 죽음을 맞은 해럴드 2세는, 언젠가 노르만인의 압정에 괴로워하는 앵글로 색슨인들을 위해서 부활할 것이라는 전설이다. 이것은 아직 일부 사람들 사이에서 믿어지고 있다고 한다.

이시하라 코사이 저 『유령이 있는 영국사』에 실려 있다.

■ 해리 페더스톤호 경의 유령

영국에서 전해지는 괴이. 웨스트서식스의 업 파크라고 불리는 저택에 출현한 유령으로, 원래는 이 저택의 소유주였다고 한다. 그의 유령은 자신의 초상화가 있는 '붉은 응접실'이라 불리는 방에 자주 나타난다. 이 방의 레이아웃을 바꾸면, 난로 앞에 있는 칸막이가 멋대로 뒤집혀 있거나 아무도 없을 때에 소리가 나는 일이 발생한다고 한다.

션 에반스 저 『영국의 유령전설』에 실려 있다.

■ 핸들을 떼어낸 펌프

영국에 전해지는 괴이. 런던에 나타났다는 유령인데, 펌프는 사람의 이름이 아니라 말 그대로 물을 퍼 올리는 데 사용되는 기계를 말한다.

1850년대의 런던에서 콜레라가 대유행했

을 때, 존 스노우 박사라는 의사가 브로드 길(현재의 브로드윅 길)에 있던 펌프를 사용하는 사람들의 콜레라 감염률이 가장 높다는 것을 알아차렸다. 그것으로 콜레라 감염이 물을 마시는 것에 의한 경구감염임을 깨닫고, 펌프의 핸들을 떼어내게 되었다. 이것에 의해 콜레라 감염율도 극적으로 내려갔다.

그러나 펌프는 이 처사를 몹시 원망했는지 이 펌프가 있던 장소에 세워진 펍인 '뉴캐슬어폰타인(Newcastle upon Tyne)'에 펌프의 유령이 출현하게 되었다.

그 후 한동안 시간이 흐른 뒤에 펍은 콜레라 발생으로부터 100년을 기념해서 '존 스노우'라는 이름으로 변경되었고, 1992년에는 펌프의 혼령을 달래기 위해 펌프가 있던 장소에 표시를 하고 펍 주변에 펌프의 레플리카가 핸들이 달린 상태로 만들어졌다.

이후에 취객이 물을 퍼올리는 사건이 발생해서 다시 펌프의 핸들은 떼어졌지만, 현재는 원한도 없어졌는지 펌프의 혼령이 나타나는 일은 없는 듯하다.

히라이 쿄코 저『고스트를 찾아가는 런던 여행』에 실려 있다. 무기물조차도 유령으로 변하는 유령대국 영국다운 재미있는 괴담이다.

■ 행복의 암탉

독일에 나타난 괴이. 뒤셀도르프의 가라트(Düsseldorf-Garath)에 있는 논두렁길에는 암탉이 병아리를 데리고 나타나는 일이 있다. 이 암탉은 곡식 낱알이 흩어진 광장에서 곡식을 쪼아 먹는데, 남은 곡식 낱알을 보관해두면 그것이 순금으로 변한다고 한다.

H. 슈라이버 저『독일 괴이집』에 실려 있다.

■ 헌티드 갤러리

영국에서 이야기되는 괴이. 런던의 험프턴 코트(Hampton Court)에는 헨리 8세의 다섯 번째 아내인 캐서린 하워드가 출현한다고 이야기되고 있다. 그녀가 출현하는 것은 로열 채플로 이어지는 회랑으로, 무시무시한 비명소리를 지르며 달려가기 때문에 이 장소는 언젠가부터 헌티드 갤러리라고 불리게 되었다.

캐서린 하워드는 31살 연상인 헨리 8세와 결혼했으나 일찍 정이 떨어져서 방탕한 생활을 보내고 있었다. 그 사실이 헨리 8세에게 알려져, 그녀는 험프턴 코트의 방에 유폐된다. 한번은 감시를 뿌리치고 로열 채플에서 기도를 올리는 헨리 8세 곁으로 달려가 목숨을 구걸하지만, 그는 상대해주지 않고 그녀를 복도로 쫓아냈다. 그리고 런던탑의 타워 그린에서 처형되었다. 그러한 경위로 인해 캐서린의 유령은 채플로 가는 복도를 질주한다고 한다.

히라이 쿄코 저『고스트를 찾아가는 런던

여행』에 실려 있다.

■ 헤르마프로타우루스
아우토시타리우스
(Hermafrotaurus Autositarius)

스페인에서 발견되었다는 신비한 생물. 아라곤 지방의 피레네 산맥에 서식하고 있다는 동물로, 두 개의 몸에 하나의 머리가 달려있는 사슴 혹은 양 같은 기묘한 모습을 하고 있다. 그 몸의 한쪽은 수컷, 다른 한쪽은 암컷의 기능을 가진 희귀한 특성을 지녔으며, 자신들끼리 교미를 한다. 수컷 부분은 기본적으로는 자고 있으며, 성적 자극이나 꿈에 민감하게 반응한다. 암컷 쪽은 항상 깨어 있으며 연애나 자식들, 먹이에 강한 반응을 보인다. 또 그 모습에 어울리지 않게 육식으로, 서식지인 산악의 바위들에 있는 파충류 등을 먹는다고 한다.

호안 폰트쿠베르타 & 페레 포르미게라 저 『비밀의 동물지』에 실려 있다. 이 책은 의문의 실종을 당한 동물학자 페터 아마이젠하우펜 박사의 자료를 바탕으로 작성되었다는 형식의 서적으로, 보통은 있을 수 없는 다수의 동물이 사진이나 해부도, 관찰일기 등과 함께 게재되어 있다.

그러나 이것은 '존재한다는 것은 사진에 찍힌다는 것이다'라는 역설을 이용해서 미지의 동물들을 소개하는 것이며, 게재된 동물들은 전부 이 책을 위해서 창작된 것이다.

■ 헤매는 네덜란드 배

전 세계의 바다에 보이는 괴이. '플라잉 더치맨'이라는 이름으로 유명한 유령선의 전설로, 유럽 각국에서 이야기된다. 네덜란드에서는 판 스트라텐(Van Straten)이라는 선장이 악천후 속을 희망곶(희망봉)을 돌아 항해하겠다고 신에게 호언장담하지만, 그것이 신의 노여움을 사서 배는 침몰하고, 선장과 승조원은 저주받아 그 주변을 영원히 항해하게 되었다고 한다. 이 유령선은 날씨가 거친 날에 희망곶에 출현하며, 조난의 전조라고 믿어지고 있다.

독일에서는 선장은 폰 팔켄베르크(Von Falkenberg)라는 인물이라 하며, 북해를 항해하던 때에 악마와의 내기에서 져서 혼을 빼앗기고 배도 저주받은 유령선이 되었다고 한다.

영국에서는 희망곶을 항해하던 배가 풍랑을 만나지만 선장은 풍랑을 피하자는 선원의 말을 물리치고 폭풍 속을 나아갔다. 그러나 그곳에 환령이 나타났고, 선장은 권총을 쏘려고 했지만 권총은 선장의 손 안에서 폭발했다. 환령은 선장을 저주하고, 영원히 항해를 계속하라고 말했다. 그 이래로 이 배는 지금도 계속 헤매고 있으며 목격한 자를 저주한다고 한다.

이 이야기는 독일의 작가 하인리히 하이네에 의해 「폰 슈나벨레보프스키의 회고」

라는 시가 되었고, 그것에 착상을 얻은 리하르트 바그너에 의해 「방황하는 네덜란드인」이라는 오페라로 만들어졌으며, 이쪽도 유명하다.

이 유령선은 1923년에 희망곶에서 목격되었는데, 목격담에 의하면 신비한 빛을 발하면서 목격자들이 탄 배에 다가오다가 갑자기 사라졌다고 한다.

로즈마리. E. 길리 저『요정과 정령의 사전』등에 실려 있다. 존 & 앤 스펜서 저『세계 괴이 현상 백과』에 의하면, 1881년에도 남대서양에서 이 유령선이 목격되었다고 한다.

■ 헥삼의 반수인(半獸人)

영국에서 이야기된 괴이. 1971년, 헥삼 (Hexham)의 어느 집의 정원에서 두 개의 돌로 이루어진 두개골이 발견되었다. 그리고 그 후로 이 집에는 몸의 절반이 인간이고 나머지 절반이 양인 기묘한 괴물이 나타나게 되었다.

그래서 이 머리를 뉴캐슬의 박물관의 앤로스 박사에게 보내서 조사를 의뢰하게 되었는데, 이번에는 그녀의 곁에 신장 1미터 70센티 이상이 되는 몸의 절반이 인간이고 절반이 늑대 모습을 한 괴물이 나타났다. 이 괴물은 그녀의 가족도 목격하게 되었기 때문에 박사는 두개골을 포기하게 되었다.

최종적으로 이 두개골은 어딘가의 땅에 묻혔는데, 이번에는 그 장소에서 소란을 일으켰다. 그러나 어느 샌가 이 두개골은 사라져버렸다고 한다.

존 & 앤 스펜서 저『세계 괴이 현상 백과』에 실려 있다.

■ 헥세(Hexe)

독일에서 이야기되는 괴이. 매년 11월 11일에 시작되는 제전인 '파스트나하트' 중에 분장되는 마녀. 헥세는 축제의 중심이 되는 존재로, 분장하는 인물은 검은 상의에 붉은 스커트, 지푸라기로 엮은 신발을 신은 차림을 하고 있다. 얼굴에는 두꺼운 눈썹에 커다랗고 붉은 코, 눈을 휘둥그레 뜬 노녀의 가면을 쓰고, 손에는 빗자루나 몽둥이를 든다. 또 헥세 일행을 지휘하는 우어헥세(Urhexe)라는 존재도 있다.

헥세 일행은 광장에 피운 화톳불 '파스트나하트의 불'에 낡아빠진 천이나 썩은 나무 등을 던져 넣어 태우고, 마지막에는 겨울과 죽음을 상징하는 데몬으로 간주한 지푸라기인형을 불에 집어넣는다. 이렇게 해서 마녀들은 겨울을 물리치고 봄의 은혜를 가져온다고 한다.

우에다 시게오 저『유럽의 제사와 전승』에 실려 있다.

■ 헨리와 클라라

영국에 전해지는 괴이. 더비셔의 하이 피크에 있는 계곡, 위나츠 패스(Winnats

Pass)에는 연인 유령이 출현한다고 한다. 이 헨리와 클라라라는 남녀는 1758년, 야반도주를 위해 위나츠 패스 부근의 여관에 묵었는데, 그때 인근 광산의 광부들이 금품을 노리고 이들을 살해한 뒤 암매장했다. 그 후에 그들을 습격했던 광부들은 모두 무참하게 죽었다고 전해지고 있지만, 현재도 바람이 강하게 부는 밤에는 헨리와 클라라가 목숨을 구걸하는 목소리가 들려온다고 한다.

션 에반스 저『영국의 유령전설』에 실려 있다.

■ 헬렌 연마공장의 유령

독일에서 이야기되는 괴이. 헬렌 연마공장이라는 공장에서는 과거에 비참한 사건이 있었다. 이 공장에서 일하던 연마공이 평소보다 도시락을 가져오는 시간이 늦은 아내에게 화가 나서 아내를 토막 내 죽여버렸다.

그 이후, 이 아내는 매일 낮이 되면 연마공장에 나타나게 되었다. 아내는 기계에 가까이 가면 스르륵 사라진다. 그러나 슬픈 비명만은 계속 울려 퍼진다고 한다.

H. 슈라이버 저『독일 괴이집』에 실려 있다.

■ 호우라트 (Hourad)

독일에서 전해지는 괴이. 물의 정령의 일종으로, '호우호우'하고 울기 때문에 이런 이름으로 불린다.

우에다 시게오 저『유럽의 제사와 전승』에 실려 있다. 이 책에는 이 짧은 설명밖에 없지만, 물의 정령 전반의 특징으로서 어린아이 같은 모습을 하고 있으며, 수중생물의 특징을 지니고 있음이 열거되고 있다.

■ 홀레 아주머니 (frau Holle)

독일에서 이야기되는 괴이. 회젤베르크라는 산에는 옛날부터 많은 괴이가 출현하는 것으로 전해지고 있으며, 지하 동굴에서는 유령과 귀신 무리가 몰려나와 난동을 부린다. 이중에는 홀레 아주머니도 있는데, 가끔씩 이 마물의 무리와 함께 지상에 나타난다고 한다.

H. 슈라이버 저『독일 괴이집』에 실려 있다. 홀레 아주머니는 그림 동화 '홀레 아주머니'에 등장하는 인물로, 계모에게 학대받은 딸이 우물에 떨어진 두레박을 줍기 위해서 우물 안에 내려갔다가 들어간 신비한 세계에서 사는 노파로 나타난다. 홀레 아주머니는 딸을 보살펴 주었고, 이윽고 집에 돌아가기를 바라는 딸을 위해 그 온몸에 금을 둘러서 부자로 만들어 준다. 한편 이 딸을 보고 자신의 친딸에게도 같은 행운을 얻게 만들고 싶었던 계모는, 마찬가지로 친 딸에게 우물 속으로 들어가게 하지만, 이 소녀는 지난번의 딸처럼 심성이 고운 사람이 아니었기 때문에,

돌아올 때는 온몸에 콜타르를 뒤집어쓰고 있었다고 한다. 이 콜타르는 살아있는 동안, 이 딸의 몸에서 사라지는 일은 없었다고 한다.

우에다 시게오 저 『유럽의 제사와 전승』에 의하면, '홀레'란 '덮는다'(hollen)는 말에 유래하며, 지하(hell)에 묻혀있던 것이라는 의미도 있다고 한다. 이것은 매장된 죽은 자의 혼령을 나타내고 있는데, 현재는 그 의미는 사라지고 겨울의 자연에 대한 두려움의 상징이 되어, 폭풍의 군세(와일드 헌트)의 일원이 되거나 앞서 말한 대로 동화나 민화에 등장하는 노녀가 된 듯하다.

■환상의 검은 연기

영국에서 이야기되는 괴이. 웨스트요크셔의 인그로(Ingrow) 터널에서는, 1970년부터 1980년대에 기관차가 다니지 않음에도 불구하고 검은 연기를 토해내는 현상이 다수 보고되었다고 한다.

또 어느 이야기에서는, 이 검은 연기는 터널을 향해서 부는 바람을 거스르며 피어오르고 있었다고도 이야기 되고 있다.

존 & 앤 스펜서 저 『세계 괴이 현상 백과』에 실려 있다.

■환상의 집

영국에 나타난 괴이. 20세기 후반, 밤에 어느 세 소녀가 아버지와 함께 데번의 백패스트리(Buckfastleigh)를 찾아갔을 때, 아버지와 떨어져서 길을 잃고 말았다. 그곳에서 집이 없는지 찾아보고 있는데, 암흑 속에 한 채의 낡은 집이 눈에 띄어서 다가가 보았다. 창문에는 커튼이 없어서 난로의 불빛이 흘러나오고 있었고, 안을 들여다보니 한 노부부가 난로 앞에 앉아 있었다.

그러나 이 집은 소녀들의 눈앞에서 갑자기 사라져버렸다. 소녀들은 정신이 들고 보니 암흑 속에 서 있었다고 한다.

존 & 앤 스펜서 저 『세계 괴이 현상 백과』에 실려 있다. 이 책에서는 이 괴기현상을 타임 슬립의 일종으로 취급하고 있으므로, 환상의 집이나 노부부는 과거에 그 장소에 실존했을지도 모른다.

■환상의 호수

영국에 나타난 괴이. 햄프셔의 뉴 포레스트에 나타난 호수로, 그 중앙에는 둥근 돌이 있으며 '아서왕 전설'에 등장하는 엑스칼리버처럼 검이 돌에 꽂혀있었다. 그러나 이 호수와 우연히 조우한 사람들은, 그 이후에 이 호수를 발견하는 일은 없었다고 한다.

존 & 앤 스펜서 저 『세계 괴이 현상 백과』에 실려 있다.

■홀라 부인

독일에서 이야기되는 괴이. 바이에른 주의 뷔르츠부르크 근교에서 성 마르티누스의 날인 11월 11일에 나타난다고 여겨지는 정령. 하얀 망토를 두르고, 기묘하게 생긴 깃털 모자를 쓰고, 채찍을 들고 있다고 한다.

어린아이들과 만날 경우, 훌라 부인은 착한 아이에게는 사과나 벌꿀과자를 주고, 나쁜 아이에게는 채찍으로 위협하거나 때린다고 한다.

우에다 시게오 저『유럽의 제사와 전승』에 실려 있다. 이 책에 의하면, 이 정령은 마녀 홀레가 바탕이 되어 있다고 한다(홀레 아주머니 항목을 참조). 성 마르티누스 혹은 성 마르틴은 기독교에서의 성인이며, 추위에 시달리는 걸인에게 자신이 가진 망토의 절반을 주었다는 전설이 남아있다. 또 이 날은 겨울이 시작되는 날이라고 하며, 할로윈과 마찬가지로 수확제로서의 역할도 담당하고 있다.

이 축제의 날에는 같은 역할을 담당하는 정령인 마르틴스베르타(Martinsberta), 펠츠메르테르(Pelzmärtel) 등이 있다.

■ 휘파람을 부는 성직자

영국에서 이야기되는 괴이. 런던 중심부에 있는 세인트 폴 대성당에는 영문 모를 한기가 덮쳐오는 경우가 있는데, 이것은 이 성당에 살고 있는 성직자 유령이 출현할 전조라고 여겨지고 있다.

이 유령은 잿빛 머리칼을 묶고 낡은 로브를 두른 늙은 남성의 모습을 하고 있으며, 휘파람을 낮게 불면서 벽 속으로 사라져 간다고 한다.

히라이 쿄코 저『고스트를 찾아가는 런던 여행』에 실려 있다. 이 책에 의하면, 제1차 세계대전 후에 이 성당의 개수 작업 중에 예배당 벽에 숨겨진 문이 발견되고 비밀 방이 있음을 알게 되었다. 이 숨겨진 문이 있었던 장소는 성직자의 유령이 사라져간 장소였다고 한다.

■ 흘라닉헤이론의 유령

영국에 전해지는 괴이. 흘라닉헤이론(Llanerchaeron)은 18세기의 지주 계급의 영지였지만, 현존하고 있으며 일반 공개되어 있다. 이곳에는 영지 내에 일하고 있던 사람들의 유령이 지금도 출현하고 있다고 이야기되고 있으며, 발소리가 들려온다, 흘끗흘끗 사람의 형체가 보인다는 일은 물론이고, 2층의 미팅 룸에서는 멋대로 불이 켜지고, 문이 열리지 않는다는 이야기가 있다. 또 사용인 거주 영역이었던 장소에서는 방 안에 갇히거나 문을 부술 때까지 나갈 수 없었다는 이야기도 있었다고 한다. 그밖에도 부엌에는 식기선반이 덜컥덜컥 흔들리는 일도 있다고 한다.

션 에반스 저『영국의 유령전설』에 실려 있다.

■ 흰무지개(Fog bow)

알프스 산맥에 나타나는 괴이. 알프스를

여행하는 사람들에 의해 몇 백년이나 되는 세월에 걸쳐 계속 보고되어 왔던 괴이로, 짙은 안개 속에 나타나는 원형의 무지개를 가리킨다.

이것은 오랫동안 영적인 메시지로 생각되고 있었으나, 현재는 빛의 굴절이나 반사에 의해 생기는 물리적인 현상임이 판명되었다.

피터 헤이닝 저『세계 영계 전승 사전』에 실려 있다. 이처럼 불가사의한 현상이라고 오랫동안 생각되고 있던 일이 해명된 사례로 유명한 것으로는 브로켄 현상이 있다(브로켄 산의 괴물 참조).

■ 히스로 공항의 변질자 유령

영국에 나타난다는 괴이. 런던의 히스로 공항에는 영국답게 다양한 유령이 나오는 것으로 알려져 있는데, 특히 이상한 것이 이 변질자 유령이다. 이 유령은 눈에 보이지 않고, 여자가 있는 곳에만 나타나서 하아하아, 하는 신음소리를 귓가에 들려준다. 그리고 등 뒤에서 목덜미에 살며시 숨을 분다고 한다.

N. 블런델 외 저『세계 괴이 실화집』에 실려 있다.

05 Column
고딕 문학

현대의 호러문학이나 영화에 커다란 영향을 준 것으로서, 18세기 후반부터 19세기 초에 걸쳐 영국에서 유행했던 고딕 소설이라는 문학이 있다. 이것은 중세 고딕풍 고성이나 사원 등을 무대로서 유령이나 괴물 등, 초자연적인 존재나 괴기를 주제로 한, 퇴폐적, 신비적인 분위기를 지닌 소설이었다. 1764년에 발표된 호레이스 월폴(Horace Walpole)의 『오트란토성(The Castle of Otranto)』을 효시로, 그 후에 다양한 작품들이 만들어졌다. 그중에서도 메리 셜리의 소설 『프랑켄슈타인』에 등장하는 인조인간, 프랑켄슈타인의 괴물은 현재도 다양한 영상이나 문학에 등장하고 있다.

19세기에는 영국에서 쇠퇴한 고딕문학이지만, 그 작품은 국경을 넘어 퍼지고 다양한 작품에 영향을 주었다. 『프랑켄슈타인』과 마찬가지로 일명 '디오타티 빌라(Villa Diodati)의 괴담회의'라 불리는 모임에서 착상을 얻은 흡혈귀 소설, 존 폴리도리(John William Polidori)의 『흡혈귀(The Vampire)』(1819년)에 등장하는 흡혈귀인 루스벤 경(Lord Ruthven)은 고딕소설 악역의 특징을 많이 포함하고 있다. 이 귀족적인 흡혈귀상은 이후에 조셉 셰리든 레 파뉴(Joseph Thomas Sheridan Le Fanu)의 『카르밀라(Carmilla)』나 브램 스토커(Bram Stoker)의 『드라큘라(Dracula)』 등에 인계되었고, 현대의 흡혈귀상에 다대한 영향을 주었다. 그밖에도 로버트 루이스 스티븐슨의 대표작인 『지킬 박사와 하이드』, 오스카 와일드의 장편소설 『도리언 그레이의 초상』 등도 고딕 소설의 영향을 받았으며, 현재의 괴기를 다룬 작품들에 주는 영향은 크다.

또 『프랑켄슈타인』이나 『드라큘라』는 20세기에 들어와 유니버설 스튜디오에 의해 영화로 만들어졌으며, 그 작품들이 히트하여, 늑대인간의 민간전승이나 미이라 도굴사건 등을 다룬 영화 『런던의 늑대인간(Werewolf of London)』, 『미이라』도 제작되어서, 늑대인간, 미이라 등의 현대를 대표하는 괴물이 태어났다. 이처럼, 고딕문학 없이 현대의 괴물 문화는 없었다고 할 수 있다.

Africa
아프리카

【라】

■ 라빌른티아나 라비린티아
(Lablnhtiana labirintia)

중앙아프리카 공화국에서 발견된 신비한 생물. 나무와 비슷한 평행식물의 일종. 이름의 유래가 된 것은 그 특징적인 잎으로, 잎맥이 마치 미로(labyrinth)처럼 뻗어있다.

이것은 천적이었던 안타피드 개미(antaphid ants)라는 곤충에 대처하기 위해 진화한 것으로, 잎의 한가운데에서 강한 향기를 발해서 안타피드 개미를 유혹한다. 그것에 의해 안타피드 개미는 잎의 중심을 향해 가려고 하지만, 잎맥이 미로처럼 되어 있기 때문인지 좀처럼 도달할 수 없다. 그러는 동안 스트레스가 쌓여서 안타피드 개미들은 서로를 죽이기 시작한다. 이렇게 먹이를 찾아서 움직이는 안타피드 개미는 안타피드 개미 무리 중에서도 식모 개미라고 불리는 역할을 지닌 일부 개미들뿐이었지만, 안타피드 개미 무리는 식모 개미에게 식사를 의존하고 있기 때문에 서서히 무리 전체가 쇠약해지다가 이윽고 멸종되었다고 한다.

이것은 아주 오래전의 일이었으나, 라빌른티아나 라비린티아는 안타피드 개미를 멸종시킨 뒤, 그 전성기를 고정하려는 것처럼 정지한 시간 속에서 계속 살게 되었다.

현재, 인간이 이 라빌른티아나 라비린티아를 볼 때는 줄기와 가지의 주위를 안개 같은 층이 감싸고 있는 듯 보인다. 이것은 인간에게는 무해하지만 할로마이실린(halomycilin)이라는 물질을 포함하고 있다. 이 기체는 당시에 상당한 독이 있었던 모양이라, 나무껍질을 먹이로 삼던 동물을 쫓는 역할을 담당하고 있었다고 한다.

레오 리오니 저, 미야모토 아츠오 역『평행식물』에 실려 있다. 이 책에 등장하는 평행식물이라 불리는 생물은, 통상의 물리법칙이 통하지 않으며 정지한 시간, 혹은 현실과 평행하게 존재하는 다른 시간을 살아간다는 특징을 지닌다고 한다. 그러나 이 책에 실려 있는 식물은 실재한다는 형식으로 기록되어 있기는 하지만, 전부 저자인 리오니의 창작이다. 평행식물의 특징 자체에 대해서는 같은 항목을 참조.

■ 라우(Lau)

아프리카의 나일 강 상류에 출현한다는 괴물. 몸길이 12~30미터의 거대한 큰 뱀, 혹은 큰 물고기라고 하며, 머리에는 벼슬이 있다고 한다. 이 괴물은 다른 부족으로부터는 '냐마'라고 불리고 있으며 주변 지역의 원주민 사이에서는 옛날부터 목격되고 있었다고 한다. 그러나 목격담 자체는 적다. 그 이유는, 이 괴물은 만난 인간을 습격해서 머리를 쪼개 그 뇌를 먹어버리기 때문에 생존자가 적기 때문이라는 설도 있다.

나미키 신이치로 저『미확인동물 UMA 대전』에 의하면, 라우는 머리가 둘 달린 큰 뱀이라 여겨지는 경우도 있다고 한다.

■ 루콰타(Lukwata)

아프리카에서 목격되는 괴물. 아프리카 대륙 최대의 호수인 빅토리아 호에 출현한다고 하며, 그 모습은 거대한 어류라느니 파충류라느니, 머리는 네모나다느니 둥그렇다느니 하는 등, 목격자에 따라 그 형상이 다르기 때문에 다수 존재할 가능성이 있다.

장 자크 발루와 저『환상의 동물들』에 의하면 1902년 영국의 탐험가인 해리 존스턴(Harry Johnston)이 저서에 이 괴물에 대해 기록했다고 한다.

■ 리파타(Lipata)

앙골라공화국에 나타난다는 괴물. '리바타(libata)'라고도 불린다. 앙골라의 치움베(Chiumbé) 강에서 서식한다고 여겨지는 수류양생생물로, 거대한 도마뱀 같은 모습을 하고 있다고 한다. 우기가 되면 서식지인 강에서 땅으로 올라와, 주로 아침이나 해가 진 뒤에 사람이나 염소, 돼지, 악어 등 대형 동물까지 잡아먹어서 지역 주민으로부터 공포를 사고 있다고 한다.

하니 레이 저『초상현상 대사전』에 실려 있다. 그 정체는 악어 오인설, 공룡의 생존개체 설 등이 있다고 한다.

【마】

■ 말 인간

나이지리아에 타나난 괴인. 상반신이 인간, 하반신이 말이라는, 마치 켄타우로스를 떠올리게 만드는 모습을 하고 있으며, 동틀 녘이나 밤에 출현해서 인간 여성을 쫓아다닌다. 2003년 무렵부터 목격되었으며, 그 지역에서는 뉴스가 되었다고 한다.

나미키 신이치로 저『미확인동물 UMA 대전』에 실려 있다. 켄타우로스는 그리스 신화에 등장하는 반인반수의 종족이지만, 이쪽도 호색한 것으로 유명하다.

■ 모우로우 은구우(Mourou-Ngou)

중앙아프리카공화국에서 목격된 괴물. 선주민인 반다(Banda) 족의 말로 '물의 표범'을 의미하며, 실제로 표범 같은 모습을 하고 있다고 여겨지고 있다. 그렇지만 몸집은 커서 몸길이가 4미터 정도나 되며, 물속에 살면서 때로는 코끼리까지도 습격해 죽인다고 한다.

하니 레이 저『초상현상 대사전』에 실려 있다.

■미코스트리움 불가리스
(Micostrium Vulgalis)

아프리카에서 기록되었다는 기묘한 생물. 세라 강 하구에서 발견되었다. 척추동물과 조개가 혼합된 듯한 몸을 지닌 동물로, 몸 안에 뼈를 지니고 있지만 몸은 두 장의 조개껍데기 같은 것에 덮여있으며, 하나의 길쭉한 팔과 긴 다리를 지니고 있다. 6~30마리 정도의 무리를 형성하며, 나뭇가지를 무기로 삼아 물고기를 사냥하는 진귀한 습성이 있다. 번식기가 되면 수컷은 '크리이이아 쿠르쿡'이라는 기묘한 노래를 부르면서 암컷을 쫓아다니고, 암컷은 한 다리로 빙글빙글 돌면서 뛰어오른다. 암컷은 수컷의 조개껍데기 내부에 완전히 들어가서 약 30초간에 교미를 마친다. 수컷은 그 사이에 청백색 빛을 발한다고 한다.

또한 아주 인간을 잘 따르는 성질을 지녔으며, 인간을 발견하면 애교 있게 장난치며 따라온다. 그러나 인간의 목소리를 싫어하기 때문에, 접촉할 때에는 목소리를 내지 않을 필요가 있다고 한다.

호안 폰트쿠베르타 & 페레 포르미게라 저 『비밀의 동물지』에 실려 있다. 이 책은 의문의 실종을 당한 동물학자 페터 아마이젠하우펜 박사의 자료를 바탕으로 작성되었다는 형식의 서적으로, 보통은 있을 수 없는 다수의 동물이 사진이나 해부도, 관찰일기 등과 함께 게재되어 있다.

그러나 이것은 '존재한다는 것은 사진에 찍힌다는 것이다'라는 역설을 이용해서 미지의 동물들을 소개하는 것이며, 게재된 동물들은 전부 이 책을 위해서 창작된 것이다.

【아】

■아멘 라의 저주

이집트를 둘러싼 괴이. 고대 이집트의 여왕이었던 아멘 라를 섬기고 있던 무녀에 대한 괴담으로, 룩소르에서 발견된 그녀의 미이라를 영국에 운반한 네 명의 영국인을 시작으로 이 일에 관련된 인물들이 차례차례 불행한 일을 겪었다. 이 미이라는 마지막에 타이타닉 호와 함께 바다 밑으로 가라앉았다고 이야기되는데, 실제로는 이 미이라는 실존하지 않는 것으로 밝혀졌다.

히라이 쿄코 저 『고스트를 찾아가는 런던 여행』, 하니 레이 저 『초상현상 대사전』에 의하면, 1968년에 널리 퍼진 소문이라고 한다. 아멘 라 자체는 고대 이집트에서 믿던 신 중 하나로, 별개의 신이었던 '아멘'과 '라'가 융합되어 태어난 신이라고 여겨지고 있다.

■ 은제푸로이(Nzefu-Loi)

콩고에 나타났다고 하는 괴물. 선주민 바루바(Baluba) 족의 말로 '물의 코끼리'를 의미하며, 몸은 하마처럼 크고, 말처럼 털이 많은 꼬리와 코끼리 같은 엄니를 지녔다. 물속에서 살며, 그 모습은 거의 목격되지 않지만, 목격한 인간이 죽는다는 전승도 있다. 한편, 바루바 족은 이것을 덫으로 죽이고, 그 엄니를 교역에 사용했다는 기록도 있다고 한다.

하니 레이 저 『초상현상 대사전』에 실려 있다.

【자】

■ 지나포이로(Guiafairo)

아프리카의 세네갈 공화국에나 감비아 공화국에 나타난다고 하는 괴물. 몸길이 1미터 20센티 정도의 박쥐처럼 생긴 괴물로, 자유자재로 모습을 감추거나 벽을 통과하거나 한다고 한다. 몸에서는 악취를 풍기고 눈은 붉게 빛나는데, 이 괴물과 조우한 인간은 경직되어 움직일 수 없게 되며 오한과 구토감이 덮쳐온다고 한다. 지나포이로가 물리적으로 인간에게 위해를 가하는 일은 적으며, 정신이 들고 보면 모습이 사라져있다고 한다. 이 괴물이 없어

지면 일시적으로 몸 상태는 원래대로 회복되지만, 그 이후에 마치 피폭당한 것처럼 건강이 나빠지며 경우에 따라서는 죽는다고 한다.

나미키 신이치로 저 『미확인동물 UMA 대전』에 의하면, 이 괴물이 처음 목격된 것은 1995년 10월 9일이었다고 한다. 그 목격담에 의하면, 이날 저녁에 친구의 집에서 귀가 중에 지나포이로에게 습격당한 뒤 피폭된 것 같은 증상이 발생해서 1년간 입원했다고 한다. 또한, 그 뒤에도 후유증으로 고생했다고 한다.

조우하지 않는 것이 가장 좋은 괴물이지만, 벽을 통과하거나 갑자기 사라지는 능력을 지니고 있기 때문에, 예측해서 피하는 것은 상당히 어려울 것이다.

■ 켄타우로스 네안데르탈렌시스
(Centaurus Neandertalensis)

우간다 공화국에서 발견되었다는 신비한 생물. 음바라라 지구(Mbarara District)의 음바라라에 서식하고 있다는 동물로, 비비의 상반신이 말의 몸의 목에 해당하는 부분부터 뻗어있다고 하는, 그리스 신화의 켄타우로스에 비슷한 모습을 하고 있다. 높은 지능을 지녔으며, 인간에게도 호의적이며 불을 피우거나 악수를 해서 인간과 커뮤니케이션을 취한다고 한다.

호안 폰트쿠베르타 & 페레 포르미게라 저 『비밀의 동물지』에 실려 있다. 이 책은 의

문의 실종을 당한 동물학자 페터 아마이젠하우펜 박사의 자료를 바탕으로 작성되었다는 형식의 서적으로, 보통은 있을 수 없는 다수의 동물이 사진이나 해부도, 관찰일기 등과 함께 게재되어 있다.

그러나 이것은 '존재한다는 것은 사진에 찍힌다는 것이다'라는 역설을 이용해서 미지의 동물들을 소개하는 것이며, 게재된 동물들은 전부 이 책을 위해서 창작된 것이다.

【카】

■ 코론존(choronzon)

알제리에 나타났다는 괴이. 악마의 일종이라고 하며, 20세기 초에 실재했던 마술사 알레이스터 크로울리가 소환했다고 여겨진다.

1909년, 크로울리는 알제리아의 사막에 만들어진 묘지에서 마도서인 '레메게톤'을 사용해 자신의 몸에 빙의시키는 방법으로 코론존을 불러내려고 했다. 세 마리의 비둘기를 제물로 삼아서 그 땅에 삼각형의 마법진을 그리고, 그 안에서 "Zazas, zazas, nasatanada zazas"라는 주문을 외자 코론존이 강림해서 크로울리의 몸을 가로쳤다. 악마는 미녀의 모습이나 본래의 악마의 모습으로 변화해서 크로울리와 함께 악마소환에 임했던 제자인 빅터를 유혹했고, 마법진의 일부가 무너졌을 때에는 덤벼들려고 했으나 소환의 촉매인 비둘기의 피가 바닥났기 때문에 떠나갔다고 한다.

크로울리 본인이 저술한 『영시와 환청(The Vision and the Voice)』에 의하면, 코론존은 중세 영국에 실재했던 수학자인 존 디(John Dee)가 전한 에녹 마술(Enochian magic)에 기록된 악마로, 에티르(aethyr, 에녹 마술에서만 사용되는 용어로, 특정한 30개의 체험을 가리킨다) 중 하나가 이 악마를 호출해서 코론존이 지키는 '심연'을 초월할 수 있었다고 한다. 크로울리는 코론존을 빙의시킴으로써 이 에티르를 성공시켜 코론존의 비의를 이해할 수 있었다고 한다.

■ 콩가마토(Kongamato)

아프리카 각지에서 목격되는 괴물. 익룡 같은 모습을 한 미확인 동물로, 날개를 펼치면 1.5 ~ 2.5미터 정도 크기가 된다. 긴 부리에는 이가 빼곡하게 나 있고 사람을 습격한다고 한다.

1932년에 미국의 동물학자인 아이번 샌더슨(Ivan T. Sanderson)가 이 괴조와 조우하고 습격당했지만, 두 마리 중 한 마리를 쏘아 떨어뜨렸다. 그러나 그 시체는 강에 떨어져서 보이지 않게 되어버렸다고 한다.

나미키 신이치로 저『미확인동물 UMA 대

전』에 실려 있다. 이 책에 의하면, 현지 사람들에게 익룡의 복원도를 보여주면 콩가마토라고 대답하는 것이나, 그 몸길이로 보아 정체는 새나 박쥐가 아닌 익룡의 생존개체라는 설이 유력하다고 한다. 또 하니 레이 저『초상현상 대사전』에 의하면, 원주민 사이에서는 콩가마토를 보면 죽는다고 전해진다고 한다.

■토코로시(tokoloshe)

아프리카 남부에 출현한다는 괴물. 몸길이 30센티 정도의 피부가 검은 작은 도깨비 같은 모습을 하고 있으며, 이마부터 뒤통수에 걸쳐 날카로운 돌기가 있다고 한다.

아이들과 노는 것을 좋아해서, 학교에 나타나기 때문에 아이들에게 자주 목격된다. 한편 아이들을 상처 입히는 경우도 많으며, 그 날카로운 발톱으로 자는 아이들을 습격하고, 등이나 허벅지를 할퀸다고 한다.

자고 있는 인간의 꿈의 내용을 살필 수 있으며, 그것을 나쁜 일에 이용하기도 한다. 이런 일을 피하려면 침대 아래에 벽돌을 깔아서 침상을 높이면 좋다고 한다.

나미키 신이치로 저『MU적 도시전설』에 의하면, 1994년에 남아프리카에서 처음으로 이루어진 모든 인종에 의한 총선거에서는, 투표소의 테이블 아래에 토코로시가 숨어있어서 유권자가 어느 당에 투표했는가를 알아차린다는 소문이 퍼졌다

고 한다. 또 2015년에는 남아프리카의 여성이 10년 이상 전부터 토코로시가 밤마다 습격하고 있다고 이야기하며, 음식을 먹거나 돈을 훔쳐간다고 이야기한 것이 기록되어 있다. 이 작은 괴물은 근래에도 그 존재를 믿는 이들이 있는 듯하다.

【파】

■펠리스 페난투스(Felis Pennatus)

모로코에서 발견되었다는 신비한 생물. 대아틀라스 산맥의 자벨 투브칼(Jabal Toubkal)산의 동굴에서 백골시체로 발견되었다는 거대한 날개를 지닌 고양이과 동물이라고 한다.

호안 폰트쿠베르타 & 페레 포르미게라 저『비밀의 동물지』에 실려 있다. 이 책은 의문의 실종을 당한 동물학자 페터 아마이젠하우펜 박사의 자료를 바탕으로 작성되었다는 형식의 서적으로, 보통은 있을 수 없는 다수의 동물이 사진이나 해부도, 관찰일기 등과 함께 게재되어 있다.

그러나 이것은 '존재한다는 것은 사진에 찍힌다는 것이다'라는 역설을 이용해서 미지의 동물들을 소개하는 것이며, 게재된 동물들은 전부 이 책을 위해서 창작된 것이다.

■프세우도무렉스 스푸올레탈리스
(Pseudomurex Spuoletalis)

마다가스카르에서 발견 되었다고 하는 신비한 생물. 연안부에 서식하고 있다고 하는 연체동물로, 전복 같은 껍질을 지니고 있다. 육상에서 사는 동물이면서도 태양빛이 닿으면 불타버리는 몸을 지녔다. 그러나 먹이로 삼는 것은 개미를 중심으로 하는 곤충류이며, 사냥감을 발견하면 단백질성 점액을 방출한다. 이 점액은 아주 강력해서 몇 초 만에 사냥감을 흐물흐물하게 녹여버린다. 그 뒤에 프세우도무렉스 스푸올레탈리스는 촉수를 뻗어서 녹은 사냥감을 흡수한다고 한다.

이 동물이 지면을 기어간 뒤에는 반짝이는 붉은 흔적이 남는데, 이것은 분비된 소화액이라고 한다. 또 껍데기에 난 가시에서는 인간의 귀에는 들리지 않는 초음파를 발할 수 있지만, 이것은 사냥감을 불러들이는 효과가 있다고 한다.

호안 폰트쿠베르타 & 페레 포르미게라 저 『비밀의 동물지』에 실려 있다. 이 책은 의문의 실종을 당한 동물학자 페터 아마이젠하우펜 박사의 자료를 바탕으로 작성되었다는 형식의 서적으로, 보통은 있을 수 없는 다수의 동물이 사진이나 해부도, 관찰일기 등과 함께 게재되어 있다.

그러나 이것은 '존재한다는 것은 사진에 찍힌다는 것이다'라는 역설을 이용해서 미지의 동물들을 소개하는 것이며, 게재된 동물들은 전부 이 책을 위해서 창작된 것이다.

【하】

■헤텐피아

소말리아에 출현한다는 괴물. 1997년, 내전 한복판이었던 소말리아에서 차례차례 사람을 잡아먹었다는 괴물로, 모습은 작고 야윈 늑대 같으며, 꼬리는 흰색이었다고 한다.

나미키 신이치로 저 『미확인동물 UMA 대전』에 의하면, 그 작은 크기에 어울리지 않게, 단 몇 분 만에 사람의 몸을 전부 먹어치운다고 한다.

인터넷상에서 이야기되는 무서운 이야기를 가리키는 말. 몸의 털이 곤두설 것 같은 공포를 나타내는 'Creepy'라는 단어와 'Coppy & Past'라는 속어에 유래하는 단어로, 문장은 물론이고, 사진이나 영상, 음성 등이 인터넷 게시판을 시작으로 한 다양한 웹 사이트에 복사되고 붙여짐으로써 확장되어가는 모습에서 이런 이름으로 불리게 되었다.

기본적으로 읽는 사람을 무섭게 만드는 것에 특화된 초상적이고 부조리하며 그로테스크한 이야기가 전개되지만, 그 베리에이션은 다양하다. 살인귀나 수수께끼의 괴인이 등장하는 것, 부조리한 괴물과 조우하는 것, 잘 모르는 게임이나 텔레비전 방송에서 불가사의한 현상이 발생하는 것 등이 대표적이다. 또 그림이나 속어가 세트로 소개되는 경우도 있는데, 그 그림은 이야기되는 에피소드와는 상관없이 원래 인터넷상에 존재하고 있던 것인 경우가 많다.

그밖에도 원래부터 존재하는 도시전설이나 괴담이 크리피파스타가 된 사례도 있는데, 창작된 이야기로서 명확한 작자가 존재하는 경우도 많다. 그렇기 때문에 기본적으로 저작권이 존재하고 있으며, 창작의 제재로 사용하는 경우에는 주의가 필요하다고도 한다.

한편, 창작이어도 인터넷상에서 퍼지는 과정에서 새로운 성질이나 이야기가 추가되어가는 경우도 있다. 2008년에는 이런 크리피파스타를 수집하는 웹 사이트 〈Creepypasta.com〉이 생겨났고, 많은 호러 스토리가 모였다.

일본에서도 5채널 등의 인터넷 게시판을 시작으로 웹 사이트에 다양한 괴담이 작성되고 퍼지고 있지만, 이것들도 크리피파스타의 일종으로서 분류되는 경우가 있다. 실제로 일본의 인터넷상에서 퍼진 '혼자서 숨바꼭질' 등의 괴이가 해외의 웹 사이트에 퍼져있는 경우도 볼 수 있다.

앞으로도 크리피파스타는 생겨날 것이다. 어떤 괴이들과 만날 수 있을지 기대된다.

North Americ

Other
기타

【가】

■ 갈퀴코쟁이 (Rhinochilopus)

하이아이아이 군도에 서식하고 있다는 신비한 생물. 큰갈퀴코쟁이(Rhinochilopus ingens)와 풍금갈퀴코쟁이(Rh. musicus) 두 종류가 있으며, 양쪽 모두 대형으로 전자는 몸길이 2.2미터, 후자는 몸길이 1.5미터에 달한다.

길쭉하게 뻗은 입과 그 양쪽에서 나 있는 19쌍의 길쭉한 코를 지녔으며, 네 개의 다리는 퇴화했다. 19쌍의 코 중 맨 앞의 한 쌍은 촉각 같은 역할을 담당하며, 다른 18쌍은 지네의 다리처럼 이동에 사용된다. 또 번식기가 되면 이 코 각각에서 다른 소리를 내며, 음악을 연주하는 것으로도 알려져 있다.

하랄트 슈튐프케 저『코걸음쟁이의 생김새와 생활상』에 실려 있다. 이 책에 등장하는 동물들은 전부 실재한다는 형식으로 적혀있기는 하지만, 이 저작물 자체가 동물학논문의 패러디로서 작성된 작품이며 저자인 하랄트 슈튐프케도 하이아이아이 군도도 등장하는 동물도 전부 가공의 존재다(한국어 명은『코걸음쟁이의 생김새와 생활상』의 역자인 박자양 씨의 명칭을 따랐다-역주).

■ 거대 뱀장어

남대서양에 나타났다고 하는 괴물. '다나' 라고 하는 조사선이 남대서양에서 그물을 끌어올렸을 때에 몸길이 1미터 80센티 정도의 커다란 뱀 같은 생물이 걸려있었다. 이 생물을 해부해보니, 그것은 뱀장어 유생이었다. 이 뱀장어는 성장하면 30~50미터 이상의 크기가 될 것으로 예상되었다고 한다.

존. A. 킬 저『불가사의한 현상 파일』에 의하면, 1930년에 포획되었다고 기록되어 있다.

■ 곰다발털코쟁이 (Mammontops ursulus)

하이아이아이 군도에 서식하고 있었다는 신비한 생물. 수컷을 리더로서 작은 무리를 만들어 사는 하나아루키의 일종. 네 개로 나뉜 굵은 코를 사용해서 물구나무서듯이 걷는다. 이 네 개의 코 외에도 물건을 쥘 수 있는 두 개의 긴 코가 있으며, 대부분 곰다발털코쟁이 당근(Mammontopsisitos dauci-radix)이라고 불리는 식물만을 먹는다. 모피는 두꺼우며 초콜릿색을 띠고 있지만, 나이를 먹은 수컷의 꼬리는 은회색으로 변하며, 이것을 휘둘러 무리에게 지시를 내린다고 한다.

하랄트 슈튐프케 저『코걸음쟁이의 생김새와 생활상』에 실려 있다. 이 책에 등장하는 동물들은 전부 실재한다는 형식으로 적혀있기는 하지만, 이 저작물 자체가 동물학논문의 패러디로서 작성된 작품이며 저자인 하랄트 쉬튐프케도 하이아이아이 군도도 등장하는 동물도 전부 가공의 존재다(한국어 명은 『코걸음쟁이의 생김새와 생활상』의 역자인 박자양 씨의 명칭을 따랐다-역주).

■ 괴로워하는 남자
(The Anguished Man)

어느 그림을 둘러싼 괴이. 새빨간 피부의 남자가 비명을 지르듯이 입을 벌리고 눈을 크게 뜨고 있는 유화로, 화가가 자신의 피를 물감에 섞어서 그린 그림이라고 한다.

이 그림이 걸려있는 집에서는 기묘한 소리나 비명들이 들려온다고 하며, 때로는 그림에서 빠져나온 듯한 남자가 눈앞에 나타나는 일도 있다고 한다.

이 유화는 2010년 6월 1일, 션 로빈슨(Sean Robinson)이라는 인물에 의해 유튜브에 공개된 것으로 전 세계에 퍼졌다. 그 동영상에 의하면, 이 유화는 과거에는 손의 할머니가 다락방에 25년간 보관하고 있었다고 하며 할머니가 세상을 떠난 후에 손이 맡게 되었다. 그는 지하실에 이 그림을 보관했는데, 그 이후 할머니가 이야기했던 것 같은 괴기현상을 겪게 되었다고 한다. 손은 그 후에도 이 그림을 둘러싼 동영상을 몇 개 정도 올렸고, 그 중 몇 개는 현재도 시청할 수 있다.

■ 교도령(教導靈)

전 세계에서 확인되는 괴이. 심령주의에서 이야기되는 영 중 하나로, 새로 죽은 사람들이 충분히 의식을 회복하지 못했거나, 가야할 길을 헤매는 경우에 특별히 돌봐주는 다른 세계의 주민이라고 한다.

하루카와 세이센 저 『심령연구 사전』에 실려 있다.

■ 교령(交靈)

전 세계에서 이야기되는 괴이. 말 그대로 혼령과 교신하는 것을 의미한다. 옛날부터 샤먼이나 무녀처럼 영적존재와 인간이 교신하기 위한 매개가 되는 자가 있거나, 꿈이나 환시에 의해 직접 영적존재와 교류하는 이야기는 많다.

현대에서도 전 세계에서 신이나 죽은 자의 혼령, 불가사의한 존재와 조우하고 교신한 이야기는 헤아릴 수 없을 정도로 많은데, 특히 심령주의나 심령과학에서는 적극적인 교령이 이루어지고 있다. 이 경우, 영매라고 불리는 특수한 체질의 인물에게 혼령을 빙의시켜서 자동필기나 회화에 의해 사후세계에 대해서 듣거나, 현세에서 악행을 저지르는 이유를 해명하려 하는 경우가 많다.

하루카와 세이센 저 『심령연구 사전』 등에 실려 있다.

■ 기라루나 마이너(Giraluna minor)

전 세계의 열대우림에서 확인되는 신비한 생물. 평균 10센티미터 이하밖에 없는 작은 **평행식물**의 일종으로, 빽빽하게 번식한 다른 식물이 만드는 그늘 속에 몰래 살고 있다.

보통의 **기라루나 불가리스**와 마찬가지로 줄기와 화관으로 이루어졌는데, 화관의 비율이 아주 커서 직경이 전체의 절반 정도 크기다. 화관에는 종자로 보이는 구체가 있고, 강한 빛을 발한다. 기본적으로는 암흑 속에 있기 때문에, 구체가 빛을 발하는 원리는 알 수 없다고 한다.

레오 리오니 저, 미야모토 아츠오 역『평행식물』에 실려 있다. 이 책에 등장하는 평행식물이라 불리는 생물은, 통상의 물리법칙이 통하지 않으며 정지한 시간, 혹은 현실과 평행하게 존재하는 다른 시간을 살아간다는 특징을 지닌다고 한다. 그러나 이 책에 실려 있는 식물은 실재한다는 형식으로 기록되어 있기는 하지만, 전부 저자인 리오니의 창작이다. 평행식물의 특징 자체에 대해서는 같은 항목을 참조.

■ 기라루나 불가리스
(Giraluna vulgaris)

전 세계에서 발견되었던 신비한 생물. 육안으로는 밤에만 뿌연 은하처럼 보일 뿐, 간신히 윤곽을 알 수 있는 정도라고 한다. 그러나 그 모습이나 형태는 태고의 조각이나 벽화, 전설 등에 남아있으며, 이것들을 바탕으로 기라루나 불가리스의 모습이 복원되었다.

그것에 의하면, 기라루나 불가리스는 줄기와 화관의 두 부분으로 나뉘어 있으며, 줄기의 기저부가 아주 굵고 위로 올라감에 따라 가늘어진다. 화관은 원형의 접시 형태를 하고 있으며, 그 위에는 종자 같은 금속과 비슷한 구체가 몇 개나 달려 있다. 이것들은 밤이 되면 엷은 은색으로 빛났다는 이야기도 남아있다.

달의 운석과 함께 지구로 떨어진 식물이라는 이야기도 있지만, 태고부터 지구에 있었던 듯하며 수많은 신화나 전설에 남아있다고 한다.

레오 리오니 저, 미야모토 아츠오 역『평행식물』에 실려 있다. 이 책에 등장하는 **평행식물**이라 불리는 생물은, 통상의 물리법칙이 통하지 않으며 정지한 시간, 혹은 현실과 평행하게 존재하는 다른 시간을 살아간다는 특징을 지닌다고 한다. 그러나 이 책에 실려 있는 식물은 실재한다는 형식으로 기록되어 있기는 하지만, 전부 저자인 리오니의 창작이다. 평행식물의 특징 자체에 대해서는 같은 항목을 참조.

■ 꽃머리잔코쟁이 (Cephalanthus)

하이아이아이 군도에서 서식하고 있었다는 신비한 생물. 그 이름대로 꽃으로 의태하는 동물로, 코걸음쟁이의 일종. 코가 입 주위에 꽃잎처럼 펼쳐져 있으며, 입에서 강한 냄새를 발산해서 곤충을 꾀어 들이고 곤충이 다가오면 재빨리 코를 닫고 먹

기타

어버린다.

또 꽃머리잔코쟁이는 강인한 꼬리를 가졌으며, 50센티 정도에 달하는 이 꼬리를 뻗어서 직립하고, 바람에 흔들리면서 완전히 꽃처럼 위장한다고 한다.

하랄트 슈튐프케 저『코걸음쟁이의 생김새와 생활상』에 실려 있다. 이 책에 등장하는 동물들은 전부 실재한다는 형식으로 적혀있기는 하지만, 이 저작물 자체가 동물학논문의 패러디로서 작성된 작품이며 저자인 하랄트 쉬튐프케도 하이아이아이 군도도 등장하는 동물도 전부 가공의 존재다(한국어 명은『코걸음쟁이의 생김새와 생활상』의 역자인 박자양 씨의 명칭을 따랐다-역주).

■ 꿀꼬랑지(Dulcicauda)

하이아이아이 군도에 서식하고 있었다는 신비한 생물. 코걸음쟁이라고 불리는 동물의 일종으로, 회금빛꿀꼬랑지(Dulcicauda griseaurella), 향꼬리꿀꼬랑지(Dulcicauda aromaturus) 등의 종류가 있다. 이것들은 함께 군도 안에서도 미타디나 섬에 서식하며, 회금빛꿀꼬랑지는 섬의 동쪽 절반을, 향꼬리꿀꼬랑지는 서쪽 절반을 서식지로 삼고 있다.

회금빛꿀꼬랑지는 어린 시절에 선택한 장소에 코를 고정하고 물구나무서듯이 직립한 뒤, 번식기를 제외하면 그 장소에서 벗어나지 않는다는 특수한 생태를 지닌다. 이 코에서는 불그스름한 황색의 분비물이

분비되는데 이것은 점차 굳어서 코를 중심으로 기둥형태의 물체를 형성한다. 이 때문에 꿀꼬랑지의 몸은 점차 위를 향해 올라가게 된다.

또 꼬리 끝에는 독이 있는 갈고리와 과일 같은 향기를 발하는 점착질의 분비물을 분비하는 피부선이 있으며, 이 향기에 이끌려 다가온 곤충이 꼬리의 분비물에 달라붙으면 긴 앞다리를 사용해서 그 곤충을 떼어내어 입으로 가져가 포식한다.

또 기본적으로 자신의 몸을 고정하는 것은 해안부의 돌이 많은 경사면으로, 집단으로 콜로니를 형성한다. 또 이 콜로니는 육상에서 사는 작은 게와 공유하며, 게는 코쟁이들이 먹고 남은 찌꺼기를 먹는 것과 함께 그 배설물도 처리한다고 한다.

하랄트 슈튐프케 저『코걸음쟁이의 생김새와 생활상』에 실려 있다. 이 책에 등장하는 동물들은 전부 실재한다는 형식으로 적혀있기는 하지만, 이 저작물 자체가 동물학논문의 패러디로서 작성된 작품이며 저자인 하랄트 쉬튐프케도 하이아이아이 군도도 등장하는 동물도 전부 가공의 존재다(한국어 명은『코걸음쟁이의 생김새와 생활상』의 역자인 박자양 씨의 명칭을 따랐다-역주).

〔나〕

■ 나조벰(Nasobem)

하이아이아이 군도에서 살고 있었다는 신비한 생물. 네 개의 코를 가진 특수한 형태를 한 동물. 대표적인 것은 모르겐슈테른 나조벰(MORGENSTERN-Nasobem)으로, 짧고 둥근 머리에서 네 개의 길고 굵은 코가 돋아나 있다. 나조벰은 이 네 개의 코를 사용해서 물구나무서듯이 이동하며, 발달한 앞다리나 꼬리를 사용해서 먹이를 잡는다. 뒷다리는 퇴화해서 거의 사용되지 않는다. 특히 꼬리는 맹장에 직접 연결되어 있어서, 내부에서 생성된 가스를 이용해서 4미터 이상 길게 뻗을 수 있다. 이것에 의해 높은 곳에 나 있는 과일을 잡고, 가스를 분출해서 원래의 길이로 돌아온 뒤에 먹는다고 한다.

하랄트 슈튐프케 저 『코걸음쟁이의 생김새와 생활상』에 실려 있다. 이 책에 등장하는 동물들은 전부 실재한다는 형식으로 적혀있기는 하지만, 이 저작물 자체가 동물학논문의 패러디로서 작성된 작품이며 저자인 하랄트 쉬튐프케도 하이아이아이 군도도 등장하는 동물도 전부 가공의 존재다.

나조벰은 '코걸음쟁이' 착상의 바탕이 된 「나조벰」이라는 시(詩)에 등장한다. 독일의 시인인 크리스티안 모르겐슈테른에 의해 지어진 이 작품에서는, 코를 사용해서 걷는 나조벰이라는 동물이 등장한다.

■ 나팔코쟁이(Rhinostentor)

하이아이아이 군도에 서식한다고 하는 신비한 생물. 코걸음쟁이의 일종으로, 그 이름처럼 코가 나팔형태를 하고 있는 것이 특징. 대표적인 것은 물벼룩나팔코쟁이(Rhinostentor submersus)로, 군도의 다양한 분화구호수나 석호에 서식하며, 플랑크톤이나 윤충을 먹는다.

나팔 형태의 코 주변에는 물에 젖지 않는 털이 나 있으며, 물벼룩나팔코쟁이는 물속에 몸을 가라앉히면서 그 코를 수면에 내밀고 물속에 늘어져있다. 또한 나팔 형태의 코 안에는 또 하나의 비도가 있어서 그곳으로 호흡한다. 또 배와 앞다리에 강모가 나있으며, 배의 강모 안에서 팔을 움직이는 것으로 물을 여과하며 플랑크톤을 선별해서 긴 주둥이를 사용해서 빨아먹는다. 몸의 형태가 물벼룩과 비슷해서, 그것이 이름을 붙인 유래라 여겨진다.

그밖에도 거품나팔코쟁이(Rhinostentor spumonasus)는 나팔 형태의 코에서 거품을 토해내고, 그렇게 만든 거품뗏목에 매달려 지낸다. 시궁나팔코쟁이(Rhinostentor foetidus)는 마찬가지로 거품뗏목을 만들지만, 매달리는 것이 아니라 그 안에서 산다. 이 거품뗏목 안에는 다수의 다른 생물이 서식하고 있으며, 이것을 먹이로 삼는다고 한다.

하랄트 슈튐프케 저『코걸음쟁이의 생김새와 생활상』에 실려 있다. 이 책에 등장하는 동물들은 전부 실재한다는 형식으로 적혀있기는 하지만, 이 저작물 자체가 동물학논문의 패러디로서 작성된 작품이며 저자인 하랄트 쉬튐프케도 하이아이아이 군도도 등장하는 동물도 전부 가공의 존재다(한국어 명은『코걸음쟁이의 생김새와 생활상』의 역자인 박자양 씨의 명칭을 따랐다-역주).

■남극 고질라

남극에서 목격된 괴물. 1958년 2월 13일, 일본의 남극 관측선인 소야(宗谷)호가 조우했다고 하며, 그 모습은 머리의 길이만으로 7, 80센티 정도 되며, 얼굴은 소처럼 생겼지만 머리는 둥그스름해서 원숭이 같은 형태였다. 또 10센티미터 정도의 길이의 흑갈색 털이 온몸을 덮고 있었다. 그 등에는 톱 같은 지느러미가 세로로 나 있었는데, 굳이 말하면 육상에서 사는 포유류 같은 모습이었다고 한다.

이 목격담은 소야 호의 선장이었던 마츠모토 미츠지의 저서인『남극수송기』에 실려 있으며, 이것이 유일한 정보다. 마츠모토 씨는 이 괴물을 1954년에 개봉되었던 괴수영화『고질라』에 등장하는 괴수인 고질라에 빗대어 '남극의 고질라'라고 표현했다. 그 후 '남극 고질라'라는 이름이 정착되었으며 이 이름으로 소개되는 경우도 많다.

■늑대인간

전 세계에서 이야기되는 괴이. 웨어울프라고 불리는 경우도 많다. 그 이름대로 인간이 늑대로 변신하는 자, 혹은 늑대와 인간이 혼합된 존재로 변신하는 자를 가리키며, 근래에는 수많은 창작물의 제재가 되었다.

늑대인간의 역사는 오래되어서, 고대에는 자신이 늑대로 변신한다고 믿는 현상을 낭광증(狼狂症, lycanthropy) 등으로 불렀으며, 그것은 비술을 사용한 결과나 신의 심판에 의한 것이라고 여겨졌다. 또 그리스 신화에서 리카온(Lycaon)처럼 늑대로 변신하는 인간의 이야기도 전해 내려오고 있었다.

민간전승에서도 사람이 늑대가 되는 이야기는 많이 남아있는데, 그 대부분이 사람이 늑대의 모습으로 변하는 이야기이며 현대의 영화나 소설에서 보이는 것처럼 인간과 늑대의 중간, 이른바 수인(獸人) 같은 모습이 되는 이야기는 적다.

예를 들면 프랑스 남부에는 지금도 낭광증에 걸릴 운명을 짊어진 사람들이 있다고 믿어지고 있으며, 그런 사람들은 루 가르(loup-garou)라고 불리고 있다. 루 가르는 보름달이 뜨는 밤이 되면 달리고 싶다는 충동에 휩싸여서, 집밖으로 뛰어나가 샘에 뛰어든다. 물을 뒤집어쓰면 몸이 빼곡하게 털로 뒤덮이며 늑대의 모습이 되어, 마주친 인간이나 동물을 습격한다. 그리고 날이 밝아오면 다시 물속에 몸을 담가서 털을 씻어내고 인간의 모습으로 돌아온다고 한다.

S. 베어링=굴드 저『늑대인간 전설(The Book of Were-Wolves)』등에 실려 있다.

현대의 늑대인간 혹은 웨어울프의 이미지는 영화에 의해 만들어진 부분이 많다. 1935년에 공개된 유니버설 스튜디오의 영화『런던의 늑대인간』에서는 인간의 모습인 채로 늑대의 특징을 집어넣은 늑대인간이 영상으로서 등장하며, 또 현재는 일반적이 된 '늑대인간에게 물린 자는 늑대인간이 된다'라는 특징이 생겨났다. 그로부터 6년 뒤인 1941년, 마찬가지로 유니버설 스튜디오에서 만들어진『늑대인간의 살인(The Wolf Man)』이 공개된다. 이것은 늑대인간의 약점으로서 널리 알려지게 된 '은 탄환'이 처음으로 등장했다. 이영화는 히트했으며 마찬가지로 유니버설 스튜디오에서 만들어진 영화『드라큘라』에 등장하는 흡혈귀 드라큘라,『프랑켄슈타인』에 등장하는 프랑켄슈타인의 괴물,『미이라』에 등장하는 미이라와 함께 세계적으로 유명한 몬스터가 되었다.

이 영화의 개봉으로부터 반세기 이상이 지난 지금도, 늑대인간은 세계적으로 몬스터를 대표하는 존재로서 다양한 작품에 등장하며 활약하고 있다.

■ 닝겐(ニンゲン)

인터넷상에서 이야기되는 괴물. 1990년대 후반부터 일본 정부의 조사포경으로 확인되었다고 하는 수수께끼의 생물로, '인형물체(人型物體)'라고 불리고 있었다. 그 모습은 다양해서, 팔다리가 달린 인간의 형태를 하고 있거나, 인간의 상반신이 두 개 접합되어 있는 듯한 형태 등이 있다. 고래처럼 바다 속에서 나타나는데, 온몸이 새하얗고 전장이 수 미터에 이른다고 한다.

2채널(현 5채널) 오컬트 판의 '거대어·괴어' 스레드에서 2002년 5월 12일에 작성되었다. 이 게시판에서 괴물은 위에 적은 것처럼 '인형물체'라고 불리고 있으며, 같은 스레드 내에서는 남극 고질라와의 관련도 고찰되고 있다(남극 고질라에 대해서는 해당항목 참조). 이후, 같은 날 중에 인형물체 전용 스레드가 만들어졌지만, 이쪽에서는 이미 인형물체에 대해 작성한 인물이 이 괴물이 '닝겐'이라고 불리고 있다고 적고 있으며, 현재는 '닝겐' 혹은 '남극의 닝겐'이라는 표현이 정착되어 있다.

참고로 지구의 반대편에 출현한다고 여겨지는, 혹은 인터넷 발상의 히토가타라는 괴물이 있는데, 같은 스레드 내에서는 호칭을 '히토가타'로 할지 '닝겐'으로 할지 논의가 이루지는 것으로 보인다. 히토가타에 대해서는 해당항목을 참조

【다】

■달팽이코쟁이(Nasolimaceus)

하이아이아이아이 군도에 서식했다고 하는 신비한 생물. 몇 종류가 있으며, 화델라차달팽이코쟁이(Nasolimaceus palustris)는 군도 중에서 마이루빌리섬에 서식한다. 황갈색 모피에 커다란 코를 지녔으며 화델라차 습지라는 장소에서 확인된다. 크기는 생쥐 정도로, 민달팽이 같은 형태 및 이동기능을 지닌 코를 사용해서 이동한다. 주식은 습지대에 서식하는 고둥이라고 한다.

근연종인 갑각꼬리달팽이코쟁이(Nasolimaceus conchicauda)는 꼬리에 커다란 갑각을 지녔으며, 군도 중에서 이사조파섬의 화산 분화구에서만 확인된다. 꼬리를 배 쪽으로 접어서 껍데기로 몸을 감싸 스스로를 지킨다고 한다.

하랄트 슈튐프케 저『코걸음쟁이의 생김새와 생활상』에 실려 있다. 이 책에 등장하는 동물들은 전부 실재한다는 형식으로 적혀있기는 하지만, 이 저작물 자체가 동물학논문의 패러디로서 작성된 작품이며 저자인 하랄트 쉬튐프케도 하이아이아이아이 군도도 등장하는 동물도 전부 가공의 존재다(한국어 명은『코걸음쟁이의 생김새와 생활상』의 역자인 박자양 씨의 명칭을 따랐다-역주).

■도플갱어

유럽을 시작으로, 전 세계에서 이야기되는 괴이. 도플갱어는 독일어로 산 자와 완전히 똑같은 모습을 한 환상이 출현하는 것을 뜻하며, 영어로는 더블, 일본어로는 이혼병(離魂病) 등으로 불리는 것과 같은 현상이다. 이 환령은 본인 앞에 나타나는 경우도, 제3자 앞에 나타나는 경우도 있지만, 많은 경우에 죽음의 전조라고 여겨지고 있다.

로즈마리. E. 길리 저『요정과 정령의 사전』에 실려 있다.

■두더지코쟁이(Nasenmull)

하이아이아이아이 군도에서 발견되었다고 하는 신비한 생물. 생쥐 정도의 크기인 코걸음쟁이의 일종으로, 두더지처럼 땅속에 숨어서 생활한다. 땅속에서는 지렁이나 곤충을 먹지만, 땅을 팔 때 거대한 코를 사용하는 것이 특징적이다.

군도 안에서도 마이루빌리 섬에 서식하는 풍선두더지코쟁이(Rhinotalpa phallonasus)를 예로 들면, 입으로 공기를 들이쉬는 것으로 코를 크게 부풀릴 수 있다. 코의 중심 근처의 가장 굵은 부분에는 둥그스름한 형태로 강모가 나 있으며, 코를 부풀리면 흙에 박힌다. 거기서 공기를 토해내서 코를 수축시키면, 흙에 꽂혔던 강모에 의해 몸이 앞으로 끌려가며, 전진한다. 그리고 네 다리로 흙을 붙잡으며 터널을 파서 앞으로 나간다고 한다. 또 흙이 아주 단단한 경우에는, 코의 끝부분에 해면체를 딱딱하게 만들고 확장시킴으로써 흙을 파서 앞으로 나갈 수 있다. 다만 기본적으로는 이미 파둔 터널을 이용하는 경우가 많다고 한다.

그밖에도 방망이두더지코쟁이(Rhinotalpa angustinasus)라는 종류도 있는데, 이쪽은 흙이 아니라 자갈밭 속에서 살며, 몸도 길쭉해서 뱀처럼 몸을 움직이며 자갈 속을 이동할 수 있다.

하랄트 슈튐프케 저 『코걸음쟁이의 생김새와 생활상』에 실려 있다. 이 책에 등장하는 동물들은 전부 실재한다는 형식으로 적혀있기는 하지만, 이 저작물 자체가 동물학논문의 패러디로서 작성된 작품이며 저자인 하랄트 쉬튐프케도 하이아이아이 군도도 등장하는 동물도 전부 가공의 존재다(한국어 명은 『코걸음쟁이의 생김새와 생활상』의 역자인 박자양 씨의 명칭을 따랐다-역주).

■ 디스맨

인터넷상에서 이야기된 괴이. 이 남자의 이야기는 이렇게 이야기된다. 2006년 1월, 미국의 뉴욕에서 어느 유명한 정신과 의사에게, 한 여성 환자가 나타났다. 여성 환자는 꿈에 반복해서 나타나는 남자에 대해 상담하고, 그 얼굴을 그림으로 그렸다.

여성 환자는 맹세코 사생활에서 이러한 남자와 만난 적은 없다고 이야기했다.

그 뒤로 정신과 의사는 꿈속에 나왔다는 남자에 대해 잊고 있었는데, 어느 날, 다른 환자가 꿈속의 남자를 그린 그림을 보더니 자신도 꿈에서 이 남자와 만났다고 이야기했다. 그래서 정신과 의사가 아는 의사에게 이 그림을 보내고 같은 남자를 꿈에서 만난 적이 없느냐는 조사를 환자들에게 해달라고 부탁했다. 그러자 놀랍게도 네 명의 환자가 이 남자가 꿈에서 나타났다고 대답했다. 그들은 남자를 가리키며 이렇게 불렀다. "This man"

디스맨에는 공식 홈페이지가 존재하며, 그 그림이 인터넷상에서 공개되어 있고, 눈썹이 굵은 중년 남성 같은 외모를 하고 있다. 이 사이트에 의하면, 이 디스맨을 꿈에서 목격했다는 정보는 전 세계에서 발신되고 있으며, 2000건을 넘는다고 한다. 그리고 사이트에는 꿈속에서 디스맨과 만난 사람들을 돕고, 정보를 공유하는 것, 디스맨의 정체를 밝혀내는 것, 등이 적혀있다.

그러나 실제로 디스맨의 이야기는 완전히 창작임이 판명되어 있다. 시작한 사람은 이탈리아의 광고대리점의 경영자이자 사회학자이기도 한 안드레아 나텔라(Andrea Natella)라는 인물로, 인터넷상에서 정보가 확산되는 것을 이용한 판매촉진 방법의 효과를 증명하기 위한 실험이었다고 한다. 실제로 디스맨은 전 세계에 퍼졌고,

많은 사람들이 그 정보를 확산하고, 공유했다. 그런 가운데, 가공의 존재였을 디스맨을 실제로 꿈속에서 봤다는 정보도 이야기되고 있다. 디스맨은 어느 샌가 독립된 존재가 되어서 사람들의 꿈을 건너다니고 있는지도 모른다.

■ 뛰엄코쟁이(Nasenhopfe)

하이아이아이 군도에서 서식하고 있었다는 신비한 생물. 물가의 모든 곳에서 산다고 한다. 발달한 긴 코를 지녔으며, 이것을 굽혔다 펴서 뒤쪽으로 뛰며 이동한다. 또 꼬리 끝에 털이 응착해서 만든 포획집게가 있으며, 이것을 이용해서 사냥감을 잡는 것으로 여겨진다.

하랄트 슈튐프케 저『코걸음쟁이의 생김새와 생활상(Bau und Leben der Rhinogradentia)』에 실려 있다. 이 책에 등장하는 동물들은 전부 실재한다는 형식으로 적혀 있기는 하지만, 이 저작물 자체가 동물학 논문의 패러디로서 작성된 작품이며 저자인 하랄트 쉬튐프케도 하이아이아이 군도도 등장하는 동물도 전부 가공의 존재다 (한국어 명은『코걸음쟁이의 생김새와 생활상』의 역자인 박자양 씨의 명칭을 따랐다-역주).

【라】

■ 랩 래트(Rap rat)

인터넷상에서 이야기되는 괴이. '랩 래트'는 어느 보드게임용 비디오 타이틀 및 그 비디오 내에 등장하는 쥐 캐릭터의 이름이다. 유통되고 있는 비디오 안에는 이 랩 래트가 이상한 모습을 하고 있는 것이 있다고 한다.

그 모습은 너무 커다란 귀에 두 개의 이빨, 부어오른 입과 죽은 물고기 같은 커다란 눈을 가진 쥐로, 악마 같은 저음으로 소리친다.

이 비디오를 보면, 항상 랩래트에게 쫓기게 된다. 랩래트는 현실에 침식하는 힘을 지니고 있어서, 창문이나 문이 긁히는 소리가 나거나, 시야 가장자리를 움직이는 쥐 같은 물체가 보이게 된다.

이 괴이가 생겨난 배경으로서, 이하와 같은 이야기가 이야기된다.

'랩래트'를 작성한 회사가, 게임에 등록하는 쥐 인형의 작성을 카리브 해의 아이티에 있는 공장에 의뢰했다. 어느 날, 인형을 만들던 소녀가 기계에 말려들어가 팔부터 잘게 으깨져 죽는 사고가 발생했다. 소녀의 어머니는 격노해서 이 기계가 만드는 모든 인형에 소녀의 피가 배고, 인형을 건드린 인간은 모두 죽을 것이라고 선언했다. 그리고 '아파라트'라고 하는 악마를 불러내서 저주를 걸었다.

공장주는 이 말에 코웃음 쳤고, 게임 회사는 이 공장에서 만들어진 쥐 인형에 '아파라트'의 애너그램인 '랩 래트'라는 이름을 붙였다.

그러나 저주는 실존했다. 게임 회사는 2년 후에 도산했으며, 공장에서 일하던 사람들은 도처에서 이 공장에서 만들어진 인형을 목격하게 되어서 공포로 자살하는 사람도 생겼다.

그리고 아파라트의 저주는 보드 게임용의 비디오를 통해 전 세계에 흩뿌려지게 되었다. 랩 래트의 통상 버전 비디오를 본 사람은 많은데, 때때로 랩 래트는 그 사람의 곁에도 나타난다고 한다.

웹 사이트 〈CREEPYPASTA〉에 2012년 1월 15일에 투고된, 인터넷상에서 유포되는 괴담인 크리피파스타의 일종. 비디오형 보드게임 'RAP RAT' 자체는 실제로 있으며, 90년대 초기에 판매되었다. 현재도 중고품이라면 구입할 수 있는 듯하다. 괴담속에 있는 통상 버전의 랩 래트는 이것을 가리킨다고 생각되며, 이것들 중에 저주받은, 겉으로 봐서는 알 수 없는 랩 래트가 섞여있을 가능성도 있을 것이다.

이상과 같이, 이 괴담은 작성한 인물이 체험한 공포담이라는 형식으로 기록되어 있지만, 크리피파스타는 창작인지 아닌지의 여부를 묻지 않기 때문에 개인에 의해 창작된 이야기일 가능성도 높다.

■ 리틀 데드 낸시 (Little Dead Nancy)

인터넷상에서 이야기된 괴이. 학교에서는 괴롭힘 당하고 가정에서는 부모에게 소외당하던 고독한 소녀가, 어느 날 학교의 붉은 그네에 목을 매서 죽었다. 낸시는 그 소녀의 혼령이라고 한다.

낸시를 소환하기 위해서는 그녀가 죽은 그네 옆에 있는 파란색이나 녹색 그네에 앉아서 "리틀 데드 낸시, 벤치에 앉아, 한쪽 눈이 길고, 그리고 한쪽 눈은 사라지고, 리틀 데드 낸시, 빨간 그네에 나타나, 그 위에 앉아서, 나와 함께 그네를 타자"라는 주문을 외우면 출현한다. 이 주문에 있는 것처럼, 겉모습은 작은 소녀이지만 한쪽 눈은 눈구멍에서 튀어나와 늘어져 있고, 다른 한쪽은 완전히 안구가 사라져 있다는 무시무시한 모습을 하고 있다.

어느 학교에 전해지는 이야기로는, 불러내면 낸시에게 살해당한다고들 하지만 실제로 낸시를 불러낸 여성에 의하면 그 실상은 전혀 다르다고 한다.

낸시를 불러낸 그 여성은, 누군가에게 친구가 살해당한 것을 비관해서 불러낸 낸시에게 죽는 방법으로 자살하려고 생각했다. 그러나 낸시는 그녀의 복수를 거들어주겠다고 말하고, 그녀 안에 들어갔다.

그리고 그 여성은 자신의 친구를 죽인 남자와, 그것을 목격했으면서도 아무 것도 하지 않은 인간들을 살해하기로 결심했다. 친구가 살해당한 것과 마찬가지로 온

몸을 23번 찌른다는 방법으로.

웹 사이트 〈CREEPYPASTA〉에 2019년 9월 14일에 투고되었다. 이 이야기 안에서 낸시는 살해당한 투고자 여성의 친구의 모습으로 변화하는 등의 능력을 보이고 있으며, 단순히 죽은 자의 망령이 아님을 알 수 있다.

다만 이 사이트의 이름이기도 한 크리피파스타는 인터넷상에서 유포되는 공포담을 뜻하는 말이므로 창작된 이야기일 가능성도 높다.

【마】

■문어발띠코쟁이(Eledonopsis)

하이아이아이 군도에서 서식했다고 하는 신비한 생물. 그 대표적인 종류인 관벌레코 문어발띠코쟁이(Eledonopsis terebellum)는 군도 중에서도 마이루빌리섬에서 발견되며, 그 외견은 뾰족뒤쥐와 비슷하다고 한다. 특징적인 것은 길게 뻗은 네 개에서 여섯 개의 코로, 너비 2~3센티미터, 길이는 30센티미터에 달하는 띠 형태를 하고 있다. 이 코의 위쪽 면에는 위를 향해 가늘게 뻗은 콧구멍이 두 개의 홈처럼 존재하고 있다. 또 코의 표면에는 점액에 덮여있는 섬모상피가 있으며, 달라붙

은 곤충을 그대로 콧구멍을 통해서 소화기관으로 보내거나 코 아래까지 운반해서 손이나 혀로 먹어버린다고 한다.

하랄트 슈튐프케 저『코걸음쟁이의 생김새와 생활상(Bau und Leben der Rhinogradentia)』에 실려 있다. 이 책에 등장하는 동물들은 전부 실재한다는 형식으로 적혀 있기는 하지만, 이 저작물 자체가 동물학 논문의 패러디로서 작성된 작품이며 저자인 하랄트 쉬튐프케도 하이아이아이 군도도 등장하는 동물도 전부 가공의 존재다 (한국어 명은『코걸음쟁이의 생김새와 생활상』의 역자인 박자양 씨의 명칭을 따랐다-역주).

【바】

■버뮤다 트라이앵글

플로리다 반도의 끝단, 푸에르토리코, 버뮤다 제도를 잇는 삼각형 해역. 이 해역에 비행기나 배가 들어가면 기체나 선체, 혹은 승무원이 사라져버린다는 전설이 있다.

이 전설이 널리 퍼지게 된 것은 1974년에 발행된 찰스 버리츠 저『수수께끼의 버뮤다 해역(The Bermuda Triangle)』이 베스트셀러가 된 이후로 추정되는데, 현재는 이 책의 내용에는 정확성이 결여된 부분이

많다고 여겨진다. 한편, 이 해역에서 조난사고가 다발하는 것은 사실이며, 콜린 윌슨 저 『세계 불가사의 백과』에 의하면 1945년 12월 5일, 미국 플로리다 주 포트로더데일 공군기지에서 이륙한 다섯 대의 뇌격기가 나침반 오작동 및 계기 불량을 일으켜 전부 행방불명된 사건이 이 해역에서 일어난 조난사건의 발단이라고 기록되어 있다. 다만 이 사건도 과장되어 기록되어 있는 부분이 많아서 실제로는 평범한 조난사건이었을 가능성도 높다. 이 사건은 1964년에 잡지 기사로 실리면서 '버뮤다 트라이앵글'이란 호칭이 이때 처음으로 사용되었다고 한다.

이 해역에서 조난사건이 다발하는 것은, 우주인이나 블랙홀에 의한 것이었다는 설 이외에 대량의 따뜻한 바닷물이 이 해역에 흘러 들어와서 수분이 증발하여 염도가 높은 해수와 보통의 해수가 뒤섞이는 것으로 바다 속에 격렬한 소용돌이가 발생하기 때문이라는 설, 국지적인 자기장의 흐트러짐이 발생하기 쉬운 장소이기 때문에 기기가 고장 난다는 설이 있다.

■ 베리드 얼라이브(Buried Alive)

인터넷상에서 이야기되는 괴이. 1996년에 발매된 게임 프리크 및 닌텐도의 게임 『포켓몬스터 레드&그린』을 둘러싼 괴이. 이 게임에서는 스토리 중반에 시온타운(한국명 보라타운-역주)이라는 마을을 방문하게 되는데, 죽음이나 유령을 테마로 한 이 마을은 작중 굴지의 호러 스팟으로 유명하다. 또 이 마을에는 포켓몬 타워라고 불리는 던전이 존재하는데, 이 탑은 죽은 포켓몬을 매장하고 공양하는 묘지의 역할을 담당하고 있다.

베리드 얼라이브는 이 포켓몬 타워의 최상층에 출현하는 적 캐릭터라고 하며, 이 모습은 묘지에서 기어 나오는 시체처럼 보인다. 전투는 최상층에 있는 묘비에 말을 거는 것으로 시작되는데, 그때, "여기입니다", "나는 갇혀있습니다", "저는 고독합니다. 아주 쓸쓸합니다", "내 동료가 되라"라는 텍스트가 표시된다.

또 이 베리드 얼라이브는 스토리 상 있을 수 없을 정도로 레벨이 높은 포켓몬을 사용하며, 최후에는 상한인 레벨100을 돌파한 레벨 101의 '화이트 핸드'라는 게임 상 존재하지 않을 캐릭터를 사용한다. 이 때문에 베리드 얼라이브에게 이기는 것은 어렵지만, 지면 게임오버가 되며 베리드 얼라이브의 "신선한 고기"라는 대사가 텍스트로 표시된다.

그리고 주인공이 베리드 얼라이브에 의해 살해되는 듯한 화면이 표시되고 그대로 게임을 기동할 수 없게 되어버린다고 한다.

또 그 화면 너머에서 시온타운의 BGM의 어레인지와 고기를 우걱우걱 먹는 듯한 소리가 들려온다는 보고도 있다. 이름이

기도 한 베리드 얼라이브는 생매장을 뜻하는 단어.

2000년대 이후에 인터넷상에 이야기되게 된 괴담. 시온타운은 이런 도시전설의 무대가 되곤 하는데, 물론 원래부터 게임에 이러한 데이터는 들어있지 않으며 창작된 이야기로 여겨진다.

또 베리드 얼라이브가 사용해오는 존재하지 않을 포켓몬 '화이트 핸드'에 대해서는 시온타운에 있는 NPC캐릭터에게 말을 걸면 주인공의 어깨에 하얀 손이 얹히는 것이 보인다, 라는 취지의 대사를 하기 때문에 그것이 바탕이 되었을 가능성이 높다. 마찬가지로 시온타운을 둘러싼 괴담에 **시온타운 증후군**이 있다.

■벤 드라운드(Ben Drowned)

인터넷상에서 이야기된 괴이. 영어권을 대상으로 한 전자게시판 4chan에서 이야기된 괴이로, 닌텐도의 텔레비전 게임 『젤다의 전설』의 주인공 캐릭터인 '링크'와 비슷한 모습을 하고 있다고 한다. 게시판 안에서 이야기된 것은 이하와 같다.

어느 날, 게시판에 '자두세이블(Jadusable)'이라고 하는 인물이 글을 썼다. 그 내용은 반맹인 노인에게서 중고 『젤다의 전설 무쥬라의 가면』 게임 소프트를 구입했는데, 안에는 'BEN'이라는 이름의 세이브 데이터가 들어있었다. 그 데이터를 로드 해보았더니 클리어 직전에서 멈춰있는 것을 알았다.

그 후에 자두세이블은 새로운 세이브 데이터를 만들어서 게임을 시작했는데, 어떤 버그기술을 썼더니 원래 그 버그기술을 썼을 경우의 전개와는 전혀 다른 현상이 일어났고, 주인공 링크의 허물이나 게임 내에서 중요한 역할을 하지만 평소에는 일정한 장소에서 나갈 수 없었을 '행복의 가면 상인'이라는 캐릭터가 링크를 쫓아와서 최종적으로 링크가 사망했다. 게다가 데이터를 덮어씌우기 했을 'BEN'이라는 이름의 데이터가 부활해 있고, 그 뒤에 'YOUR TURN'이라는 데이터가 있었다. 무서워진 그는 이 게임이 대체 무엇인지 확인하기 위해 그 소프트를 팔았던 노인을 찾아갔다. 그러나 노인은 이미 그곳에 없었고, 대신 그 이웃사람에게 벤이라는 이름에 대해서 물어보았더니 8년 전에 근처에서 벤이라는 소년이 사고로 죽었다는 이야기를 알게 되었다.

그리고 집에 돌아오자 무쥬라의 가면의 'BEN'의 데이터가 멋대로 진행되고 있었고, 그 데이터를 로드하자, 역시 게임의 내용도 변해 있었다. 게임의 중심이 되는 '테르미나 평원'이라는 필드에는 링크의 허물, 행복의 가면 상인, 그리고 이 게임에서 링크의 숙적인 '스탈키드'라는, 있을 리 없는 묘한 3인조 캐릭터가 나란히 출현해 있었다. 또 해변에는 주인공 링크가 변신하는, 수영이 특기라는 설정의 조라

링크가 해변에서 링크의 허물과 조우하는 동시에 익사한다는 기묘한 전개가 이어진다.

그 뒤로 게임을 다시 켜자, 'BEN' 외에 'DOROWEND(익사했다)'라는 이름의 세이브 데이터가 출현했으며, 거기서 자두세이블은 벤이 사고로 죽은 것은 익사였음을 깨닫는다.

이윽고 게임은 현실까지 침식하기 시작한다.

자두세이블은 꿈속이나 등 뒤에 링크의 허물이 나타나서, 그를 쫓아오고 있다는 공포를 품기 시작한다.

그 뒤에 그의 친구라는 인물의 글이 게시판에 있고, 자두세이블이 마치 뭔가에 쫓기는 것 같은 눈치를 보이며 식사도 하지 않고 몹시 초췌해져있음을 적었다. 그리고 그의 전언으로 그가 플레이했던 『젤다의 전설 무쥬라의 가면』의 동영상을 동영상 사이트에 올리고, 그리고 그가 남긴 텍스트를 올린다.

그 내용은 자두세이블이 점차 허물에 의해 막다른 골목에 몰려가는 모습이 기록되어 있었으며, 이윽고 벤이 그의 컴퓨터에 침입했다는 무서운 사실이 판명된다. 벤은 컴퓨터를 통해서 텍스트를 작성하고, 자두세이블과 대화한다. 그리고 자유롭게 되고 싶다는 말을 하기 시작하고, 이윽고 인터넷을 사용하고 있으면 모든 곳에 링크의 허물 사진이 표시되게 된다.

그리고 마지막 밤, 자두세이블은 꿈을 꾼다. 그 꿈속에서 그는 무쥬라의 가면에서, 마지막 싸움 전에 방문하는 달의 세계에 있었다. 거기서 등장하는 게임 내 캐릭터인 가면을 쓴 네 명의 아이들이 그를 짓누르고, 그 몸을 땅바닥에 고정하고 얼굴에 가면을 씌운다. 이윽고 가면은 그의 얼굴에 응착해서 새로운 얼굴이 되고, 거기서 행복의 가면 상인이 등장해서 게임 내의 익숙한 대사인 "큰일을 겪으셨군요……." 라는 대사를 한다. 직후, 다시 가면의 아이들이 작업을 개시했고, 이윽고 자두세이블은 링크의 허물과 바뀌치기 되어버리는 것을 알아차린다.

그 뒤에 벤은 그의 컴퓨터를 완전히 장악했고, 자두세이블이 남긴 게임 기록을 바꿔나간다. 이윽고 자두세이블은 이 이후에 올라오는 글을 믿지 말라고 적지만, 그 후 며칠 뒤, 지금까지의 자두세이블이 적은 글과 모순되는 글이 작성되면서 그의 컴퓨터가 완전히 벤에게 넘어가버렸음이 암시되며 괴담은 끝난다.

2010년 9월 7일에 4chan에 작성된 괴이. 크리피파스타의 일종으로 생각할 수 있지만, 크리피파스타는 사실인지 창작인지를 구별하지 않기 때문에 창작된 이야기일 가능성도 높다.

이 괴담에서 키 아이템이 되는 『젤다의 전설 무쥬라의 가면』은 일본 게임 회사 닌텐도가 자사의 게임 하드웨어인 'NINTEN-

DO64'의 소프트로서 개발한 텔레비전 게임으로, 2000년에 각국에 발매되었다.

『젤다의 전설』 시리즈 중에서도 호러 색채가 강한 게임이지만, 이 괴담에서 빈번하게 등장하는 '허물'은 게임 종반에 주인공 링크가 습득하는 노래에 의해 출현시킬 수 있는 인형 같은 것으로 게임의 트릭을 풀기 위해 필요한 기믹이지만, 링크의 모습을 본뜨고 있으면서도 상당히 기분 나쁜 모습을 하고 있다. 또 '행복의 가면 상인'이나 '스탈키드', '가면의 아이들' 같은 존재도 게임에 실제로 등장한다. 이 괴담은 실제로 동영상이 투고되었으며, 게임 내에 일어나는 불가사의한 현상을 실제로 볼 수 있다.

이 괴담을 투고한 본인에 의해 개작된 게임의 영상이라고 추정되지만, 실재하는 것이 괴담에 설득력을 가져다주고 있다. 또 이 동영상을 다운로드하는 등의 행동에 의해, 벤이 다른 컴퓨터에 침입해서 퍼져나가는 것이 괴담 내에 시사되고 있다.

■ 블랙 아이드 키즈(Black-eyed Kids)

미국에 나타났다는 괴이. 그 이름대로 눈의 흰자위가 없이 안구 전체가 새까맣게 된 아이의 모습을 한 괴이로, 자동차나 집의 문을 두드리며 안에 들여보내달라고 부른다고 한다.

나미키 신이치로 저 『MU적 도시전설』에 의하면, 이 아이들과 조우한 이야기는 1996년에 저널리스트인 브라이언 베텔(Brian Bethel)에 의해 보고되었다고 한다. 그는 텍사스 캔자스의 어느 주차장 안에 있었는데, 블랙 아이드 키즈가 차의 문을 두드리며 집까지 바래다 달라고 부탁했다고 한다.

이 아이들은 악마의 화신이라고도, 죽은 아이들의 혼령이라고도, 우주인이라고도 전해지며, 현재는 미국 각지에서 목격된다고 한다.

인터넷상에서는 눈이 검고 하얀 머리카락의 아이들이 이쪽을 바라보는 사진이 자주 사용되는데, 이것은 1995년의 미국 영화인 『저주받은 도시(Village of the Damned)』의 한 장면을 가공한 것으로 추정된다. 이 영화에서는 정체불명의 생물에 의해 임신한 여성들로부터 태어난 아이들이, 눈을 빛내며 텔레파시를 사용해서 인간을 조종한다는 묘사가 있다. 이 장면을 잘라내서 눈을 검게 칠하고, 색을 흑백으로 만든 것이 널리 알려진 블랙 아이드 키즈의 사진인 듯하다.

■ 블루프(Bloop)

태평양에서 확인된 괴이. 동태평양 해령 부근의 지진활동을 모니터링 하던 중에 기록된 괴음(怪音)으로, 수심 4000미터 전후에서 발생한 것이라고 한다. 생물이 발하는 소리로 여겨졌으나, 대왕고래를 필두로 하는 기존 생물들이 내는 소리와는 달랐으며 소리의 크기로 추정했을 때 100미터 이상의 크기를 지닌 생물로 예상되었다고 한다.

나미키 신이치로 저·MU 편집부 편 『MU 인증 경이의 초상현상』에 실려 있다.

【사】

■ 사라진 히치하이커

미국을 시작으로, 전 세계에서 이야기되는 괴이. '환상의 히치하이커'라고 불리는 경우도 있다.

히치하이크 하는 사람을 차에 태웠는데 어느 샌가 그 사람의 모습이 사라져 있고, 나중에 그 사람이 이미 죽은 사람이었음이 판명된다, 라는 괴담으로서 이야기된다.

기본적으로는 젊은 여자의 모습을 하고 있다고 하며, 그녀가 말한 목적지에 도착하면 모습이 사라져 있다. 그래서 그 여성에 대해 주변에 물어보면, 비참한 사고나 사건으로 사망했다는 사실을 알게 되는 전개가 많다. 또한 그 여성의 묘가 가까이에 있어서 그곳에 가면, 그녀가 입고 있던 의복의 일부, 코트나 스카프 같은 것이 묘에 덮여 있다고 이야기되는 경우도 있다.

얀 해럴드 브룬번드 저 『사라진 히치하이커』에 의하면, 뉴욕 주에서는 이런 종류의 괴담이 19세기 말에는 이미 이야기되고 있었으며, 유령이 타고 오는 것도 자동차가 아니라 말이나 마차였다고 한다.

이 책이나 로즈마리. E. 길리 저 『요정과 정령의 사전』에 의하면, 미국에서 사라진 히치하이커 전설은 19세기부터 퍼져나가게 되었다고 하는데, 그 기원은 유럽에서 전해지는 여행자의 전설까지 거슬러 올라간다고 한다.

또 아시아권에서도 이것과 유사한 이야기가 있는데, '사라진 히치하이커'에 의하면 중국에서는 탈것에 타는 것이 아니라 함께 걸어가던 처녀가 부모의 집에 도착하자 사라져버렸다, 라는 패턴이라고 한다. 이 처녀는 실은 죽어가고 있던 처녀의 혼령으로, 남자가 그녀를 집까지 바래다준 직후에 본인이 죽어버려서 사라진 것이라고 한다. 죽어가는 인물의 혼이 친한 인물 곁에 나타나는 이야기는 세계 각지에서 찾아볼 수 있으며, 혼이 낯선 인물에게 자신의 집까지 바래다달라고 하는 점은 사라진 히치하이커의 이야기와 유사하다.

일본에서도 17세기의 괴담집인 『제국백물어(諸國百物語)』에 이미 이런 종류의 유령을 확인할 수 있는데, 이 경우에는 말이 아니라 가마를 타고 있었다고 한다. 또 근대 이후에는 인력거나 자전거에 타는 유령 이야기도 이야기되고 있으나, 히치하이크 문화가 침투하지 않은 현대에서는 대부분이 택시에 타는 유령으로서 이야기되며, 명칭도 **택시 유령**이라고 불리는 경우가 많다.

■사이렌 헤드(Siren Head)

인터넷상에서 이야기되는 괴이. 그 이름대로 머리 부분이 두 개의 사이렌처럼 되어 있는 괴물로, 몸길이 12미터를 넘는 거대한 몸을 지녔다. 그 몸 색깔은 녹슨 금속 같은 적갈색이지만, 유기물로 구성되어 있다.

팔과 다리 길이가 거의 비슷하며, 아주 길다. 손에는 긴 손톱이 있어서 이것으로 인간을 갈기갈기 찢는다. 또 머리의 사이렌 중 한쪽에는 인간의 입 같은 것이 수납되어 있으며, 그곳으로 사냥감이 될 인간과 친한 인물의 목소리를 내거나 기묘한 음악의 단편이나 대화의 단편, 분노에 찬 남자의 목소리나 숫자 등, 맥락 없는 소리를 발한다.

평소에는 숲에 숨어서 나무로 의태하고 사냥감을 기다린다. 가까운 사람의 목소리를 사용하던가 해서 숲으로 사람을 끌어들이는 경우도 있다. 올빼미처럼 고개를 회전시킬 수 있으며, 사냥감을 발견하면 바로 덮쳐온다. 습격한 인간을 어떻게 하는가는 알 수 없으며, 잡아먹는다, 소리를 재현하기 위한 재료로 삼는다 등의 설이 있다.

또 이 괴물과 비슷한, 사이렌이 두 개가 아니라 다섯 개 이상 나있는 괴물 이야기도 있으며, 출현한 지역에서는 많은 사람들이 고막이나 연부조직이 손상되었다는 보고도 있다. 통상의 사이렌 헤드와는 달리, 이 괴물은 소리 그 자체를 무기로 삼고 있을 가능성도 있다.

캐나다의 일러스트레이터인 트레버 헨더슨(Trevor Henderson)이 2018년 8월 20일에 트위터에 투고한 그림이 발단이 되어, 인터넷상에 급격히 퍼졌다고 여겨지는 괴이. 같은 해 10월 6일에는 헨더슨 씨가 사이렌 헤드의 자세한 설명을 곁들인 일러스트를 투고했다. 앞서 이야기했던 머리가 다섯 개 달린 사이렌 헤드 같은 괴물도, 헨더슨 씨가 2020년 3월 24일에 트위터에서 소개한 것.

이처럼 원래는 창작이었다고 여겨지는 사이렌 헤드이지만, 인터넷상에서는 이 괴물과 조우했다는 에피소드가 다양하게 이야기되거나, 팬 아트나 사이렌 헤드를 테마로 한 인디게임이 만들어지고 있다.

■산타클로스

전 세계에서 이야기되는 요정. 1년에 한 번, 크리스마스 날에만 찾아오는 붉은 옷을 입고 하얀 수염을 풍성하게 기른 노인으로서 이야기된다. 주로 순록이 끄는 하늘을 나는 썰매를 타고, 희고 커다란 자루에 선물을 가득 채우고, 크리스마스이브나 크리스마스에 하늘을 날아다니며 아이들에게 선물을 전달한다. 선물을 줄 때는 굴뚝을 통해 집에 들어가며, 침대 옆에 걸려있는 양말에 선물을 집어넣는다고 한다. 또한 그 이름은 기독교의 성인인 '성 니콜라우스(세인트 니콜라우스)'가 변한 것이라고 여겨지고 있다.

아주 유명한 어린이들의 아이돌이지만 산타클로스 자체는 역사는 그렇게까지 오래되지 않아서, 19세기 이후에 태어난 것으로 생각되고 있다. 그러나 그 바탕이 된 전승의 역사는 오래되었다.

와카바야시 히토미 저『크리스마스 문화사』에 의하면, 그 기원은 앞서 이야기한 기독교의 성인인 성 니콜라우스라고 한다.

크리스마스에 산타클로스가 선물을 양말에 집어넣는 것은, 성 니콜라우스가 3명의 딸을 결혼시킬 돈이 없다고 한탄하는 아버지의 집에 세 개의 금괴를 던졌는데 그것이 세 딸의 양말에 들어갔다는 일화가 바탕이 되었다고 한다.

니콜라우스의 축제일은 12월 6일이었는데, 성인 숭배를 부정한 마르틴 루터가 니콜라우스의 탄생축제 대신에 예수 그리스도가 갓 태어난 모습으로 12월 24일 크리스마스이브에 선물을 가지고 찾아온다는 이야기를 생각했다. 이 어린 예수는 이윽고 크리스트킨트(Christkind)라고 불리게 되었으며, 그 모습도 그리스도 자신이 아니라 그리스도 곁에서 시중드는 천사 소녀나 성 루치아(Saint Lucy)처럼 머리에 베일이나 양초의 관을 쓴 여성의 모습으로 그려지게 된다.

그리고 1847년, 오스트리아의 화가인 모리츠 폰 슈빈트(Moritz von Schwind)가 '미스터 윈터(Herr Winter)'라는 작품을 발표한다. 이 그림에는 수염이 난 남자가 후드가 달린 코트를 입고, 양초를 밝힌 크리스마스트리를 들고 있는 모습이 그려져 있었다. 이것이 크리스마스에 선물을 전달하는 존재로서, 성인 숭배를 인정하지 않는 개신교도가 사는 지역에 정착되어 '바이나하츠만(Weihnachtsmann)'이라 불리게 된다. 또 미국에서는 1809년, 아메리카에 들어온 네덜란드 인들의 성 니콜라스 축제(미국에서는 니콜라우스가 아니라 니콜라스라고 발음한다)를 접하고 거기서 하늘을 나는 마차에 탄 성 니콜라스를 묘사했다. 그 후, 1821년에 순록이 끄는 썰매를 타고 모피코트를 입은 산타클로스가 그려졌다. 이것이 세계에서 처음으로 비주얼화 된 산타클로스라고 한다.

그 후, 독일 출신의 미국인 화가인 토머스 내스트(Thomas Nast)가 1862년에 생글생글 웃는 얼굴에 하얀 수염의 뚱뚱한 산타클로스를 그렸다. 이것이 코카콜라의 선전을 위해 그려진 산타클로스 등에 계승되어, 지금 널리 알려진 산타클로스의 모습이 되었다.

성 니콜라우스를 기원으로 19세기에 생

거난 산타클로스는, 지금도 크리스마스나 크리스마스이브에 선물을 주러 오는 존재로서 전 세계의 아이들에게 사랑받고 있다.

■ 샐리

인터넷상에서 이야기된 괴이. 나이트가운 차림의 여섯 살 정도 되어 보이는 긴 흑발 소녀 모습의 유령이라고 하며, 얼굴에 깊이 베인 상처가 있다고 한다. 또 손은 피투성이이며, 조우한 인간에게 "같이 놀자?"라고 말을 걸며 날붙이처럼 날카로운 손톱으로 사람을 습격한다고 한다.

습격당한 인간은 어딘가 지하실 같은 장소로 끌려가서 두 팔과 두 다리에 베인 상처를 입는다. 그 상처는 "나하고 같이 놀자?"라는 문장의 형태를 하고 있으며, 샐리는 잔혹한 놀이를 함께한 희생자의 배를 찢어서 뱃속에 완구를 채워 넣는다고 한다.

2012년 10월 8일, 웹 사이트 〈CREEPY-PASTA〉에, 'WILL YOU PLAY WITH ME?'(같이 놀자?)라는 제목으로 투고되었다. 작중에서는 이 소녀의 정체는 불명이지만, 샐리라는 이름으로 불리는 경우가 많은 듯하다.

괴담은 이 소녀에게 습격당한 여성의 체험담으로서 시작되는데, 지하실에서 소녀에게 눈을 찔린 직후에 정신을 잃은 여성은 병실에서 눈을 뜬다. 거기서 경찰에게 대량살인범으로서 중년남성이 체포된 것, 그녀가 그 사건의 유일한 생존자라는 것을 알게 되지만 지하실에 소녀의 모습은 없었다는 말을 듣는다. 그리고 퇴원하는 날, 여성이 병원을 나가려고 대합실까지 왔을 때, 그곳의 바닥에 떨어져 있는 몇 개의 장난감들 사이에 그 소녀가 앉아 있는 것을 깨닫는다. 소녀는 그녀를 발견하고, 이렇게 말하는 것이었다.

"같이 놀래?"

■ 새도 피플

미국을 시작으로 세계 각지에 나타나는 괴이. 그 이름대로 사람 형태를 한 그림자 같은 괴인으로, 출현 전조로서 폴터가이스트 현상이 일어나거나 폭발음이 들린다고 한다.

나미키 신이치로 저 『최강의 도시전설 2』에 실려 있다.

출현이 확인된 것은 2006년 이후로 여겨지는데, 그 이후로 빈번하게 목격담이 이야기되고 있으며, 모습이 영상이나 사진에 찍히기도 했다. 그 대부분은 검은 연기가 사람 형체를 이룬 듯한 모습을 하고 있으며, 몸길이는 그때마다 제각각이다.

■ 성흔현상(Stigmata)

전 세계에서 이야기되는 괴이. 주로 기독교에서 몸의 일부에 저절로 상처가 생겨나는 것을 뜻한다. 대개 예수 그리스도가 십자가에 못 박혔을 때에 상처를 입은 부분, 즉 양 손바닥이나 양 발등에서 피가 난다는 현상으로서 이야기되는 경우가 많다. 이것들은 종교적인 세뇌상태에서 일어나는 경우가 많으며, 어떠한 전조라고 생각되는 경우도 있다.

하루카와 세이센 저『심령연구 사전』등에 실려 있다.

■소르벤홀쩍이코쟁이 (Emunctator sorbens)

하이아이아이 군도에서 서식하고 있다는 신비한 생물. 군도 안에서도 하이다다이피 섬의 냇가 어귀에 산다. 특수한 포식행동을 하는 것으로 알려져 있는데, 수면 위로 길게 뻗은 식물의 가지 위에 달라붙어서, 수면을 향해 길게 뻗은 코에서 콧물 같은 포획실을 드리운다. 그 포획실에 수생생물이 걸리면 콧물을 들이키는 것처럼 실을 감아올리고 긴 혀를 뻗어서 사냥감을 잡아먹는다고 한다.

하랄트 슈튐프케 저『코걸음쟁이의 생김새와 생활상』에 실려 있다. 이 책에 등장하는 동물들은 전부 실재한다는 형식으로 적혀있기는 하지만, 이 저작물 자체가 동물학논문의 패러디로서 작성된 작품이며 저자인 하랄트 쉬튐프케도 하이아이아이 군도도 등장하는 동물도 전부 가공의 존재다(한국어 명은『코걸음쟁이의 생김새와 생활상』의 역자인 박자양 씨의 명칭을 따랐다-역주).

■솔레아(Solea)

전 세계에서 발견되는 신비한 생물. **평행식물**의 일종. 잎사귀나 꽃은 없고, 봉오리에 나선형태의 돌기들이 감겨있는 듯한 식물의 모습을 하고 있다. 평행식물은 시간의 흐름에서 분리된 어느 시점에서 정지되어버린 식물이지만, 그 중에서도 솔레아는 결정적인 진화 및 성장 도중에 정지해버린 듯한 인상을 받게 한다.

또 그 봉오리에 감긴 돌기들은 어느 꿈꾸는 지팡이에도 일정한 느낌으로 존재하고 있으며, 해석하면 안달루시아 지방의 롬인들이 추는 플라멩코의 리듬과 일치한다고 한다.

레오 리오니 저, 미야모토 아츠오 역『평행식물』에 실려 있다. 이 책에 등장하는 평행식물이라 불리는 생물은, 통상의 물리법칙이 통하지 않으며 정지한 시간, 혹은 현실과 평행하게 존재하는 다른 시간을 살아간다는 특징을 지닌다고 한다. 그러나 이 책에 실려 있는 식물은 실재한다는 형식으로 기록되어 있기는 하지만, 전부 저자인 리오니의 창작이다. 평행식물의 특징 자체에 대해서는 같은 항목을 참조.

■수호령

전 세계에서 이야기되는 괴이. 심령주의나 심령과학에서 선천적으로 사람의 수호를 맡고 있는 다른 세계의 주민이라고 한다. 또 그 대다수는 그 인간의 먼 선조라고 한다.

인간에 대한 수호령의 영향은 커서, 인격의 6할에서 7할 정도는 수호령의 감화에 기인한다. 수호령은 평생 동안 바뀌는 일이 거의 없는데, 그 일을 서포트하는 보조령 여럿이 붙은 경우가 있다고 한다.

또 심령주의나 심령과학에 기초하는 것이 아니라, 오래전부터 사람들 사이에서 믿어져왔던 수호령적인 존재도 많다. 이를테면 일부 기독교에서는 사람에게는 태어날 때부터 수호천사가 붙는다고 생각되고 있다. 정령이나 신이 인간을 수호한다고 생각하는 문화도 많다.

하루카와 세이센 저『심령연구 사전』, 로즈마리. E. 길리 저『요정과 정령의 사전』에 실려 있다.

■스마일 독(The Smile Dog)

인터넷상에서 이야기된 괴이. 체인메일의 일종으로, 메일에 첨부된 웃는 시베리안 허스키 그림을 보면 미쳐버린다고 한다. 이런 일을 피하기 위해서는 일정 수 이상의 사람에게 똑같은 메일을 전송해야만 한다고 한다.

웹 사이트 〈CREEPYPASTA〉에 의하면, 1990년 중반부터 후반에 걸쳐, "웃어! 신은 너를 사랑하고 있다!"라는 제목의 메일에 첨부된 체인메일로서 퍼졌다고 한다. 스마일 독의 그림은 현재 확인된 것으로도 몇 종류가 있지만, 보통의 개와 달리

웃음을 짓는 입에 나 있는 것이 개의 이가 아니라 사람의 이라는 점이 거론된다. 또한 얼굴의 털이 없고 정수리부터 옆머리에만 털이 나 있는 것으로 보아, 인간에 가까운 얼굴로 가공된 화상이 스마일 독으로서 게재되어있는 경우가 많다.

■스카이피쉬(Skyfish)

전 세계에 출현하는 괴물. 영미권에서는 스카이로드(Skyrods), 혹은 로드(Rods)라고 불리는 경우도 많다.

봉 형태의 몸에 띠 형태의 지느러미, 혹은 몇 장이나 되는 날개를 지닌 모습을 하고 있으며, 육안으로 포착할 수 없을 정도의 속도로 공중을 이동한다. 몸 색깔은 백, 흑, 갈색 등이 있으며, 몇 번이나 영상이나 사진에 기록이 남아있으나 결코 붙잡히는 일은 없었다. 그 정체는 카메라 앞을 가로지르는 벌레의 잔상이라는 이야기가 있지만, 이 설로는 증명할 수 없는 형태를 한 스카이피쉬도 있다. 그 때문에 캄브리아기의 생물이며, 5억 2500만년 전부터 5억 500만년 전 사이에 서식했던 아노말로카리스가 진화한 생물이라는 설이 생겨났다. 아노말로카리스는 해양생물로, 몸 양쪽 가장자리에 13쌍의 지느러미를 가진 부분이 스카이피쉬와 유사하다.

그밖에도 플라즈마 생명체라는 등의 설이 존재한다고 한다.

나미키 신이치로 저『미확인동물 UMA 대

전』에 실려 있다. 이 책에 의하면 이 미확인생물이 처음으로 기록된 것은 1994년에 미국, 뉴멕시코 주, 호세 에스카밀라(Jose Escamilla)라는 인물에 의해 영상으로서 촬영된 것이라고 한다.

스카이피쉬는 일본에서도 출현 사례가 있으며 주로 효고 현 고베시 롯코산에서 목격담이 많다.

■ 슬렌더맨(Slender Man)

인터넷상에서 이야기되는 괴이. 그 이름대로 깡마른 장신의 인간 같은 모습을 한 괴인이지만, 얼굴에 눈, 코, 입 같은 부위가 하나도 없으며 키가 비정상적으로 크다. 검은 양복 차림으로 나타나는 경우가 많으며, 인간을 쫓아다닌다. 추적당하는 인간은 공포나 망상에 사로잡혀 정신적인 피해를 입는다. 때로는 직접 인간을 습격하는 일도 있으며, 초기의 소문에서는 인간을 나무에 꿰어놓고 내장을 빼앗아간다고 이야기되었으며, 근래에는 대상자를 몇 달에 걸쳐 쫓아다니며 정신적인 피해를 주다가 대상자가 빈틈을 보여서 혼자가 되면 유괴하거나 직접 살해한다고 한다. 또 희생자의 대다수는 어린아이이며, 어른은 육안으로는 슬렌더맨의 모습을 볼 수 없지만 카메라를 통해 그 모습이 사진이나 영상에 남는 경우가 있다.

다채로운 능력을 지녔으며, 몸에서 촉수를 뻗어 나오게 해서 팔다리처럼 사용하거나 텔레포테이션으로 한 순간에 대상자와의 거리를 좁힐 수 있다고도 한다.

16세기부터 17세기 초에는 독일에서 슬렌더맨이라 여겨지는 괴인이 목격되었으며, 1900년대 초에는 사진으로 그 모습이 기록되었다. 그리고 2000년대에 들어서서 인터넷을 통해 그 존재가 널리 인식되게 되었다고 한다.

나미키 신이치로 저『MU적 도시전설』, 웹사이트〈THE SLENDERMAN WIKI〉에 실려 있다.

여기까지가 현재 이야기되고 있는 슬렌더맨의 개요이지만, 이 괴인은 개인에 의해 창작된 존재임이 명확히 되어있다. 계기는 2009년 6월 8일에 미국의 전자 게시판인 'Something Awful Forums'이라는 사이트에 포토샵을 사용한 초상적인 사진을 만들어보자는 취지로 만들어진 스레드였는데, 이틀 뒤인 6월 10일에 공원에서 노는 어린아이들과 그것을 멀찍이서 바라보는 촉수가 돋아난 장신의 괴인의 사진, 그리고 걸어가는 10대 중반 무렵의 소년소녀들의 뒤편으로 장신의 괴인이 찍혀있는 사진이 투고되었다. 이 사진과 함께 슬렌더맨이라는 이름과, 사진이 각각 1983년, 1986년에 촬영되었다는 것, 사진에 찍힌 아이들은 전부 행방불명이 되었다는 것, 촬영자는 모두 사망 혹은 행방불명이 되었다는 것이 적혔다. 또 두 장의 사진은 스털링 시티 도서관의 화재현장 흔적에서 발견되었지만 사진 자체는 증거물건으로서 압수되었다고 한다. 누구에게 압수되었는가는 기록되지 않았다.

이 투고를 한 사람은 빅터 서지(Victor Surge, 본명은 에릭 크누센[Eric Knudsen])라는 인물로, 슬렌더맨이라는 캐릭터는 이 인물에 의해 창작되었다. 그는 2010년에는 이 슬렌더맨을 저작권 등록했다.

그러나 슬렌더맨은 인터넷의 바다 속에서 단숨에 퍼져서 제작자의 손을 떠나 다양한 이야기가 만들어지게 되었다. 뉴욕타임스의 2018년 8월 15일의 기사 'How Slender Man Became a Legend(슬렌더맨은 어떻게 전설이 되었나)'에 의하면, 슬렌더맨의 사진이 투고되자마자 바로 전자게시판의 사람들에 의해 검은 정장을 입고, 등에 촉수가 돋아나게 하며, 아이들을 납치하고, 잔학한 방법으로 아이들을 살해한다는 특징이 부가되었다. 또 앞서 이야기한 16세기에 독일에서 출현했다는 사례도, 16세기에 인쇄되었다는 목판화를 창작하는 것에 의해 설득력이 있는 형태의 이야기가 되었다(여기서 나오는 괴인은 슬렌더맨이 아니라, 그로스만[Grossman]이라고 불린다). 이 목판화에서는 갑옷을 입은 기사 같은 모습으로 슬렌더맨이 그려져 있다. 또 1900년대에 실렸다는 설정의 신문기사가 작성되고, 탄생하기 이전의 슬렌더맨의 과거가 만들어져갔다.

이어서 슬렌더맨은 영상이나 게임의 제재로서도 활약하여 다양한 작품이 만들어졌다. 한편, 실제로 이 슬렌더맨과 조우했다는 보고도 이후로 끊이지 않았다. 심지어 2014년에는 미국의 위스콘신 주에서 두 명의 소녀가 동급생을 열아홉 번에 걸쳐 칼로 찌르는 사건이 발생했다. 이 소녀들은 슬렌더맨의 부하가 되기 위해 자신의 충성심을 보이려고 동급생을 공격했다고 한다. 피해자는 목숨을 부지하기는 했으나 이 사건은 큰 뉴스가 되었고, 인터넷과 아이들의 관계에 대해서도 많은 논의가 이루어지게 되었다.

이렇게 커다란 영향을 준 슬렌더맨은 인터넷상에서 이야기되는 괴담의 총칭으로 쓰이는 '크리피파스타'란 말의 탄생 계기 중 하나이며, 그 대표 중 하나인 슬렌더맨은 현재도 사람들에게 사랑받으며 많은 사람들 사이에서 계속 이야기되고 있다.

■시 서펀트(sea serpent)

전 세계의 바다에서 목격되는 괴물. 거대한 물뱀 같은 모습을 하고 있으며, 일본어로는 '큰바다 물뱀' 등으로 표기된다.

장 자크 발루와 저 『환상의 동물들』에 의하면 1915년, 제1차 세계대전 중에 독일의 잠수함이 영국의 기선을 격침했다. 기선은 바다 속으로 가라앉으며 대폭발을 일으켰는데, 그때 몸길이 20미터 정도 되는 뱀 같은 생물이 바다 위로 뛰어올랐다. 그 머리는 악어 같았으며 다리에는 물갈퀴가 있었다고 한다.

■시온타운 증후군

인터넷상에서 이야기된 괴이. 1996년(해외에서는 1999년 이후), 주식회사 게임 프리크 및 닌텐도에 의해 개발, 발매한 대인기 게임 『포켓몬스터 레드&그린』을 둘러싼 괴담. 이 게임에서는 스토리 중반에 시온타운(한국판에서는 보라타운-역주)이라는 마을을 방문하게 되는데, 이 마을의 BGM을 들은 일곱 살부터 열두 살의 아이들 200명 이상이 자살을 시도했다는 도시전설이다. 또 자살하지 않았던 아이들도 심한 두통을 호소했다고 한다.

실은 이 사건은 발매 직후에 『포켓몬스터 레드&그린』을 플레이한 사람들에게만 발생했으며, 그 BGM에는 어른은 들을 수 없는 고음이 포함되어 있던 것이 자살의 원인이 되었다고 한다. 이 BGM은 즉시 보다 낮은 소리로 변경되었다고 한다.

2000년대부터 해외의 게시판에서 유행한 도시전설로 창작으로 여겨지고 있다. 실제로 포켓몬스터의 발매 직후에 어린아이들이 다수 자살했다는 기록은 없다.

시온타운은 『포켓몬스터 레드&그린』의 스토리상 필수로 들러야만 하는 마을이자 죽음이나 묘지를 테마로 한 에어리어인데, 그때까지 언급되지 않았던 포켓몬의 죽음에 대해 명확하게 이야기하는 장소이며 BGM도 음산한 호러 요소가 많이 포함되어 있는 마을이다. 그래서 발매 당초부터 시온타운의 스토리 및 BGM이 깊이 인상에 남은 아이들도 많다.

또한 게임은 아니지만 일본에서 방송된 애니메이션 『포켓몬스터』의 방영 중에 1997년 12월 16일 '포켓몬 쇼크'라고 불리는 사고가 발생했다. 이것은 애니메이션에 빛이 격렬하게 점멸하는 장면이 다용되어, 시청하던 아이들이 두통이나 구토 등의 증상을 호소하며 병원에 실려 갔던 사건이다. 이것은 애니메이션 화면을 보고 있던 아이들이 광과민성 발작을 일으켰기 때문으로 여겨지고 있다. 이 사고에서는 700명 이상이 병원에 실려 가는 사태가 벌어졌지만, 이 뉴스가 해외에도 알려지면서 시온타운 증후군에 영향을 주었는지도 모른다.

마찬가지로 시온타운에 관련된 괴담에 **베리드 얼라이브**가 있다.

【아】

■아이리스 잭

인터넷상에서 이야기된 괴인. 푸른 마스크를 쓰고 검은 파카를 입은 인간 모습을 하고 있지만, 얼굴의 눈에 해당하는 부분에는 안구가 없고 검은 구멍이 뚫려있으며 검은 물질이 흘러 떨어지고 있다. 어떠한 방법인지는 불명이지만, 피해자가 깨닫지 못하는 사이에 간을 빼앗고, 그 상처를 봉합할 수 있다. 또한 빼앗은 간은 잭의 음식이 된다고 한다.

2012년 2월 25일, 웹 사이트 〈CREEPY-PASTA〉에 투고된 괴인.

■아포칼립틱 사운드

세계 각지에서 확인되는 괴이. 하늘에서 들려오는 수수께끼의 괴음을 가리키는 말로 '종말의 소리'라는 의미를 지닌다. 그 유래는 '신약성서'에서 최후의 심판이 시작될 때, 우선 일곱 천사가 나타나 나팔을 불고 그리스도가 부활하기 때문이라고 한다.

이 괴이가 유명해진 것은 2011년 8월 13일에 우크라이나의 수도 키이우에서 촬영된 동영상, 그리고 2013년 8월 29일에 캐나다의 브리티시 컬럼비아주에 있는 테라스라는 마을에서 촬영된 동영상이 계기인데, 양쪽 다 유튜브에 공개되어 있다. 양쪽 모두 거대한 취주악기를 울리는 듯한 소리나 금속끼리 비벼지는 듯한 소리가 하늘에서 울리는 모습이 촬영되고 있으며, 그 후에도 세계 각지에서 촬영된 종말의 소리가 투고되어 있다.

그 대다수는 단순히 근처의 중장비에서 들려온 소리를 모았을 뿐이거나, 소리를 나중에 집어넣는 등의 가공된 동영상이지만, 어쩌면 그 중에 진짜가 섞여있을지도 모른다.

■악사령(惡邪靈)

전 세계에서 확인되는 괴이. 심령주의, 심령과학에서도 미발달 혹은 무지한 영혼을 가리킨다. 이 혼령은 파장이 비슷한 인간에게 빙의해서 움직여오는 경우가 있다고 한다.

하루카와 세이센 저 『심령연구 사전』에 실려 있다.

■양귀비코쟁이(Orchidiopsis)

하이아이아이 군도에서 서식하고 있었다는 신비한 생물. 그 이름대로 양귀비꽃과 비슷한 모습을 한 동물로, 머리 주위를 감싸는 귀와 벼슬, 코로 꽃잎을 형성하고 있다. 이것들은 화려한 색을 띠고 있지만, 몸통은 녹색을 띠고 있으며 봉오리로 의태하는 역할을 담당하고 있다. 뒷다리는 퇴화해서 꼬리를 사용해서 가만히 서 있으며, 바닐라 같은 향기를 발산하며 곤충을 불러들인다. 그리고 모여든 곤충을 앞다리로 붙잡아서 먹는다고 한다.

하랄트 슈튐프케 저 『코걸음쟁이의 생김새와 생활상』에 실려 있다. 이 책에 등장하는 동물들은 전부 실재한다는 형식으로 적혀있기는 하지만, 이 저작물 자체가 동물학논문의 패러디로서 작성된 작품이며 저자인 하랄트 슈튐프케도 하이아이아이 군도도 등장하는 동물도 전부 가공의 존

재다(한국어 명은 『코걸음쟁이의 생김새와 생활
상』의 역자인 박자양 씨의 명칭을 따랐다-역주).

■ 여섯잎코쟁이(Hexanthus)

하이아이아이 군도에서 서식했었다고 하
는 신비한 생물. 코걸음쟁이의 일종으로,
어린 개체일 무렵에는 둥지 구멍에서 긴
여러 개의 코를 뻗어서 사냥감을 잡는다.
성장하면 이 코는 더욱 길어지고 끝이 꽃
잎처럼 변한다. 여섯잎코쟁이는 이것을
식물의 줄기에 감아서 마치 꽃이 피어있
는 것처럼 의태하고 가까이 다가온 곤충
을 잡아먹는다. 또 코의 관을 통과할 수
없는 커다란 곤충의 경우에는, 코끝으로
곤충을 잡은 뒤에 소화액을 뿜어서 녹여
양분을 섭취한다고 한다.

하랄트 슈팀프케 저 『코걸음쟁이의 생김
새와 생활상』에 실려 있다. 이 책에 등장
하는 동물들은 전부 실재한다는 형식으로
적혀있기는 하지만, 이 저작물 자체가 동
물학논문의 패러디로서 작성된 작품이며
저자인 하랄트 쉬팀프케도 하이아이아이
군도도 등장하는 동물도 전부 가공의 존
재다(한국어 명은 『코걸음쟁이의 생김새와 생활
상』의 역자인 박자양 씨의 명칭을 따랐다-역주).

■ 옥토퍼스 기간테스

세계 각지에서 목격되는 괴물. 그 이름대
로 비정상적으로 거대한 문어를 뜻하는
말로, 1896년에 미국 플로리다 주의 아나

스타시아 비치라는 해안에서 발견된 거대
한 문어의 시체에 붙은 학명이다. 그 크기
는 각각의 촉수가 30미터 이상이었으며,
대형 선박의 마스트 정도의 굵기였다고
한다.

장 자크 발루와 저 『환상의 동물들』에 의
하면 이 정도로 거대한 문어는 그 이후에
도 몇 번이나 목격되었다고 한다. 예를 들
면 버뮤다 제도에는 1984년, 몸길이 15미
터는 되는 거대한 문어가, 심해에 설치된
게잡이 덫을 공격하는 모습이 목격되었
다. 지중해에서는 어느 두 개의 바위 사이
에 거대한 문어가 살고 있다고 전해지며,
시칠리아 섬과 이탈리아 본토 사이에 있
는 메시나 해협에서는 12세기에 '물고기
니콜라'라고 불리는 잠수 어부가 인간보
다도 커다란 문어 무리와 조우했다고 보
고한 기록이 남아있다.

바하마 제도 주변에서는 블루 홀(얕은 여
울에 뚫린 거대한 바다 속의 구멍)에 숨어 있는
루스카라는 거대한 문어의 모습을 한 괴
물이 전해지고 있다. 이것에 대해서는 해
당 항목을 참조.

■ 위자보드(Ouija borad)

전 세계에서 이루어지고 있는 강령술. 그
이름은 프랑스어와 독일어로 각각 "네"를
의미하는 'Oui'와 'Ja'에 유래한다.

알파벳, 숫자, '네', '아니오'를 나타내는 단
어 등을 적은 판을 준비하고, 책상 한가운

데에 거꾸로 뒤집은 와인글라스나 플랜채트(Planchette)를 놓는다. 그리고 참가자가 검지를 와인글라스나 플랜채트 위에 대고 질문을 하면, 손가락을 대고 있는 물체가 움직여서 네, 아니오, 혹은 글자나 숫자 위까지 이동해서 답을 해준다는 산 자가 죽은 자와 교신하기 위해 사용하는 자동필기의 일종이다. 다만 이미 준비되어 있는 글자나 숫자, '네', '아니오' 같은 단어로 이동하는 것뿐이기 때문에, 혼령과 교신해서 문자를 만드는 통상의 자동필기보다 훨씬 효율적이라고 한다.

피터 헤이닝 저 『세계 영계 전승 사전』, 나카오카 토시야 저 『콧쿠리 씨의 비밀』에 실려 있다. 바탕은 심령주의의 강령술에 기원을 두고 있다고 생각되지만, 1892년에는 미국에서 점치기 용 게임으로서 발매되어, 다양한 사람들이 가볍게 혼령과 교신하려고 시도했다.

일본에서는 이것과 유사한 것으로 **콧쿠리 씨**가 있으나, 이것도 위자보드의 영향을 받고 있다고 생각된다.

■ 유령선

전 세계에서 목격되는 괴이. 갑자기 나타나는 아무도 없는 배, 혹은 죽은 자를 태운 배의 전설로 대서양 연안에서 목격사례가 많다. 이 유령선이 생겨나는 배경으로는 과거에 그 해역에서 조난당해 행방불명되었던 배가 환상이 되어 출현한다고

하며, 그 조난당한 장소를 재현하는 것처럼 사고가 일어난 장소에서 폭풍이나 안개를 동반하며 나타난다.

유령선은 출현해도 금방 사라져버리는 경우가 많으며, 같은 장소에 몇 번이고 나타난다.

로즈마리. E. 길리 저 『요정과 정령의 사전』에 실려 있다. 이 책에 의하면, 희망봉에 나타나는 것으로 유명한 '**헤매는 네덜란드 배**'나, 미국의 오대호에 출현하는 그리핀호의 유령선, 해적 캡틴 키드의 유령선 등, 다양한 유령선이 있다고 한다.

■ 유령차

전 세계에서 이야기되는 괴이. 갑자기 길 위에 나타나는 자동차의 환상으로, 운전수가 없는 경우도 있다. 사고를 유발하거나, 직접 충돌해서 사고를 일으킨다. 일부 유령차는 살인사건이나 비참한 사고가 일어났던 장소에 출현한다고 한다.

그 차종에도 베리에이션이 있으며, 1934년에 영국의 런던에 나타났던 유령차는 버스였고 수년에 걸쳐 사고를 유발했다고 한다. 마찬가지로 영국의 켄트에 출현했던 유령차는 트럭이었다고 한다. 미국의 시카고 근교의 묘지에 나타난 유령차도 트럭이었는데, 이 트럭은 도로를 달리는 차에 물리적으로 충돌해서 사고를 일으켰고 운전자도 실제로 충격을 느꼈지만, 밖에 나와서 피해를 확인하려 하니 사고로 인

한 손상을 전혀 찾아볼 수 없었다고 한다. 로즈마리. E. 길리 저『요정과 정령의 사전』에 실려 있다. 일본에서도 이것과 비슷한 괴이로서, 아무도 타지 않은 자동차가 갑자기 나타날 때가 있는데 이것과 만나면 사고를 당한다며 택시 운전수들에게 두려움을 샀던 **유령 자동차**의 괴담이 옛날부터 이야기되고 있다.

■ 익스프레션리스(expressionless)

인터넷상에서 이야기되는 괴이. '무표정'이라는 뜻 자체가 나타내는 것처럼, 살아 있는 마네킹 같은 보습을 한 괴이라고 이야기 되고 있으며, 1972년 6월, 어느 병원에 나타났다고 한다.

익스프레션리스는 피투성이 가운을 걸치고, 마네킹 같은 얼굴에는 눈썹이 없으며, 얼굴은 하얀 화장에 덮여있고, 입에는 새끼고양이의 시체를 물고 있었다.

그리고 익스프레션리스는 새끼고양이를 입에서 빼서 던져버렸는데, 병실에 실려 오고 한동안은 미동도 하지 않았다. 그러나 그녀의 안전을 위해 구속하려고 했을 때, 갑자기 움직이기 시작했다.

그녀를 억누르려는 스태프를 날려버리고 침대에 일어서더니, 의사를 향해 미소를 지었다. 그때 보인 익스프레션리스의 이빨은 아주 날카롭고 긴, 어떻게 보아도 입 안에 들어갈 수 없는 것이었다.

"너는 대체 누구냐."

그 의사의 질문에 익스프레션리스는 바로 대답하지 않았고, 경비원이 달려오는 소리가 들리는 것과 동시에 익스프레션리스는 의사에게 달려들어 송곳니로 의사의 목을 깨물었다. 목의 살을 물어뜯고 바닥에 떨어뜨린 뒤, 죽어가는 의사의 얼굴에 자신의 하얀 얼굴을 가까이 들이대고는 "나는, 신⋯⋯."이라고 중얼거렸다.

그리고 익스프레션리스는 달아났고, 그 후에 그녀를 목격한 자는 없다.

또한 익스프레션리스라고 이름붙인 사람은 이 참극에서 살아남은, 그녀가 나타난 병원의 여자 의사였다고 한다.

웹 사이트 〈CREEPYPASTA〉에 2012년 7월 15일에 투고되었다.

단, 이 사이트이름이 된 크리피파스타는 인터넷상에서 유포되는 공포담이며, 창작된 이야기일 가능성도 있다.

■ 인체 자연 발화 현상
(Spontaneous human combustion)

전 세계에서 확인되는 초상현상. 인간의 몸이 아무런 전조도 없이 불타오르는 것을 말한다. 인체만이 불타고, 다른 물체에는 불이 옮겨 붙지 않는 경우가 많다.

1951년 7월 1일에는 미국의 플로리다 주에서 67세의 메리 리저(Mary Reeser) 부인이 재로 변한 모습으로 발견되었다. 1980년에는, 마찬가지로 플로리다 주에서 자동차에 타고 있던 여성이 운전수 바로 옆에서 불타올라서 그대로 큰 화상을 입었다. 이런 현상은 18세기부터 이미 확인되어 있었으며, 1763년에는 네덜란드에서『인간의 자연발화(De Incendiis Corporis Humani Spontaneis)』라는 책까지 출판되어 있었다.

콜린 윌슨 저『세계 불가사의 백과』에 실려 있다. 이 현상이 일어나는 요인에는 다양한 설이 있는데, 생체전기가 일시적으로 고전압이 되어서 발화한다는 설, 알코올 과잉섭취가 원인이라는 설 등이 있다.

【자】

■자동필기(Automatisme)

전 세계에서 확인되는 괴이. 죽은 자의 혼령이나 육체를 갖지 않은 존재가 살아있는 인간을 통해 문장을 쓰는 것을 가리킨다. 그 문장을 기록할 때, 필기자는 자신이 무엇을 쓰고 있는지 알지 못하며, 또 자신이 알 수 없는 정보를 기록하는 경우도 많다. 영매는 이것을 이용해서 죽은 자로부터 정보를 얻는 일도 많다고 한다.

로즈마리. E. 길리 저『요정과 정령의 사전』, 하루카와 세이센 저『심령연구 사전』등에 실려 있다.

■자르고(Zalgo)

인터넷상에서 이야기된 괴이. 사진이나 만화 등의 작품을 가로채서, 캐릭터나 배경을 크툴루 신화 풍의 괴기로 흉측하며, 그로테스크한 양상으로 바꿔 그리는 행위를 말한다.

자르고가 나타날 때에는 'ZALGO'라는 문자열이 어떠한 형태로든 작품 속에 출현하며, 그런 뒤에 등장인물의 눈이 새까맣게 되고, 검은 액체를 흘리고, 몸의 일부가 변화하고, 촉수 같은 기관이 발생한다, 라는 형식으로 그려지는 경우가 많다.

자르고 자신의 용모는 보는 사람에 따라서 달라진다고 하며, 검은 벼락을 두른 기사, 일곱 개의 입에 일곱 개의 눈과 네 개의 팔이 있으며 멸망한 별과 암흑을 발하는 양초를 손에 들고 있는 기괴한 형태의 괴물이라고 한다. 그 힘은 강대해서, 세계를 멸망시킬 힘을 지니고 있다고도 한다.

2004년 7월 27일 'Shmorky'라는 인물이 자신의 개인 사이트에서 발표한, 신문만화의 콜라주 그림에 나타났던 것이 최초라 여겨지고 있다(현재는 사이트가 폐쇄되었지만, 그림파일은 확인할 수 있다). 거기서부터 다양한 그림에서 자르고가 등장하는 콜라주 그림이 작성되고, 인터넷상에서 급속히 퍼져나갔다.

미국의 작가 H. P. 러브크래프트의 소설에서 시작되어 동일한 세계관을 공유하는 작품군을 신화에 비긴 '크툴루 신화'에 나

올 것 같은 괴물이지만, 크툴루 신화에서
자르고라는 괴물은 존재하지 않는다.

■ 자연령(自然靈)

전 세계에서 이야기되는 괴이. 심령주의
에서 이야기하는 영의 개념의 일종으로,
한 번도 육체를 가지고 지상에 나타난 적
없는 존재라고 한다. 원래 유계(幽界), 영계
(靈溪)의 거주자로 여겨지고 있으며, 지상
의 영능력자는 이 영을 볼 수가 있다고 한
다. 또 일반인도 드물게 볼 수 있는데, 그
것들 중 격이 높은 존재는 신이나 부처, 천
사, 천신, 용 등으로 불리며, 격이 낮은 것
은 요정이나 요괴 등으로 불린다고 한다.
하루카와 세이센 저『심령연구 사전』등에
실려 있다.

■ 전자 음성 현상

전 세계에서 확인되는 괴이. 죽은 자의 혼
령이 내는 음성이 직접 자기 오디오 테이
프에 기록되는 것을 가리킨다. 이것은 현
대에서는 혼령과 교신하기 위한 새로운
방법이라고 생각되고 있으며, 다양한 연
구자가 이 실험을 하고 있다고 한다.
로즈마리. E. 길리 저『요정과 정령의 사
전』에 실려 있다.

■ 제6감

전 세계에서 이야기되는 괴이. 인간이 갖
추고 있는 통상적인 감각인 시각, 청각,
후각, 미각, 촉각 외에 여섯 번째 감각이
존재한다고 하는 설. 유령 같은 통상의
감각으로는 파악할 수 없는 존재를 파악
할 수 있는 능력으로서 이야기되는 경우
가 많으며, 일상에서는 직감이나 예측능
력 등을 가리키는 경우도 있다. 그밖에도
텔레파시, 사이코메트리, 투시, 미래예지
등, 초상적인 힘을 말할 때에 사용된다.
하루카와 세이센 저『심령연구 사전』등에
실려 있다. 1999년 공개한 영화『식스 센
스』에서 영감을 지닌 소년이 주인공 중 한
명으로 나오는 등, 최근에도 사람들에게
익숙한 개념이다.

■ 제프 더 킬러(Jeff the Killer)

인터넷상에서 이야기되는 괴이. 표백된
피부, 찢어진 새빨간 입, 그을린 검은 머
리, 눈꺼풀이 없는 눈에 하얀 파카를 입고
있다는 모습의 살인귀로, "Go to sleep"이
라고 말을 걸며 살인을 저지른다고 한다.
2012년 8월 웹 사이트〈CREEPYPASTA〉
에 공개된 괴이. 이 괴담은 제프에게 습격
당했지만 목숨을 건진 소년이 하는 이야
기라는 형식으로 적혀있다. 소년은 악몽
에 시달리다 한밤중에 눈을 떴는데, 위화
감을 느끼고 불을 켜자 커튼 뒤편에서 자
신을 바라보는 두 개의 눈이 있었다. 피부
가 이상할 정도로 희고 입이 찢어진 그 남
자는, "Go to sleep"이라고 말하면서 소년
에게 다가왔고, 심장을 노리며 칼을 치켜

들었다.

소년이 필사적으로 저항하고 있자, 소리를 들은 소년의 아버지가 방에 들어왔다. 살인귀는 아버지의 어깨에 칼을 던지고 숨통을 끊으려는 듯 다가갔지만, 이웃집 사람이 경찰에 신고한 덕분에 아버지와 소년은 목숨을 건졌다고 한다.

이어서, 이 이야기에서는 살인귀 제프의 과거가 이야기 된다.

제프에게는 리우라는 남동생이 있었는데, 형제는 어느 마을로 이사 가자마자 불량배들에게 시비가 걸리게 된다. 그때, 제프는 자신도 잘 모르는 폭력적인 충동과 쾌락에 휩쓸려, 남동생의 지갑을 빼앗으려고 한 불량배를 두들겨 패서 부상을 입힌다. 그러나 이 일 때문에 경찰이 그들을 찾아오게 되었고, 리우는 제프를 감싸고 대신 경찰에 연행되고 만다.

그 후, 제프는 부모의 허식 때문에 이웃집의 생일 파티에 가게 되는데, 그 파티에 전날의 불량배들이 난입해서 제프를 흠씬 두들겨 팬다. 그때, 지난번에 그들을 때려눕혔을 때와 같은 폭력적인 충동이 제프를 지배했고, 제프는 세 명의 불량배를 차례차례 살해한다. 그러나 마지막 한 명을 살해할 때, 얼굴에 뿌려진 약품에 불이 붙어서 격통에 바닥을 구르다가 이윽고 의식을 잃는다.

제프가 눈을 뜨자 그곳은 병원이었고, 얼굴에는 붕대가 감겨있었다. 그리고 어머니로부터 오해가 풀려서 리우가 집에 돌아오는 것을 알게 되었고, 퇴원 날짜를 기다리게 되었다.

그리고 제프의 얼굴에서 붕대를 푸는 날이 왔다. 가족은 병실에서 그 모습을 지켜보았지만, 가족은 제프의 얼굴을 본 순간, 비명을 지르거나 말을 잃을 수밖에 없었다. 제프는 황급히 화장실로 달려가서 거울을 보았다. 거울에 비치는 것은 갈색 머리에 건강한 피부를 했던 제프의 얼굴이 아니었다. 표백제로 인해 새하얗게 물든 피부, 불에 타서 검게 된 머리카락, 그리고 화상으로 인해 검붉게 물든 입술이었다.

그러나 제프는 변해버린 자신의 얼굴을 보고 절망하지는 않았다. 오히려 감격하고 더할 나위 없는 행복을 느끼며, 미친 듯이 웃었다. 그는 불량배들을 때려눕힌 날부터, 천성적인 살인귀의 인격으로 변해버렸던 것이다.

제프는 그대로 퇴원해서 집에 돌아왔지만, 그날 밤 늦은 시간에 자신의 입에 칼을 집어넣고 귀 쪽을 향해, 마치 웃는 것처럼 찢었다. 그리고 눈꺼풀을 태워서 눈이 영원히 감기지 않게 만들었다. 그것은 자신이 언제나 웃고 있을 수 있도록, 그리고 새로운 이 얼굴을 언제나 볼 수 있도록 하기 위해서.

그리고 제프는 칼로 자신의 부모를 살해했다. 그리고 리우의 방으로 가서, 남동생의 입을 막고 칼을 치켜들면서 이렇게 속삭였다.

"Go to sleep"

이 제프 더 킬러라는 캐릭터의 바탕이 된 것은 2008년에 인터넷상에 투고된 동영상으로, 앞서 적은 이야기와도 상당히 다른 것이었다고 한다. 그러나 이 동영상은 삭제되었으며, 현재 자세한 것은 알 수 없다. 다만 이 동영상 안에 등장했다는 눈꺼풀이 없고 피부가 희며, 입이 찢어진 누군가의 동영상이 제프의 모습으로서 현재도 퍼져있다.

표백제가 끼었어진 기괴한 모습의 살인귀가 된 제프의 이야기는 'Sesseur'라는 인물에 의해 창작되어 크리퍼파스타에 투고된 것이지만, 현재는 제프가 실존하며 살인을 저지르고 다닌다는 소문이 이야기되는 일도 있다고 한다.

얼굴이 표백된, 항상 웃고 있는 살인귀라는 요소는 아메리칸 코믹『배트맨』시리즈에 등장하는 배트맨의 숙적 조커와 비슷하다. 또한 자신을 괴롭힌 인간을 죽이고 가족까지 참살하고서 살인귀가 되는 전개는 명작 스플래터 영화의 리메이크인 롭 좀비(Rob Zombie) 감독판『할로윈』(2007)에 등장하는 살인귀인 마이클 마이어스의 설정과 유사한 부분이 있는 등, 왕년의 연쇄살인마 캐릭터를 참조했는지도 모른다.

■좀비

전 세계에서 이야기되는 괴이. 현대에서는 이른바 살아있는 시체를 가리키며, 죽은 자가 죽은자인 상태로 되살아나서 사람을 습격하는 존재를 말한다. 인육을 제2의 생명유지를 위해 필요로 하지만, 몸은 계속 썩어간다. 한편 생전보다도 튼튼해졌고 아픔을 느끼지 않아서 평범한 공격만으로는 죽일 수 없다. 확실히 행동불능으로 만들기 위해서는 뇌를 파괴해야만 한다. 또 좀비에게 물리면 즉사하지는 않아도 지속적인 대미지를 입으며, 이윽고 죽음에 이른다. 그밖에 좀비에게 상처를 입은 인간이 사망하면 좀비가 된다고 한다.

좀비는 달리지 못하고 완만하게 움직이는 것이 많지만, 최근에는 살아있는 인간 이상의 신체능력을 발휘하는 것도 있다. 감염에 의해 기하급수적으로 증가하기 때문에, 이러한 좀비들로부터 도망치는 것은 몹시 어려운 일이다.

여기까지가 현대의 영화나 문학에서 이야기되는 좀비의 특징이지만, 이 유명한 성질들을 가지게 된 것은 존. A. 로메로의 영화『살아있는 시체들의 밤』(1968년) 이후로 여겨지고 있다. 이 영화로 로메로는 죽은 자가 죽은 자인 채로 되살아나서(시체가 움직이며), 인육을 먹고, 물리면 좀비가 되며, 달리지 못하고, 완만한 움직임으로 습격해오고, 머리를 파괴해서 쓰러뜨릴 수 있다, 라는 좀비의 기본적인 성질을 묘사했으며, 이후에 이것이 표준이 된다.

로메로의 좀비는 리처드 매시슨의 SF소설 『나는 전설이다』에 등장하는 흡혈귀에 영향을 받았으며, 물리면 감염되어서 같은 존재가 된다는 요소는 흡혈귀에서 유래한 능력이다.

매튜 번슨 저 『흡혈귀 사전』에 의하면 좀비는 원래 나이지리아나 콩고 부족의 말로, 뱀의 신을 뜻하는 것이었으나, 서인도 제도의 부두교 주술사가 되살린 시체의 마술적인 힘을 가리키는 말로서 사용되게 되었다고 한다. 또 테리 브레버튼 저 『세계의 신화 전설괴물백과』에 의하면, 좀비는 복어독을 이용해 조제한 약으로 신경을 손상시켜서 살아있는 시체 같은 상태인 저항할 수 없는 노예로 만든 것이었다고 한다.

이 부두교에서의 좀비도 영화화되었으며, 1932년에는 『화이트좀비(White Zombie)』라는 작품에서 부두교의 사제가 좀비파우더라는 약을 사용해 좀비를 만드는 모습이 그려져 있다. 이 좀비는 이후의 좀비영화에 커다란 영향을 주었지만, 흡혈귀나 늑대인간 정도로 유행하지는 않았고, 앞서 말한 로메로의 영화에 의해 좀비의 개념은 일신되게 되었다.

현대에서도 좀비 영화는 빈번하게 제작되고 있으며, 느릿느릿한 움직임이 아니라 굉장한 신체능력을 지닌 존재로 그려지는 경우도 많아졌다. 또 현실에서 시체인데 움직이는 괴물이 목격되었을 때에도 좀비라는 명칭이 사용되는 경우가 많다.

■ 지박령(地縛靈)

전 세계에서 이야기되는 괴이. 'earth-bound sprits(지표에서 벗어날 수 없는 영혼)'을 말한다. 심령주의에서 지상에 미련이나 후회, 원한 등이 남아있어서 영계나 유계로 가지 못하고 지상에 묶여있는 영혼을 가리킨다.

이 영혼은 같은 장소에 머무르며 죽음의 순간을 반복하며 정처 없이 지상을 헤맨다고 한다. 또 그들은 생전의 자기 집에 머무르는 경우도 많아서 유령의 집이 발생하는 원인이 된다. 혹은 그 집에 사는 인간에게 빙의하거나 위해를 끼치는 일도 있다.

하루카와 세이센 저 『심령연구 사전』 등에 실려 있다. 지박령이라는 이름은 일본에도 침투해있지만, 이 이름으로 널리 퍼지기 전부터 그 땅이나 장소에 묶인 영적 존재는 존재했다. 이것은 다른 나라에도 마찬가지로, 심령주의나 심령과학의 유무를 막론하고 특정 장소에 출현하는 괴이들의 이야기가 전 세계에 다양하게 이야기되고 있다.

이것과는 다른 '지박령'의 번역어로서 '스톤 테이프(Stone Tape)'가 사용되는 경우가 있다. 이것은 죽은 자의 기록이 장소나 건물, 물체 그 자체에 남는다는 사고방식으로, 특정한 장소에는 사람의 정신에 작용하는 에너지가 발생하고 있으며, 건물이나 장소가 재생기기가 되어 그곳에 일어난 죽음을 반복한다고 한다. 다만 이 현상이 과학적으로 증명된 것은 아니기 때문에, 지박령의 정체라고 단언할 수는 없다.

■ 지배령(支配靈)

전 세계에서 확인되는 괴이. '컨트롤'이라고도 부른다. 심령주의에서 영계와 영매와의 주요한 접점으로서 움직이는 죽은 자의 혼령을 말한다. 지배령은 영매가 의식이 전환된 상태에 있을 때에 이 몸을 빼앗아서 영매를 통해 사람들과 교신한다.

지배령은 기본적으로 어린아이 같으며 장난을 좋아하는 성격이라고 하지만, 지성은 성인과 다르지 않다고 한다. 이따금씩 영계에 대한 정보나 영매가 알 수 없는 사실을 이야기하기 때문에, 사후세계 존재의 증명으로서 그들의 에피소드가 이용되는 경우도 많다.

로즈마리. E. 길리 저『요정과 정령의 사전』, 하루카와 세이센 저『심령연구 사전』 등에 실려 있다.

■ 진흙코쟁이(Hypogeonasida)

하이아이아이 군도에서 발견되었다는 신비한 생물. 흙속에서 사는 코걸음쟁이의 일종으로, 대표적인 것은 코골이띠코쟁이(Rhinotaenia asymmetrica)라고 한다. 이 코걸음쟁이는 호수의 진흙이나 강가의 흙 속에서 살며, 몸길이는 10센티미터 정도이지만 코를 그것의 4배까지 길게 뻗을 수 있으며 이것으로 먹이를 잡거나 호흡한다. 이 코는 자유롭게 늘였다 줄였다 할 수 있으며 좌우비대칭이다. 한쪽은 끄트머리가 꽃모양이며, 벌어진 구멍에서 공기를 빨아들이는 데 사용한다. 다른 한쪽은 대롱모양으로, 숨을 내쉬는데 사용된다. 또 식사를 할 때에는 곤충의 유충 등을 코로 빨아들여 그대로 콧속을 통해서 입으로 옮긴다고 한다.

하랄트 슈튐프케 저『코걸음쟁이의 생김새와 생활상』에 실려 있다. 이 책에 등장하는 동물들은 전부 실재한다는 형식으로 적혀있기는 하지만, 이 저작물 자체가 동물학논문의 패러디로서 작성된 작품이며 저자인 하랄트 쉬튐프케도 하이아이아이 군도도 등장하는 동물도 전부 가공의 존재다(한국어 명은『코걸음쟁이의 생김새와 생활상』의 역자인 박자양 씨의 명칭을 따랐다-역주).

【차】

■ 채널링

전 세계에서 이야기되는 괴이. 심령주의에서 수호령, 신, 죽은 자의 혼령 등의 영적존재와 자동필기나 자동회화를 통해 교신하는 것을 의미한다. 이것이 유행하기 시작한 것은 비교적 최근으로, 작가 제인 로버츠(Jane Roberts)가 채널링에 의해 세스(Seth)라는 영혼을 통해 쓴 것을 엮은 『세스는 이야기한다(Seth Speaks: The Eternal Validity of the Soul)』가 베스트셀러가 되었던 1970년대 이후라고 한다. 자동필기에 대해서는 해당항목 참조.

로즈마리. E. 길리 저『요정과 정령의 사전』에 적혀있다

식물』에 실려 있다. 이 책에 등장하는 평행식물이라 불리는 생물은, 통상의 물리 법칙이 통하지 않으며 정지한 시간, 혹은 현실과 평행하게 존재하는 다른 시간을 살아간다는 특징을 지닌다고 한다. 그러나 이 책에 실려 있는 식물은 실재한다는 형식으로 기록되어 있기는 하지만, 전부 저자인 리오니의 창작이다. 평행식물의 특징 자체에 대해서는 같은 항목을 참조.

【카】

■ 캄포라나(Camporana)

전 세계에서 발견되는 신비한 생물. 껍질에 감싸인 줄기기둥과 잎사귀의 두 부분으로 이루어진 단엽식물이라 여겨지는 평행식물의 일종. 지면에 직립해서 자라는 캄포라나 에렉트라(Camporana erecta)와 지면에서 옆으로 자라는 캄포라나 렉나투스(Camporana recknatus) 두 종류가 있다. 전 세계의 신화나 전설에서 보이는, 왕좌에 앉은 군주를 부채질하기 위한 거대한 부채와 쪽 닮은 형상을 하고 있지만, 다른 평행식물과 마찬가지로 검은색 일색으로 구성되어 있다.

레오 리오니 저, 미야모토 아츠오 역『평행

【타】

■ 트릴루스 트릴루스(Tirillus tirillus)

전 세계에서 발견되는 신비한 생물. **평행식물**의 일종으로 여겨지며, 북극의 툰드라 지대부터 안데스 산맥, 오마르의 삼각주 등 지리적 조건을 불문하고 존재한다. 길쭉한 돌기 같은 모습을 하고 있으며, 1평방 센티미터 안에 수천 그루가 군생하는 등, 무리지어 난다. 평행식물은 인간의 시각을 통해서는 전부 검은색으로 보이지만, 트릴루스 트릴루스는 그 중에서도 색의 폭이 있어서, 검은색 일색이면서도 컬러풀하게 보인다고 한다.

레오 리오니 저, 미야모토 아츠오 역『평행식물』에 실려 있다. 이 책에 등장하는 평행식물이라 불리는 생물은, 통상의 물

리법칙이 통하지 않으며 정지한 시간, 혹은 현실과 평행하게 존재하는 다른 시간을 살아간다는 특징을 지닌다고 한다. 그러나 이 책에 실려 있는 식물은 실재한다는 형식으로 기록되어 있기는 하지만, 전부 저자인 리오니의 창작이다. 평행식물의 특징 자체에 대해서는 같은 항목을 참조.

■ 티릴루스 미메티쿠스
(Tirillus mimeticus)

카리마 섬이라는 섬에서 발견된 신비한 생물. 그 이름대로 작은 돌과 쏙 닮은 모습을 한 평행식물로, 겉모습이나 감촉으로는 검은 화산석과 구별이 전혀 되지 않는다고 한다.

레오 리오니 저, 미야모토 아츠오 역『평행식물』에 실려 있다. 이 책에 등장하는 평행식물이라 불리는 생물은, 통상의 물리법칙이 통하지 않으며 정지한 시간, 혹은 현실과 평행하게 존재하는 다른 시간을 살아간다는 특징을 지닌다고 한다. 그러나 이 책에 실려 있는 식물은 실재한다는 형식으로 기록되어 있기는 하지만, 전부 저자인 리오니의 창작이다. 평행식물의 특징 자체에 대해서는 같은 항목을 참조.

【파】

■ 파라온(Faraon)

바다에 곳곳에 살고 있다고 하는 인어 같은 괴이. 발트 해 연안에 사는 사람들 사이에서 믿어지고 있으며, 상반신은 인간이고 하반신은 물고기 모습을 하고 있다고 한다. 남녀의 구별이 있으며 번식할 수도 있다고 한다.

사이토 키미코 저 『러시아의 요괴들』에 실려 있다. 이 책에 의하면, 에스토니아에서는 그 정체를 '구약성서'에도 기록되어 있는 모세를 쫓아온 파라오의 군대가 변해 버린 모습이라고 한다. 파라온은 원래 파라오의 군대를 가리키는 말로, 모세가 신에게 기도해서 바다를 가르고 유태인들이 바다를 건너게 했을 때 추적해왔던 파라온은 원래 모습으로 돌아온 바닷물에 휩쓸려 익사했다. 그 이래로 파라온은 바다나 강에 작은 사람의 모습이 되어 떠돌고 있다고 한다. 이것은 모세의 전설이 민간에 전해지는 과정에서 생겨난 전승으로 보인다.

러시아에서 그밖에 인어 같은 모습으로 이야기되는 괴이로서는 **루살카**가 있다. 자세한 것은 해당항목을 참조.

■ 펄럭날귀코쟁이(Otopteryx volitans)

하이아이아이 군도에서 서식하고 있었다

는 신비한 생물. 거대한 귀와 길쭉한 코를 지녔으며, 이 코를 접었다 펴서 위쪽으로 도약한 뒤, 귀를 사용해서 공중을 날 수 있다고 한다. 그런 뒤에 하늘을 나는 잠자리 등을 먹이로 삼는다고 한다.

하랄트 슈튐프케 저『코걸음쟁이의 생김새와 생활상』에 실려 있다. 이 책에 등장하는 동물들은 전부 실재한다는 형식으로 적혀있기는 하지만, 이 저작물 자체가 동물학논문의 패러디로서 작성된 작품이며 저자인 하랄트 쉬튐프케도 하이아이아이 군도도 등장하는 동물도 전부 가공의 존재다(한국어 명은『코걸음쟁이의 생김새와 생활상』의 역자인 박자양 씨의 명칭을 따랐다-역주).

■ 평행식물(La botanica parallela)

전 세계에서 발견된 신비한 생물. 현실과는 다른 공간영역에 존재하는 식물 비슷한 존재로, 눈에 보여도 건드릴 수 없으며 어떤 거리에 있어도 똑같은 크기로 보이는 등, 물리법칙을 무시하면서도 객관적으로 인식할 수 있는 '평행식물성'을 지닌 것이 특징이다.

모든 평행식물은 검은색이지만, 그 검은색에도 다양한 종류가 있다. 또 평행식물은 크게 두 종류로 나뉘는데 알파 그룹이라 불리는 그룹은 인간의 감각으로 직접적으로 지각할 수 있으며, 간접적으로는 과학적 수단을 사용해서 식별할 수 있는 것. 베타 그룹으로 분류되는 것은 신비에 싸여 있어 요령부득하며, 이미지나 언어라는 상징적인 기호로 간접적으로밖에 지각할 수 없는 것이라고 한다.

또한 평행식물은 특수한 시간 속을 살아간다고 하며, 알파 그룹은 생명의 절정기에 그 존재를 고정하고 있으며 베타 그룹은 통상적인 시간의 흐름과 병행해서 존재하는 다른 시간 속에서 살아가고 있다고 한다.

그리고 이들 식물에서 특징적인 것은, 알파 그룹은 발견 뒤에 이름이 붙었으나 베타 그룹은 이름이 먼저 있었으며 그 이름을 증명하듯이 생겨난다는 점이라고 한다.

레오 리오니 저, 미야모토 아츠오 역『평행식물』에 실려 있다. 이 책에 실린 다양한 평행식물은 전부 그림책 작가이기도 한 리오니에 의해 창작된 가공의 생물이다. 이 책은 가공의 연구자나 연구결과를 상세히 기록함으로써 마치 실재하는 존재인 것처럼 해설하며, 어쩌면 문득 평행식물과 마주치는 일이 있을지도 모른다고 생각하게 만드는 명작이다.

■ 폴터가이스트

전 세계에 이야기되는 괴이. 보이지 않는 힘에 의해 소음이나 물체의 이동 등이 일어나는 괴기현상을 가리킨다. 이러한 괴기현상은 오래되어서 고대 로마시대부터 기록이 남아있으며, 현재도 빈번하게 일어나고 있다.

폴터가이스트는 예고 없이 갑자기 발생하는 경우가 많으며, 한두 시간 내에 끝난다. 장기간 발생하는 경우는 드물지만, 특정한 집이나 장소에서 몇 년 동안이나 단속적으로 발생하는 일도 있다.

기본적으로는 인간이 있는 장소에서 발생하며, 특히 소녀가 있는 장소에 출현한다고 한다.

19세기경까지는 이 괴현상을 일으키는 것은 악마, 마녀, 죽은 자의 혼령이라고 여겨졌지만, 19세기말 이후에 연구가 진행됨에 따라서는 죽은 자의 혼령이 사람에게 일시적으로 빙의되었기 때문으로 생각되었다. 20세기에는 사람의 무의식적인 염력, 사이코키네시스에 의해 발생한다는 설도 생겨났다. 이 현상을 일으키는 인간은 '에이전트'라고 불리며, 특히 사춘기 소년소녀의 성적인 갈등이 이 힘을 불러내는 요인이 된다고 여겨지고 있었다.

현재는 폴터가이스트는 다수의 요인에 의해 일어난다고 생각되고 있으며, 악령이 일으키는 것이나 에이전트가 무의식중에 발생시키는 것도 있다고 추정되고 있다. 또한 악령이 일으키는 것일 경우, 악령이 인격을 지니고 인간과 대화하며 자신의 목적을 말할 때가 있는데 이러한 경우에는 구마의식이 이루어질 때가 많다.

로즈마리. E. 길리 저『요정과 정령의 사전』에 실려 있다

【하】

■ 헥켈원시코쟁이
(Archirrhinos haeckelii)

하이아이아이 군도에 서식하고 있었다는 신비한 생물. 원시코쟁이과(Archirrhinos) 중에서 유일한 현생종이었다고 한다. 코걸음쟁이지만 코는 이동에 사용하지 않고, 거의 식사 때에 사용된다. 그들의 주식은 대형 바퀴벌레로, 이 곤충을 붙잡으면 코를 사용해서 물구나무를 서고, 네 다리 전부를 사용해서 신속하게 먹이를 입으로 가져간다. 먹이를 먹을 때에 쩝쩝거리는 소리와 찍찍하고 우는 소리를 내므로 멀리에서도 위치를 알기 쉽다고 한다.

하랄트 슈튐프케 저『코걸음쟁이의 생김새와 생활상』에 실려 있다. 이 책에 등장하는 동물들은 전부 실재한다는 형식으로 적혀있기는 하지만, 이 저작물 자체가 동물학논문의 패러디로서 작성된 작품이며 저자인 하랄트 쉬튐프케도 하이아이아이 군도도 등장하는 동물도 전부 가공의 존재다(한국어 명은『코걸음쟁이의 생김새와 생활상』의 역자인 박자양 씨의 명칭을 따랐다-역주).

■ 환영(apparition)

전 세계에서 확인되는 괴이. 희박한 공기 속에 형성되거나, 물체를 통과해온 것처럼 영매나 심령관계자가 있는 곳에 물체

가 나타나는 현상. 환영에 의해 나타나는 것은 꽃이나 과일, 모래, 얼음, 인간의 모습까지 다양하며, 정령의 힘을 빌어서 영매가 자신 곁으로 물체를 부를 수 있다고 한다.

로즈마리. E. 길리 저『요정과 정령의 사전』에 실려 있다. 이 책에 의하면 과거에 교령회가 열렸을 때에는 심령주의자들 사이에서는 흔한 현상이었지만, 개중에는 지금 말하는 마술처럼 트릭이나 속임수가 있는 것도 많았다고 한다.

■ 황제티라노코쟁이
(Tyrannonasus imperator)

하이아이아이 군도에 서식하고 있다고 하는 신비한 생물. 길게 뻗은 네 개의 코를 다리 대신 사용해서 물구나무서기를 하는 듯이 이동한다. 이 코로 걸을 때에는 콧속의 공기를 압축하는 싯싯거리는 소리가 멀리까지 들리기 때문에 사냥감에게 들켜버린다. 그렇기 때문에 기본적으로는 매복해서 사냥감이 다가와서 지나가려 할 때 움직이며, 몇 시간이나 추적해서 붙잡는다. 그리고 꼬리 끝에 있는 발톱으로 독을 주입해서 죽인 뒤에 천천히 뼈까지 먹어버린다. 또 주로 포식하는 먹이는, 마찬가지로 코를 사용해서 이동하는 동물인 **나조뱀**이라고 한다.

또 아주 오랫동안 먹이를 먹지 않고서도 살 수 있으며, 먹은 것을 어느 정도 소화할 때까지는 몇 주간이나 동면하는 듯한 상태로 지낸다고 한다.

하랄트 슈튐프케 저『코걸음쟁이의 생김새와 생활상』에 실려 있다. 이 책에 등장하는 동물들은 전부 실재한다는 형식으로 적혀있기는 하지만, 이 저작물 자체가 동물학논문의 패러디로서 작성된 작품이며 저자인 하랄트 쉬튐프케도 하이아이아이 군도도 등장하는 동물도 전부 가공의 존재다(한국어 명은『코걸음쟁이의 생김새와 생활상』의 역자인 박자양 씨의 명칭을 따랐다-역주).

■ 후디(hoodie)

인터넷상에서 이야기되는 괴이. 입은 사람을 광기에 빠지게 만든다는 파카로, 겉은 검은색이며 안감은 하얀색인 언뜻 보기에는 평범한 파카라고 한다. 이것을 입고 후드를 쓰면 아주 폭력적으로 변하며, 충동을 억누를 수 없게 된다고 한다. 또한 이 충동에 따라 폭력을 휘두르면 커다란 쾌감을 얻을 수 있게 되기 때문에, 점차 광기에 삼켜져버린다고 한다.

웹 사이트〈CREEPYPASTA〉에 2016년 5월 24일에 투고된 괴이.

이 사이트 이름이기도 한 크리피파스타는 인터넷상에서 흘러 다니는 괴담을 뜻하며, 창작된 이야기일 가능성도 높다.

■ 흡혈귀

전 세계에서 이야기되는 괴이. 피를 빠는

괴물의 총칭. 인간의 피를 빠는 괴물 이야 기는 세계 각국에 기록이 남아있으며 일 반적으로 흡혈귀라고 말할 경우, 서양에 서는 죽은 자가 되살아서 산 자의 피를 찾 아 헤매는 존재를 가리킨다. 그 중에서도 현대의 이미지는 창백한 피부에 긴 송곳 니를 지닌 불사신의 괴물이며, 아름다운 용모를 지닌 서양 귀족적인 차림을 한 남 성 혹은 여성일 것이다.

현재도 흡혈귀는 문학이나 영화 등에서 매 력적인 제재로서 무수한 작품에 채용되고 있으며, 실제로 흡혈귀가 출현했다고 생각 되는 **하이게이트 뱀파이어** 사건 등, 실재 하는 존재로서 이야기되는 경우도 많다. 매튜 번슨 저『흡혈귀 사전』에 실려 있다. 현대의 흡혈귀의 귀족적인 이미지는 존 폴리도리의 소설『흡혈귀』(1819년)에 등장 하는 루스벤경이라는 흡혈귀가 원류가 되 었다고 여겨지고 있다. 그때까지의 민간 전승에서 흡혈귀는 시체가 그대로 되살 아난 듯한 존재였는데, 수의를 입고, 말을 하는 경우도 적으며, 그저 주위를 배회하 며 사냥감을 찾는, 지금 말하면 좀비의 이 미지에 가까운 존재였다.

그러나 폴리도리의 이야기 속에 나오는 루스벤 경은 귀족적인 차림새와 언행을 보이며 지능도 높다. 그 용모도 아름다워 서 많은 여성으로부터 구애를 받는다. 이 것은 폴리도리가 주치의로서 모셨으며 나 중에 다툼 끝에 갈라섰던 시인 바이런 경

을 모델로 삼고 있기 때문으로 생각되고 있다. 또 이『흡혈귀』의 집필이 개시된 것 은 1816년에 폴리도리가 바이런과 함께 여행을 갔을 때, 폭풍우 치는 밤에 디오타 티 빌라에서 바이런이 여러 작가와 함께 괴담을 쓰자고 제안했던 이른바 '디오타티 빌라의 괴담회의'가 계기였음이 널리 알 려져 있다. 이 모임에 참가했던 인물 중에 는 메리 셜리가 있었고, 이 모임을 계기로 해서 써낸 소설이 그『프랑켄슈타인, 혹은 현대의 프로메테우스』이며, 흡혈귀와 인 조인간의 현대적인 이미지가 이날 밤을 계기로 태어났다는 일화는 유명하다.

이어서 이 디오타티 빌라의 괴담회의의 계기에는 또 한 명의 흡혈귀의 존재가 숨 겨져 있다. 그것이 영국의 시인, 새뮤얼 테일러 콜리지(Samuel Taylor Coleridge)가 1798년에 제1부를, 1800년에 제2부를 쓰 고 1816년에 발표한 설화시「크리스타벨 (Christabel)」에 등장하는 여성 흡혈귀, 제 럴다인(Geraldine)이다. 제럴다인은 직접 혈액을 빨지 않지만 생명력을 흡수하는 묘사가 있으며, 고전적인 흡혈귀 중 한명 으로 여겨지고 있다(앞서 이야기한『흡혈귀의 사전』에 의하면, 이러한 흡혈귀는 심령적 흡혈귀 라 부른다). 히가시 마사오 편『고딕명역집 성 흡혈효귀담』에 의하면, 디오타티 빌라 에서 바이런 경이 이「크리스타벨」을 소리 내어 읽자, 메리가 착란 상태에 빠져서 그 뒤로는 각자 괴담을 쓰자는 흐름이 되었

다고 한다.

이 제랄다인은 젊고 아름다운 고귀한 여성으로서 그려지는데, 이러한 흡혈귀는 「크리스타벨」의 집필과 동시기에 발표되었던 에른스트 라우파흐(Ernst Raupach)의 소설『죽은 자여, 눈을 뜨지 마오(Laßt die Todten ruhen/Wake Not the Dead)』(1800년)에 등장하는 흡혈귀, 브룬힐다(Brunhilda)에도 보인다. 브룬힐다는 죽음에서 소생했기 때문에 새로운 생명을 유지하기 위해 산 자의 피를 빨아야만 하는 존재로 그려지고 있는데, 그 용모는 아름다우며 생전과 변함없이 다른 사람과 대화할 수도 있다.

이 아름다운 여성 흡혈귀의 흐름으로서 빼놓을 수 없는 것이 프랑스의 작가 테오필 고티에(Theophile Gautier)에 의해 창작된 소설『죽은 여자의 사랑(La Morte amoureuse)』에 등장하는 흡혈귀 클라리몬드(Clarimonde)일 것이다. 로무알드(Romuald)라는 성직자가 젊은 시절에 경험했던 불가사의한 일을 들려주는 형식으로 이야기되는 이 이야기에서는, 로무알드와 사랑을 나눈 흡혈귀, 클라리몬드가 등장한다. 클라리몬드는 되살아난 죽은 자인 흡혈귀이며, 생명을 유지하기 위해 피가 필요하지만 사랑하는 로무알드에게 피를 빨지 못하고, 그가 잠들어있는 사이에 바늘로 아주 작은 상처를 내서 그곳으로 약간의 피를 빨며 생명을 유지하고 있다. 로

무알드는 그 사실을 깨닫게 되지만 클라리몬드를 위해서라면 피를 나눠줘도 괜찮다고 생각한다. 그러나 점차 그녀와의 방탕한 생활과 낮에 보내는 성직자로서의 이중생활에 지치기 시작했고, 결국 그의 스승인 성직자 세라피온(Serapion)에 의해 클라리몬드의 존재가 발각되고 만다. 그리고 세라피온은 성수를 사용해서 클라리몬드의 시체를 파괴했고, 로무알드는 클라리몬드와 영원한 작별을 하게 된다.

그리고 이 여성흡혈귀의 계보는, 이후에 여성 흡혈귀의 대명사가 되는 조셉 셰리든 레 파뉴의 『카르밀라』(1872년)으로 이어져간다. 카르밀라는 죽은 자가 소생한 흡혈귀 중 한 명으로, 주인공 로라와 동성애적인 관계를 맺어가지만, 최후에는 가슴에 말뚝이 박히고 목이 잘린 뒤 불태워져 재가 되어 강에 뿌려진다. 그리고 카르밀라로부터 17년 후, 그녀의 영향을 받고 흡혈귀 문화에서 결정적인 영향을 준 작품이 탄생한다. 브램 스토커의『드라큘라』다.

루마니아의 트란실바니아에 성을 갖고 있는 미형의 귀족인 드라큘라 백작은, 당초에는 노인의 모습으로 나타나지만 피를 빠는 것으로 생명력을 되찾아 젊어진다. 낮에는 활동하지 않고 일몰부터 해가 뜨기 전에 걸쳐 주로 생활하는, 십자가나 마늘을 싫어하고 괴력을 지녔으며 자유롭게 변신할 수 있는 능력을 갖췄고 박쥐나 늑대 등의 동물을 조종하는, 그림자가 없으

며 거울에 비치지 않고 집 주인이 부르지 않으면 그 집에 들어갈 수 없다는, 이후의 흡혈귀에게 보이는 특징이 드라큘라에 의해 확립되었다. 다만 이 특징들은 이전의 흡혈귀 문학이나 민간전승에서 보이는 것이며 드라큘라가 최초는 아니다. 그러나 드라큘라의 영향은 아주 컸다.

이어서 이 소설은 무대화되고, 거기서 옷깃을 세운 검은 망토를 걸친 드라큘라 백작의 이미지가 등장한다. 이 이미지는 1931년의 영화 『드라큘라』에서 벨라 루고시가 연기했던 드라큘라 백작에게도 계승되어, 이후에는 드라큘라뿐만 아니라 흡혈귀 전반의 이미지에 다대한 영향을 끼쳤다.

이 미형의 귀족 흡혈귀의 이미지는 현재도 이어지며 많은 창작물에 등장한다. 한편으로 민간전승에 등장하는 괴물의 이미지를 계승하는 괴물 같은 흡혈귀도 많이 등장하고 있다. 이후로도 많은 흡혈귀가, 현대의 괴이문화를 부흥시켜줄 것으로 기대한다.

■ 히로브라인(Herobrine)

인터넷상에서 이야기되는 괴이. 인기 게임 소프트 '마인크래프트(Minecraft)' 내에 출현하는 수수께끼의 캐릭터로, 게임 내에서 사용하는 주인공의 디폴트 모습을 흉내내고 있지만 눈 부분이 흰자위뿐이다.

히로브라인은 본래 게임 내에 존재하지 않을 캐릭터인데, 어느 플레이어가 이것과 조우했을 때에는 플레이어 쪽을 빤히 바라보고 있었다고 한다. 또 독자적으로 이동할 수도 있으며, 게임 내의 블록을 사용해서 수수께끼의 오브제를 건축거나, 반대로 파괴하기도 한다.

그 정체는 게임 개발자인 노치(Notch)의 죽은 형제이며, 어느 사이엔가 게임 안에 들어와 있었다고 한다.

영어권의 전자게시판인 '4chan'에 투고된 사진이 기원이라고 생각되고 있으며, 인터넷상의 괴담을 모은 웹 사이트 〈CREEPYPASTA〉에도 2010년 10월 30일에 투고되었다.

'마인크래프트'는 거의 무한히 펼쳐진 다양한 블록으로 구성된 세계에서 플레이어가 자유롭게 블록을 부수거나 소재로 이용할 수 있는 게임으로, 서바이벌이나 창작을 즐길 수 있다.

2020년 시점에서 세계에서 가장 많이 팔린 게임이기도 하며, 히로브라인에 관한 소문은 눈 깜짝할 사이에 퍼졌지만 게임 개발사인 스웨덴의 모장(Mojang)은 이 존재를 공식으로 부정했으며, 개발자인 노치에게도 형제는 없다고 한다.

그러나 모장 자신도 히로브라인의 존재에 대해서는 재미있게 생각하고 있는지, 장난삼아 공식 그림에 히로브라인의 모습을 몰래 집어넣거나 공식에서 파는 스킨 팩(플레이어가 선택할 수 있는 주인공의 모습을 늘리는 추가 컨텐츠)에 히로브라인의 모습을 섞어놓고 있다.

히로브라인 자체도 인터넷상에서 퍼지는 동안 다양한 속성을 획득했으며, 게임 내에 등장하는 적 캐릭터를 조종하거나 던전을 만들거나 덫을 설치하는 등, 보다 공격적인 행동을 취하는 모습이 이야기되기도 한다. 또한 텔레포트 능력을 지니고 있으며, 직접 죽이러 오거나, 플레이어의 거점에 멋대로 들어와서 아이템을 훔친다는 소문도 있는 듯하다.

'마인크래프트'에는 '엔더맨'이라고 하는 히로브라인과 같은 CREEPYPASTA 출신의 슬렌더맨이 모델이 된 적 캐릭터가 등장하고 있으며, 텔레포트를 사용해서 플레이어에게 다가온다. 히로브라인이 지니고 있다는 텔레포트 능력은 이것의 영향을 받았는지도 모른다.

■ 히토가타

인터넷상에서 이야기되는 괴물. 북극에 출현한다는 인간 형태와 비슷한 모습의 괴물로, 몸 색깔은 새하얗다. 사람의 말을 이해하고, 말을 걸면 기본적으로 도망치지만, 가끔씩 대답해온다고 한다.

마찬가지로 사람의 형태이며 새하얀 몸 색깔인 수수께끼의 생물이 남극에도 출현했으며 이쪽은 '닝겐'이라고 불리고 있다. 2채널(현 5채널) 오컬트판의 '거대어·괴어' 스레드에 2002년 5월 12일에 작성된 사람처럼 생긴 수수께끼의 생물에 관한 정보가 바탕이 되어 인터넷상에 유포되었으며, 미확인생물로 인식되게 되었다.

이 게시판에는 하얀 생물은 '인형물체'라고 불리며 같은 날 중에 인형물체 전용 스레드가 만들어졌는데, 이때 남극의 인간형 생물은 '닝겐' 혹은 '히토가타'라는 이름으로 이야기되고 있었으나 이후 남극에 출현한 것의 호칭은 닝겐이 우세를 점하게 된다.

한편, 북극에 출현했다는 인간형 생물이 '히토가타'라고 불리면서 구별되게 된 것은 1년 이상 시간이 지난 2003년 여름 무렵이라고 한다. ASIOS 저 『UMA 사건 크로니클』에서 히로타 류헤이 씨의 고찰에 의하면, 웹 사이트 〈수수께끼의 거대생물 UMA〉의 게시판에서 '북쪽 바다에 히토가타라는 생물이 있다'라는 취지의 글이 작성되었고, 이것이 이 사이트에서 편집되어 '남극의 닝겐/북극의 히토가타'라는 타이틀로 소개되는 계기가 되었다고 한다.

닝겐과 히토가타는 인터넷상에서 많은 사람들 사이에서 화제가 되었으며, 그 모습을 포착했다는 다양한 사진도 공개되었다. 그것들은 상상에 의해 창작된 사진이지만, 퀄리티가 높은 것도 많아서 닝겐이나 히토가타가 실존할지도 모른다는 설득력을 가지게 되는데 커다란 역할을 담당하고 있다.

세계 괴이 사전의 발걸음

'어딘가 저편'의
괴이·괴물과 마주하기 위해서

이이쿠라 요시유키
고쿠가쿠인 대학 준교수

괴이와 괴물의 현대세계지도를 그려낸다

이 책 『세계 괴이 사전 현대편』은, 아사자토 이츠키 씨의 전작 『일본 현대 괴이 사전』의 편찬방침을 이어받아, 일본 이외의 세계 각지에서 사람들의 입에 오르내린 기담, 괴담, 소문, 도시전설을 서적이나 신문 잡지 등의 간행물, 텔레비전 보도, 인터넷상 등의 기록을 기초로 망라하며 정리를 꾀한 저작이다. 동일한 의도로 망라를 꾀한 사전(및 사전적 잡지 기사)은, 쇼와시대(1926~1989년) 이전에는 어떨지 몰라도 인터넷 시대를 맞이한 이후로는 처음이 아닐까. 이렇게까지 철저하다는 점도 공전절후일 것이다.

이 책의 용어에서 '괴이(怪, 怪異)'는 불가사의하며 초자연적인 현상이나 존재를 가리키고 있다. 게재항목에 있는 '괴물(怪物)'이란 단어의 채용은 미확인 생물(이른바 UMA[주1]) 등을 배려했다고 여겨진다. 그것은 분명 수긍할 수 있다. '오고포고'나 '코걸음쟁이'를 '요괴'로 정리한다면 일본의 독자들은 조금 석연

[주1] 'UMA'는 Unidentified Mysterious Animal(식별되지 않은 미스테리어스한 동물)이란 단어의 이니셜을 조합한 일본식 조어다. 미확인 동물에 조예가 깊은 동물연구자이자 작가인 사네요시 타츠오의 저서에서 1970년대 중반에 사용되어, 1990년대 이후에는 오컬트 계열에 정착했다.

치 않은 기분을 느낄 테니까.

최근 들어 일본의 괴이·요괴문화에 대한 주목으로 인해 다양한 자료를 소개하고 해설하는 일반인 대상의 서적이 간행되거나, 박물관·미술관에서 괴이나 요괴 관련 전시가 많이 기획되는 상황이 이어지고 있다. 일본문화에서 괴이·요괴에 대한 지각은, 흥미와 관심이 있는 많은 사람이 어느 정도 축적되기에 이르렀다. 기세, 세계의 눈이 향하는 기운은 이미 무르익은 것이다. 예를 들면 작년, 오사카의 스이타에 있는 국립 민족학 박물관에서 특별전「경이와 괴이──상상계의 생물들」이 개최되었다. 일본의 괴이·요괴에 향하는 관심은 전 세계의 괴이·괴물에 대한 지식욕으로 확장·접속 되어가려 하고 있는 것이다. 이런 관심에 부응하는 듯이 이 책에는 전 세계에 있는 다양한 종류의 괴이·괴물이 항목으로서 정리되어 있다. 이것에 의해, 현대세계에서 괴이·괴물을 대략적으로 파악할 수 있다는 점은 정말로 귀중하다.

그러나 사전이라는 형식의 제약은 출신이나 성질, 출현한 시대나 장소, 이야기된 문맥이 실로 다종다양한 괴이·괴물을 가나다순으로 정리하고 동렬로 나열해서 기록하는 형식으로 통일해야만 한다는 점에 있다. 이 형식은 실제로 다양한 시대, 지역, 역사, 문화에서 이야기되는 괴이·괴물의 정보가 '현대 일본'의 시각에서 전부 플랫하게 재배치 되어버린다는 위험성을──편집자의 의도를 넘어서──다분히 포함하고 있다. 이, 전 세계에서 일본에 소개된 괴이·괴물의 귀중한 정보의 집대성을 어떻게 분류하고 의미부여해서 읽을 것인가. 본고에서는 '현대세계의 괴이·괴물의 개략도'의 풀이를 시도해보고자 한다.

시대와 기술과 세계정세와 괴이와 괴물과

근대 이전의 민속 문화로부터 태어난 괴이·괴물은, 공동체 구성원들 사이에서 자연발생적으로 생성된 소문이 입에서 입으로 전해지는 동안 어느 샌가 설화로서의 형태를 갖추기에 이르고, 고유의 괴이·괴물로서 인지되어왔다. 이렇게 성립한 괴이·괴물은 이 책에도 많이 수록되어 있다. 그러나 근현대사회에서는 그것과 다른 경로를 거쳐 태어나는 괴이·괴물이 출현하기 시작한다. 이하에 그것들을 크게 '근대 이전부터 계승된 괴이·괴물', '근대사회가 낳은 괴이·괴물', '근대 스피리추얼리즘의 영향', '20세기에 매스미디어 전개된 괴이·괴물', '인구에 회자된 픽션', '인터넷에서 만들어진 괴이·괴물'로 분류해서 각각의 특징을 서술하고자 한다.

근대 이전부터 계승된 괴이 · 괴물

우선 근대 이전부터 전승되어왔던 민간전승이나 속신(俗信) 및 민화에 등장하는 괴이·괴물의, 근대 이후의 출현·목격담을 지적할 수 있다.

러시아의 정령인 '키키모라', '도모보이', '루살카'나 독일의 연중행사에 등장하는 숲의 괴물 '크람푸스', 마찬가지로 독일의 민화에 등장하는 '홀레 아주머니', 기독교 전설에 유래하는 '헤매는 네덜란드 배', 중국의 '강시', 태국의 '피' 등, 공동체에서 이야기되고, 혹은 믿어져왔던 존재의 목격담·체험담이 현대에서도 재생산되고 있음을 알 수 있다. 이러한 사례는 일본의 사례로 예를 들자면 '캇파의 목격담'에 해당할 것이다. 일본에서도 캇파의 목격담은——캇파가 서식하는 맑은 물이 흐르는 강의 수와 함께 격감하고 있음을 부정할 수 없지만——소소하게나마 계속 갱신되고 있다. 시대가 바뀌었다고 해도, 사람들의 '괴이를 인지하고 위치시키는 구조'는 좀처럼 변하지 않는다. 일본으로 예를 들면, '강이나 연못에 나타나는 사람 형태의 요괴는 캇파다'라는 구조가 강고하게 존재하며, 그것이 어떠한 별개의 설명으로 바뀔 때까지는 유지되고, 현대에서 새로운 구조를 획득하는 경우도 있다.

이렇게 전통적인 괴이·괴물의 현대에서의 전개에 대해서는, 이토 씨의 논고에 상술되어 있으니 그쪽에 양보하기로 한다.

근대사회가 낳은 괴이 괴물

다음으로는 산업혁명에 의한 기계화 및 미국의 개척, 식민지 지배를 배경으로 한 비경 탐험의 진전, 사진기술의 보급, 세계대전 등, 근대사회의 도래와 함께 새롭게 태어난 소문, 이른바 '근대의 민화'에 등장하는 괴이·괴물을 들 수 있다. 그것들은 신문이나 잡지 같은 인쇄 미디어에 실리는 것으로 널리 알려진 존재가 되었다.

자동차나 비행기라는 테크놀로지의 보급은 그것들을 타는 유령('사라진 히치하이커', '요크셔의 유령 자동차', '유령 택시', '유령 비행사')들을 낳았다. 세계적으로 유명한 네스 호의 '네시'는 통칭 '외과의사의 사진'이 신문에 실린 것에 의해 퍼졌고 '오고포고', '마니포고' 등의 비슷한 존재가 출현하게 되었다. 이것에는 사진이라는 테크놀로지, 신문이라는 미디어가 중요한 역할을 담당하고 있다.

구미열강의 세계 진출과 탐험열은 먼 이국에서 전승되어온 괴이·괴물을 신선한 경이로서 본국에 전달했다. 히말라야의 '예티'가 그 전형일 것이다. 미국에서는 개척시대, 개척민들의 공동체에서는 '저지 데블'의 소문이나 '캐터스캣'이나 거인 '폴 버니언' 같은 톨 테일이 생겨났다. 이민·식민이라는 상황이 낳은 괴이·괴물이다. 세계대전과 근대병기가 낳은 공포나 불안은 무기를 파괴하는 '그렘린', 무적의 병사인 '킬로이', 독가스를 시민에게 뿌리는 '매드 가서'를 낳았다.

이러한 괴이·괴물들은 그때까지의 일상의 공동체를 크게 초월해서 형성된, 근대 국민국가라는 근대 특유의 '상상의 공동체'가 낳은 부산물이다.

근대 스피리추얼리즘의 영향

근대 사회의 부산물 중에서도, 근대 스피리추얼리즘의 새로운 영혼관이 낳은 괴이도 많으며, 그 영향도 크다. 이 책에도 '위자보드', '채펀 유언장 사건', '가짜 유령 필립', '하이즈빌 사건', '파티마의 성모', '폴터가이스트' 등, 많은 사례가 채록되어 있다. 이러한 근대 스피리추얼리즘과 그 과학적 연구를 지향한 심령과학(사이킥 리서치)의 영향은, 그것을 참고로 한 통속적인 서적이나 텔레비전 방송을 통해서 현대 일본의 일반사회가 지닌 심령·영혼관을 형성하고 있는데, 상세한 것은 이치야나기 씨의 논고에 양보하고자 한다.

20 세기에 매스미디어 전개한 괴이 괴물

제2차 세계대전 후, 라디오 및 텔레비전 등의 매스 미디어가 발전하며 세계는 고도정보화 시대에 돌입한다. 현대인은 일상생활을 넘어선 장소에서 발신되는 미디어 정보의 영향을 받지 않을 수 없게 되었다. 그것은 인간뿐만 아니라 괴이·괴물도 마찬가지다.

과거에는 공동체 내부의 구전으로 전해지던 괴이·괴물에 대한 정보는, 이윽고 신문 등의 인쇄 미디어로도 퍼지게 되었다. 그리고 매스미디어 시대에는 구전보다도 질과 양에서 월등한 정보가, 구전보다도 빠르게 많은 이들에게 발신되고, 대중을 위한 오락으로서 향유되며 문화 속에 정착하게 된다. 미국의 '빅풋'도 목격담 자체는 19세기로 거슬러 올라가지만, 주목을 모으기 시작한 것은 제2차 세계대전 후에 영상(통칭 '패터슨 필름')의 공개가 계기가 되었다. 영상이 지닌 대중을 납득시키는 힘과 매스미디어의 선전력이 맞물려 UMA가 탄생했다.

'하늘을 나는 원반/UFO'의 개념은 1950년대에 본격적으로 일본에 소개되어 퍼졌고, 그때까지의 민속사회가 지닌 통념이었던 '하늘을 나는 빛=혼령·

도깨비불'이 '하늘을 나는 빛=UFO=우주인의 탈것'이라는 새로운 인식으로 덧씌워지고 말았다.

'채널링'은 1980년대에 헐리우드 여배우가 경도된 것에서 주목을 모았고, '모스맨'이나 '추파카브라'는 1990년대에 오컬트 계열 잡지나 텔레비전에서 거론되면서 이름이 알려지게 되었다.

또 실화를 기반으로 한 창작을 구가하는 영화작품 등에 의해서도 괴이·괴물은 퍼졌다. '애나벨 인형', '아미티빌 호러', '엔필드의 폴터가이스트'가 그것에 해당한다. 그 밖에도 미디어 그 자체가 새로운 테크놀로지로서 새로운 괴이·괴물을 낳게 되었다. 레코드(음성복제 미디어)의 괴이인 '글루미 선데이', 영화에 나타난 괴이인 '세 남자와 아기의 유령', 영화를 둘러싼 괴이인 '스탠리 호텔의 괴이' 등이다. 여기에 이르러 괴이·괴물의 정보는 '매스미디어·상업 미디어에서 시청자·독자에게 초래되는 것'으로 변용되어버렸던 것이다.

인구에 회자된 픽션

근현대사회에 한정된 것만은 아니지만, 순수한 픽션 혹은 페이크 다큐멘터리로서 창조된 괴이·괴물이 사람들의 입이나 글을 거치면서 마치 전승 혹은 실화로 받아들여지게 되는 경우가 있다. 일본에서 가장 유명한 사례는 4대째 츠루야 난보쿠(四代目 鶴屋南北)가, '토카이도 요츠야괴담'에서 창조한 오이와의 원령일 것이다. 실제 인물 오이와 씨는 살해당하지도 않았거니와 저주받지도 않았다. 가부키나 교겐의 대본에 지나지 않았을 그 픽션의 원령이, 현대 일본의 우리들에게까지 영향을 미치고 있다.

이 책의 사례에서는 가공의 동식물을 상세히 서술한 기서인 『코걸음쟁이의 생김새와 생활상』, 『비밀의 동물지』, 『평행식물』에 게재된 '코걸음쟁이', '알로펙스 스툴투스'나 평행식물들이나, 미국의 반진화론자의 '지적설계설'을 향한 유머러스한 빈정거림으로서 만들어진 '하늘을 나는 스파게티 몬스터'가 그것에 해당한다. 인터넷상에서도 그래픽 소프트웨어인 포토샵 등으로 편집한 (즉 페이크임이 전제된) 공포 화상 스레드에서 생겨난 '슬렌더맨'의 사례가 있다. 잘 만들어진 픽션은 전승과 분간이 가지 않는 것이다.

인터넷에서 시작된 괴이 괴물

이렇게 인터넷 시대의 도래에 의해, 괴이·괴물도 인터넷에서 발생하고 인터넷에서 퍼지게 되었다. '섀도 피플', '스카이피쉬', '디아틀로프 사건', '디스맨', '닝겐', '히토가타' 등, 그 사례를 다 셀 수도 없다. 인터넷 시대의 특징은 언어로 된 정보뿐 아니라 화상·영상으로 퍼지는 사례가 많다는 것과, 발신과 공유가 즉시 이루어져 시간과 공간의 속박 없이 정보가 눈 깜짝 할 사이에 전 세계로 퍼져나간다는 것이다. 말이나 기사나 그림이나 동영상이 화제가 되어 링크나 리트윗으로 퍼지고 좋아요! 등으로 공유된다. 쇠락하는 것도 빠르지만 시간과 공간의 속박이 없기 때문에 '디아틀로프 사건'처럼 반세기 전에 러시아의 변경에서 일어났던 기괴한 사건이 갑자기 주목을 모으게 되는 일도 가능하다. 인터넷에 의지하는 우리들에게는, 아득한 과거나 아득한 저편에 있는 괴이·괴물의 정보가 시간과 공간의 원근감 없이 병치되어 제시되기 때문에 그 시간적·공간적 거리를 잃고 이해해버리는 위험을 내포하고 있는 것이다.

현대 세계의 괴이·괴물의 상관도를 위해서

여기까지 살펴본 대로, 이 책에 나열되어 있는 현대 세계의 괴이·괴물은 각각 다양한 공간과 시간에서 생겨났다. 시간적으로는 근대 이전으로 거슬러 올라가는 전승, 근대사회 성립 시기의 생성, 근대 스피리추얼리즘의 영향, 2차 대전 후의 고도 정보화 시대의 것, 인터넷 시대의 생성으로 구별된다. 공간에 대해서도 언급해보자면, 유럽에는 역사를 배경으로 한 고스트 스토리나 마녀·늑대인간의 전승이, 미국에서는 고스트 외에 괴인·범죄자류와 '스웝프 슬로프' 같은 비교적 소형의 UMA가, 아프리카나 남아메리카, 동남아시아에는 공룡을 연상케 하는 대형 UMA나 유인원 형태의 UMA가 출현하는 빈도가 높다. 태국에서는 피, 대만에서는 귀신, 러시아에서는 정령의 보고가 다수를 점한다. 이것은 각지의 괴이·괴물을 전하는 미디어와 그 미디어가 상정하는 가상의 독자·시청자인 우리가 기대하는 '타국'에서 구하는 정보. 그곳에는 이미 유럽에서는 역사를, 아프리카 대륙이나 남미(특히 아마존)나 동남아시아의 밀림의 비경에서는 괴물을, 지역마다 고유하며 독특한——타 지역이나 일본에도 있을 법한 '흔한 것'이 아닌——괴이·괴물의 정보를 원한다는 편향이 존재한다는 사실을 의식하지 않을 수 없다.

그렇게 해서 현대의 우리들은 이러한 '어딘가·저편'에 있는 괴이·괴물에 대한 정보를 서적이나 잡지, 오컬트 방송, 인터넷 사이트 등을 통해서 시간과 공간을 초월하여 평행하는 형태로 수용하는 것이 일상이 되었다. 그곳에는 개개의 전승이 지닌 고유한 문맥——시대나 문화, 지리적·역사적인 배경——이 떨어져 나가고 캐릭터로서의 괴이·괴물만이 지식으로서 유통되기 쉬워진다. 그것은 일본뿐만 아니라 인터넷 시대를 맞이한 세계 전체에서 진행되고 있는 문화상황이기도 하다.

시대나 지역의 문맥을 무시하고 현대·일본의 문맥으로 재해석하는 플랫한 수용 방식에는, 새로운 문화가 생겨날 가능성이 있는 반면, 그 시대·지역의 문맥에 입각하지 않은 채로 이해하는 것으로 인해 괴이·괴물을 '오독'할 위험성이 있다. 현대 세계의 괴이·괴물은 어쩌면 그 출신과 내력 등의 문화적·역사적 배경을 의식하지 않게 될지도 모른다. 현대의 우리들이 전 세계의 괴이·

괴물을 개별적인 전승의 문맥에 놓고 마주하며 이해하기 위한 앵커로서, 부디 이 책을 활용해주었으면 한다.

우산을 쓴 유령
대만의 괴이 지금과 과거

이토 류헤이
대만 남대과기대학 조교수

하얀 옷의 괴녀

작년, 대만의 인터넷상에서 화제가 되었던 '백의백산녀(白衣白傘女)'. 문자 그대로 하얀 옷에 하얀 우산을 손에 든 여자가, 의란(宜蘭)대학(의란은, 대만 북부에 있는 도시) 부근을 배회하고 있다는 이야기가 돌았다. 가위를 들고 학생을 뒤쫓고 있다고 하던가. 거짓인지 진실인지, 인터넷상에 이 여자의 사진도 돌아다니고 있었고, 사진을 보면 확실히 온몸이 하얀 색 일색이다.

단순히 기묘한 차림을 하고 다니고 있을 뿐인지도 모르지만, 가위를 들고 학생들을 쫓아다니고 있다고 해서 상해 미수사건으로서 지역 경찰이 출동하는 사태가 벌어졌다. 대형 미디어인 '연합보(聯合報)'(2019년 5월 2일자)에서도 보도하고 있다. 기사에 따르면, 인근 주민의 목격 증언도 많아서 이런 옷차림의 여자가 출몰하고 있다는 것은 사실이지만, 가위 운운하는 부분에 대해서는 확증이 없다고 한다. 이후에 여자의 정체는 알아낸 모양이지만, 상세한 정보는 보도되지 않았다.

하얀 옷의 괴녀라고 하면, 한때 일본에서도 화제가 되었던 '요코하마의 메리 씨'가 떠오른다. 1990년 전후에 요코하마 시내에 나타난 노파로, 하얀 드레스를 입고 얼굴에도 하얀 분칠을 하고 있었다. 내 지인도 전철 안에서 목격한 적이 있다. 거의 도시전설처럼 되어있었지만, 근래에는 다큐멘터리 영화도 만들어지는 등, 조금씩 사실이 알려져 가고 있다.

'요괴'도 '유령'도 아니라 틀림없이 살아있는 인간이지만, 어딘지 모르게 인간이 아닌 분위기를 풍기는 기분 나쁜 '괴인'에 대한 이야기는, 동서고금 많이 있다. 일본으로 말하면 메이지 시대(1868~1912년)의 '아부라토리'나 태평양 전쟁 이전의 '빨간 망토', 1970년대 후반의 '입이 찢어진 여자(한국에서는 빨간 마스크-역주)' 등이 그렇다.

이런 종류의 '괴인'은, 특히 아이들 사이에서 화제가 된다. 본능적으로 위험을 감지하는 것이리라. '아이를 잡아가는 요괴'라고 여겨지는 '카마스쇼이(叺背負)', '카쿠레자토(隱れ座頭)', '카쿠시바바' 등도, 냉정하게 이야기를 판단해보면 유괴범이다. 그리고 '괴인'은 실존하는 경우도 있다. 어릴 적에 집 근처에서 기묘한 풍채로 돌아다니는 '괴인'에 대한 소문을 들어본 기억이 있는 사람도 많을 것이다. 정체가 여전히 불명이라면 '요코하마의 메리 씨'도 '괴인'으로서 계속 이야기되고 있었을 거라 생각된다. '백의백산녀'도 화제가 된 당초에는 이러한 '괴인'의 계보에 들어가는 존재였다.

'연합보'의 기사에서 흥미로운 점은, 인터넷상에서 이 괴녀가 온몸을 하얗게 물들인 '입 찢어진 여자'라느니, '박수녀(拍手女)' 등으로 불리고 있었다고 적고 있다는 점이다. 전자는 일본의 '입 찢어진 여자'가 대만에서도 유명하다는 증거다. 후자는 이 괴녀가 평소에도 박수를 치고 다니던 것에 유래하고 있는데, 어쨌든 이 괴녀에 대한 명명(네이밍)이 이루어지려 하고 있음을 나타내고 있다.

'요코하마의 메리 씨'가 그랬던 것처럼 불가해한 존재, 사건, 사람에 대한 명명은 '괴인'화, '요괴'화의 첫걸음이다. 그 명명이 사람들 사이에서 공유되었을 때에, 괴이는 개인의 체험을 초월하여 공동체의 공통 이해가 된다. 기사 제목인 '백의백산녀'도 명명의 일종이었다. 대만의 도시 전설에는 '홍의소녀해(紅衣小女孩, 붉은 옷의 여자아이)'나 '황색소비협(黃色小飛俠, 노란 레인코트의 남자)'라는 인상적인 색의 '귀신'(번역하면 '유령', 혹은 '요괴')이 있으므로 그것들을 의식했는지도 모른다.

'홍의소녀해'는 대만에서 가장 유명한 귀신으로, 영화로도 만들어졌다. 심야에 문을 노크할 뿐이지만 아주 두려움을 사고 있다. 마찬가지로 붉은 옷을 입은 '여귀(厲鬼, 흉악한 귀신)'와 관련이 있을지도 모르고, 실제로 그러한 이야기를 들은 적도 있다. 대만의 장난꾸러기 요괴인 '마신자(魔神仔)'도, 오래된 시대의 문헌에서는 붉은 모자와 붉은 옷을 입은 아이의 모습을 하고 있으며 (이 점에서는 오키나와의 '키지무나'와 비슷하다), 그쪽과의 관련성도 찾아볼 수 있다.

'황색소비협'은 옥산(대만의 최고봉) 등의 높은 산에 보이는 귀신으로, 등산객 앞에 나타나서 길을 잃게 만든다. 별명은 '옥산소비협'. 단독이 아니라 여럿이 나타났다는 이야기도 있으며, 조난자의 유령일 것이다. 일본에서도 '7인 미사키'라고 하는, 다수가 나타나는 유령 이야기가 있다. 또한 '소비협'은 중국어로 '피터 팬'이라는 의미로, '붉은 옷의 여자아이'에 대응해서 '노란 옷의 남자아이'의 의미로도 받아들일 수 있지만, 이야기에서 느껴지는 인상으로는 소년이라기보다는 성인 남성이다.

한편 인터넷상에서는 '백의백산녀'는 '그저 비 오는 날에 꽃을 관리하던 사람을 본 것뿐 아닌가?'라는 의견도 있었다. 공포심의 발산과 함께 이러한 '상식적'인 견해가 퍼져서 일상을 되찾으려고 하는 것도 괴이 전승의 모습이었다.

아단 나무 아래의 괴이

그리하여 도시 전설이 되지 못한 '백의백산녀'이지만, 일시적이기는 해도 인터넷상에서 화제가 되었던 것에는 그에 상응하는 이유가 있다. '비 오는 가운데 우산을 쓰고 서 있는 여자의 유령'이라는 모티브가, 대만의 괴담에는 전통적으로 있었기 때문이다.

대만에서 가장 유명한 괴담 중에 '임투저(林投姐, 린토지에)'가 있다. '임투'란 아단 나무를 말하는데, 열대 특유의 수목이다. 일본에서도 남서제도에서 자라고 있다. 요약하면 이런 줄거리다.

——청나라 때 대남(대만 남부의 도시)에서 있었던 이야기다. 한 여자가 복건성에서 온 남자와 부부가 되었고, 장사를 열심히 해서 부를 쌓았다. 그러나 남자는 번 돈을 가지고 복건으로 돌아갔고 그대로 행방을 감춘다. 비탄에 빠진 여자는 아단 나무 아래서 목을 매서 죽는다. 그 뒤로 저녁이 되면 그 여자의 유령이 아단 나무 아래에 나타나게 되었다. 유령이 떡장수를 불러 세워서 떡을 샀는데, 그 대금은 지전(紙錢, 죽은 자에게 바치는 돈)이었다. 지역 유지가 사당을 지어서 모시자 더 이상 나타나지 않게 되었다고 한다. 목을 매 죽은 사람에게 떡을 바치는 '송종(送粽)'이라는 행사와 관련이 있는지도 모른다.

청나라 때의 정책으로는, 대륙에서 대만으로 건너갈 수 있는 것은 남자뿐이었고 여자는 오가는 것이 금지되어 있었다. 여자가 쫓아올 수 없음을 알고서 이 남자는 대륙으로 돌아간 것이었다. 처음부터 여자를 속일 생각이었으리라. 카타오카 이와오(片岡巖)『대만풍속지』(1921년)에서는 '임투저'의 이야기를 소개할 때, '교활하게도 그 돈을 가지고…'라고 적혀있다.

시대의 비극이라 말할 수 있는 이야기로, 실제로 이러한 일은 있었을 것이다. 『대만풍속지』에는 대륙으로 건너간 남편과 남겨진 아내를 둘러싼 이야기가 몇 개 정도 실려 있다. 그 중에는 대륙에서 죽은 남편의 영혼이 대만에 남겨진 아내 곁으로 돌아온다는 절절한 이야기도 있다.

유령이라는 것은, 요약하자면 개인의 기억의 소산이다. 그러나 그 중에는 개인이 아니라 민족의 기억이라고 불러야 할 유령이 등장하는 괴담도 있다. 일본으로 말하면 '요츠야괴담'의 오이와나 '접시저택'의 오키쿠 같은 것이 그렇다. 이 괴담에 등장하는 유령은 무서울 뿐만 아니라, 덧없고, 그리고 슬프다. 유령을 통해서 여성이 학대받았던 시대가 비쳐 보이는 것이다. '모란 등롱'의 오츠유도, 원 소재는 중국의 괴기소설이지만 일본인의 마음의 심금을 울림으로써 민족의 기억이 되었다.

임투저도 민족의 기억이라고 불릴 만한 유령이며, 대만의 국민적 유령이라 할 수 있다. 몇 번이나 문예화 되었고, 연극이나 영화, 드라마로도 만들어졌다(대남에서는 남편을 향한 충절을 지키고 죽은 진수랑[陣守娘]이라는 여자 유령의 이야기도 있으며, 이쪽도 국민적 유령이라 불러도 좋을 것이다). 또한 이 아단 나무는 과거에 대남 시내에 실존했었으며, 소재지도 확실하다. 『대남풍속지』에는 작년에 벌채되었다고 적혀 있다. 구체적인 사물의 존재가 소문을 뒷받침했을 것이다.

지전을 보고 상대가 이 세상 사람이 아님을 알게 된다는 전개는 중화권의 괴담에 많다. 밤중에 기묘한 시장에 길을 잃고 들어간 남자가, 물건을 사고 받은 거스름돈이 다음 날 아침이 되고 보니 지전으로 변해 있었다, 라는 이야기다. 최근에는 택시 괴담에서 이런 사례가 있다. '심야에 태운 여자 승객이 실은 유령이었다'라는 이야기는 일본에서도 흔히 있는 괴담이며, 미국에서는 '사라진 히치하이커'라는 이름으로 알려져 있다. 그것이 대만의 현대 괴담에서는 손님이 지불한 대금이 지전이었던 것을 보고 유령이었음을 안다는 전개가 된다.

히치하이크는 미국의 문화이지만, 일본에서는 익숙하지 않으므로 택시 괴담이 되었다. 지전은 중화권의 문화다. 이러한 부분에서도 국가 간의 특색이 드러난다. 참고로 일본의 택시 유령은 모습이 사라진 뒤에 시트가 푹 젖어있었다는 경우가 많은데, 이것은 여자가 연못이나 늪의 주인(용이나 이무기)이었음을 나타낸다는 설이 있다.

또한 이 임투저의 경우, 우산을 쓴 모습으로 그려지는 경우가 많다.

내가 담당한 학생들의 졸업 작품의 그림책에도 그렇게 그려져 있다. 화상을 검색해서 찾을 수 있는 아마추어 화가가 그린 임투저 일러스트에서도 캐릭터의 특징으로 삼는 아이템으로 우산이 그려져 있다. 아단 나무 아래서 우산을 쓰고 초연하게 서 있는 젊은 여자――그것이 임투저의 일반적인 이미지다. 의란의 '백의백산녀'를 목격한 사람들이 임투저를 떠올렸을 것은 상상하기 어렵지 않다.

어째서 우산을 쓰고 있는가. 대만의 친구나 지인들로부터 들은 바로는, 우산 아래에 생기는 그늘이 '음'의 공간이 되기 때문이라고 한다. 중화권의 뿌리 깊은 음양설에 의한 해석으로, 설득력이 있다. '음'의 공간은 나무 아래에도 생긴다. 임투저가 아단 나무 아래에서 나오는 것도 그 부분에서 설명이 된다. '우산을 쓰는 유령'과 '나무 아래에 서 있는 유령'은 같은 발상에 의한 것이다. 애초에 유령 중에 여자가 많은 것도, 음양설에서 여성이 '음'의 존재이기 때문이라는 설이 있다.

지하철에 타는 '우산귀'

일본에서는 '우산을 쓴 유령'은 대중적이지 않다. 그렇지만 '나무 아래에 우두커니 서 있는 여자 유령'이라면 에도 시대 이래로 정석 중 하나로 인식되고 있다. 아단 나무가 없는 일본의 경우에 나오는 것은 대부분 강변의 버드나무 아래지만. 물론 강변도 '음'의 기운이 모이는 장소다.

'우산을 든 유령'이 아니라 '우산을 쓴 요괴'라면 일본에도 '아메후리코조(雨降小僧)'가 있다. 에도 시대의 화가, 토리야마 세키엔의 '금고화도속백귀(今古畵圖百鬼)'(1779)에 실린 요괴로, 우산 자루가 없는 우산을 머리에 뒤집어 쓴(손에 들고 받친 것이 아니라, 정말로 뒤집어썼다) 어린아이의 모습을 하고 있다. 해설에 의하면 '우사(雨師)'라는 비의 신을 모시는 요괴라고 하는데, 세키엔의 창작일지도 모른다.

또, 우산 그 자체가 괴물이 된 요괴로는 눈알 하나에 커다란 혀를 내밀고 있는 외다리의 '당산(唐傘) 요괴'가 있다. 에도 시대의 요괴완구(그림책, 주사위 놀이인 스고로쿠 등)에서 인기 있었던 요괴로, 현대에서도 대중적인 존재다. 세키엔도 『백귀도연대(百鬼徒然袋)』(1784)에 '호네가라가사(骨傘)'라는 이름으로 그렸다(일반적인 '당산 요괴'와는 디자인이 다르다). 다만 문헌이 많은 '당산 요괴'이지만, 민간전승의 사례는 극히 적다. 국제 일본문화 연구 센터의 '괴이 요괴 전승 데이터베이스'에서 검색해도 '카코로바치'(오쿠야마), '양산'(에히메) 등, 셀 수 있을 정도밖에 없다.

대만에도 '우산귀'라는 귀신(이 경우에는 '요괴'로 번역해야 할 것이다)에 대한 이야기가 있으며 『대만풍속지』에 실린 것이 있다. 비 오는 날 밤에 나오는 우산을 쓴 모습의 외다리 요괴로, 형태적으로는 거의 일본의 '당산 요괴'와 같다. 이것이 우연의 일치인지, 일본의 식민지 시절에 일본에서 전파된 것인지는 알 수 없다.

대만에는 계두요괴촌(남투현)이라는 테마파크가 있어서, 그곳에 가면 다양한 '요괴'와 만날 수 있는데(대다수가 창작), 그 중에는 우산 요괴도 있었다. 그것은 과연 '당산 요괴'인지 '우산귀'인지 판단하기 어려운 바다. 또한 오키나와에도 '단가사마지문'이라는 마지문(요괴)의 이야기가 있는데, 이것을 보조선으로 삼으면, 일본의 '당산 요괴'와 대만의 '우산귀'의 관계도 보이기 시작할지도 모른다.

'우산귀'나 '임투저'의 우산은 어떠한 것일까. 이 점은 일용품인 만큼 신경 쓸 필요가 있다. 결코 접이식 우산이나 비닐우산을 연상해서는 안 된다. 서양식 우산도 아닐 것이다. 일본이라면 전통적인 종이우산이 연상된다. 물건이 변해서 생기는 요괴를 이해하려면, 그 물건의 문화사를 알 필요가 있다.

대만 남부의 미농(美濃, 고오시 미농구)에는 우산을 만드는 전통이 있어서, '미농유산(美濃油傘)'이란 이름으로 알려져 있다. 색조가 풍부한 고풍스러운 중화풍 우산으로, 선물용으로도 제작되고 있다. 아마도 '우산귀'의 우산은 이런 쪽일 것이다.

기후도 생각할 필요가 있다. 대만은 우기와 건기가 뚜렷해서, 건기에 들어가면 반 년 이상 거의 비가 내리지 않는다. 건기 동안 사용되지 않아 방치된 우산에서 '우산귀'가 연상되는 것이리라. 또 여기서 임투저가 나오는 계절도 자연스럽게 한정되기 시작한다.

참고삼아 적자면, 대만의 사당에는 제사 때에 사용할 수 있는 양산(凉傘)이라는 제구가 있으며, 그것이 밤중이 되면 변해서 밖을 걸어 다닌다는 괴담도 있다. 우산이라고 해도, 우리가 떠올리는 우산과는 전혀 다르지만.

또한 이 '우산귀'는 작금의 신형 코로나 바이러스 소동 속에, 묘한 곳에서 주목되었다. 대북의 지하철에, 큼직한 우산을 푹 뒤집어써서 상반신을 가린 사람이 나타나, 화제가 되었던 것이다. 방역을 위해서일 것이다. 사진도 찍혀서 여기저기 퍼졌는데, 겉보기에는 그야말로 '당산 요괴'나 '아메후리코조'다.

그 모습은 뉴스로도 보도되었다. 「상보」(2020년 2월 7일자)의 기사에는 '우산귀'라는 글자가 나오며, 캡션에도 『키타로』 캐릭터의 '우산귀'라고 적혀 있다. 본문에는 '츠쿠모가미의 일종'이라고 적혀 있으며, '물건이 백년이 지나면 변해서 정령이 된다'라고 하는 '츠쿠모가미 그림 두루마리'(16세기)의 한 구절이 인용되어 있다. '특징은, 눈이 하나에 혀를 내밀고, 외다리이며, 항상 나막신을 신고 있다'라고 설명이 되어 있다. 어느 뉴스 기사에서는, 태북 지하철의 '우산귀'의 사진 옆에, 일본의 '당산 요괴'의 일러스트를 싣고 있었다. '우산귀'와 '당산 요괴'가 비슷한 존재라고 인식되고 있다는 증거다.

'백의백산녀'도 '임투저'도 '우산귀'도, 인터넷 검색으로 간단하게 찾을 수 있다. 세계는 좁아졌다. 그렇기에 배경에 있는 문화에 대해 생각해야만 한다.

변용하는 괴이
세계 속의 '콧쿠리 씨'

이치야나기 히로타카
요코하마 국립대학 교수

콧쿠리 씨의 등장

21세기를 맞이한 지 벌써 20여 년이 경과했음에도 불구하고, 이 세상 속에는 얼마나 많은 괴이가 흘러넘치고 있는가. 일본 전국 방방곡곡, 도회지에도 시골 마을에도 괴이가 없는 곳은 없다. 그런 괴이 중에는 해외에서 전해졌음에도 불구하고, 어느 사이엔가 토착 괴이 같은 얼굴을 하고 완전히 정착한 것도 있다. 그 대표격이 바로 '콧쿠리 씨'다.

콧쿠리 씨가 언제 어떻게 발생했는가에 대해서는 다양한 설이 있지만, 아직 확실하지는 않다. 잘 알려진 것으로는 메이지 시대의 요괴박사라 불리던 이노우에 엔료(井上円了)가, '요괴현담(妖怪玄談)'(1887년)에 피로했던 설이다. 이 이야기에 따르면, 1884년, 이즈의 시모다 앞바다에서 난파된 미국 선박이 한동안 시모다에 머물렀을 때에 선원들이 심심풀이로 했던 놀이가 일본인들에게 전해졌고, 이것이 시모다에 찾아오는 어부들을 통해 전국으로 퍼져나갔다는 것이다.

모던 스피리추얼리즘과 테이블 터닝

미국인 선원들이 놀던 놀이는, 테이블 터닝(Table-turning)이었다고 한다. 그 배경에는, 19세기 중반에 미국에서 태어나, 구미를 석권했던 모던 스피리추얼리즘이 존재한다. 모던 스피리추얼리즘이란, 영이 존재하는 것, 영계와 현계와의 사이에 교신할 수 있음을 사실로 간주하고, 영의 실체나 영계와 현계와의 관계에 대해 과학적, 철학적으로 연구를 진행하여, 이 세계를 창조한 신을 칭하는 것이다.

영이 있다든가, 이른바 '저 세상'이 있다든가 하는 이야기는 전혀 특이한 것이 아니다. 오래전 신화의 시대로부터 현대에 이르기까지, 동서고금 어디에서나 찾아볼 수 있는 생각이다. 그러면 어째서 이렇게 흔한 가르침이, 갑자기 19세기의 구미에 되살아났는가. 그것은 구미권에 사는 사람들의 사후의 불안을 해소해온 기독교의 가르침이 흔들리기 시작했기 때문이다.

과학 합리주의의 침투가 기독교적인 세계관을 용납할 수 없게 되었을 때, 사람들은 공포에 빠졌다. 과학의 사고방식은 유물론을 기반으로 한다. 세계의 모든 것을 추량적인 데이터의 세계 속에 떨어뜨린다. 따라서 수치화 할 수 없는 것, 물질이라 간주되지 않는 것은 실존하지 않는 것이 된다. 그렇다면 영은 존재하지 않는다. 사람은 죽으면 무로 돌아간다. 사람의 마음이란, 뇌가 발생시키는 펄스의 집적에 지나지 않는다. 따라서 뇌가 활동을 정지하면 의식도 소멸한다. 하지만 사람은 자신의 존재가 사라진다는 공포를 견뎌낼 수 없다. 그렇기에 과학에 의해 영혼의 존재의 증명을 꾀하는 모던 스피리추얼리즘에 기대한 것이다.

모던 스피리추얼리즘은 영과의 접촉을 사람들에게 촉구했다. 그 교령의식 중 하나가 테이블 터닝이다. 테이블을 둘러싸고 앉은 사람들은, 테이블 위에 손을 놓고 옆 사람끼리 손을 겹친다. 그리고 영을 부른다. 그 자리에 내려온 영은 테이블을 흔들며 자신의 존재를 주장한다. 그러면 사람들은 영에게 질문하고, 영은 규칙적으로 테이블을 기울여서 대답한다. 오른쪽으로 두 번 기울이면 YES, 왼쪽으로 세 번 기울이면 NO, 라는 방식이다.

테이블 터닝을 개량하다

이 테이블 터닝을 개량한 것으로 초기의 콧쿠리 씨가 태어났다. 당시의 일본 사회에는 서양식 탁자도 의자도 보급되지 않았으며, 애초에 다다미 위에서 생활하고 있었다. 그래서 가까이에 있는 소재를 이용해 일본의 주거환경에 딱 어울리는 장치를 만들어냈다. 생대나무 세 개를 세 갈래로 엮은 뒤에 그 위에 쟁반이나 밥통 뚜껑을 놓고, 테이블로 간주했다. 사람들은 이 장치의 주위에 앉아서 쟁반이나 밥통 뚜껑 위에 손을 놓고, 부른다. "콧쿠리 씨, 콧쿠리 씨, 와주세요, 와주세요. 자, 자, 오세요, 와주세요." 그러면 이 장치가 움직이기 시작한다. 사람들은 질문한다. 장치는 규칙적으로 움직여서 대답을 해준다…….

너무나도 멋진 변용을 이루었기 때문에 테이블 터닝과는 동떨어진, 극히 일본적인 교령의식으로밖에 보이지 않게 되어버린 콧쿠리 씨. 그러나 근본을 따지면, 콧쿠리 씨의 등장은 기독교적인 세계관으로부터 과학에 기초를 둔 합리주의적인 세계관으로의 이동이라는, 세계적인 거대한 변혁의 파도 중 하나였다는 이야기가 된다. 그렇다면 이 콧쿠리 씨의 배경에는 실은 장대한 이야기가 감추어져 있던 것이다.

콧쿠리 씨가 너무나도 일본적인 형식으로 보이는 원인은, 그 밖에도 있다. '무엇을 불러내는가의 문제'다. 테이블 터닝이 불러내는 것은 죽은 자의 혼령이다. 근대에 들어 이 의식이 모던 스피리추얼리즘과 결부되었기 때문에, 그 경향은 보다 현저해졌다. 그런데 애초에 일본에서는 기독교의 사생관도 영혼관도 익숙하지 않다. 게다가 일본에서 이 의식은 무엇보다도 '놀이'로서 수용되었다. 따라서 수용된 당초에는 '무엇을 불러내는가'는 중요한 문제가 아니었다. 그렇지만 더 이상 그럴 수 없게 된다.

　너무 유행하는 바람에 나라의 규제가 시작되었을 때, 사람들은 깨달았다. '우리는 대체, 무엇의 보고를 듣고 있었는가'라고. 신불 같은 존재는 아닐 것이다. 일부러 서민의 다실까지 찾아와서 '내일의 날씨는?'이라든가 '옆집 아이가 좋아하는 아이는?' 같은, 어떤 의미에서는 어떻게 되든 상관없는 질문에 상대해줄 정도로 한가하지는 않을 것이다. 그렇다면 무엇일까? 거기서 그들은 과거의 기억을 떠올렸다. 에도시대의 속신(俗信)들이다. 예를 들면 여우는 사람을 속이고 기뻐하는 괴이라든가. 혹은 이누가미(견신)는 사람을 홀려서 재앙을 일으킨다든가. 그렇다면 집까지 찾아와서 질문에 대답하는 자의 정체란, 사람을 속이고 싶어서 견딜 수 없는 동물의 혼령이 아닐까……

　동물령의 소행으로 보는 견해는, 이 놀이에 '콧쿠리'라는 이름이 붙게 되는 것으로 더욱 강고해졌다. 애초에 생대나무 세 개에 쟁반의 뚜껑이라는 장치가 '까딱,까딱(콧쿠리, 콧쿠리)' 기울기 때문이라는, 이른바 의태어와 의성어로서 명명되었던 호칭이었으나 불행히도 글자의 어감이 딱 들어맞게 된다. 일본어 발음으로 '코쿠리(狐狗狸)'. 여우(狐)와 개(狗)와 너구리(狸). 여우에 관련된 속신이나 빙의신앙의 내용물과 멋지게 정합된 표현이었다.

　이리하여 콧쿠리 씨는 메이지 말년에는 '무서운 놀이'로서 인지되었다. 분명 무엇인가가 찾아와서 대답해주지만 경우에 따라서는 홀리게 될 수도 있다, 라는 이야기다. 원래부터 전국에서 여우나 너구리를 둘러싼 전승은 끊이지 않는다. 여우 빙의, 견신 빙의 같은 빙의 신앙도 널리 분포되어 있다. 이렇게 토착 전승이나 신앙과 결부되어가는 형태로 콧쿠리 씨는 수용되었고, 경우에 따라서는 그 토지에서 널리 믿어져 온 '여우님'을 부르는 의식으로서 정착한다. 이렇게 되기 시작하면 이미 무엇이 옛것이고 무엇이 새것인지 영문을 알 수 없게 된다.

1970년대의 콧쿠리 씨 붐

이 콧쿠리 씨가 갑자기 주목을 모은 것은 1970년대 전반이다. 이 시기에는 전국의 초중학교에서 콧쿠리 씨가 대유행해서 사회문제가 되었다.

다만 이 시대의 콧쿠리 씨는 생대나무나 쟁반을 사용한 것이 아니다. 종이에 신사의 토리이 마크와 '네', '아니오', 서양숫자나 오십음도를 적고서 그 위에 동전을 놓고, 그 동전에 손가락을 대고 움직이는 형태가 일반적이다. 메이지 말엽에는 이미 종이를 사용한 방법이 등장했다. 다만 종이 위를 움직이는 장치는, 나무젓가락을 부러뜨려서 세 갈래로 엮는 것, 거기서 더 나아가서는 뒤집어서 잔 바닥면에 기름을 떨어뜨린 술잔 등이 사용되고 있었다.

그건 그렇고, 아이들에게 콧쿠리 씨의 지식을 제공한 것은 아마도 '주간 소년 매거진'에 연재되어있던, 츠노다 지로의 『등 뒤의 햐쿠타로』다. 당시 '소년 매거진'은 『내일의 죠』, 『거인의 별』, 『아이와 마코토』 같은 지금도 전해지는 전설적인 작품에 의해, 주간 소년 만화잡지로 최고의 매상을 자랑하고 있었다. 이것들의 연재가 종료된 뒤, 테즈카 오사무 『세눈박이 나가신다』 등과 함께 매거진의 기둥이 된 작품이 『등 뒤의 햐쿠타로』다.

『등 뒤의 햐쿠타로』도 역시 소년 만화의 역사에 이름을 남긴 걸작 중 하나다. '심령 만화'라는 카테고리는 이 작품에서 시작된다. 『등 뒤의 햐쿠타로』는 과학적 심령연구의 입장에서 초자연적인 사건을 상세히 분석하며 이야기를 구성했다. 이런 가운데 콧쿠리 씨는 '실제로 있는 사건'으로서 그려지고, 동시에 '올바른 방법'도 제시함으로써 아이들에게 실행을 촉구했다. 그것이 콧쿠리 씨 붐의 기반이 되었음은 틀림없다.

그러나 콧쿠리 씨는 다양한 트러블을 유발했다. 여우에게 홀려서 이상해졌다는 아동이 학교에서 구급차에 실려 가는 사태가 발생했다. 학교는 잇따라 콧쿠리 씨를 금지했다. 이렇게 콧쿠리 씨는 또다시 섣불리 손대면 극히 위험한 교령술이라는 이미지를 띠게 되었다. 이 공포 속에는, 콧쿠리 씨로 불려오는 것이 동물령뿐만이 아니라는 것도 관계되어 있다.

『등 뒤의 햐쿠타로』는 두 번에 걸쳐 콧쿠리 씨를 다루고 있다. 첫 번째는 불려온 것이 여우의 혼령이었다. 그러나 두 번째에 등장한 것은 죽은 자의 혼령이었다. 고도 경제 성장 시대를 거쳐 급속하게 도시화가 진행되는 동안에 이미 리얼리티를 잃어가던 여우의 영을 대신해서, 1970년대의 오컬트 붐 속에서 다시 부상한 모던 스피리추얼리즘의 문맥이 콧쿠리 씨에게 부가된 것이다. 그것은 메이지 시대에 구미에서 이입되었던 콧쿠리 씨가 지닌 본래의 의미를 되찾았다고도 말할 수 있다. 애초에 콧쿠리 씨의 원형인 테이블 터닝은 죽은 자의 혼령과 액세스하기 위한 장치였으니까.

이렇게 콧쿠리 씨는 동시대의 유행 현상과 연동됨으로써 공포의 참여의식(参入儀式)으로서의 의미를 강화했다. 그렇다면 두려워하며 멀어지는 것이 사람의 지혜이겠지만, 알다시피 무서우면 무서울수록 금지되면 금지될수록 불타오르는 것이 어린아이다. 몰래 숨죽이고, 마치 어둠의 결사처럼 콧쿠리 씨는 지하로 숨어들었다.

탈색되는 콧쿠리 씨

그런데 1980년대가 되자 그런 콧쿠리 씨가 완전히 탈색되어 표면 무대에 나타나게 된다. '큐피드님', '엔젤님', '어린 왕자님'이라는 콧쿠리 씨의 아류가 차례차례 나타나서 여자아이들 사이에서 유행하게 된 것이다. 이 명칭이 이야기하는 대로 콧쿠리 씨가 연애 점으로 옷을 갈아입은 것이다. '동물령이나 죽은 자의 혼령 같은 것을 불러내는 콧쿠리 씨 따위 무서울 뿐이잖아. 이왕할 거라면 우리의 연애에 어드바이스를 해주는 걸 불러내자'라는 멋진 발상의 전환이다. 그 결과가 큐피드나 천사나 어린 왕자를 불러내는 것이었다. 여기서 왜 어린왕자가 들어가는지 이해하기 어려울 수도 있겠으나(생텍쥐페리의 이야기보다는 '왕자님'이라는 어감이 중요한지도 모른다) 연애에 빠진 소녀들의 에너지는 전해진다.

한편, 이렇게까지 콧쿠리 씨를 대충 다루어도 될까, 라는 토픽도 있다. '파출소 포스터 절도 용의자로 소녀 3명 체포'(2005년 6월 23일, 아사히 신문 석간 나고야판)에 의하면, 그 아이들은 거짓 전화로 경찰관을 불러내서, 아무도 없을 파출소에서 포스터 두 장을 훔쳤다. 그리고 파출소에서 가까운 주차장에서 콧쿠리 씨를 하고 있는 것이 발견되어 체포되었다. 범행 동기는 '콧쿠리 씨를 하기 위해서 커다란 종이가 필요했으니까'라고 한다. 어째서 파출소를 타깃으로 했는가. 어째서 도둑질을 했던 파출소에서 가까운 주차장에서 하고 있었는가. 그렇게까지 서두를 필요가 있었는가. 그 아이들의 행동은 도무지 의미를 알 수 없다.

그렇다고 해도 콧쿠리 씨의 공포의 이미지가 완전히 탈색된 것도 아니다. 오히려 연애점 같은 요소가 분리된 것으로, 콧쿠리 씨의 공포의 농도가 보다 강해졌다고 생각해야 할 것이다. 현대에 이르기까지 콧쿠리 씨는 다양한 미디어나 실화 괴담 속에서 여전히 괴이의 주역으로서 계속 등장하고 있다.

동아시아 속의 콧쿠리 씨

여기까지 따라와 본 일본에서의 콧쿠리 씨의 이미지는, 동아시아에 존재하는 유사 교령의식을 연상케 한다. 한국의 '분신사바', 중국의 '부란', 중국과 대만의 '필선', '접선', '전선' 등이다.

분신사바는 일제 시대 때에 콧쿠리 씨가 전해진 것으로 여겨진다. 일본에서는 2004년에 한국에서 제작된 호러영화『분신사바(일본 제목은 콧쿠리 씨-역주)』(안병기 감독)으로 알려지게 되었다. 또 부란은 위에 매단 붓이나 손으로 지탱한 나무막대기 등을 이용해서 모래 등을 뿌린 판 위에 한자나 기호를 그리고, 그곳에서 신령의 메시지를 읽어내는 것이다. 명청 시대때에는 쉽게 접할 수 있는 점치는 수단으로서 사회에 널리 침투해있었다고 한다.

필선, 접선, 전선은 사용하는 도구에 의해 호칭이 달라지긴 하지만, 기본적으로는 동일한 의식인 듯하다. 필선은 붓(펜)을, 접선은 접시를, 전선은 동전을 사용한다. 예를 들면 필선은 두 사람이 한다. 한자, 숫자, 알파벳 등을 적은 종이를 준비하고, 종이 앞에 앉은 두 사람은 오른손과 왼손을 교차해서 손등 사이에 연필을 낀다. 그리고 어떤 것을 불러낸다. 불러내는 것은 자신의 전생이다. 다만 대만에서는 필선의 경우에는 자신의 수호신이, 접선은 부유령이, 전선은 동물령이 찾아온다고 여겨지고 있는 듯하다.

이렇게 동아시아에 퍼진 콧쿠리 씨와 유사한 교령의식이 막부 말기 메이지의 일본에 영향을 주었을 가능성도 충분히 생각할 수 있다. 그러나 일본 통치시절의 한국이나 대만에 일본의 콧쿠리 씨가 전파된 흔적은 있기는 하나, 부란이나 필선, 접선, 전선이 일본에 전해졌는지 여부는 확실치 않다.

대만에서는 지금도 생생하게 '귀신(유령)'이 살아 숨 쉬고 있다. 현실의 세계와 '귀신'의 세계와의 경계가 극히 희미하다. 그런 가운데 이루어지는 교령의식은 리얼리티가 어마어마할 것이다. 1970년대 초엽까지는 간신히 살아남아 있던, 토속적인 공포를 불러일으키는 콧쿠리 씨의 모습은, 현대 대만의 교령의식에서 엿볼 수 있을 듯하다.

이렇게 보았던 것처럼, 콧쿠리 씨는 만만찮다. 아직 콧쿠리 씨에는 세계적으로, 고찰해야만 하는 수많은 문제가 잠들어있는 것이다.

가나다순 색인

이 책에 수록된 모든 괴이(806 항목)를 가나다순으로 배열하였다.

【나】

【마】

【바】

【아】

【자】

【차】

【카】

【타】

【파】

【하】

장르별 색인

이 색인은 이 책에 수록된 모든 괴이를 장르별로 배열했다.
각 장르에 맞지 않는 괴이는 기타 항목으로 분류했다.

【유령】
▶생전의 개인의 개성을 이어가고 있는 죽은 자의 괴이

【요괴·요정】

▶ 종족적인 단위로 취급되는,
초자연적인 존재나 현상, 기물의 요괴

[괴인]

▶매드 가서 등, 살아있는 인간이 일으켰다고 생각되는 괴이.

[미확인생물]

▶네시, 남극 고질라 등, 목격 정보가 있으나
존재가 확인되지 않은 괴물. UMA

【공물】

▶『비밀의 동물지』『코걸음쟁이』 등에 등장하는,
실재하는 형식으로 적힌 픽션의 생물.

【톨 테일】

▶미국의 민간전승인 톨 테일에서 이야기된 신비한 생물

국가별 색인

이 색인은, 이 책에 수록된 모든 괴이의 출몰장소를 지역별,
국가별로 배열했다. 출몰장소나 지역, 나라에 해당되지 않
는 괴이에 대해서는 기타에 표기했다. 고유명사로 기입되
어 있는 경우도 있다.

〈대만〉

【유럽】

〈아이슬란드〉

〈아일랜드〉

〈알프스 산맥〉

〈영국〉

〈이탈리아〉

〈우크라이나〉

【아프리카】

〈아프리카 각지〉

〈알제리〉

〈앙골라〉

〈우간다〉

〈이집트〉

괴이 세계사 대조 연표

연호	괴이	지역						
		아시아	오세아니아	북아메리카	남아메리카	유럽	아프리카	전 세계
1900	· 플래넌 제도의 유령	의화단 운동		의화단 운동		의화단 운동		
1901	· 트리아농의 유령		오스트레일리아 연방 성립					노벨상 제정
1902	· 양자 살해자 다이어	영일동맹				영일동맹		
1903	· 그로텐디그의 돌 던지기			라이트 형제 비행기 발명	파나마, 콜롬비아에서 독립			
1904	· 폴 버니언(인쇄물에 처음으로 이름이 등장)	러일전쟁				러일전쟁 영불협상		
1905	· 비행소년 수용소의 악령					아인슈타인 '특수 상대성 이론' 발표		
1906	· 슬로스 퍼니스의 악질 감독	전 인도 무슬림 연맹						
1907	· 수도사 윌리엄			뉴질랜드 영국 자치령이 되다		삼국협상		
1909	· 코론존			피어리 북극점 도달				
1910	· 가제카	한국병합					영국령 남아프리카 연방 성립	
1912	· 아멘 라의 저주	중화민국 성립				타이타닉호 침몰 발칸 전쟁		
1913	· 페이션스 워스 · 유령 택시							
1914	· 사라예보의 저주받은 자동차				파나마 운하 개통		이집트 보호국화	제1차 세계대전
1915	· 시 서펀트			루시타니아호 사건				
1916	· 에이브베리의 마을 축제							
1917	· 파티마의 성모			제1차 세계대전에 미국 참전		소비에트 정권 수립		
1921	· 칼레도미아 밀스의 도깨비불							

406

연호	괴이	지역						
		아시아	오세아니아	북아메리카	남아메리카	유럽	아프리카	전 세계
1922	· 왕가의 저주	간디 체포				이탈리아 파시스트 정권수립	이집트 독립	
1924	· 에베레스트의 유령	제1차 국공합작				레닌 사망		
1925	· 양 남자			텔레비전 발명		히틀러 『나의 투쟁』 출판		
1926	· 양크턴의 괴물							
1928	· 아라칸족 노녀의 혼령	장개석 국민정부 수석에 취임						
1929	· 글루미 선데이	프루나 스와라지 결정				비행선 체펠린호 세계 일주 성공		
1930	· 거대 뱀장어				악명 높은 10년이 시작되다 (아르헨티나)			런던 군축 회의
1931	· 흡혈귀 (영화 『드라큘라』의 공개년)	만주사변						
1932	· 콩가마토	만주국 건국 선언						
1933	· 네시			뉴딜 정책		영불이독 4국 협정 조인		
1934	· 사라고사의 요마 · 애쉬 저택의 유령					히틀러 총통 취임		
1935	· 하수도의 하얀 악어					독일 재군비	에티오피아 전쟁	
1936	· 갈색의 귀부인					스페인 내전		
1937	· 골든게이트 브리지의 유령	중일전쟁						
1938	· 호라데이라					뮌헨 회의		
1939	· 섣달그믐날의 수녀 · 킬로이							제2차 세계대전
1940	· 프랜시스 드레이크의 큰북					덩케르크 전투		독이일 삼국동맹
1941	· 랜돌프 처칠의 유령					독소전		태평양 전쟁
1942	· 올드 지미			원자핵분열 성공				
1945	· 버뮤다 트라이앵글	히로시마, 나가사키에 원폭 투하				독일 무조건 항복		제2차 세계 대전 종전

연호	괴이	지역						
		아시아	오세아니아	북아메리카	남아메리카	유럽	아프리카	전 세계
1946	·머리 없는 거대한 새 ·유령 로켓	인도차이나 전쟁				철의 장막 연설		
1947	·아메바 같은 우주인	『사해문서』 발견	웨스트민스터 법 수락 (뉴질랜드)	마셜 플랜 발표				
1948	·오랑 메단 호의 괴이	팔레스타인 전쟁(제1차 중동전쟁) 간디 암살			공화국의 경제적 독립선언 (아르헨티나)	베를린 봉쇄	팔레스타인 전쟁(제1차 중동전쟁)	
1949	·나치의 가스	중화인민 공화국 중화민국 (대만)				아일랜드 공화국 성립		북대서양 조약기구 (NATO) 조인
1951	·디에프 공습의 사례	미일 안보조약		미일 안보조약				
1952	·브라이디 머피						이집트혁명 (내년부터 공화국으로)	
1954	·뱀파이어 캣						알제리 전쟁	
1955	·호이터호의 괴이	아시아· 아프리카 회의					아시아· 아프리카 회의	
1958	·남극 고질라							
1959	·디아틀로프 사건			쿠바 혁명				
1960	·부거 ·꼬마 휘이	남베트남 해방 민족전선 결성		케네디 대통령 당선			나이지리아, 세네갈, 마다가스카르, 소말리아, 콩고 등의 독립	OPEC 설립
1962	·마니포고	중소 대립		쿠바 위기			우간다 독립	
1963	·봉문촌의 괴이			케네디 암살				
1964	·블루버드의 삶과 죽음	팔레스타인 해방기구		킹 목사 노벨 평화상				
1965	·자보치카바우의 폴터가이스트	한일기본 조약 성립						
1966	·툴립 계단의 심령사진	문화대혁명 개시						
1967	·로젠하임 사건	제3차 중동전쟁				EC발족	제3차 중동전쟁 비아프라 전쟁(나이지리아 내전)	
1968	·코난 도일의 유령	테트 공세 (남베트남 해방전선)		킹 목사 암살	페루 혁명 (~80)	5월 혁명 프라하의 봄		

연호	괴이	지역						
		아시아	오세아니아	북아메리카	남아메리카	유럽	아프리카	전 세계
1969	· 들판의 도깨비불			아폴로 11호 달착륙				
1970	· 애나벨 인형				칠레에 아옌데 인민 연합정권 성립		아스완 댐 준공	
1971	· 얼굴이 나타나는 집							변동 상장제
1972	· 유령 비행사	닉슨 방중 중일수교 정상화	백호주의정책 철폐	닉슨 방중 워터게이트 사건				
1973	· 악어 남자	제4차 중동전쟁					제4차 중동전쟁	석유위기
1975	· 아미티빌 호러	베트남전쟁 종결					앙골라 독립	
1976	· 안네리제 미첼 사건	저우언라이· 마오쩌둥 사망		록히드 사건				
1977	· 도버 데몬	문혁 종결 선언						
1978	· 체시	중일평화 우호조약				시험관 아기 탄생		
1980	· 천지의 괴물	이란·이라크 전쟁			페루 내전		짐바브웨 독립	
1981	· 폴리비우스							
1982	· 친절한 하인				포클랜드 분쟁			
1984	· 클레이바르바튼 호 의 괴마							
1985	· 데번셔의 악마					고르바초 프 취임		
1987	· 세 남자와 아기의 유령		울루루, 유네스코 세계유산 등록					
1990	· 펫차부리 길 가스폭 발 사고의 유령				페루 대통령에 일본계 후지모리 취임	독일 통일		
1991	· 광대 호미			만안전쟁		유고슬라 비아 전쟁	아파르트헤이 트 종결	소련 붕괴
1994	· 유령 그림			북미 자유무역 협정(NAFTA)			흑인 대통령 만델라 취임 (남아프리카)	
1995	· 지나포이로							
1996	· 그린닝 맨							

연호	괴이	지역						
		아시아	오세아니아	북아메리카	남아메리카	유럽	아프리카	전 세계
1997	· 헤텐피아	홍콩 반환			클론 양			
1999	· 켐트레일				파나마 운하 반환			
2001	· 몽키맨			미국 동시다발 테러				
2002	· 무노츄와						AU(아프리카 연합)	
2003	· 말 인간	SARS 유행		이라크 전쟁				
2005	· 블루독					메르켈 정권 성립		교토 협정서 발효
2006	· 디스맨							
2007	· 유령 그네							
2008	· 제프 더 킬러		애보리지니 차별 정책을 정부가 사죄	버락 오바마 첫 흑인계 대통령이 되다		베메드베제프 대통령 취임		리먼 쇼크
2009	· 슬렌더맨			오바마에게 노벨 평화상				
2012	· 익스프레션리스							
2013	· 수완나품 국제공항의 테와다	시진핑 국가주석 취임		보스턴 마라톤 폭탄 테러				

맺음말

옛날부터 수상한 것, 신비한 것을 좋아했습니다. 요괴는 물론이고, 세계에서 이야기되는 유령 이야기나 미확인생물의 목격담, 영화나 소설에 등장하는 괴물들, 게임에서 적으로서 나타나는 몬스터. 그런 것이 있으면 적극적으로 섭취했고, 즐겼던 것을 기억합니다. 그것은 지금도 변함없습니다. 장르를 불문하고, 기묘한 것들이 등장하는 작품을 보거나 읽는 것은, 유년기 이후로 이어지는 취미가 되었습니다.

그러는 한편으로 주된 연구대상으로 삼고 있던 것은 일본을 무대로 활약하는 괴이나 요괴이며, 세계의 괴이와 요괴를 수집, 조사하는 것은 별로 하지 않았었습니다. 일본만으로도 헤아릴 수 없을 정도로 많은 수집 대상이 있었으며, 국내와 달리 해외의 자료를 찾고 모으는 것이 어려웠기 때문입니다.

그러나 이번에 카사마쇼인 출판사에서 『일본 현대 괴이 사전』을 낸 것에 이어서 전 세계에 있는 현대 괴이를 모은 책을 만들자는 이야기를 듣고, 새롭게 세계를 무대로 이야기되는 그들과 마주해보자고 마음먹게 되었습니다.

이 책을 집필하면서, 읽을 기회가 없었던 다양한 자료를 접하며 지금까지 몰랐던 많은 신비나 괴상한 것들과 만나는 신선한 경험을 할 수 있었습니다. 반면에 세계라는 아주 넓은 무대가 테마가 되었기 때문에, 마음처럼 많은 자료를 모을 수 없었다는 아쉬움도 있습니다. 특히 UFO나 우주인 같은 분야는 거의 모을 수 없었기 때문에, 이후의 과제로 삼고자 합니다.

그 이외에도 세계에는 이 책에 수록되지 않은 괴이와 괴물이 아직 존재합니다. 세계에서 1세기 이상에 걸쳐 이야기되어온 괴이와 괴물들. 그것을 한 권의 책에 전부 수록하려고 하면 아무리 두꺼운 책이라고 해도 어려울 것입니다. 반대로 말하면 저에게 있어, 미지의 신비한 존재들이 전 세계에 존재하고 있다는 이야기이며, 아직 그들과 만날 기회가 남아있다는 뜻입니다. 앞으로도 그들과의 만남을 기대하며 조사할 수 있기를 바랍니다.

마지막으로, 편집을 담당해주신 야마구치 아키히로님, 기고해주신 이이쿠라 요시유키 준교수님, 이토 류헤이 조교수님, 이치야나기 히로타카 교수님, 전작에 이어 커버 일러스트를 담당해주신 우라사카 도라 님, 집필에 참조한 자료들의 저자·편자이신 위대한 선배님들, 그리고 이 책을 선택해주신 모든 독자 여러분들께 깊은 감사의 말씀을 드립니다.

참고자료

- ASIOS 저 『'신'괴기현상 41의 진상('新'怪奇現象 41の真相)』 2016년, 사이즈샤
- ASIOS 저 『UMA 사건 크로니클(UMA 事件 クロニクル)』 2018년, 사이즈샤
- 알레이스터 크로울리 저, 이이노 토모유키 역 『영시와 환청(靈視と幻聽)』 1988년, 국서 간행회
- 이시하라 코사이 저 『유령이 있는 영국사(幽霊のいる英国社)』 2003년, 슈에이샤
- 이토 류헤이, 시에 지아칭 저 『현대 대만 귀담:바다를 건넌 '학교 괴담'(現代台湾鬼譚:海を渡った「学校の怪談」)』 2012년, 세이큐샤
- 엘리자베스 모리슨 & 프랜시스 라몬트 저, 이마무라 코이치 역 『베르사유·유령의 수수께끼(ベルサイユ·幽霊の謎)』 1987년, 중앙아트출판사
- 우에다 시게오 저 『유럽의 제사와 전승(ヨーロッパの際と伝承)』(코단샤 학술문고) 1999년, 코단샤
- H. 슈라이버 저, 세키 쿠스오 역 『독일 괴이집:유령·늑대인간·흡혈귀…(ドイツ怪異集:幽霊·狼男·吸血鬼...)』(현대교양문고) 1989년, 사회사상사
- N. 블런델 · R. 보어 저, 오카 타츠코 · 노나카 치에코 역 『세계 괴이 실화집:월드 그레이티스트 시리즈(世界怪奇実話集:ワールド·グレーティスト·シリーズ)』(현대교양문고) 1988년, 사회사상사
- 가토 쿄코 · 존 하웨이 저 『뉴잉글랜드 민화(ニューイングランドの民話)』 2003년, 타마가와 대학출판사
- 기 브흐통 · 루이 파웰 편저, 아리타 타다오 역 『서양역사기담(西洋歷史奇譚)』 1982년, 하쿠스이샤
- 기 브흐통 · 루이 파웰 편저, 아리타 타다오 역 『서양역사기담 속(西洋歷史奇譚 續)』 1985년, 하쿠스이샤
- 캐롤 로즈 저, 마츠무라 카즈오 역 『세계의 괴물 · 신수사전(世界の怪物·神獸事典)』 2014년, 하라쇼보
- 캐롤 로즈 저, 마츠무라 카즈오 역 『세계의 요정 · 요괴사전(世界の妖精·妖怪事典)』 2014

년, 하라쇼보

● 키류 미사오 저『영국 무섭고 신비한 이야기(イギリス 怖くて不思議なお話)』1993년, PHP연구소

● 키류 미사오 저『요크셔의 유령저택:영국 세상에서 가장 무서운 이야기(ヨークシャーの幽霊屋敷:イギリス 世にも恐ろしいお話)』1995년, PHP연구소

● 쿤장 초텐 저, 이마에다 요시로 · 코이데 키요코 역『부탄의 민화와 전설(ブータンの民話と伝説)』1998년, 하쿠스이샤

● 코노 이치로 편저『영국 민화집(イギリス民話集)』(이와나미문고) 1991년, 이와나미쇼텐

● 콜랑 드 플랑시 저, 토코나베 츠요히코 역, 요시다 야츠오 협력『지옥의 사전(地獄の辞書)』1990년, 코단샤

● 콜린 윌슨 저, 세키구치 아츠시 역『세계 불가사의 백과(世界不思議百科)』1990년, 세이도샤

● 사이토 키미코 저『러시아의 요괴들(ロシアの妖怪たち)』1999년, 대수관서점

● 사네요시 타츠로 저『중국 요괴 인물 사전(中国妖怪人物事典)』1996년, 코단샤

● 사라 리트비노프 편, 카자마 켄지 역『세계 오컬트 사전(世界オカルト事典)』1988년, 코단샤

● 제이 앤슨 저, 미나미야마 히로시 역『아미티빌 호러(アミティヴィルの恐怖)』1978년, 토쿠마쇼텐

● J. A. 브룩스 저, 난죠 타케노리 · 마츠무라 신이치 역『런던 유령신사록(倫敦幽霊紳士録)』1993년, 리브로포트

● 시부사와 타츠히코 · 아오야기 미즈호 역『괴기소설걸작집 4(怪奇小説傑作集 4)』(쇼겐추리문고) 1969년, 도쿄쇼겐샤

● 선 에반스 저, 무라카미 리코 일본판 감수 · 타구치 미와 역『영국의 유령전설:포토 스토리:내셔널 트러스트 건물과 괴기현상(英国の幽霊伝説:フォト・ストーリー:ナショナル・トラストの建物と怪奇現象)』2015, 하라쇼보

● 재클린 심프슨 저, 하시모토 마키노리 역『유럽의 신화전설(ヨーロッパの神話伝説)』1992년, 세이도샤

● 장 자크 발루와 저, 베카에르 나오미 역『환상의 동물들(幻の動物たち)』(하야카와문고) 1987년, 하야카와쇼보

● 얀 해럴드 브룬번드 저, 오오츠키 타카히로(외) 역『사라진 히치하이커—도시의 상상

력의 미국(消えるヒッチハイカー ― 都市の想像力のアメリカ)』1988년, 신주쿠쇼보

● 얀 해럴드 브룬번드 저, 나메카타 히토시・마츠모토 노보루 역 『멕시코에서 온 애완 동물―미국의 '도시전설' 콜렉션(メキシコから来たペット―アメリカの'都市伝説'コレクション)』1991년, 신주쿠쇼보

● 얀 해럴드 브룬번드 저, 나메카타 히토시 역 『젠장! 어떻게 이런 일이―'에이즈의 세계에 잘 오셨습니다'는 미국에서 온 도시전설(くそ! なんてこった―'エイズの世界へようこそ'はアメリカから来た都市伝説)』 1992년, 신주쿠쇼보

● 얀 해럴드 브룬번드 저, 나메카타 히토시 역 『아기 기차:최신 모드의 도시전설(赤ちゃん列車が行く:最新モードの都市伝説)』1997년, 신주쿠쇼보

● 호안 폰트쿠베르타 & 페레 포르미게라 저, 스가 케이지로 역 『비밀의 동물지(秘密の動物誌)』1991년, 치쿠마쇼보

● 존 & 앤 스펜서 편저, 키류 미사오 역 『세계 괴이 현상 백과(世界怪異現象百科)』1999년, 하라쇼보

● 존. A. 킬 저, 미나미야마 히로시 역 『불가사의한 현상 파일(不思議現象ファイル)』(보더라인 문고13) 1997년, 카도카와 하루키 사무소

● 존. A. 킬 저, 미나미야마 히로시 역 『프로퍼시(プロフェシー)』2002년, 소니 매거진스

● 존. 란티스 저, 앙피니재팬 프로젝트 역 『몬스터 대도감(モンスター大図鑑)』2013년, 네코 퍼블리싱

● 스티븐 킹 저, 오비 후사 역 『It 1』(문춘문고) 1994년, 문예춘추

● 스티븐 킹 저, 오비 후사 역 『It 2』(문춘문고) 1994년, 문예춘추

● 스티븐 킹 저, 오비 후사 역 『It 3』(문춘문고) 1994년, 문예춘추

● 스티븐 킹 저, 오비 후사 역 『It 4』(문춘문고) 1994년, 문예춘추

● 스테판 오드기 저, 이케가미 슌이치 감수・엔도 유카리 역 『괴물(モンスターの歴史)』2010년, 쇼겐샤

● 스나가 아사히코 편 『서적의 왕국12 흡혈귀(書物の王国12 吸血鬼)』1998년, 국서간행회

● 사빈 베어링=굴드 저, 웰즈 케이코・시미즈 치카코 역 『늑대인간 전설(人狼伝説)』2009년, 인문서원

● 타카다 타네오미 저, 마루야마 곤잘레스 감수 『아시아 열대 괴담(亜細亜熱帯怪談)』2019년, 쇼분샤

● 타카다 마모루 편・교주 『에도괴담집 하(江戸怪談集 下)』1989년, 이와나미쇼텐

- 테리 브레버튼 저, 히구라시 마사미치 역『도설 세계의 신화 전설괴물백과(図説 世界の 神話伝説怪物百科)』2019년, 하라쇼보
- 도니 아이카 저, 야스하라 카즈미 역『죽음의 산(死に山)』2018년, 카와데쇼보신샤
- 트레이시 윌킨슨 저, 야구치 마코토 역『바티칸 엑소시스트(バチカン·エクソシスト)』(문춘문고) 2010년, 문예춘추
- 나오에 히로지 저『중국의 민속학(中国の民俗學)』1967년, 이와사키 미술사
- 나카오카 토시야 저『세계 영혼 이야기(世界靈魂物語)』1968년, 나미쇼보
- 나카오카 토시야 저『콧쿠리 씨의 비밀(狐狗狸さんの秘密)』1984년, 후타미쇼보
- 나미키 신이치로 저『미확인동물 UMA 대전(未確認動物 UMA 大全)』2007년, 학습연구사
- 나미키 신이치로 저『최강의 도시전설(最強の都市伝説)』2007년, 케이자이카이
- 나미키 신이치로 저『최강의 도시전설 2(最強の都市伝説 2)』2008년, 케이자이카이
- 나미키 신이치로 저『최강의 도시전설 3((最強の都市伝説 3)』2009년, 케이자이카이
- 나미키 신이치로 저『MU적 도시전설(ムー的 都市伝説)』2015년, 각켄 퍼블리싱
- 나미키 신이치로 저『MU적 미확인 몬스터 괴기담(ムー的 未確認 モンスター怪奇譚)』2018년, 각켄 플러스
- 나미키 신이치로 저, MU 편집부 편『MU 인정 경이의 초상현상=Amazing paranormal phenomena(ムー認定　驚異の超常現象=Amazing paranormal phenomena)』2019년, 각켄 플러스
- 니시카와 히데카즈 편역『폴 버니언의 놀랄만한 위업(ポール·バニヤンの驚くべき偉業)』2019년, NextPublishing Authors Press
- 일본민화의 모임 편『결정판 세계의 민화사전(決定版 世界の民話事典)』(코단샤+α문고) 2002년, 코단샤
- 하니 레이 저『초상현상 대사전(超常現象大事典)』2001년, 세이코쇼보
- 하랄트 슈튐프케 · 게롤프 슈타이너 저, 히다카 토시타카 · 하네다 세츠코 역『코걸음쟁이의 생김새와 생활상(鼻行類:新しく発見された哺乳類の構造と生活)』1987년, 시사쿠샤
- 하루카와 세이센 편『심령연구 사전(心靈研究辞書)』1990년, 도쿄도출판
- P. G. 보가티료프 저, 치노 에이이치 · 마츠다 슈지 역『주술 · 의례 · 속신(呪術·儀礼·俗信)』1988년, 이와나미쇼텐
- 피터 헤이닝 저, 아베 히데노리 역『도설 세계 영계전승 사전(図説世界靈界伝承事典)』1995년, 카와시쇼보

● 히가시 마사오 편『고딕명역집성 흡혈요귀담(ゴシック名訳集成 吸血妖鬼譚)』(각켄M문고) 2008년, 각켄연구사

● 히가시 마사오 편『고딕명역집성 흡혈요귀담—전기의 상자(9)(ゴシック名訳集成 吸血妖鬼譚—伝奇ノ匣(9))』(각켄M문고) 2008년, 각켄연구사

● 히라이 쿄코 저『고스트를 찾아가는 런던 여행(ゴーストを訪ねるロンドンの旅)』2014년, 대수관서점

● 프라야 아누만 라차톤 저, 모리 미키오 편역『태국 민중생활지(1) -제사와 신앙-(タイ民衆生活誌(1)-祭りと信仰-)』(태국총서 문학편2) 1979년, 이무라 문화사업사

● 프레드 게팅스 저, 오오타키 케이스케 역『악마의 사전(悪魔の事典)』1992년, 세이도샤

● 벤. C. 클로우 편, 니시자키 켄 감역『저지 데블(ジャージの悪魔)』(치쿠마문고 미국의 기묘한 이야기2) 2000년, 치쿠마쇼보

● 벤. C. 클로우 편, 니시자키 켄 감역『거인 폴 버니언(巨人ポール·バニヤン)』(치쿠마문고 미국의 기묘한 이야기1) 2000년, 치쿠마쇼보

● 폴 퍼셀 저, 미야자키 손 역『누구도 쓸 수 없었던 전쟁의 현실(誰にも書けなかった戦争の現実)』1997년, 소시샤

● 바비 헨더슨 저, 카타오카 나츠미 역『반★진화론 강좌:하늘을 나는 스파게티 몬스터의 복음서(反·進化論講座:空飛ぶスパゲッティ·モンスターの福音書)』2006년, 츠키지서관

● 호르헤 루이스 보르헤스 저, 야나세 나오키 역『환수사전(幻獣事典)』(카와데문고) 2015년, 카와데쇼보신샤

● 매튜 번슨 저, 마츠다 카즈야 역『흡혈귀 사전(吸血鬼の事典)』1994년, 세이도샤

● 마츠카쿠 얼터 저『오컬트 크로니클=OCCULT CHRONICLE:기묘한 사건 기묘한 사고 기묘한 인물(オカルト·クロニクル=OCCULT CHRONICLE:奇妙な事件 奇妙な出来事 奇妙な人物)』2018년, 요센샤

● 마츠모토 미츠지 저『남극수송기(南極輸送記)』1959년, 도쿄쇼겐샤

● 미우라 키요히로 저『근대 스피리추얼리즘의 역사(近代スピリチュアリズムの歴史)』2008년, 코단샤

● 먀오후오 저『중국 -봉인된 초상현상-(中国 封印された超常現象)』2019년, 내추럴스피릿

● 메리 셜리 저, 마츠시타 유미코 역『프랑켄슈타인』(쇼겐추리문고) 1984년, 도쿄쇼겐샤

● 야마키타 아츠시 저『마법사전(魔法事典)』1998년, 신키겐샤

● 야마모토 하지메 저『중국의 민간전승(中国の民間伝承)』1975년, 태평출판사

- 리처드. M. 도슨 저, 마츠다 유키오 역『구전되는 미국(語りつがれるアメリカ)』1997년, 세이도샤
- 레오 리오니 저, 미야모토 준 역『평행식물 개정판(平行植物 改訂版)』1990년, 공작사
- 르노아 브레드슨 저, 오노우에 코지 역『세상에서 가장 이상한 이야기(世にも不思議な物語)』2014, 후소샤
- 로즈마리. E. 길리 저, 마츠다 유키오 역『요괴와 정령의 사전(妖怪と精靈の事典)』1995년, 세이도샤
- 로저 클라크 저, 키리야 토모미 역『유령이란 무엇인가(幽靈とは何か—五百年の歷史から探るその正体)』2016년, 국서간행회
- 로버트 그렌빌 저, 카타오카 미카코 역『반드시 나오는 세계의 유령의 집(絶対に出る世界の幽靈屋敷)』2018년, 닛케이 내셔널 지오그래픽스사
- 와카바야시 히토미 저『크리스마스 문화사(クリスマスの文化史)』2004년, 하쿠스이샤

【WEB사이트】 (최종열람 2020.4)

- 「Avenue Calgary」https://www.avenuecalgary.com/
- 「CREEPYPASTA」https://www.creepypasta.com/
- 「Cryptid_Wiki」https://cryptidz.fandom.com/wiki/Cryptid_Wiki
- 「facebook」https://ja-jp-facebook.com/
- 「HODAG FAN CLUB」http://explorerhinelander.com/hodag-fan-club
- 「HuffPost」https://www.huffpost.com
- 「liveaboutdotcom」https://www.liveabout.com/
- 「LUMBERWOODS」https://www.lumberwoods.org/ 윌리엄 토머스 콕스 저『럼버우즈의 무시무시한 동물들, 사막과 산의 짐승들(木こりの森の恐ろしい動物たち、砂漠と山の獸たち)』(원제: Fearsome Creatures of the Lumberwoods: With a Few Desert and Mountain Beasts) 1910년, 헨리. H. 트라이언 저『무서운 생물들(恐ろしい生き物)』(원제: Fearsome Critters) 1939년, 아트 차일즈 저『커다란 숲의 이야기(大きな森の物語)』(원제: Yarns of the Big Woods) 1920년
- 「미코코로 네트(みこころネット)」http://d-b.ne.jp/mikami/

- 「Scary For Kids」 https://www.scaryforkids.com
- 「Snopes」 https://www.snopes.com
- 「THE LINEUP」 https://the-line-up.com
- 「The New York Times」 https://www.nytimes.com/
- 「THE SLENDER MAN WIKI」 http://theslenderman.fandom.com/wiki/Slender_Man
- 「TombstoneArizona.com」 http://www.clantongang.com/
- 「YouTube」 https://www.youtube.com/
- 「2채널[현 5채널](2ちゃんねる[현 5ちゃんねる])」 오컬트판 '거대어·괴어'
- 「4chan」 https://www.4chan.org/

세계 괴이 사전 -현대편-

초판 1쇄 인쇄 2023년 5월 10일
초판 1쇄 발행 2023년 5월 15일

저자 : 아사자토 이츠키
번역 : 현정수

펴낸이 : 이동섭
편집 : 이민규
디자인 : 조세연
영업 · 마케팅 : 송정환, 조정훈
e-BOOK : 홍인표, 최정수, 서찬웅, 김은혜, 정희철
관리 : 이윤미

㈜에이케이커뮤니케이션즈
등록 1996년 7월 9일(제302-1996-00026호)
주소 : 04002 서울 마포구 동교로 17안길 28, 2층
TEL : 02-702-7963~5 FAX : 02-702-7988
http://www.amusementkorea.co.kr

ISBN 979-11-274-6165-2 03900

Sekai Gendai Kaii Jiten by Asazato Itsuki
『世界現代怪異事典』朝里 樹
©2020 by Asazato Itsuki
All rights reserved
Korean translation rights arranged with Kasamashoin Ltd.
through Digital Catapult Inc.

창작을 위한 아이디어 자료

AK 트리비아 시리즈

환상 네이밍 사전
의미 있는 네이밍을 위한 1만3,000개 이상의 단어

중2병 대사전
중2병의 의미와 기원 등, 102개의 항목 해설

크툴루 신화 대사전
대중 문화 속에 자리 잡은 크툴루 신화의 다양한 요소

문양박물관
세계 각지의 아름다운 문양과 장식의 정수

고대 로마군 무기·방어구·전술 대전
위대한 정복자, 고대 로마군의 모든 것

도감 무기 갑옷 투구
무기의 기원과 발전을 파헤친 궁극의 군장도감

중세 유럽의 무술, 속 중세 유럽의 무술
중세 유럽~르네상스 시대에 활약했던 검술과 격투술

최신 군용 총기 사전
세계 각국의 현용 군용 총기를 총망라

초패미컴, 초초패미컴
100여 개의 작품에 대한 리뷰를 담은 영구 소장판

초쿠소게 1,2
망작 게임들의 숨겨진 매력을 재조명

초에로게, 초에로게 하드코어
엄격한 심사(?!)를 통해 선정된 '명작 에로게'

세계의 전투식량을 먹어보다
전투식량에 관련된 궁금증을 한 권으로 해결

세계장식도 1, 2
공예 미술계 불후의 명작을 농축한 한 권

서양 건축의 역사
서양 건축의 다양한 양식들을 알기 쉽게 해설

세계의 건축
세밀한 선화로 표현한 고품격 건축 일러스트 자료집

지중해가 낳은 천재 건축가 -안토니오 가우디
천재 건축가 가우디의 인생, 그리고 작품

민족의상 1,2
시대가 흘렀음에도 화려하고 기품 있는 색감

중세 유럽의 복장
특색과 문화가 담긴 고품격 유럽 민족의상 자료집

그림과 사진으로 풀어보는 이상한 나라의 앨리스
매혹적인 원더랜드의 논리를 완전 해설

그림과 사진으로 풀어보는 알프스 소녀 하이디
하이디를 통해 살펴보는 19세기 유럽사

영국 귀족의 생활
화려함과 고상함의 이면에 자리 잡은 책임과 무게

요리 도감
부모가 자식에게 조곤조곤 알려주는 요리 조언집

사육 재배 도감
동물과 식물을 스스로 키워보기 위한 알찬 조언

식물은 대단하다
우리 주변의 식물들이 지닌 놀라운 힘

그림과 사진으로 풀어보는 마녀의 약초상자
「약초」라는 키워드로 마녀의 비밀을 추적

초콜릿 세계사
신비의 약이 연인 사이의 선물로 자리 잡기까지

초콜릿어 사전
사랑스러운 일러스트로 보는 초콜릿의 매력

판타지세계 용어사전
세계 각국의 신화, 전설, 역사 속의 용어들을 해설

Artic Ocean

Europe

Asia

Pa

Indian Ocean

Australia

North America
North Atlantic Ocean
Ocean
South America
South Atlantic